Stewart
Der vierte Produktionsfaktor

Thomas A. Stewart

Der vierte Produktionsfaktor

Wachstum und Wettbewerbsvorteile
durch Wissensmanagement

Carl Hanser Verlag München Wien

Übersetzung: Ute Eggert, München
Lektorat: Maria Akhavan-Hezavei, München

Titel der Originalausgabe: "Intellectual Capital - The New Wealth of Organizations"
Published by Doubleday/Currency, a division of Bantam Doubleday Dell Publishing
Group, Inc.
© 1997 by Thomas A. Stewart.
All rights reserved.

Die Deutsche Bibliothek - CIP-Einheitsaufnahme

Stewart, Thomas A.:
Der vierte Produktionsfaktor : Wachstum und Wettbewerbsvorteile
durch Wissensmanagement / Thomas A. Stewart.
[Übers.: Ute Eggert]. - München ; Wien : Hanser, 1998
  Einheitssacht.: Intellectual capital <dt.>
  ISBN 3-446-19230-1

© 1998 Carl Hanser Verlag München Wien
Internet: http//www.hanser.de
Umschlaggestaltung: MCP • Susanne Kraus GbR, Holzkirchen,
unter Verwendung der Originalillustration von Steven Biver
Datenbelichtung: Wolframs Direkt Medienvertrieb GmbH, Attenkirchen
Druck und Bindung: Druckhaus "Thomas Müntzer" GmbH, Bad Langensalza
Printed in Germany

Inhalt

Vorwort

Information und Wissen sind die thermonuklearen Verteidigungs- und Angriffswaffen unserer heutigen Zeit. Wissen ist wertvoller und machtvoller als alle Naturschätze, Fabriken oder ein dickes Bankkonto. Egal in welcher Branche, Erfolg stellt sich dort ein, wo ein großes Informationspotential vorhanden ist und bestmöglich genutzt wird und nicht etwa bei den Unternehmensriesen. Wal-Mart, Microsoft und Toyota sind nicht aufgrund ihrer finanziellen Möglichkeiten zu Großunternehmen geworden – im Gegenteil. Diese Unternehmen verfügen über etwas, das weit wertvoller ist als Sachwerte oder finanzielles Kapital: Intellektuelles Kapital. Damit ist nicht die Vielzahl der promovierten Mitarbeiter gemeint, noch die Ansammlung von Patenten oder Copyrights, obgleich diese durchaus einen Teil des Intellektuellen Kapitals ausmachen.

Intellektuelles Kapital ist die Summe allen Wissens aller Mitarbeiter, die einem Unternehmen einen Wettbewerbsvorteil verschafft. Im Gegensatz zu herkömmlichen Vermögenswerten wie Land, Fabriken, Anlagen oder finanziellem Kapital ist das Intellektuelle Kapital nur schwer greif- und meßbar. Es ist das Wissen, das Mitarbeiter einbringen, beispielsweise die berufliche Befähigung und die Erfahrung einer Gruppe von Chemikern, die ein Medikament erfinden, dessen Verkauf einen Milliardengewinn verspricht, oder das Know-how von Arbeitern, die mit tausendundeinem Verbesserungsvorschlag zur Optimierung und Vereinfachung von Arbeitsabläufen beitragen.

Dank der modernen Datenübertragung können Informationen auf schnellstem Wege innerhalb eines Unternehmens bereitgestellt werden, was ein schnelles Reagieren auf sich verändernde Marktanforderungen ermöglicht. Somit teilen Kunde und Unternehmen ein gemeinsames Wissen, was eine enge Verbindung begünstigt und gewährleistet, daß der Kunde wiederkommt.

Kurz gesagt, Intellektuelles Kapital ist intellektuelles Material - Wissen, Information, intellektuelles Gemeingut, Erfahrung. Und all dies führt letztendlich zu Reichtum. Sobald Sie das Intellektuelle Kapital erkennen, können Sie es gewinnbringend nutzen.

Der heutige Wirtschaftsalltag verläuft anders als in der Vergangenheit, daher können Sie nur gewinnen. Wir sind im Industriezeitalter aufgewachsen, das jetzt vom Informationszeitalter verdrängt wird. Das wirtschaftliche Zeitalter, welches wir hinter uns gelassen haben, war einst von der Gegenständlichkeit bestimmt. Güter, die zu kaufen waren, nun, sie waren Gegenstände: man konnte sie berühren, schmecken, gegen Reifen treten, Türen schlagen und sogar Geräusche vernehmen. Land, unsere Naturschätze wie Erz, Öl und Energien, menschliche Arbeitskraft und Maschinenkraft waren die Wurzeln des Wohlstands. In früheren Zeiten bestand das Ziel von Unternehmen darin, finanzielles Kapital zu erwirtschaften, die

Quellen des Wohlstands zu mehren und sie nutzbringend einzusetzen. Das war ihr Erfolgsgeheimnis.

Die Bedingungen haben sich jedoch verändert. Wohlstand ist nun das Produkt unseres Wissens. Wissen und Informationen - nicht nur wissenschaftliche Erkenntnisse, sondern auch Nachrichten, einfache Ratschläge, Unterhaltung, Kommunikation oder Dienstleistungen - sind zum wichtigsten Rohstoff und damit zum zentralen Produktionsfaktor unserer Wirtschaft geworden.

Wir kaufen und verkaufen Wissen. Man kann es weder schmecken noch fühlen, aber sogar das satte Geräusch einer zufallenden Autotür ist aller Wahrscheinlichkeit nach das Ergebnis einer technisch klug erzeugten Akustik. Um in der heutigen Zeit zu Wohlstand zu gelangen, benötigen wir weder Land, menschliche Arbeitskraft noch Maschinen oder Fabriken. Wir benötigen Wissen.

Experten sprechen von einer neuen Wirtschaftsordnung, sie bezeichnen es als 'Paradigmenwechsel'. Ich verwende diesen Begriff an dieser Stelle zum ersten und letzten Mal. Ein schönes Wort, das uns weise mit dem Kopf nicken läßt: „Ja, das ist es, ein Paradigmenwechsel, nicht wahr? - ohne überhaupt zu wissen, worüber wir uns da verständigen.

Es ist schick, wenn Unternehmen sich als 'Lernende Organisationen' bezeichnen, was nur ein vager Ausdruck für eine Unternehmenskultur ist, die eigentlich einer kontinuierlichen Verbesserung unterliegt. 1996, sechs Jahre nachdem Peter Senge mit seinem Erfolgstitel *Die Fünfte Disziplin* das Konzept der Lernenden Organisation verbreitete, diskutierten Internet-Benutzer angeregt über die Terminologie des Konzepts. Typisch daran ist, alle reden von der 'Informationswirtschaft' oder der 'Wissensära', ohne genau deren eigentliche Bedeutung zu kennen.

Ich nahm an, andere wußten es auch nicht; genausowenig wie diejenigen, die darüber eifrig diskutierten. Wie kommt es zu dieser Veränderung? Inwieweit verändert es unser Geschäftsleben und die Managementkonzepte? Wie kommt es, daß Unternehmen und andere Organisationen Wissen managen? Wie spüren sie es auf, speichern, verkaufen oder transportieren sie es? Wie schaffen sie es, immer auf dem Laufenden zu bleiben? Inwieweit hat das Informationszeitalter Einfluß auf den Einzelnen, auf Arbeit und Karriere?

Obgleich die Antworten auf diese Fragen bislang ausbleiben, ist es offensichtlich, daß wir seit geraumer Zeit eine radikale wirtschaftliche Veränderungen durchleben. Die Signale dieser Veränderungen erleuchten ebenso klar wie das Neon am Times Square. Die Bequemlichkeit einer lebenslangen Zugehörigkeit zu ein und demselben Unternehmen oder einer Karriere in nur einem Unternehmen gehören ebenso der Vergangenheit an, wie die alljährliche Beförderung, vom Assistenten anfangend bis hin zum späteren Teilhaber. Das Riesenunternehmen, das zu Beginn dieses Jahrhunderts seine Blütezeit erfuhr und dann das wirtschaftliche Leben dominierte, ist zwar nicht gänzlich untergegangen, hat jedoch merklich an Bedeutung verloren. Rund zwei Drittel aller Großunternehmen, die mit Beginn der *Fortune 500* im Jahr 1954 in der Bestenliste aufgeführt wurden, existieren heute überhaupt nicht mehr oder schaffen nicht mehr den Sprung in die Liste.

Zwischen den Jahren 1979 und 1994 ist die Gesamtzahl der Beschäftigten in den *Fortune-500-Unternehmen* um knapp ein Drittel von 16,2 auf 11,6 Millionen zurückgegangen. Anstelle dieser taumelnden Riesen stehen nun Firmen wie beispielsweise das amerikanische Tochterunternehmen von Nokia, dem finnischen Elektronikkonzern, das in den USA mit gerade mal fünf Mitarbeitern einen Jahresumsatz von rund 160 Millionen Dollar erwirtschaftet. Oder Nike, ein Sportschuhhersteller, der gar keine Schuhe fertigt. Als wissensbasierte Dienstleistungen bietet das Unternehmen die Forschung und Entwicklung (F&E), Konstruktion, das Marketing und den Vertrieb der Produkte und erwirtschaftet damit 334.000 Dollar pro Mitarbeiter. Im Vergleich dazu erwirtschaftet ein durchschnittliches Unternehmen der *Fortune*-Liste nur 248.000 Dollar pro Kopf. Ein weiteres Beispiel ist Netscape Communications. Jim Clark, Vorsitzender dieses Unternehmens, das gerade mal mit etwas mehr als 5 Jahren existiert, besitzt Netscape-Aktien im Wert von etwa 750 Millionen Dollar.

In der heutigen eher diffusen Geschäftswelt ist es kaum verwunderlich, das Trends so schnell kommen und gehen, wie die guten und schlechten Hexen im Land des Oz: Es gab das 'Reengineering' und als Antwort darauf das 'Post-Reengineering', die 'Dritte Welle' und dann die 'Zweite Kurve'. Da gibt es 'Die Produktion des 21. Jahrhunderts' und die 'Postindustrielle Gesellschaft'. Es gibt die Konzepte für effektive Führung und Konzepte für effektive Mitarbeit. Es gibt das 'Virtuelle Unternehmen', das 'Agile Unternehmen' 'Netzwerkkonzepte' und 'Fraktale Organisationsform', 'Intelligente Unternehmen' einerseits und das 'Lernende Unternehmen' andererseits. Trends lösen einander ab oder heben sich gegenseitig auf.

Anstelle eines Trends bietet dieses Buch das Verstehen: Es bietet einen Blick darauf, was die angesprochenen Veränderungen auslöst, und wie Sie an den Prozessen aktiv teilhaben und Ihren Nutzen daraus ziehen können.

Dieses Buch will Ihnen eine Vorstellungen davon vermitteln, wie Wissen zu managen ist. wie Intellektuelles Kapital aufgespürt, eingesetzt und genutzt werden kann, um Sie zum Erfolg zu führen. Wir betrachten die Details, um die Mechanismen aufzudecken und die Verbesserung zu erzielen. Festgefahrene Unternehmensstrukturen weisen nicht die geeigneten Strukturen auf, um mit Wissen adäquat umzugehen. Das ist die Herausforderung, der Sie sich stellen müssen. Das Unternehmensumfeld hat sich verändert, wobei alle Beteiligten sich Begebenheiten des veränderten Umfeld anpassen müssen.

- Wir werden sehen, warum Unternehmen nicht in der Lage sind, das kollektive Wissen als wichtigstes Kapital für sich zu nutzen und somit potentielle Erträgen in Milliardenhöhe nicht ausschöpfen können,

- wir werden sehen, wie Intellektuelles Kapital weiteres Potential (Anlagen, Barvermögen, Inventar, Finanzressourcen, zunehmende kollektive Flexibilität und Profitabilität) freisetzen kann,

- wir werden etwas über neue Konzepte der Mitarbeiterführung in der informationsorientierten Wirtschaft lernen, damit Unternehmen mit Recht behaupten können, daß die Mitarbeiter ihr bedeutendstes Kapital sind,

- wir werden sehen, warum Wissen letztendlich dem Kunden zugute kommt und wie diese direkten Einfluß auf das Unternehmen nehmen. Und wir werden sehen, wie jedes Unternehmen an dem neuen Wohlstand teilhaben kann,

- wir werden auch die ungewöhnlichen Aspekte des Wissensmanagements entdecken: Wir werden zum Beispiel feststellen, daß bewußte Ignoranz von Fall zu Fall wichtiger sein kann als Wissen. Und schließlich, warum das Management besser beraten ist, alte Strukturen aufzubrechen, statt immer neue Managementsysteme für überkommene Strukturen zu entwerfen,

- wir werden sehen, warum neue Organisationsmodelle die etablierten hierarchischen und bürokratischen Strukturen ersetzen müssen und

- wir werden sehen, daß eine neue wissensbasierte Wirtschaftsordnung die berufliche Entwicklung aller Beschäftigten beeinflussen wird, und daß diese neuen Strategien jedem einzelnen zum Erfolg verhelfen können.

Intellektuelles Kapital war bereits in der Vergangenheit von Bedeutung, jedoch nicht in diesem Maße. Die Zünfte des Mittelalters beispielsweise - eine Frühform unternehmerischer Interessensverbände - fanden bereits Wege, Wissenskapital zu managen: Ist Wissen knapp, so sammelt man es an, gibt ihm eine geheimnisvolle Aura und nur wenigen Eingeweihten Einblick in dies 'heilige Gut'. Dies ist eine Form des Wissensmanagements, wie sie noch heute in so unterschiedlichen Branchen wie in der Medizin oder der Jurisprudenz, dem Kardinalskollege oder auch in einem der größten Computer-Service-Unternehmen praktiziert wird.

Im Jahr 1768 fragte sich der Schwede J. Westerman, warum seine Reedereien und Keramikmanufakturen im Vergleich zu britischen und dänischen Konkurrenten nur halb so produktiv seien. Seine Untersuchung, *Om de svenske närigarnes undervigt genetmot de utländske dymedelst en trögare arbetsdrift* (Über die Unterlegenheit schwedischer Manufakturen durch im Vergleich zu ausländischen Konkurrenzunternehmen langsamere Arbeitsabläufe) zeigte, daß schwedische Unternehmen und ihre ausländischen Konkurrenten identische Maschinen verwendeten. Westerman fand heraus, daß nicht die maschinelle Ausstattung ausschlaggebend war für die Unterlegenheit, sondern daß schlichtweg das Wissen fehlte, diese richtig und intelligent einzusetzen.

In diesem Jahrhundert verwaltete zunächst die Unternehmensspitze in einer pyramidenhaft angeordneten Unternehmenshierarchie, später verschiedene Geschäftseinheiten Wissen - sammelte und analysierte Finanzdaten und führte dann neue Technologien ein.

Was ist nun das Neue? Da Wissen zum einzig bedeutenden Produktionsfaktor geworden ist, besteht die wesentliche Unternehmensaufgabe darin, dieses Intellektuelle Kapital zu managen. Dies war keinesfalls immer so. Buckminster Fuller schrieb 1940 anläßlich des 40jährigen Jubiläums der Zeitschrift *Fortune* eine Laudatio. In seinem Beitrag vergleicht Fuller die Strumpfproduktion mit der von Radios, die wiederum mit der Anzahl von Tonnen Kohle, die verschifft wurden, und diese wiederum mit der Anzahl von Maschinen in den Fabrikhallen. Er weist darauf hin, daß im späten 19. Jahrhundert anhand des Verbrauchs von Rohmaterialien Wirtschaftlichkeit meßbar wurde: wieviel Kohle wurde abgebaut, wieviel Stahl wurde produziert. Im Jahr 1940 hatte sich dies bereits verändert. Bemessungsgrundlage waren nunmehr andere Größen: Die Kilowattstunden produzierter Energie, verbrauchtes Benzin, die im Flugzeug oder der Eisenbahn zurückgelegten Kilometer. Der ehemalige Citicorp-Vorsitzende Walter Wriston erinnert sich: „Während meiner Kindheit, galten die Ladungen von Güterwagen als der zentrale Indikator wirtschaftlichen Fortschritts. Doch wen interessiert das heute noch? Was wir nun brauchen, ist ein Bewertungsmaßstab, der uns zeigt, wieviel und welches Wissen in unsere Arbeit einfließt."

Zunehmend wird Muskel-, Maschinen- oder sogar elektrische Kraft durch Wissen ersetzt. Peter Drucker bemerkt, daß das Maß der notwendigen Arbeitskraft, um zusätzliche Produktionsleistung freizusetzen, seit 1900 um jährlich ein Prozent gefallen ist. Nach dem zweiten Weltkrieg fiel die Menge an Rohmaterialien, die zur Steigerung der Fertigungserzeugnisse benötigt wurden in gleichem Maße. Auch die Menge der in der Fertigung benötigten Energie sank seither kontinuierlich. Wissen ist als Produktionsfaktor an die Stelle von Rohmaterial und Energie getreten. Seit der Jahrhundertwende stieg die Anzahl der gebildeten Mitarbeiter in den Unternehmen laut Drucker jährlich um ein Prozent. Wir bezeichnen die Vereinigten Staaten von Amerika, Japan und Westeuropa immer noch als Industriestaaten. Dies ist ein Irrtum. Weniger als ein Viertel aller Amerikaner sind in den Bereichen Landwirtschaft, der Forschung und Entwicklung sowie im Bergbau beschäftigt. Wir werden jedoch sehen, daß auch diese Menschen im wesentlichen geistig arbeiten und nicht manuell. Wir sind alle 'Wissensarbeiter', die bei Wissensunternehmen beschäftigt sind.

Den Ausdruck Intellektuelles Kapital habe ich zum ersten Mal von einem Wurstfabrikanten, dem CEO des Unternehmens Johnsonville Foods in Wisconsin gehört. Im Herbst 1990 führten Ralph Stayer und ich eine Gespräch darüber, was Wohlstand überhaupt sei. Er bestätigte die These, daß zunächst die natürlichen Ressourcen, beispielsweise Land, Erze oder Fischbestände, die wesentlichen Bestandteile des nationalen Wohlstands und die wichtigsten Vermögenswerte für Unternehmen darstellten, die diese Ressourcen gewinnbringend erschlossen. Sie verloren später gegenüber Finanzkapital oder anderen materiellen Werten wie Fabriken oder Maschinen an Bedeutung. Diese Entwicklung ebnete den Weg zu geistiger Stärke, zu Intellektuellem Kapital. Wir fragten uns, warum dieser Vermögenswert, anders als Grundstücke oder Finanzwerte, in Bilanzen nicht ausgewiesen wird.

Ich geriet ins Grübeln. Als ich zum ersten Mal zu *Fortune* kam, wußte ich wenig darüber, wie eine Bilanz zu lesen war, obgleich ich bereits Erfahrungen in Unternehmen gesammelt hatte. Die Mitarbeiter bei *Fortune* zitierten gerne den Gründer der Zeitschrift: „Es ist einfacher, dem Dichter das Lesen von Bilanzen zu lehren, als umgekehrt, einem Buchhalter das Schreiben beizubringen." Ich war das beste Beispiel für diese These. Wahrscheinlich war es meine Ignoranz, die mich zunächst glauben ließ, daß das, was nicht aus einer Bilanz zu lesen sei, wichtiger wäre als die offengelegten Zahlen.

Meine ersten Untersuchungsergebnisse über das Thema 'Intellektuelles Kapital' erschienen 1991 in einem kurzen Fachbeitrag, den ich im Rahmen einer Reihe von Veröffentlichungen zu neuen Trends im Unternehmensalltag publizierte. Der Herausgeber von *Fortune* schlug im Anschluß vor, einen längeren Beitrag zur gleichen Thematik zu verfassen, woraus der Artikel *Brainpower* entstand. Nur wenige Monate später lernte ich Leif Edvinson, Direktor für Intellektuelles Kapital im schwedischen Versicherungsunternehmen Skandia kennen. Ich war etwas überrascht. Edvinsson erzählte, daß er während eines Vorstellungsgesprächs Jan Carende, dem Vorsitzenden der Skandia-Geschäftsbereiche Versicherungs- und Finanzdienstleistung, *Brainpower* mit den letzten Worten vorgelegt hatte: „Das ist es. Ihr Unternehmen sollte sollte Intellektuelles Kapital managen," woraufhin Carende erwiderte: „Und genau das werden Sie bei uns in die Hand nehmen."

Das Thema ist zunehmend brisant geworden. Nach Veröffentlichung der zweiten Titelgeschichte zum Thema 'Wissen als Vermögenswert', dem Beitrag *Intellectual Capital* im Oktober 1994, erhielt ich unzählige Briefe. Ich bekam Anfragen aus allen Branchen. Was wissen Sie über Wissensmanagement? Wie können wir mehr Informationen erhalten? Wer hat sich noch eingehend mit dem Thema beschäftigt? Verfügen Sie über Zahlenmaterial, das belegt, wieviel Profit durch Wissenkapital erzielt wurde? Und wenn ich den Beweis dafür hätte erbringen müssen, daß nun das Zeitalter des Intellektuellen Kapitals angebrochen sei, so wäre mir dies spätestens dann möglich gewesen, als ich etwa die Hälfte dieses Buches geschrieben hatte und eines Tages den Anruf eines Personalberaters erhielt, der mir erzählte, er habe sich darauf spezialisiert, als Headhunter für Unternehmen nach 'Wissensmanagern' oder Führungskräften für den Bereich Wissensmanagement zu suchen.

Im vergangenen halben Jahrzehnt haben wir einen großen Schritt getan, doch liegt der größere Teil des Weges noch vor uns. Es ist an der Zeit, daß wir die große Bedeutung der 'Informations-wirtschaft' erkennen, daß wir uns vor Augen führen, wodurch und inwieweit Wissen zum wichtigsten Kapital für Unternehmen oder Organisationen geworden ist; wie dieses Wissen gemessen werden kann und wie es einzusetzen ist, um den Unternehmenserfolg zu steigern, und wie jeder einzelne - Führungskräfte und Mitarbeiter - im Zeitalter des Wissens erfolgreich sein kann.

Wie dieses Buch zu lesen ist

Ich habe hier versucht, zwei Dinge zu tun. Das erste ist eher praktischer Natur und darin besteht aus meiner Sicht der Schwerpunkt dieses Werks: es soll zeigen, wie man Intellektuelles Kapital aufspürt, verwaltet und vermehrt. Darüber hinaus hoffe ich, Führungskräften und Managern einen adäquaten Rahmen zu bieten, der es ihnen ermöglicht, erfolgversprechende und schlagkräftige Strategien für den Wettbewerb im Informationszeitalter zu entwickeln. Ich halte nichts von weisen und feinsinnigen Sprüchen. Was Investoren, Manager oder der einzelne Leser am wenigsten braucht, sind Allgemeinplätze. Sie sollten vielmehr erfahren, wie man sinnvoll an das Thema herangeht.

Das Buch soll dabei in dreifacher Weise Hilfestellung leisten. Zunächst läßt sich kein Eimer ohne einen Griff anheben. Dieses Buch stellt daher das Grundvokabular und die Grundstruktur für den Umgang mit kollektivem Wissen und mit Wissenskapital vor - Sprache, Grundregeln und Prinzipien des 'intellektuellen Kapitalismus' werden erläutert, um Ihnen anschließend eine praktische Umsetzung zu erleichtern.

In Teil II des Buchs nehmen wir dann unsere vorläufige Definition des Begriffs 'Intellektuelles Kapital' - nämlich jedwede Form von Wissen, mit der wir Wohlstand erzeugen können - und wir werden daraus Handlungsanweisungen ableiten, mit deren Hilfe Manager die praktischen Probleme des Geschäftsalltags lösen können.

Über das gesamte Buch hinweg findet sich eine Vielzahl von Anwendungsbeispielen, Anekdoten und Fallstudien aus unterschiedlichen Unternehmen, die Intellektuelles Kapital bereits erfolgreich nutzen. Diese Beispiele dienen einerseits als Beleg dafür, daß Wissensmanagement einen konkreten, meßbaren Nutzen bringt, sie sollen Ihnen andererseits als Anregung dienen, es diesen Firmen gleichzutun. Drittens stelle ich unterschiedliche Herangehensweisen vor, die den Leser in die Lage versetzen sollen, eigene Lösungsansätze oder Strategien, mit denen aus Wissen Profit gezogen werden kann, in die Tat umzusetzen.

Ich konnte der Versuchung widerstehen, einfache Regeln aufzustellen und Checklisten anzubieten. Es gibt zu viele Unternehmer, die eine einfache und schnelle Lösung bevorzugen. Es gibt zu viele Managementbücher - schlechte Managementbücher - in denen sie schnell fündig werden. Es handelt sich hier nicht um ein Kochbuch - ich fühle mich auch kaum in der Lage, eines zu schreiben. Die Thematik 'Intellektuelles Kapital' ist noch jung und wie wir sehen werden, ist der Umgang mit Wissen und Wissen als Vermögenswert zu einzigartig, zu individuell. Das Ziel dieses Buches ist es, Führungsverantwortliche oder Manager zu eigenen, individuellen Lösungsansätzen zu inspirieren.

Ich habe die Tatsache berücksichtig, daß einige dieses Buch nur dann lesen werden, wenn ihr Laptop gerade ausgefallen ist oder sie sich in einem Flugzeug befinden. Sollten Sie zu den Lesern gehören, die sich hauptsächlich für die praktische Seite des Management und der Karriere interessieren, so finden Sie alles Wissenswerte in Teil II des Buchs sowie in den Kapiteln 11 und 12 im dritten Teil und im Anhang.

Doch dieses Buch will mehr als nur dem Anspruch der Praxisrelevanz gerecht werden: Es will zum Verständnis der mitunter dramatischen Veränderungen in unserer Arbeitswelt beitragen. Das über uns hereinbrechende Informationszeitalter und die Allgegenwart von Informationstechnologien sind Ausdruck eines der größten historischen Momente in der Geschichte unserer Zeit. Sie sind allgegenwärtig und beeinflussen alles und jeden. Der Düsenantrieb veränderte unser Transportwesen, Nylon die Bekleidungsindustrie, das Fernsehen revolutionierte unser Nachrichten- und Unterhaltungswesen und all diese Technologien haben letztendlich zu einer Veränderung der Gesellschaft beigetragen.

Nicht erst seit Edison hat die domestizierte Elektrizität, haben immer neue Technologien das gesellschaftliche Leben verändert. Die Informationstechnologien, die für sich genommen schon revolutionär sind, sind nur der Teil eines viel größeren Umbruchs - nämlich des Informationszeitalters.

Sogar dem schnellen Leser sei empfohlen, das Gesamtbild nicht außer acht zu lassen. Heute läßt sich noch in keinster Weise voraussagen, welches Ausmaß, welche Konsequenzen diese Veränderungen haben werden. Um mit der Entwicklung Schritt zu halten, ihr gewachsen zu sein und sie für sich positiv zu nutzen, bedarf es sowohl eines zielgerichteten Blicks als auch der Weitsicht, sowohl der Anpassungsfähigkeit als auch der Stärke. Je besser Sie die Mächte verstehen, die unsere Geschäftswelt verändern, um so besser werden Sie mit den Überraschungen, die uns erwarten, umgehen können. In der Tretmühle zu verharren, ist in der heutigen Zeit der größte Fehler.

Ich hoffe, daß diejenigen, die dieses Buch mit der Absicht gewählt haben, mehr über diese großen Mächte zu erfahren, sich auch den auf den ersten Blick vielleicht spröden praxisorientierten Kapiteln zuwenden. Wie eine Vielzahl derer, die in den sechziger Jahren heranwuchsen, dachte auch ich, Wirtschaft und Management seien eine trockene Materie. Erst während meiner Mitarbeit bei *Fortune* wurde mir bewußt, wie falsch ich damit lag.

Unsere Arbeitswelt ist der soziale Bereich, wo die meisten Veränderungen geschehen und wo sie ihre einschneidende Wirkung zeigen. Allzuoft werden jedoch die großen Themen in der öffentlichen Diskussion von den verschiedenen Parteien oder Medien 'gemacht'. Das ist dann so, als würde man versuchen, das Prinzip Ebbe und Flut verstehen zu wollen und dabei nur den Schaum auf den Wellen beobachten. Es ist schon eigenartig, daß so wenig aus unserem Arbeitsalltag Eingang in die Literatur, Kunst und gesellschaftliche Diskussionen findet. In den dreißiger Jahren schrieb Abbott Lawrence Lowell, ein früherer Rektor der Harvard University, in seinem Plädoyer für die Gründung der 'School of Business Administration': „Der Großteil der amerikanischen Gesellschaft ist auf die ein oder andere Weise in das Geschäftsleben integriert und erfährt in keiner Weise Nachteile daraus ... Jeder, der Arbeit als bloße Einnahmequelle sieht, wertet sie ab, doch wer in ihr eine Bereicherung für die Menschheit sieht, wertet sich und seine Tätigkeit gleichermaßen auf."

Vorwort zur deutschen Ausgabe

Für deutschsprachige Ohren sollte es doch eigentlich leicht verständlich sein, daß Wissen ein wesentlicher Vermögenswert der Unternehmen ist, vermögen doch nur die Wissenden von uns wertschöpfend zu handeln.

Doch schneiden wir „Dichter und Denker" in internationalen Benchmarkstudien zum Wissensmanagement bestenfalls durchschnittlich ab und besetzen in den wenigsten Technologien den internationalen Spitzenplatz. Zugegeben, fast jeder führt inzwischen den flotten Satz „Wenn wir doch wüßten, was wir wissen" auf den Lippen. Und über die Medien hat inzwischen auch die entlegendste Enklave erfahren, daß die Welt die Schwelle vom Industrie- zum Wissenszeitalter bereits überschritten hat. So sind heute schon über 70 Prozent aller Jobs in den Unternehmen wissensbasierte Dienstleistungen, heißt es. Gehört Ihrer auch dazu?

Wenn dem wirklich so ist, so muß man sich fragen, warum Wissensmanagement noch allzu leicht als neuer Karrierepfad für Mitarbeiter der Betriebsbibliothek mißverstanden wird und weshalb so viele über fehlendes Wissen lamentieren, gleichsam jedoch nur die wenigsten konsequent handeln. Erstaunlich motiviert zeigen sich Vertreter der DV-Abteilungen oder des Personalwesens, die nicht selten als selbsternannte Trendsetter des Wissensmanagement in diesem Feld ihre neue Chance für die Zukunft wittern: Sehen die Technologen dies als Weg zur Vision des modernen Unternehmens, in dessen Herzen die Datenbank, Verzeihung, natürlich die Wissensbank steht, so sieht sich so mancher Personaler durch seine jahrelange Erfahrung im politischen Informationsmanagement auch für dieses anspruchsvolle Feld prädestiniert. Ausnahmen bestätigen wie immer die Regel.

Derartige Erscheinungen lassen sich wohl nur auf eine Fehleinschätzung der Bedeutung von Wissensmanagement für das Geschäft zurückführen. Hier hilft uns Tom Stewart mit dem für ihn typischen Pragmatismus zu erkennen, daß Wissensmanagement mehr ist als nur die Bombardierung der Mitarbeiter mit allen Informationen dieser Welt über alle möglichen Medien. Mit handfesten Beispielen aus der Unternehmenspraxis verdeutlicht er, daß das Management des Intellektuellen Kapitals auch keine vom Geschäft abgehobene, wolkige oder gar intellektuelle Beschäftigung von Stabsstellen ist.

Selbst dem letzten Zweifler macht Tom Stewart bewußt, daß im Zentrum zukünftiger Wertschöpfung Wissen steht. Ob in Form von Markenzeichen, Patenten, Servicemarks, ob als Wissen um Herausforderungen von Kunden, deren Strategien, deren Prozesse, ob in Form von Wettbewerbsanalysen, ob als technologisches Know-How oder noch schlummernde Idee in den Köpfen der Mitarbeiter oder als paketiertes Wissen im Modul eines objektorientierten Softwareprogramms -- Wissen bildet einen wesentlichen immateriellen Vermögenswert, dessen Bedeutung mit dem finanziellen Vermögen mindestens gleichzusetzen ist.

Beachtet man die immer kürzer werdende Halbwertszeit von Wissen, so wird deutlich, daß das Wissen, wie man effizient neues Wissen erzeugt, dieses Wissen paketiert, es schnell an die wesentlichen Partner in der Organisation und in Netzwerken verteilt und vor allem schnell vermarktet, der entscheidende Wettbewerbsvorteil ist. Sie merken schon: Wir sprechen hier von nichts anderem als zeitgemäßem Innovationsmanagement. In diesem Sinne ist der Begriff Wissensmanagement vielschichtig.

In den vergangenen Jahren haben die Unternehmen gelernt, wie schwierig es ist, die materialbezogenen Prozesse zu optimieren. Umso mehr erstaunt die Wundergläubigkeit, die man vielerorts in Führungsetagen antrifft, wenn es um das Thema Wissensmanagement geht: Hier herrscht das Bild des latent vorhandenen Schatzes, der nach all den vergeblichen Ansätzen des Synergiemanagements nun endlich doch gehoben werden kann. Einfach durch Bestellen dieses Wissensmanagements, das inzwischen fast alle renommierten Beratungen und IT-Companies im Portfolio führen. Mit dieser naiven Betrachtungsweise räumt Tom Stewart auf und verdeutlicht, daß erfolgreiches Ernten der Erträge nur durch konsequentes und geschäftsbezogenes Bestellen der drei Felder Kundenkapital, Humankapital und strukturelles Kapital möglich ist. Eine durchweg bodenständige Arbeit, für die er wesentliches Werkzeug liefert.

Fazit:

Wer nach der Lektüre von Tom Stewarts Buch nicht beginnt, sein Unternehmen und seine eigene Tätigkeit aus der Perspektive der Wissenserzeugung, -verteilung und -nutzung zu überdenken und die gewonnenen Erkenntnisse auch konsequent umzusetzen, der läuft Gefahr, vom Wettbewerb überrollt zu werden. Bei der Umsetzung sollte der wesentliche Schritt der Wissenskapitalisierung jedoch nicht vergessen werden. Schließlich ist auch im Wissenszeitalter Wissenschaft nicht gleich Wertschöpfung.

In diesem Sinne: Willkommen im Wissenszeitalter.

Dr. Christian Kurtzke[1]

---

[1] Dr. Kurtzke ist Leiter der Abteilung Business Transformation, Öffentliche Kommunikationsnetze, Siemens AG

Dank

Ein Schriftsteller ist nur so gut, wie seine Quellen, Lehrer und Musen es ihm erlauben. Ich hatte Glück mit allen Dreien. Hunderte von Beteiligten könnten an dieser Stelle genannt werden, die mir bei diesem Buchprojekt behilflich waren., denn sie ließen sich freundlicherweise interviewen, gewährten mir Einblick in ihre Ideen oder führten mich zu weiteren Interviewpartnern. All diese Beitragenden kann ich an dieser Stelle natürlich nicht aufführen, doch gilt mein besonderer Dank Debra Amidon, Weston Anson, Brian Arthur, Warren Bennis, Larry Bossidy, Keith Bradley, Michael Brown, Bruce Bunch, Andrea Costa, Quinn Cummings, Donald Curtis, Tom Davenport, Stan Davis, Desi DeSimone, Leif Edvisson, Gunnar Eliasson, Robert K. Elliott, Fran Engoran, Liam Fahey, Jac Fitz-Enz, Terry Curtis Fox, Estee Solomon Gray, Michael Hammer, Peter Henschel, Joyce Hergenhan, Glen Hiner, Bob Immerman, Bipin Junnarker, Julia Kirby, David Klein, Valdis Krebs, Judy Lewent, Jordan Lewis, Judith A. Lewis, Christopher Locke, Myron Magnet, Thomas Malone, Brook Manville, Barbara Martz, Ron Mitsch, Rich Moran , Brian Murray, David Nadler, David Norton, Paul O´Neill, Frank Ostroff, Gordon Petrash, Joseph Pine, George Pór, Al Posti, Larry Prusak, Bill Raduchel, Rober Reich, Leon Royer, Paul Saffo, Hubert Saint-Onge, Charles Savage, Patricia Seeman, Richard Shattun, Chuck Sieloff, Charles Silver, Dough Smith, Ralph Stayer, Charles L. Stewart, Patrick Sullivan, David Teece, Jill Tottenberg, Tom Waite, Robert Walker, Arian Ward, Jack Welch, Etienne Wenger, John Hazen White, Oliver Williamson und Betty Zucker.

Ich schulde meinen Dank ebenso meinen Kollegen sowie den Herausgebern des Magazins *Fortune*. Aus der Menge meiner barmherzigen Engel sei hier der Heiligenschein einiger Weniger herausgehoben. Charles Burck begleitete mich durch mein Erstwerk zu diesem Thema. Niemand anderer hat soviel Geschick wie Charlie, mit Ideen umzugehen und die Unterhaltungen mit ihm waren für mich ein großartiges Geschenk. Peter Petre war ein leidenschaftlicher Verfechter meiner Arbeit. Geoffrey Colvin unterstützte mich, soweit es ihm möglich war und leistete mit seinen Einfällen einen wesentlichen Beitrag. Meine Prosa konnte zu keiner Zeit einem besseren, eleganteren und gleichsam unaufdringlicherem Herausgeber in die Hände geraten, und dafür bin ich ihm sehr dankbar; *il miglior fabbro (der große Künstler)*, dem ich einige seiner eigenen Aussagen entlieh. Brian Dumaine zeigte sich großzügig, daß ich in meiner Kolumne *The Leading Edge* über dieses Thema schreiben konnte, was mir die Strukturierung meiner Gedanken erleichterte.

Ich schätze mich glücklich, die drei Herausgeber während meiner Zeit bei *Fortune* in meiner Nähe gehabt zu haben. Marschall Loeb danke ich dafür, daß er mich einstellte, für seine fortwährende Unterstützung und seine Arbeit als Herausgeber in den ersten fünf Jahren meiner Mitarbeit bei *Fortune*. Walter Kiechel danke ich für seinen besonderen Humor und seinen intellektuellen Beistand und John Huey, weil er dieses Projekt von Beginn an unterstützte. Dank an alle früheren und jetzigen Mitarbeiter bei *Fortune* und insbesondere Joyce Davis, Patty de Llosa, Therese Eiben, Kristin Dunlap Godsey, Ani Hadjian, Christopher Harris, Cindy Kano, David C. Kaufman, Sandra L. Kirsch, Rebecca Lewin, Stephanie Losee, Sally Solo, Ricardo Sookdeo, Melanie Warner und Wilton Woods, sie bewahrten mich – als ich mich diesem Thema erstmals annäherte – in meinen Beiträgen vor Fehlern. Joe Mc Gowan gebührt mein besonderer Dank nicht nur dafür, daß er meine Ausätze prüfte, sondern auch für seine Unterstützung bei Recherchen. All diese Genannten tragen Verantwortung an den postiven Elementen dieses Buches, während die negativen nur mir zuzuschreiben sind.

Als ich Harriet Rubin das erste mal ermutigte, noch zu jener Zeit als ich im Verlagswesen beschäftigt war, hätte ich mir nicht träumen lassen, jemals ein Buch für sie zu schreiben. Der Autor in mir wollte ausschließlich für sie schreiben. Kristine Dahl von International Creative Management war mir eine hervorragende Agentin und Freundin zugleich.

In einem Buch über Wissen und Wissensmanagement ist es angebracht, vielleicht sogar unverzichtbar, einer Einrichtung zu danken, die einen umfassenden Fundus an Material zu diesem Thema bereitstellt - die New York Public Library. Darüber hinaus danke ich Barbara Tuchmann, die die finanziellen Mittel zur Bearbeitung meiner *Wertheim Studie* zur Verfügung stellte.

Meiner Frau Amanda Vaill und meinen Kindern, Pamela und Patrick gebührt mehr Dank als ich ihnen je zeigen könnte. Amandas fortwährendes Drängen und ständige Mitarbeit ließen dieses Buch zustandekommen.

Teil I
Das Informationszeitalter

Der Kontext

Es war der Triumph des 'künstlichen Wohlstands' behaupten die einen.
Doch war nicht gerade künstlicher Wohlstand ein Meisterstück menschlichen Seins?
Ferdinand Braudel

Kapitel 1
Die Informationswirtschaft

Nichts Konkretes ist in sich konkret

Wallace Stevens

Nehmen Sie eine Bierdose. Sie können sie ruhig öffnen, doch betrachten Sie die Dose. Sie ist das Sinnbild für Fließbandarbeit und der stille Begleiter von 'Joe Six-pack', Fabrikarbeiter und Gewerkschaftsmitglied. Doch sie ist weit mehr: Sie ist Artefakt einer neuen und wissensbasierten Wirtschaft und ein Beweis dafür, daß Wissen zum wesentlichen Bestandteil wirtschaftlichen Schaffens geworden ist. Diese Erkenntnis ist ein erster Schritt auf dem Weg, diese außergewöhnlichen Veränderung, die stetige Ausbreitung des Informationszeitalters überhaupt wahr-zunehmen.

Vor drei Jahrzehnten wurde die gleiche Bierdose noch aus Stahl beziehungsweise Weißblech hergestellt. Aluminiumhersteller hatten schon immer die Vision, Stahl in all seinen Anwendungsbereichen komplett durch Aluminium zu ersetzen. Sie waren von fast mission-arischem Eifer besessen, die Verbreitung des Materials, das im Jahr 1855 bei seiner Erstpräsentation in Paris noch als kleines Weltwunder ge-feiert wurde, voranzutreiben. Obgleich Aluminium zu einem der am häufigsten verbreiteten metallischen Rohstoffe der Erde gehört, war seine Aufbereitung ex-trem teuer, energieaufwendig und die chemischen Verfahren zur Aufbereitung recht umständlich. Im 19. Jahrhundert war das Metall derart wertvoll, daß sich der damalige König von Dänemark, Christian X., eine Aluminiumkrone anfertigen ließ. Napoleon III. besaß ein komplettes Eßbesteck aus Aluminium, das er beson-deren Gästen vorbehielt, denen er etwas Ausgefalleneres als Gold bieten wollte.

Erst nachdem der Einsatz von Strom günstiger wurde und weitere Verbreitung fand, wurde Aluminium als Gebrauchsmetall attraktiv. Strom war von jeher der teuerste Bestandteil bei der Verarbeitung von Aluminium. In den 50er Jahren un-seres Jahrhunderts erkannte man, daß die Herstellung von Dosen – mit Stahl bis dato ein lukratives Geschäft – für Aluminium ein vielversprechendes Einsatzgebiet wäre. Aluminium war damals allerdings nach wie vor teurer als Stahl, und weder Brauereien noch die Hersteller von Soft-Drinks waren gewillt, eine teure Dose ausschließlich für den Mülleimer zu produzieren. Der überragende wirtschaftliche Vorteil von Aluminium besteht allerdings in spezifischen Eigenschaften wie einer geringeren Korrosionsanfälligkeit, einer vergleichsweise höheren Festigkeit und dem damit verbundenen Material- und Gewichtseinsparungspotential.

Der Preisvorteil des Stahl/Weißblechs konnte also mit diesen positiven Eigen-schaften überwunden werden, wenn es gelänge, eine Dose mit einem deutlich ge-ringeren Materialeinsatz herzustellen als eine vergleichbare Stahldose. 1958 entwickelte der Getränkehersteller Adolph Coors eine Dose mit etwa 210 ml Fassungsvermögen, die zunächst nur in einer kleinen hawaiianischen Brauerei verwendet wurde und nicht zur Massenproduktion führte. Fünf Jahre später entwikkelte Reynolds Metals ein Verfahren zur Massenfertigung einer größeren, 360 ml fassenden Dose. Hamms, eine Brauerei aus dem mittleren Westen, wurde erster Großkunde. In weniger als vier Jahren führten auch Unternehmen wie Coca Cola und Pepsi Cola die Aluminiumdose ein, die Stahldose wurde damit vom US-amerikanischen Markt nahezu verdrängt. Heute hält sie hier etwa ein Prozent des Marktanteils, ist jedoch auch auf dem internationalen Markt im Rückzug begriffen.

Aluminiumdosen sind ein Symbol für den Triumph des Wissens über die Natur. Mit einem Gewicht von etwa 19 Gramm – nur etwa die Hälfte des Gewichts einer Stahldose – ist die Aludose der Beweis dafür, daß Wissen – und dahinter verbergen sich Jahre der Forschung – nun an die Stelle des Rohmaterials getreten ist. Seither führten Verbesserungen des Produktionsverfahrens, ausgeklügelte Veränderungen in der Legierung der Aluminiumplatten und andere 'intelligente' Investitionen zur einer stetigen Verminderung des Aluminiumanteils in Getränkedosen. Heute wiegt eine leere Dose nicht mehr als 14 Gramm, also nur mehr drei Viertel des ersten Massenprodukts. Die Dose enthält weniger Metall und dafür mehr 'Köpfchen'.

Eine der größten Dosenfabriken steht in Alcoa, Tennessee, einer Stadt, die in den dreißiger Jahren von dem gleichnamigen Aluminiumgiganten gegründet wurde. Alcoa hatte den Standort nicht zufällig gewählt, der nahegelegene Fluß Tennessee dient bei der Produktion als preiswerte Stromquelle. Ursprünglich wurden in der Fabrik wenigstens ein Dutzend unterschiedlicher Produkte hergestellt – sogar Schallplatten aus Aluminium. Mittlerweile werden dort ausschließlich Aluminiumblöcke gefertigt, aus denen wiederum Aluminiumbleche für die Dosenherstellung entstehen. In der Fabrik werden riesige Blöcke des glänzenden Metalls – gut 2 m breit, 50 cm hoch und rund 6 m lang, jeder Block wiegt rund 18.000 kg – so lange durch das Walzwerk geschoben, bis sie die Dicke von wenigen Blatt Papier haben. Aus dem 6 m langen Aluminiumblock entsteht so ein mehr als 1000 m langes Blech, über dessen gesamte Länge hinweg die durchschnittliche Abweichung in der Dicke nur wenige tausendstel Millimeter beträgt.

Neben dem Walzen und Bearbeiten des Rohmaterials ist der elektrische Strom der wichtigste Bestandteil in der Aluminiumproduktion. Aludosen aus geschmolzenem Recyclingmaterial benötigen in der Herstellung nur rund fünf Prozent der Energie, die im herkömmlichen Herstellungsprozeß mit Rohmaterial notwendig ist. Dies erklärt, warum zwei von drei Aludosen heutzutage recycelt werden. Jede Dose enthält nach wie vor rund 330 ml Flüssigkeit, doch besteht das Gefäß wie gesagt aus wesentlich weniger Metall als vorher.

Nehmen Sie die Dose, wenn Sie den Inhalt geleert haben: sie läßt sich mit der bloßen Hand zerdrücken. In gefülltem Zustand können diese Dosen problemlos in einem Supermarkt oder Lastwagen meterhoch gestapelt, über den Asphalt gekickt und herumgeworfen werden. Sie hält einige Minusgrade im Eisfach genauso aus wie 35 Grad in der Sonne. Was ist es, was diese Dose so widerstandsfähig macht? Wohl kaum ihre Beschaffenheit. Wir haben ja festgestellt, wie leicht sie mit einer Hand zerdrückt werden kann. Was also ist es, das bewirkt, daß eine Dose einem Druck von rund einem halben Zentner auf wenigen Quadratzentimetern standhalten kann? Des Rätsels Lösung: die Kohlensäure im zischenden Bier oder in prickelnder Cola, selbst der Tomatensaft enthält für gewöhnlich einen Spritzer Stickstoff. Also: weniger Metall, weniger verbrauchte Energie in einem Produkt, das einzig von etwas zusammengehalten wird, das weder sichtbar noch spürbar ist. Joe Six-pack's Talisman eines vergangenen Industriezeitalters wurde zur Ikone des Zeitalters des Wissens, des Zeitalters immaterieller Vermögenswerte.

Wissen hatte schon immer einen besonderen Wert – nicht umsonst bezeichnen wir uns als *homo sapiens*. Über Jahrhunderte war der Erfolg eng mit dem Wissen verknüpft. Völker, die bereits in der Lage waren, Waffen aus Stahl herzustellen, waren Feinden, deren Waffen aus Bronze bestanden, weit überlegen. Die amerikanische Wirtschaft ist Nutznießer eines bewährten Schulsystems, das hochqualifizierte Arbeitskräfte hervorbringt. Doch nimmt Wissen eine bedeutendere Stellung ein als jemals zuvor. Die Basis unseres Intellektuellen Kapitals rückt in den Mittelpunkt, denn wir alle befinden uns inmitten einer wirtschaftlichen Revolution, die durch das Informationszeitalter eingeläutet wurde.

Um das Konzept des Intellektuellen Kapitals zu verstehen, seine Bedeutung im gesamten Ausmaß zu erkennen, bedarf es einer eingehenden Betrachtung der eigentlichen Tragweite des Begriffs 'Informationszeitalter'. Wir haben es hier nicht mit einem Werbeslogan zu tun, mit dem der Verkauf von Faxgeräten und Telefonen angekurbelt werden soll. Dieses und die folgenden zwei Kapitel sollen zeigen, inwieweit Wissen in der heutigen Zeit der zentrale Faktor in der Wirtschaft ist, bedeutender noch als alles Rohmaterial oder finanzielle Mittel.

Als wirtschaftlicher Output genießt Wissen heute vielfach einen höheren Stellenwert als beispielsweise Autos, Öl, Stahl oder andere klassische Industrieprodukte. Im weiteren Verlauf werden wir erfahren, wie Wissen als Rohstoff in die Wirtschaft einfließt, wie es sich auswirkt und wo es sich manifestiert. Wir erfahren ferner, warum Wissensmanagement für Unternehmen oberste Priorität bekommen sollte.

Willkommen in der Revolution

Wir sollten den Begriff 'Revolution' nicht zu leichtfertig gebrauchen, laut Webster's ist Revolution immer „eine plötzliche, radikale und komplette Veränderung, ein grundlegender Orientierungswandel". Keine der Veränderungen, die sich um uns herum vollziehen, ist eine reine Modeerscheinung, im Gegenteil, hier wirken enorme und unberechenbare Kräfte: die Globalisierung, die Märkte in ungeahnter Größe öffnet und quasi eine unvermeidbare Begleiterscheinung, eine Vielzahl neuer Konkurrenten mit sich bringt; die Ausbreitung neuer Informationstechnologien und die zunehmende Zahl von Computernetzwerken; die Auflösung der vielstufigen Firmenhierarchien – bislang die charakteristische Architektur von Industriebetrieben – und die damit einhergehende Reduzierung und Vernichtung von Arbeitsplätzen.

Parallel zu diesen Veränderungen entsteht eine neue Art von Wirtschaftsordnung - die des Informationszeitalters - und bezeichnenderweise sind es in dieser neuen Wirtschaftsordnung nicht mehr die natürlichen Rohstoffe oder die reine Arbeitskraft, die uns zu Wohlstand verhelfen, sondern das Wissen und die Kommunikation im Sinne eines Austauschs von Wissen.

Und in dieser Wirtschaft gibt nun eine neue Generation von Tycoons und Wirtschaftsgiganten den Ton an. Männer, die unermeßlichen Reichtum erlangt haben, nicht etwa weil sie auf irgendeinem Ölfeld fündig geworden wären oder in rauhen Mengen Stahl produziert hätten, sondern weil sie Produkte oder Dienstleistungen verkaufen, die man in der Regel noch nicht einmal 'anfassen' kann. Beispielsweise die milliardenschweren Mitarbeiter der Firma Netscape, deren Internetnavigator via Modem vom Netscapeserver direkt in Ihren Computer gelangt, ohne daß Sie diese Software einmal in die Hand genommen hätten. Die Mitarbeiter von Microsoft, auch allesamt Milliardäre, sind ein weiteres gutes Beispiel. Microsoft besitzt zwar keine Fabriken, wo irgend etwas produziert wird, und dennoch baute das Unternehmen Paläste am Fluß Puget Sound in der Nähe von Seattle, wo jeder Quadratmillimeter mit mindestens genauso viel Pomp und Protz ausgestattet ist wie die herrschaftlichen Villen, die sich die Industriegiganten des 19. Jahrhunderts in Newport oder Rhode Island hingestellt haben.

Diese Veränderungen – Globalisierung, Computerisierung, die Auflösung einfacher wirtschaftlicher Zusammenhänge und die zunehmende 'Nichtgreifbarkeit' von Werten – sind eng miteinander verknüpft. Wie übereinanderliegende Holzscheite in einem Kamin bringt eines das andere dazu, noch lichter zu brennen. An der Helligkeit und im Flackern der Flamme merken wir, daß Wirtschaft und Gesellschaft sich in einem Umbruch befinden, dessen Ausmaß und Konsequenzen nur mit dem vergleichbar sind, den seinerzeit unsere Groß- und Urgroßeltern durchlebt haben.

Den Anbruch des Informationszeitalters im ausgehenden 20. Jahrhundert mit dem Durcheinander und den Veränderungen, welche die Industrielle Revolution bewirkte, zu vergleichen, ist schon ein Klischee. Trivial, aber wahr. Doch es lohnt sich, wenn wir uns dieses historische Ereignis noch einmal vergegenwärtigen: Zum einen, weil wir dann vielleicht erahnen können, was da noch auf uns zukommen mag, zum anderen, weil es durchaus aufschlußreiche Parallelen gibt zwischen den wirtschaftlichen Problemen der Gegenwart und denen, die damals herrschten, als die Industrielle Revolution einsetzte.

Die Industrielle Revolution brach in England und Frankreich einige Jahre früher aus als in Amerika, wo sie gleich nach dem Bürgerkrieg Fuß faßte. Zu jener Zeit war der Norden Amerikas im industriellen Aufbruch begriffen, während der Süden völlig brachlag. Das Ausmaß dieser Entwicklung zeigt sich am deutlichsten im atemberaubenden Anwachsen der Frachtdienstleistung der Eisenbahnen: Waren es im Jahr 1860, ein Jahr vor Ausbruch des Krieges, noch 55 Millionen Tonnen Fracht, so waren es fünf Jahre nach Kriegsende, 1870, bereits 72,5 Millionen Tonnen und 437 Millionen Tonnen im Jahr 1885.

Egal ob einfacher Fabrikarbeiter oder Chef: Das Leben, das diese ersten Beschäftigten des Industriezeitalters führten, wäre für ihre Vorfahren unvorstellbar gewesen. Daß Heerscharen von Mitarbei-tern zur gleichen Zeit in einer Fabrik oder in einem Büro arbeiten, war etwas vollkommen Neues! Noch die Eltern dieser Arbeiter waren nach dem Frühstück aufs Feld oder in den Stall gegangen und die Idee, Arbeitszeiten festzulegen, war in ihren Augen reichlich verrückt, wenn nicht sogar widernatürlich oder unchristlich. Man muß bedenken, daß die Menschen vor der Industriellen Revolution eine andere Zeitwahrnehmung hatten. Wenn überhaupt, so maß der Mensch auf dem Feld die Zeit am Stand der Sonne, und es kam vor, daß die Uhren in dem einen Dorf anders gingen als im nächsten. In den Vereinigten Staaten wurde Zeit erst im 19. Jahrhundert standardisiert, auf Drängen der Eisenbahngesellschaften, die verbindliche Fahrpläne einführen wollten. Die Acht-Uhr-Sirene, der Chef, der Manager, der „Nine-to-Five"-Job, die Schulpflicht für Kinder und die Hausfrau, all das sind Erfindungen des Industriezeitalters.

Daß das damals rauhe und unschöne Zeiten waren, ist bestens belegt, beispielsweise in Romanen wie *Hard Times* (1814) von Charles Dickens, oder in dem *Kommunistischen Manifest* von Karl Marx und Friedrich Engels, das die Menschen aufrüttelte. Die überladenen Herrenhäuser der neureichen Industriebarone, die turmhohen Schornsteine ihrer Fabriken warfen häßliche Schatten auf die Bretterverschläge der Habenichtse. Der 'alte' Adel, Gutsbesitzer, die ihren Reichtum mit Ackerbau, Viehzucht, mit Erz, Pelz oder Holz erwirtschaftet hatten, verabscheuten diese 'Räuberbarone' ebenso wie deren Angestellte.

Wissen und Ideenreichtum waren es, worauf es in dieser Zeit ankam. Die Schulbuchversion der Industriellen Revolution liest sich wie eine Erzählung über Erfinder und Erfindungen: James Watt, Eli Whitney, Thomas Edison. Die wohl überragendste Idee jener Zeit war die Anhäufung von Finanzkapital. Die ersten Fabrikbesitzer wurden nicht etwa reich, weil in ihren Fabriken bessere Produkte entstanden oder effizienter gearbeitet wurde als in einem Handwerksbetrieb. Die knallhart kalkulierenden Fabrikanten bezahlten ihren Arbeitern einfach weniger als der Besitzer des Handwerksbetriebs und steckten den Differenzbetrag in die eigene Tasche. So häuften sie Kapital an, welches sie dann zu Expansionszwecken wieder in ihr Unternehmen investierten. Aufgrund der verbesserten Transportbedingungen (geteerte Straßen, Eisenbahnen, Dampfschiffahrt) war es mit einem Mal möglich, nicht nur die Nachbarn, sondern auch geographisch weit entfernte Kunden mit Produkten zu versorgen.

Letztendlich hat die Industrielle Revolution zum Anwachsen der Mittelklasse geführt und allen Beteiligten eine Verbesserung des Lebensstandards beschert. Doch zunächst einmal hat sie den bereits vorhandenen Unterschied zwischen arm und reich vergrößert. Eine vergleichbare Tendenz weist das beginnende Informationszeitalter auf.

Massenvernichtungskriege, wie sie mit Bürgerkriegen begannen und im Wahnsinn des 2. Weltkriegs kulminierten, gingen einher mit der Hochkonjunktur der Massenproduktion. Die Frage, ob diese Kriege weniger auf dem Schlachtfeld, sondern eher in den Fabrikhallen gewonnen wurden, ist nicht unberechtigt. Es ist sicher mehr als ein Zufall, daß die Amerikaner in Vietnam eine bittere Niederlage hinnehmen mußten, und zwar genau zu jener Zeit, als die Industrie der Vereinigten Staaten in eine schwere Krise geriet. Im Jahr 1971 löste sich der Dollar vom Gold, 1973 folgte das erste Ölembargo der Araber, dann der 'Plaza Accord', der den Dollar gegenüber dem Yen stark schwächte, und schließlich der Aufstieg der japanischen Automobil- und Elektronikindustrie, angeführt von Unternehmen, die sich die Ergebnisse amerikanischer Forschungs- und Entwicklungsarbeit sowie Technologieinnovationen zunutze machten. Das Industriezeitalter hatte sich überlebt und, obwohl es damals nur wenige wahrnahmen, etwas Neues begann, das jedoch erst später richtig in Erscheinung trat.

Im Frühling der Industriellen Revolution schufen sich die Menschen in anderer Form Wohlstand als zuvor. Nur kurz nach dem Bürgerkrieg im Jahr 1869 machten landwirtschaftliche Produkte in den USA etwa 40 Prozent aller produzierten Güter aus. Nur ein halbes Jahrhundert später fiel dieser Anteil auf 14 Prozent, heute sind es gerade mal 1,4 Prozent. Mit dem Wechsel von der Landwirtschaft zur Industrieproduktion und mit dem Abwandern der Bevölkerung in die Städte entwickelten sich völlig neue Branchen, beispielsweise die Fleischverpackungsindustrie. Fleischverpacker gehörten zu den neuen Mittelsmännern zwischen Produzent und Kunde. Als Produzent und Konsument noch in Personalunion waren, wären sie überflüssig gewesen, und als es noch keine Kühlschränke und Eisenbahnen gab, wäre diese Tätigkeit undenkbar gewesen. Vor rund vierzig Jahren jedoch waren zwei der zehn größten US-amerikanischen Unternehmen Fleischverpacker.

Zwischen 1910 und 1920 lebte die Mehrheit aller Amerikaner bereits in Städten. Und als amerikanische Soldaten nach dem 1. Weltkrieg aus Frankreich zurückkamen, lautete eine vielgesungene Liedstrophe: *„Wie schaffen sie's, im Stall zu stehn, wo sie doch Paris gesehn?"*

Es war nicht zu schaffen. Nur 3,4 Millionen Amerikaner arbeiten heute noch in der Landwirtschaft, das sind nur 2,8 Prozent der arbeitenden Bevölkerung, und selbst dieser Anteil ist im stetigen Abnehmen begriffen.

Was genau ist die Informationswirtschaft?

Zurück zum eigentlichen Thema. George Bennett, der Begründer von Symmetrix, einem Beratungsunternehmen in Lexington, Massachussetts, stellte kürzlich die beunruhigende Frage: „Wenn zwei Prozent der Bevölkerung in der Lage sind, die Gesamtmenge der benötigten Lebensmittel zu produzieren, was passiert dann, wenn nur weitere zwei Prozent alle benötigten Kühlschränke und sonstigen Gebrauchsgegenstände herstellen können?" Eine gute Frage: Der Parkplatz von General Motors in Louisville, Kentucky war im Jahr 1953 für 25.000 Mitarbeiter konzipiert und gebaut worden. Heute arbeiten dort noch 10.000 Beschäftigte. Im Jahr 1985 arbeiteten 406.000 Mitarbeiter bei IBM und erwirtschafteten 6,6 Milliarden Dollar Gewinn. Im Jahr 1987 wurde Thomas J. Watson, langjähriger Vorstand von IBM und seit 1971 im Ruhestand, im Magazin Fortune als erfolgreichster 'Kapitalist' der Wirtschaftsgeschichte gefeiert. Nur einige Jahre später, 1993, hatte das Unternehmen ein Drittel weniger Mitarbeiter und Gewinne.

Der Automobilhersteller VW hat unlängst festgestellt, daß er eigentlich nur rund zwei Drittel der derzeitigen Mitarbeiter benötigt. AT&T gab 1996 bekannt, rund 40.000 Arbeitsplätze abzubauen, etwa 60 Prozent davon bei Lucent-Technologies, einem Tochterunternehmen, das erst kurze Zeit zuvor gegründet worden war. Der Anteil der Beschäftigten in der produzierenden Industrie ist in Amerika von 34 Prozent im Jahr 1950 auf derzeitige 16 Prozent dramatisch gesunken. Rund ein Drittel dieser Beschäftigten sind zudem nicht in der eigentlichen Produktion tätig sondern, in der Buchhaltung, im Management, in der Entwicklungsabteilung, im Marketing oder in anderen Bereichen, wo sie in erster Linie mit Informationen und Daten arbeiten.

Das 'Downsizing Amerikas', wie es die *New York Times* 1996 in einer etwas überspannten Artikelserie bezeichnete, ist längst zu einem politischen Thema avanciert, das nicht ohne Grund reale Ängste in der Bevölkerung schürte. Obgleich dieses Downsizing Teil eines Phänomens ist, ist es nicht das eigentliche Phänomen. Es ist wie ein Kapitel in einer größeren Geschichte. Und diese Geschichte handelt davon, wie die 'Informationsrevolution' das Geschäft, das Wirtschaftsgeschehen und die Gesellschaft neu erfindet. Ebenso wie die Industrielle Revolution einst das dörfliche Leben durcheinanderbrachte und die Städte in ein Chaos stürzte, werden diese Entwicklungen alles, was von ihnen betroffen ist, auf den Kopf stellen.

Es ist mitunter sehr schwer nachzuvollziehen, in welcher Weise Wissen unser Wirtschaftsgeschehen beeinflußt, da es in so unterschiedlichen Formen in Erscheinung tritt. Wirtschaftswissenschaftler bezeichnen es zu Recht als 'heterogene Ressource'. Geschäftsberichte, Bücher, die Elektronen, die durch den Cyberspace jagen, auch der Tratsch an der Kaffeemaschine: alles Formen von Informationsaustausch. Doch wie lassen sich beispielsweise Laboruntersuchungen über HIV-Infektionen mit einem Buch über die Gemälde Caravaggios oder einem Bericht über die Absätze von Toyota in Thailand vergleichen? Wie wir sehen werden, kommt es bei jeder Form von Wissensmanagement in einem Unternehmen darauf an, zwischen wichtigen und unwichtigen Informationen zu unterscheiden.

Betriebswirte machen es sich da sehr leicht. Für sie reicht es, wenn man das, worum es geht, in Geldeinheiten, DM oder Dollars quantifizieren kann. Zahlreiche Menschen haben bereits den Versuch unternommen, die Gesamtumsätze, die auf dem 'Informationssektor' erwirtschaftet werden, zu errechnen. Die Zeitschrift *Business Week* stellte 1994 ein neu entwickeltes statistisches Verfahren für die Evaluierung des Informationszeitalters vor. Die Grundlage für die Anwendung dieses Verfahrens ist die Unterteilung der Wirtschaft in folgende drei Bereiche: Güter

(Produktion, Bergbau und Versorgungsbetriebe), Dienstleistung (Serviceleistungen für den Endverbraucher, beispielsweise Autoreparaturwerkstätten, Banken, das Bildungswesen, das Gesundheitswesen), und Informationssektor (u.a. Werbung, Kommunikationsdienstleistungen, Computer, Software, Universitäten, Unterhaltungsbranche, Sicherheitsdienste). Die Berechnung ergab, daß etwa 15,3 Prozent aller Arbeitnehmer in den USA im Bereich Information tätig sind. Der Ansatz, den *Business Week* gewählt hatte, also die Einteilung in drei Bereiche, war im Grunde nicht schlecht, nur geschah sie völlig willkürlich. So stellt sich die Frage, warum beispielsweise weiterführende Schulen und Banken zum Dienstleistungssektor, Universitäten und Börsenmakler aber zum Informationssektor gezählt wurden. Hinzu kommt, daß eine wesentliche Frage, die weitaus interessanter und für Unternehmen und ihre Mitarbeiter von weit größerer Bedeutung ist als irgendeine fragwürdige Klassifizierung, überhaupt nicht gestellt wurde: Welche Rolle spielen Wissen und Information in der gesamten Wirtschaft, im einzelnen Unternehmen, am einzelnen Arbeitsplatz überhaupt – und nicht nur auf dem Informationssektor?

Eine Antwort auf diese grundsätzliche Fragestellung gab es bereits, noch bevor sie gestellt wurde. Fritz Machlup, Wirtschaftswissenschaftler an der Princeton University, veröffentlichte 1962 sein Werk *The Production and Distribution of Knowledge in the United States*, das er in den Folgejahren zu einem achtbändigen Kompendium mit dem Titel *Knowledge: Its Creation, Distribution, and Economic Significance* erweiterte. Machlup unternahm in seiner Publikation den Versuch, den wirtschaftlichen Wert der Produktion von Wissen zu quantifizieren. Auf der Basis von Daten aus dem Jahr 1958 gelangte er in seiner Untersuchung zu der Erkenntnis, daß 34,5 Prozent des Bruttosozialprodukts in den USA im Informationssektor erwirtschaftet wurden. 1977 veröffentlichte das U.S. Department of Commerce eine Dissertation mit dem Titel *The Information Economy*. Verfasser war ein gewisser Marc Porat, der spätere Chief Executive Officer (CEO) des Softwareunternehmens General Magic mit Sitz in Silicon Valley. Anhand von Wirtschaftsdaten aus dem Jahr 1967 definierte er zunächst einen 'Primären Informationssektor' und errechnete dann den Beitrag dieses Sektors am Bruttoinlandsprodukt (BIP) in den USA für das Jahr 1967. In diesem Anteil am BIP ließ er zum einen die gesamten Umsätze aus Branchen wie der Kommunikationsindustrie, Banken und Versicherungen, Industriedienstleistungen und Bildungswesen einfließen sowie zum anderen einen in einer bestimmten Höhe geschätzten Betrag aus den Umsätzen in anderen Branchen, die zwar selbst nicht zum Primären Informationssektor gehören, deren Produkte jedoch für diesen von Bedeutung sind. So rechnete er beispielsweise drei Fünftel des Mehrwerts aus der Elektrogeräteindustrie dem Informationssektor hinzu, da dieser mit Geräten wie Schreibmaschinen, Computern, Druckerpressen, Telefonen und Kopierern erzielt wurde.[2]

---

[1] Der Mehrwert bezeichnet die Differenz zwischen dem Tauschwert von Arbeit, Material und Hilfsmitteln und dem Tauschwert der produzierten Güter, also die Differenz zwischen dem, was zur Erstellung von Gütern und Dienstleistungen an Kosten aufgewendet wird, und dem Umsatz, der hin-

Das Ergebnis ist erstaunlich: Im Jahr 1967 betrug der Anteil des Informationssektors am BIP 25,1 Prozent. Darüber hinaus waren 43 Prozent aller Unternehmensgewinne in diesem Bereich erzielt worden. Eigentlich wären es noch mehr gewesen, denn Porat identifizierte unter den Branchen, die laut seiner ersten Einteilung nicht zum Primären Informationssektor gehörten, sodann einen 'Sekundären Informationssektor'. Dieser umfaßt alle Informationsdienstleistungen, die für den internen Gebrauch in öffentlichen und privaten Unternehmen außerhalb des Primärsektors erbracht werden. So bezahlt der Käufer eines Autos ja nicht nur für das Produkt, der Verkaufspreis beinhaltet auch die Kosten für F&E, für das Management oder die Marketingkampagne, die das Produkt auf dem Markt eingeführt hat. Diese Leistungen addieren sich nach Porat zu weiteren 21 Prozent am BIP auf, damit beträgt der Anteil des Informationssektors am BIP insgesamt etwa 46 Prozent.

Porat hat die Leistung des Informationssektors sicherlich etwas überbewertet, doch zeigen gerade diese Zahlen aus der Zeit des beginnenden Niedergangs des Industriezeitalters die eigentliche Dimension der Revolution, in der wir uns befinden. Zwar gibt es seit dem Jahr 1980, in dem Anhänger von Machlup errechneten, daß der Anteil des Informationssektors am BIP bei 36,5 Prozent läge, kein vergleichbares Untersuchungsergebnis mehr, aber es ist offensichtlich, daß die 'Informationswirtschaft' sich ausweitet. Man betrachte nur einmal das enorme Wachstum von Computer-, Kommunikations- und Unterhaltungsindustrie. Jede Nation, jedes Unternehmen und jeder einzelne ist zunehmend von Wissen abhängig – Wissen wie zum Beispiel Patente, Prozeßabläufe, Fertigkeiten, Technologien, Informationen über Kunden und Lieferanten oder schlichtweg Erfahrung.

Sogar der Papst hat die zunehmende Bedeutung des 'Wissens, der Technologien und der Fertigkeiten' erkannt. So schrieb Johannes Paul II. 1991 in der Enzyklika *Centesimus Annus:* „Während in der Vergangenheit Land und später das Kapital die entscheidenden Faktoren der Produktion waren, ... ist heute der entscheidende Faktor der Mensch selbst, vielmehr sein Wissen."

Wissen ist Hauptbestandteil aller Dinge, die wir machen, produzieren, kaufen und verkaufen werden. Daher ist das 'Managen' von Wissen – es aufzuspüren, es zu fördern, es aufzubewahren und verfügbar zu machen, es zu verkaufen und zu teilen – zur zentralen wirtschaftlichen Aufgabe von Menschen, Unternehmen oder ganzen Volkswirtschaften geworden.

Dies alles mag für den Anfang vielleicht etwas abstrakt gewesen sein, aber ich denke, daß die Grundlagen geklärt sind. Und wenn Sie sich umschauen, so werden Sie feststellen, daß das Primat des Wissens bereits überall zu spüren ist.

---

terher mit diesen Gütern und Dienstleistungen erzielt wird. Der Mehrwert, in Europa hauptsächlich im Zusammenhang mit der Besteuerung von Umsätzen gebräuchlich (Mehrwertsteuer), wird in den USA zur Berechnung des Bruttoinlandsprodukts herangezogen. So wird vermieden, daß eine Leistung mehrfach in die Berechnung des BIP einfließt. Der Stahl, der in einem Auto verarbeitet ist, wird schließlich mehrfach verkauft – vom Bergwerk, wo das Erz gefördert wurde, an den Stahlproduzenten, von dort an den Automobilhersteller und von dort schließlich an den Kunden.

Der Wissensgehalt aller Dinge

Betrachten Sie einmal den 'Wissensgehalt' von ganz alltäglichen Produkten und Dienstleistungen. Der Laptop, auf dem ich diese Worte schreibe (ein Macintosh PowerBook 5300C, das ich 1993 erstanden habe), wiegt ungefähr drei Kilogramm. Er hat 8 MB RAM Arbeitsspeicher und 500 MB Festplattenspeicher, einen Farbmonitor und einer Taktfrequenz von etwa 100 MHz – zum Zeitpunkt des Kaufs war das schnell. Der erste IBM-PC, der 1981 auf den Markt kam, bestand noch aus drei Teilen: einer Tastatur, einem monochromen Bildschirm und dem Rechner selbst – insgesamt rund 20 Kilogramm Gewicht. Allein die Tastatur wog soviel wie mein Laptop. Anstelle des RAM und der Festplatte hatte der PC ein sogenanntes 'User Memory' mit insgesamt 16 Kilobyte Speicherkapazität. Wenn man nur den Arbeitsspeicher betrachtet, so ist mein Laptop 500mal leistungsfähiger als der frühe PC, der dafür aber siebenmal mehr wog. Anders ausgedrückt bedeutet das, daß sich hinter einem Laptop, im Silizium, in den Drähten, im Plastik, im Metall und in seinen anderen Bestandteilen, die 3500fache Intelligenz eines frühen PC verbirgt.

Wir können ähnliche Veränderungen bei Werkzeugen, in Drehbänken und Gußformen, die in der Metallbearbeitung zum Einsatz kommen, beobachten. Mehr als die Hälfte von allen Investitionen in diesem Bereich entfällt auf die Anschaffung von CNC-Werkzeugen. CNC-Werkzeuge, mit modernsten Mikroprozessoren für die Steuerung von Bohrern und Fräsmaschinen versehen, sind im Vergleich zu den alten, mechanisch gesteuerten Werkzeugmaschinen das, was ein Computer im Vergleich zu einer Schreibmaschine ist.

Jodie Glore, die Vizepräsidentin des Geschäftsbereiches Automatisierung von Allen Bradley, einem Hersteller von CNC-Maschinen, sagte kürzlich: „Die elektromechanischen Kästen, die wir früher verkauft haben, hatten was Machohaftes. Und man sah ihnen an, daß sie teuer waren. Heute heißt es nur noch: 'Sehen Sie diese Diskette…?"

Ein weiteres gutes Beispiel ist der Bau der Boesing 777, die vollständig am Computer und ohne Papierzeichnungen oder Modell-attrappen konstruiert wurde. Die Maschine verfügt über drei Bord-computer und nur zwei Triebwerke. Das Flugzeug wird mit Kerosin betrieben, die Hälfte der Kosten für das Auffinden und das Fördern von Rohöl, aus dem das Kerosin hergestellt wird, sind Kosten für Information und Know-how.

Ein Auto enthält heute mehr Mikrochips als Zündkerzen. Die ganze Elektronik ist weitaus teurer als der Stahl, der in einem Auto verarbeitet ist.

Der Stahl war zu Beginn dieses Jahrhunderts 'das' Produkt schlechthin. Sein Stellenwert in der Industriegesellschaft ergab sich auch aus den enormen physischen Anstrengungen bei der Erzgewinnung in Mesabi Range, Minnesota, bei dem Verschiffen von Millionen Tonnen nach Pittsburgh oder Birmingham und aus den im wahrsten Sinne des Wortes höllischen Arbeitsbedingungen, unter denen in den

Hochöfen schließlich Stahl gekocht wurde. Noch heute wird Stahl produziert, aber der physische Aufwand ist stark reduziert worden. Ein großer Stahlproduzent wie Bethlehem in Pennsylvania benötigte drei bis vier Mannstunden zur Herstellung einer Tonne Stahl. In der Zwischenzeit hat Nucor Steel in Charlotte, North Carolina, ein Verfahren entwickelt, das den Einsatz hochentwickelter Computer voraussetzt, und damit die Branche revolutioniert. In nur 45 Mannminuten wird eine Tonne Stahl erzeugt. Die intellektuelle Komponente dieses Prozesses ist gewachsen, während gleichzeitig seine physische geringer wurde.

Betrachten wir nun einmal 'das' Produkt des späten 20. Jahrhunderts – den Mikrochip. Der Gesamtwert aller Chips, die heute produziert werden, übersteigt bei weitem den Wert des produzierten Stahls. Was ist es, das den Chip so wertvoll macht? Mit Sicherheit nicht seine Zusammensetzung. Mikrochips werden hauptsächlich aus Silizium hergestellt, und das gibt es bekanntlich wie Sand am Meer. Was den Chip wertvoll macht, sind sein Design und das Design dieser hochkomplexen Maschinen, mit denen er produziert wird. Es ist wiederum der intellektuelle Gehalt, nicht der physische.

Etwa vier von fünf Dollar, die Levis für die Herstellung einer Jeans ausgibt, wendet das Unternehmen für Information auf, und nicht für das Zuschneiden, Nähen und Färben der Hose. Einer Schätzung von James Brian Quinn zufolge, Dozent an der Tuck School of Business am Dartmouth College, werden in der Produktion von Gütern rund drei Viertel des Mehrwerts durch Information erwirtschaftet.

In der Blütezeit der herkömmlichen industriellen Produktion machte es für die einzelnen Unternehmen einen Sinn, alles, was an Material und Anlagen für die Produktion erforderlich war, unter einem Dach zu haben. Die Automobilfabrik von Ford am Rouge River in Detroit, wo über den Stahl und die Teile für die Fertigung bis hin zum fertigen Auto alles hergestellt wurde, galt damals als kleines Weltwunder. Heute im Informationszeitalter erlauben neue Formen der Logistik, CAD und die modernen Informations- und Kommunikationstechnologien, die Fabrikarbeit – das vormalige Herzstück der Produktion – weitgehend auszulagern. Drei von zehn amerikanischen Industrieunternehmen haben bereits mehr als die Hälfte ihrer Produktion ausgelagert. Die Fachzeitschrift *Purchasing* hat ermittelt, daß im Jahr 1995 die Ausgaben für den Kauf von Teilen, Hilfsmitteln und weiteren Leistungen 1995 fünfmal höher waren als noch vier Jahre zuvor. Amerikanische Automobilhersteller produzieren heute den Stahl und mehr als die Hälfte der zu verarbeitenden Teile nicht mehr selbst. Bei Chrysler liegt die Outsourcingrate bei 70 Prozent. Zu behaupten, die Big Three der amerikanischen Automobilindustrie verstünden sich heute eher als Automobilentwickler und Marketingspezialisten denn als Automobilhersteller, ist kaum übertrieben.

Kurz gesagt, Fertigung ist gleichbedeutend mit Entmaterialisierung. „Wir sind Zeugen", so die drei Universitätsprofessoren der Lehigh University, Steven Goldman, Roger Nagel und Kenneth Preiss, „wie Produkte und Dienstleistungen immer stärker miteinander verschmelzen ... Die Begriffe 'Produktion' und 'Produkt' müssen heute neu überdacht werden."

Und natürlich kaufen wir auch vermehrt Wissen im Dienstleistungssektor. Das Honorar für die juristische Beratung in einer New Yorker Anwaltskanzlei beträgt etwa 400 Dollar pro Stunde, nicht etwa wegen der gediegenen Einrichtung, sondern wegen des Sachverstands, mit dem der Anwalt dem Mandanten hilft.

Industrien, die Informationen zur Verfügung stellen, wachsen nachweislich schneller als jene, die Produkte liefern. Der internationale Telefonverkehr steigt jährlich um etwa 16 Prozent an, der elektronische Datenverkehr um 30 Prozent im Jahr, und die Kommunikation via Internet explodiert förmlich.

Im Flugverkehr werden nahezu alle Gewinne durch Informationsvermittlung erwirtschaftet. Der offizielle *Airline Guide,* ein wöchentlich erscheinendes Magazin, in dem alle An- und Abflüge aller Flughäfen in den USA verzeichnet sind, ist gewinnbringend, allerdings mußten zu Beginn der neunziger Jahre alle amerikanischen Fluglinien Verluste in Milliardenhöhe hinnehmen – Verluste, die noch weit höher gewesen wären, hätte man sie nicht durch die Reservierungssysteme auffangen können. Nur 10 Prozent der Einnahmen von AMR, Muttergesellschaft von American Airlines, sind auf Gebühren zurückzuführen, die das Unternehmen für die Nutzung seines Reservierungssystems Sabre berechnet. Doch 1995, nach einer Phase des Aufschwungs, als die Fluglinien nach langer Zeit wieder schwarze Zahlen schrieben, erwirtschaftete AMR mit Sabre 44 Prozent seines Bruttogewinns. Man kann heute fast sagen, daß die Luftfahrtindustrie eigentlich aus zwei unterschiedlichen Industriezweigen besteht: dem Flugtransport einerseits, der kaum Gewinne abwirft, und einem Dienstleistungsbereich andererseits, der mit der Aufbereitung und der Weitergabe von Flugdaten große Gewinne erwirtschaftet.

Sogar unser Geld erfährt eine Entmaterialisierung. Die Zeiten sind längst vorbei, in denen der Devisenhandel zwischen den Nationen florierte und die Angestellten der Federal Reserve Bank von New York Goldbarren auf Handwagen stapelten und sie von einem Tresorraum zum nächsten beförderten. Inzwischen werden täglich 1,3 Trillionen Dollar transferiert, ohne daß sie jemand zu sehen bekommt:

> Geld hat sich von einer standardisierten Werteinheit – einer festgelegten, genau definierten Vermögenseinheit, einer absoluten 'Wahrheit' – zu etwas Vergänglichem, sich Verflüchtigendem, einer elektronischen Einheit verändert. Während der vergangenen 25 Jahre hat es sich von einer staatlich geschützten Goldwährung – 35 Dollar entsprachen einer Unze Gold – zu einer völlig neuen elektronischen Einheit entwickelt. Geld ist heute nicht mehr als eine Aneinanderreihung von Nullen und Einsen, den Grundbausteinen des elektronischen Datenaustausches. So kann jede beliebige Geldmenge, nur durch diese beiden Zahlen dargestellt, durch kilometerlange Kabel oder Datenhighways transferiert, von Satellit zu Satellit geschossen und von einer Relaisstation zur nächsten übertragen werden. Diese völlig neue Art von Geld ist wie ein Schatten: den Schatten kann man sehen, doch er ist nicht zu greifen. Ihm fehlt die physische Dimension, das Gewicht – Geld ist zu einem imaginären Zahlungsmittel geworden.

Wie schon die Industrielle Revolution, läßt auch die Informationsrevolution nichts und niemanden unberührt. Der körperliche Einsatz bei der Arbeit ist in vielen Bereichen derart gesunken, daß das Landwirtschaftsministerium der arbeitstätigen Bevölkerung Amerikas inzwischen rät, nicht mehr als 2000 Kalorien täglich zu sich zu nehmen – das ist weit weniger als die tatsächlich konsumierten 3700 Kalorien. Dank der Forschung auf den Gebieten des Ackerbaus und der Züchtung neuer Getreidesorten sind Bauern heute in der Lage, fünfmal mehr Getreide zu ernten als noch in den zwanziger Jahren dieses Jahrhunderts. Das sind 80 Prozent mehr Ertrag durch Wissen.

Im militärischen Bereich hat Information die Bedeutung von Kriegswaffen auf den zweiten Rang verwiesen. Heute gibt die Armee mehr denn je für Aus- und Weiterbildung aus. Während des Vietnamkriegs hatten etwa 15 Prozent der Soldaten keinen Highschool-Abschluß. Inzwischen sind es 99,3 Prozent, die die Highschool beendet haben, und die Zahl derer, die darüber hinaus eine weiterführende Schule besucht haben, hat sich verdoppelt.

Die Ereignisse des Golfkriegs haben die verheerende Wirkung sogenannter 'intelligenter Waffen' (Cruise Missiles) verdeutlicht. Vollbeladen mit Informationstechnik und Intelligenz und dafür weniger Sprengstoff richteten diese Waffen mehr Zerstörung an als die Bombardements während des 2. Weltkriegs oder der Bombenteppich über Vietnam. Bereits jetzt entwickeln Strategen im Pentagon Kriegsszenarien, in denen Schlachten nicht mehr auf dem Schlachtfeld oder in Fabriken ausgetragen werden, sondern in der imaginären Welt des Cyberspace. Eines der Hauptangriffsziele zukünftiger Kriege wären aller Wahrscheinlichkeit nach die Informationssysteme dazu zählen der elektronische Finanztransfer, Telefonsysteme oder auch militärische Kommandoeinrichtungen, um an die strategisch bedeutsamen Informationen zu gelangen. Herauszufinden, wie ein Pearl Harbor der Informations-Infrastruktur zu vermeiden ist, bereitet dem Pentagon nicht geringes Kopfzerbrechen. An der Universität der Land-, Wasser- und Luftstreitkräfte in Fort McNair, Washington D.C. wurde eigens ein Forschungszentrum für das Informationsmanagement eingerichtet. Egal ob Frieden oder Krieg, die physische Komponente verliert an Bedeutung, an ihre Stelle treten Wissen und Information.

Brian Arthur, Wirtschaftswissenschaftler an der Stanford University und Mitarbeiter am Santa Fe Institut, faßt die beschriebenen Veränderungen folgendermaßen zusammen: Im früheren Wirtschaftsgeschehen haben Menschen 'erstarrte Rohstoffe' gekauft und verkauft – viel Material, das von wenig Wissen zusammengehalten wurde. (Man denke nur an die Aluminiumblöcke, aus Bauxit bestehend, mit einem enormen Energieaufwand bearbeitet und einem völlig überholten Verfahren geschmolzen.) Im neuen Wirtschaftsgeschehen kaufen und verkaufen wir 'erstarrtes Wissen' – intellektuelle Inhalte, Informationen, gebündelt auf nur einem kleinen Datenträger (denken Sie beispielsweise an eine Computersoftware oder den Bau eines neuen Flugzeugs, wo F&E den größten Kostenfaktor ausmachen).

Diese neuartige Wirtschaftsordnung wird alte Strukturen verändern und deren relative Bedeutung vermindern, doch nicht gänzlich aufheben. Auch Bill Gates, um einmal einen, wenn nicht den bedeutendsten Kapitalisten unseres Informationszeitalters zu nennen, gibt sein Geld für ein großes Haus oder schicke Autos aus, alles handfeste Gegenstände. Die Industrielle Revolution vermochte nicht, die Landwirtschaft zu verdrängen, wir müssen ja schließlich irgend etwas essen. Und ebensowenig vermag die Informationsrevolution das Ende der Industrieproduktion herbeizuführen, irgend jemand muß schließlich all die Bierdosen produzieren. Doch kann bislang niemand vorhersagen, in welchem Ausmaß sich diese fundamentale Veränderung, die unser Wirtschaftsleben erfährt, auf Arbeit und wirtschaftliches Wachstum auswirken wird. Die ein oder andere Überraschung ist uns dabei gewiß. Es zeichnet sich jedoch immer klarer ab, daß wirtschaftlicher Erfolg in so einer wissensorientierten Wirtschaft von neuen Fähigkeiten, neuen Organisationsstrukturen und einer neuen Managementkultur abhängen wird.

Das neue Zeitalter ist bereits eingeläutet, doch das Ausmaß der wirtschaftlichen und sozialen Veränderungen, die damit einhergehen, läßt sich noch nicht absehen. Der Wandel wird nicht unproblematisch verlaufen. Wie sagte Neil Soss, Chefvolkswirt bei C.S. First Boston: „Anpassung ist die klägliche Aufgabe einer kläglichen Wissenschaft." Robespierre mag es auf seinem letzten Weg, dem zur Hinrichtung, geahnt haben: diesmal hat es was mit uns zu tun – denn der unvermeidbare Aufruhr trifft letztlich auch das eigene Unternehmen, die eigene Karriere.

Kapitel 2
Das Wissensunternehmen

Bleib an Deinem eigenen Schreibtisch und fahr niemals selbst zur See.
Dann wirst du zum Führer der Königlichen Marine.

W.S. Gilbert

Sie werden kaum eine Branche, ein Unternehmen oder eine Organisation finden, die nicht die gestiegene Bedeutung von Informa-tion und Wissen für sich erkannt hätte – Wissen darüber, was Kunden anzieht, und darüber, wie man mit Hilfe von Informationstechnologien Geschäftprozesse optimiert.

In diesem Kapitel betrachten wir, was die Informationsrevolution innerhalb eines Unternehmens bewirkt, was ein Wissensunternehmen ausmacht und wodurch es sich von anderen unterscheidet. Zunächst werden wir den stetig anwachsenden Berg an Informa-tionen, den Unternehmen bewältigen müssen, betrachten. Dann sehen wir uns an, wie sie mit diesen Informationen umgehen – wie Unternehmen sukzessive Inventar, Lagerbestände oder andere materielle oder physische Werte durch Information ersetzen und dabei Zeit und Geld sparen. Zuletzt werden wir uns den Aufbau, die Struktur von wissensorientierten Unternehmen ansehen und analysieren, worin sie sich von traditionell strukturierten Unternehmen unterscheiden.

Nehmen wir zum Beispiel die Firma InterDesign in Solon, Ohio, wenige Meilen östlich von Cleveland entfernt. Wie den meisten Unternehmern, die keinen Aktionären, Gründern oder Geschäftsführern einen Rechenschaftsbericht vorzulegen haben, widerstrebt es Robert Immermann, finanzielle Einzelheiten über sein Unternehmen preiszugeben, er spricht jedoch von 20 Millionen Dollar Jahresumsatz und davon, daß das Unternehmen profitabel arbeitet. Das Unternehmen InterDesign begann 1974 mit dem Import und dem Vertrieb von Holzprodukten wie Kästchen oder Lampen aus skandinavischer Herstellung sowie anderen Artikeln. Inzwischen umfaßt die Produktpalette vornehmlich Einrichtungsgegenstände oder Wohnaccessoires aus Kunststoff, beispielsweise Uhren, Kühlschrankmagneten oder Seifenschalen. Entworfen werden diese Artikel von Mitarbeitern Immermanns, die Herstellung erfolgt dann bei Vertragsfirmen. Zu den Kunden zählen Kaufhausketten wie Wal-Mart, Kmart oder Target, aber auch zahlreiche kleinere Haushaltswarenläden.

InterDesign führt keine High-tech-Produkte im Sortiment, mal abgesehen von Digitaluhren, doch haben Computer entscheidenden Einfluß auf die Entwicklung des Geschäfts gehabt; die Belegschaft hat sich verdreifacht, die Geschäftsfläche sogar verfünffacht. Die Verkaufszahlen sind in den Jahren seit Bestehen der Firma um das Achtfache gestiegen. Aber die Zahl der Megabytes, welche das Unternehmen an Speicherkapazität für die elektronische Abwicklung der Geschäfte benötigt, hat sich verdreißigfacht. 1985 mußte Immermann noch tief in die Tasche greifen und für ein gebrauchtes Laufwerk mit 288 MB Speicherkapazität 10.000 Dollar bezahlen. Heute würde der vergleichbare Arbeitsspeicher nurmehr wenige hundert Dollar kosten. „In den siebziger Jahren", so Immermann, „haben wir die eingehenden Bestellungen noch bei der Post abgeholt. In den frühen achtziger Jahren haben wir eine 800er-Nummer eingerichtet. Ende der achtziger Jahre haben wir ein Faxgerät angeschafft. Auf Drängen eines großen Abnehmers stellten wir 1991 schließlich auf den elektronischen Datenaustausch um." Heute erreichen mehr als die Hälfte aller Bestellungen das Unternehmen auf elektronischem Wege. Fehler kommen bei der Bearbeitung und der Auslieferung der Bestellungen so gut wie nicht mehr vor. „Früher kam es vor, daß über Wochen hinweg alles perfekt lief, und dann fehlte plötzlich doch irgendein Artikel für irgendeine Bestellung. Die Folge war, daß unsere Telefone heißliefen und unsere Mitarbeiter hektisch nach dem Fehler suchen mußten." Heute können die Mitarbeiter, die Bestellungen früher telefonisch bearbeitet haben, nun am Bildschirm sehen, wer wo welche Artikel, Mengen oder Farben bestellt hat. Diese Daten liefern nebenbei wertvolle Kundeninformationen, die Immermann in den Jahren zuvor aus Kostengründen nicht hätte erfassen können. Zeit und Geld, die einst dafür aufgewendet wurden, das Tagesgeschäft zu erledigen, fließen nun in F&E für neue Entwürfe und neue Produkte: die Grundlage künftiger Geschäftserfolge.

Die Geschichte von InterDesign ist exemplarisch. Nahezu jeder Paketlieferant, Kassierer, Einzelhändler und Telefonvermittler in Amerika arbeitet heutzutage mit einem Computer. Informationen strömen von überall auf uns ein, sie sind so unvermeidlich wie der Sand in einem Strandhäuschen. Diese wahre Flut von Wissen zu managen – und damit sind nicht Lieferscheine, Zahlen oder Nachrichten gemeint, sondern die Patente, das Wissen über Prozesse, Kunden, Lieferanten, die Fähigkeiten der Mitarbeiter oder neue Technologien – ist ausschlaggebend für den Erfolg oder Mißerfolg eines Unternehmens.

Wie Unternehmen mehr aus Wissen machen

Wenn Sie herausfinden wollen, was ein Unternehmen treibt, dann schauen Sie, wohin das Geld fließt. Der Weg führt direkt zu Informationen. Im wesentlichen sind es zwei Dinge, für die ein Unternehmen Geld aufwendet: zum einen für Kapitalausgaben, das heißt, ein Unternehmen investiert Geld in Gebäude, Anlagen oder andere Werte, die im Produktionsprozeß nicht (so schnell) verzehrt werden, mit dem Ziel, die Kapitalrendite zu erhöhen. Zu den Kapitalinvestitionen kommen weitere langfristige Investitionen beispiels-weise für F&E oder Weiterbildung, hinzu. Auch hierbei handelt es sich um Investitionen, wenngleich sie als Kosten in der Bilanz aufgeführt werden. Zu den Kosten, dem zweiten Grund, weshalb ein Unternehmen finanzielle Mittel einsetzt, zählen Ausgaben für: Gehälter, Rohmaterialien, Betriebsmittel, Werbung, Vertrieb oder Miete. Die Unterscheidung zwischen Investitionen und Kosten ist nicht immer klar zu treffen, ein Grund, weshalb Steuerberater sich mitunter eine goldene Nase verdienen. Sicher ist, sich daß das Informationszeitalter in dramatischer Weise auf beide Arten von Ausgaben auswirkt.

Nehmen wir beispielsweise die Ausgaben für Investitionen, die vom 'US Department of Commerce's Bureau of Economics' (BEA) systematisch erfaßt und analysiert werden. Die Zahlen des BEA zeigen, daß die Höhe der Ausgaben für die traditionellen Investitionsgüter wie Maschinen, Turbinen, Geräte für die Metallver- und -bearbeitung, Förder- und Transporteinrichtungen oder landwirtschaftliche Geräte mit 110 Milliarden Dollar pro Jahr seit 1982 mehr oder minder gleich geblieben ist, wenn man von geringfügigen rezessions- oder boombedingten Schwankungen einmal absieht.

Die Investitionsausgaben für Informationssysteme haben sich im gleichen Zeitraum jedoch vervielfacht. 1982 haben amerikanische Unternehmen 49 Milliarden Dollar für Computer und Telekommunikation ausgegeben. Bis 1987 stieg diese Summe auf über 86,2 Milliarden Dollar an. Im Jahr 1991 überstieg die Summe der Investitionsausgaben für Informations- und Kommunikationstechnik mit 112 Milliarden Dollar erstmals die Summe der Investitionen für Produktionstechnologien (107 Milliarden Dollar). Man könnte dieses Jahr als die Stunde Null des Informationszeitalters bezeichnen. Von da an investierten Unternehmen jährlich mehr Geld in Anlagen für das Sammeln, Verarbeiten, Analysieren und Verbreiten von Informationen, als für Maschinen zur wie auch immer gearteten Ver- und Bearbeitung von Rohmaterialien.

Diese Zahlen sind beeindruckend, doch spiegeln sie nur annähernd den wahren Aufwand für die Anschaffungen 'informations-verarbeitender' Technologien wieder. Sie berücksichtigen nicht das informationstechnische Potential von bereits vorhandenen computergesteuerten Maschinenwerkzeugen, noch tragen sie dem Umstand Rechnung, daß Unternehmen heute für jeden Dollar, den sie in Computertechnik investieren, mehr Leistung als jemals zuvor erhalten: Während in der ersten Hälfte der neunziger Jahre sich die gesamten Ausgaben für Computer-Hardware fast verdoppelt haben, stieg deren Leistungsfähigkeit um fast das Dreifache. Die oben genannten Zahlen berücksichtigen ebenfalls nicht die Ausgaben für F & E. Einige Unternehmen, insbesondere in Japan, investieren größere Summen in Forschung und Entwicklung als in klassische Investitionsgüter. Fumio Kodama, Professor für Innovationspolitik an der Saitama Universität in der Nähe von Tokio, stellt fest: „Wenn die Ausgaben für F&E die Höhe der Ausgaben für Investitionsgüter überschreiten, so könnte man behaupten, daß das Unternehmen sich von einem produzierenden hin zu einem 'denkenden' Unternehmen entwickelt hat."

Welche Leistung kaufen Unternehmen für das viele Geld ein? Die Konsequenzen sind nicht einfach vorherzusehen, nicht einmal auf kurze Sicht. Ein wichtiger Aspekt diese Investitionen besteht für Unternehmen darin, bereits vorhandene Strukturen einem Verbesserungsprozeß zu unterziehen – schneller, besser oder billiger zu werden. Eine These, welche die beiden Soziologen Lee Sproull und Sara Kiesler in ihrem Buch *Connections*, einem Werk, das sich mit den Auswirkungen von elektronischen Netzwerken auf Unternehmensstrukturen befaßt, vertreten, ist, daß „sie technische Auswirkungen nach sich ziehen, und zwar durch jene erwarteten Gewinne aus Leistung und Produktivität, die wiederum eine Investition in neue Technologien rechtfertigen." Gottlieb Daimler und Kollegen dachten, sie hätten das Pferd neu erfunden. Es wäre ihnen nie in den Sinn gekommen, daß sie mit der Erfindung des Automobils dazu beitragen würden, ländliche Gegenden zu urbanisieren, ganz zu schweigen von weiteren Konsequenzen wie die Schaffung Tausender Arbeitsplätze im Straßen- und Häuserbau, das Entstehen neuer Branchen wie die Produktion von Rasenmähern, den Verkauf von Tulpenzwiebeln oder den Pizza-Service.

Es ist zum momentanen Zeitpunkt schwierig, abzusehen, inwieweit die Informationsrevolution Unternehmensstrukturen verändern wird, aber wir können es vielleicht erahnen. Die Schwierigkeit liegt zum einen in der eigentümlichen Natur ihrer Kerntechnologie, der Datenverarbeitung selbst begründet. Shoshana Zuboff, Professor an der Harvard Business School, schreibt:

> „Die Informationstechnologie zeichnet sich durch eine grundsätzliche Dualität aus … Einerseits kann die Technologie dazu eingesetzt werden, Prozesse zu automatisieren, wobei sie sich in dieser Art kaum von den Maschinensystemen aus dem 19. Jahrhundert unterscheidet: Menschliche Arbeitskraft wird durch Maschinen ersetzt, die es ermöglichen, den gleichen Produktionsprozeß kontinuierlicher und kontrollierter auszuführen. Andererseits generiert eben diese Technologie simultan Informationen über die zugrundeliegende Ablaufplanung, mit der das Unternehmen sein Ziel erreichen will. Somit macht sie Abläufe auf einer tieferen Ebene transparent, die vorher teilweise oder gänzlich undurchsichtig gewesen sind. Auf diese Art und Weise übertrifft die Informationstechnologie die traditionelle Logik der Automation."

Informationstechnologien beschleunigen vieles, beispielsweise das Aufaddieren von Zahlenreihen, doch wird ein Unternehmen erst dann zu einem 'Wissensunternehmen', wenn es der tieferen Ebene gewahr wird, wenn es diese Informationen nutzt, weil sie für das Unternehmen und die Organisation selbst einen bedeutenden Faktor darstellen, und nicht nur für die Automation oder das Generieren von Reports über Prozesse. Diese Technologien eröffnen ungeahnte Möglichkeiten:

Wertvolle Einzelheiten erschließen: Einige Hotelketten führen beispielsweise Buch über die Präferenzen ihrer Gäste, beispielsweise die bevorzugte Tageszeitung oder Raucher- bzw. Nichtraucherzimmer. Oder das Telekommunikationsunternehmen MCI mit seinem 'Friends and Family'-Sparprogramm (der Anbieter gewährt Rabatte für eine bestimmte Anzahl von Rufnummern, die von einem Teilnehmer häufig gewählt werden). AT&T, scheiterte bei der Nachahmung dieses überaus erfolgreichen Angebots, da das Unternehmen nicht in der Lage war, die vorhandenen Daten in ähnlicher Weise aufzubereiten und zu nutzen.

Simulation: Wenn Geologen heute nach neuen Ölquellen suchen, dann bedienen sie sich hochentwickelter Simulationverfahren: Anhand von Datenmaterial

(Aufnahmen von den Oberflächen, seismographische Aufzeichnungen und Gesteinsproben aus der Tiefe) wird ein virtuelles Profil von dem, was sich unterirdisch verbirgt, erstellt. Dieses wird im Anschluß mit Hilfe von Computern analysiert. Simulationsverfahren lassen sich auch auf eine Vielzahl anderer Fälle, bei denen es ebenfalls um die Frage geht: „Was geschieht, wenn?", anwenden: Was passiert, wenn wir den Preis erhöhen? Was, wenn wir die Maschine mit mehr Leistung versehen? Durch die Methode der Simulation entwarf Boeing die Jetliner der Reihe 777, aufgrund von Simulation entschied sich das Pharmaunternehmen Merck, Medco Containment Services aufzukaufen (siehe auch Kapitel 9).

Aus Wissen ein Geschäft machen: Informationsorientierte Unternehmen werden häufig zu Anbietern von Informationen. IBM beispielsweise erzielt mehr Gewinn über den Verkauf von Computer-Service-leistungen als durch den Verkauf von Computersystemen, die LKW-Vermietung Ryder vermietet nicht nur LKWs, sondern bietet auch logistische Dienstleistungen an.

Die allumfassende und unbegrenzte Form des Wissens – der Sand im Strandhaus, immer spürbar, wenn auch häufig unsichtbar – stiftet oft Verwirrung, wenn man der Frage nachgeht, wie wissensorientierte Unternehmen arbeiten. In diesem Zusammenhang sind die kontroversen Diskussionen über hohe Investitionen in Computersysteme durchaus nachvollziehbar. Manager sind immer davon ausgegangen, daß der Einsatz von Informationstechnologien die Produktivität ankurbeln würden. Über Jahre hinweg ist es Wirtschaftswissenschaftlern jedoch nicht gelungen, auf dem Weg zur Lösung des 'Produktivitäts-Paradoxons' zu einem Ergebnis zu gelangen: Wenn das Zeug nichts taugt, warum kaufen es Unternehmen dann nach wie vor? Das ist eine gute Frage.

Viele der vorangegangenen Studien waren schlichtweg fehlerhaft. Einige untersuchten beispielsweise die Gesamtdaten aus einem Wirtschaftszweig und stellten fest, daß von jedem in High-Tech investierten Dollar nur 80 Cents Umsatz zurückflossen – demnach eine reine Geldverschwendung. Das Ergebnis scheint bei genauer Prüfung kaum verwunderlich. Wal-Mart investierte mehr als eine Milliarde Dollar in Informationstechnologien, die, clever eingesetzt, dazu beitrugen, Kosten zu senken, den Kundenservice zu verbessern, der Konkurrenz (Kmart) Kunden abzujagen und die Verkaufszahlen in den einzelnen Filialen zu erhöhen. Doch gingen diese Zahlen nicht in diese Gesamtstatistik ein. Diese Gewinne könnten bei den Kunden, die von Niedrigpreisen profitieren und weniger Geld für ein Produkt ausgeben, nachgewiesen werden. Andere Gewinne verschieben sich nur: Ein Dollar Gewinn für Wal-Mart war ein Dollar Verlust für Kmart. Und da Kmart, wie andere Einzelhändler auch, ebenfalls in Informationstechnologien investierte, weist die industrieweite Gesamtstatistik zunächst einen Nettoverlust aus. Aber hat Wal-Mart deshalb sein Geld zum Fenster hinausgeworfen? Natürlich nicht!

Das Datenmaterial auf Unternehmensebene ist entscheidend, wenngleich schwer zu beschaffen. Einige Wirtschaftswissenschaftler haben daher in diesem Zusammenhang auf Daten aus dem Zeitraum von 1978 bis 1982 zurückgegriffen – aus Sicht des Informationszeitalters altertümliches Material. Neuere Untersuchungen von Unternehmensdaten haben genauere Angaben geliefert. Im Jahr 1993 haben Eric Brynjolfsson und Lorin Hitt, zwei Wirtschaftswissenschaftler am Michigan Institute of Technology, Daten, die von der International Data Corporation (IDC) gesammelt worden waren und die Auskunft über die jährlichen Ausgaben für Informationstechnik in einzelnen Unternehmen geben, noch einmal ausgewertet. Erstaunlicherweise zeigte sich, daß die Kapitalrendite aus 'Computerinvestitionen' achtmal höher war als bei anderen Investitionsgütern. Im darauffolgenden Jahr stieg dieses Verhältnis sogar auf zehn zu eins, zweifellos eine hohe Zahl: Dabei wurden bei den Investitionen in Computertechnologie nur die Zahlen für die Anschaffung neuer Computer berücksichtigt – PCs, Bildschirme, Kleincomputer, Großrechner und Datenbanken – nicht jedoch die Peripherie wie Netzwerkverkabelungen, Verbindungs- oder Telekommunikationsausstattungen. Darüber hinaus werden Computer aufgrund ständiger Verbesserung der Technik häufiger ausgetauscht als beispielsweise Spritzgußmaschinen für Kunststoffgehäuse, d. h. diese Investitionen unterliegen einer schnelleren Wertminderung.

Nichtsdestoweniger wird deutlich, daß Ausgaben für das Aufspüren, Aufbereiten und Verteilen von Informationen heute zu mehr Produktivität beitragen als Investitionen in Gerätschaften für die Ver- und Bearbeitung von Rohmaterial oder die Produktion von Gütern. Es ist festzuhalten, daß Investitionen in Information und Wissen, den Vierten Produktionsfaktor, ebenso profitabel sind wie Investitionen in F&E: Frank Lichtenberg, Professor der Columbia University, hat das Verhältnis von Investition und Rendite für klassische Investitionsgüter zur Produktion und für F&E errechnet. Lichtenberg fand heraus, daß ein Dollar an Investition in F&E eine achtfach höhere Rendite erzielt als ein Dollar, der in den Kauf neuer Maschinen investiert wird. Eine neue Maschine unterstützt die Verbesserung alter Produktionsabläufe, sie trägt zu einer wesentlichen Effizienzsteigerung bei, F&E hingegen bahnen den Weg zu Innovationen, zu neuen Produkten und Dienstleistungen, die mehr wert sind als das, was durch sie ersetzt wird.

Im Wettstreit mit Information

Zu den wichtigsten Vorteilen von Information und Wissen zählt, daß sie Inventar ersetzen. Information versus Inventar, eine uralte Rivalität: Hier der Kaufhausriese mit hunderten von Artikeln in den Regalen und im Lager, dort die kleine Boutique mit einem sorgsam ausgewählten Sortiment, individueller Kundenbetreuung und qualifiziertem Personal. Der Allesanbieter gegen den Fachhandel, der genau Ihre Bedürfnisse erfüllt. Bislang waren Kosten und Verfüg-barkeit der Produkte die schlagenden Argumente in diesem Wettstreit: Haben Sie das, was ich brauche, wenn ich es brauche und zu dem Preis, den ich zu zahlen bereit bin? Bislang war Inventar wichtiger als Information, unter anderem deshalb, weil die Informationen über Kundenbedürfnisse nicht präzise oder schlichtweg nicht verfügbar waren. Ihr Nichtwissen haben Unternehmen mit hohen Lagerbeständen kompensiert.

Wie groß sind die Auswirkungen, wenn Informationen Lagerbestände ersetzen? Groß genug jedenfalls, um einige der größten Unternehmen in die Knie zu zwingen – wie das Beispiel der japanischen Automobilindustrie, die Detroit fast den Exitus beschert hatte, zeigt. In Ermangelung von Kapital und Raum haben sich die japanischen Automobilunternehmen vom kapitalintensiven Automobilbau im amerikanischen Stil abgewandt und eine neue informationsorientierte Produktion erdacht. Das ohnehin übervölkerte Japan hatte nicht den Raum, gigantische Produktionshallen zu bauen, und verfügte nicht über Trillionen von Yen für die nötigen Produktionsmaschinen. Die Lösung: Anstelle das notwendige Material immer vorrätig zu haben, es zeitgenau liefern zu lassen. Die Produktionstechnologie, die sich hinter Toyota verbirgt, trägt den Namen *kanban* und ist nichts weiter als ein Kärtchen, eine sogenannte Indexkarte, die einem Teilebehälter angehängt wird. Geht der Teilevorrat zur Neige, heftet der Angestellte die Karte mit der Aufschrift 'Bitte Nachschub' an eine Art bewegliche Wäscheleine und leitet die Information somit weiter. Mehr verbirgt sich nicht hinter diesem System – mit der Ausnahme, daß die Informationskanäle bis in die hintersten Bereiche der Lieferantenverbindungen Toyotas hineinreichen. Die Folge: Keiner lagert mehr Teile als notwendig. Der präzise Informationsfluß in Echtzeit ist an die Stelle des Inventars getreten.

In unserer heutigen vernetzten und verdrahteten Geschäftswelt verdrängen Informationen das Inventar zunehmend. Die sinkenden Kosten für Informationen und die dazugehörige Technologie haben zur Veränderung des Wirtschaftens, Planens und Organisierens geführt. Unternehmen können unbegrenzt davon Gebrauch machen, es ad infinitum organisieren und reorganisieren, mit Lichtgeschwindigkeit auf den Weg bringen, weiterleiten und Wissen gegen Güter tauschen. David Hale, Chefvolkswirt der Züricher Kemper Finanz Services, stellt fest: „Neue computerisierte Kontrollsysteme … haben, was die Bestände innerhalb eines Unternehmens anbetrifft, zu einer Anpassung nach unten geführt." Das Verhältnis von Lagerbeständen zu verkauften Produkten variiert entsprechend den Konjunkturzyklen – aufsteigend bei Anhäufung unverkaufter Produkte zu Beginn der Rezession, abfallend in Phasen konjunktureller Erholung, und dann wieder leicht ansteigend – doch ist die Tendenz eindeutig rückgängig.

Die zunehmende Dominanz von Informationen über Lagerbestände verändert Unternehmen für Unternehmen. Im ältesten Produktionsbereich, der Landwirtschaft, nimmt Wissen den Platz von Getreidemaschinen und Anbauflächen ein. Seth Lloyd, Professor für Maschinenbau am MIT, sagt: „Ein Bauer aus dem 19. Jahrhundert, der sich ein Polster zur Absicherung gegen eine schlechte Ernte schaffen wollte, hat eben einige Felder mehr bestellt, die heutigen Bauern verkauften Optionsscheine – Informationen auf einem Stück Papier, mit dem sie den Handel an der Warenbörse abschließen, um sich gegen eventuelle Verluste für den Fall einer schlechten Ernte abzusichern." Die Wissenschaftler von Pioneer Hi-Bred International züchten beispielsweise Getreidesorten, die schädlingsresistent sind, hohe Erträge bringen oder besondere Merkmale wie beispielsweise einen hohen Ölgehalt aufweisen. Noch vor einem Jahrzehnt bedurfte es dafür hunderter von Hektar Land und unzähliger Stunden Arbeit. Heute können Biochemiker mit einem Eingriff in die DNA-Struktur von Pflanzen im Reagenzglas neue Getreidesorten züchten. Neben den angestrebten Kosteneinsparungen plant das Unternehmen auch die Entwicklungszeit für neue Sorten, die heute noch sieben bis zehn Jahre beträgt, um mindestens zwei Jahre zu verkürzen. Durch die Vermehrung verfügbarer Ressourcen ist das Unternehmen in der Lage, sich verstärkt dem Züchten einer Reihe von schnellwachsenden Spezialprodukten zu widmen – stärkehaltigem Getreide für die industrielle Verwertung und besonderen Ölen für Nahrungsmittelhersteller. „Mais ist heute mehr als nur ein Korn", betont der Forschungsvorsitzende des Unternehmens, Rick Mc Connell.

Mit dem steigenden Nutzen von Informationen, Informationstechnologien und Informationsprozessen finden Unternehmen immer neue Wege, kostspielige Investitionen in materielle Vermögenswerte – nicht nur Lagerbestände, sogar ganze Fabriken oder Kaufhäuser – durch sie zu ersetzen. In Folge des Einsatzes hochleistungsfähiger Rechner in Produktion, Logistik und Auftragsabwicklung hat GE Lightning, Hersteller von Glühbirnen, Neonröhren und weiterem elektronischen Zubehör, 26 von 34 Lager seit 1987 in den USA geschlossen und 25 Servicecenter in einem High-Tech-Center zusammengefaßt. Materielle Vermögenswerte wie Gebäude und Lagerhallen wurden durch Wissensvermögen ersetzt. Im Osten Belgiens, unweit der holländischen Grenze, produziert die Firma Owens Corning Fiberglas Isoliermaterial. Das Geschäft ist saisonalen Schwankungen unterworfen und stark von der Nachfrage in der Bauindustrie abhängig. Der Produktionsprozeß erweist sich dann als besonders effektiv, wenn das Unternehmen über einen längeren Zeitraum hinweg ein und dasselbe Produkt fertigen kann. Diese ungünstigen Rahmenbedingungen, Saisonabhängigkeit und Einseitigkeit, haben in der Vergangenheit zu riesigen Lagerbeständen, die teilweise sogar unter freiem Himmel aufbewahrt werden mußten, geführt. Einer der Manager des Unternehmens forderte: „Wir benötigen mehr Lagerräume." „Die wird er nicht bekommen", entgegnet der kaufmännische Leiter des Unternehmens, Rich Karcher. Er sah es vielmehr als Notwendigkeit an, daß Informationen an die Stelle der Lagermenge treten müßten. Indem die Rohmaterialbestände genauer auf die Planung der Produktionskapazitäten und die eingehenden Bestellungen wiederum direkt an Verkaufs- und Produktionspläne angepaßt werden, schätzt Karcher, daß sich die Bestände von Rohmaterialien und der Bestand an fertigen Produkten so weit reduzieren lassen, daß sich die Frage nach mehr Lagerfläche nie wieder stellen wird.

Mit dem Ersetzen von Lagerbestand durch Information definiert sich der Einzelhandel neu. In den Läden von Hallmark, einem Hersteller von Post- und Glückwunschkarten, kann man sich an einem elektronischen Kiosk eine individuelle Karte kreieren lassen. Sie können sich mittlerweile in Plattenläden die CD mit Ihren Lieblingssongs vor Ort anfertigen lassen. IBM und Blockbuster Video haben eine Technologie entwickelt, die es ermöglicht, eine individuelle CD herzustellen, indem die Titel einfach von einem Server heruntergeladen werden. Die Plattenproduzenten meiden das Thema noch, aber es wird der Tag kommen, an dem ein Teenager in einen Plattenladen tritt, die 'Neue' von Alanis Morrisette verlangt und der Verkäufer die CD selbst herstellt, während sich der Kunde noch im Laden umsieht. Inventar wird so durch Datenübertragung ersetzt.

Es ist lediglich eine Frage der Zeit, bis auch Bücher auf diese Weise hergestellt werden. Cathy Walt, Beraterin, verwendet beispielsweise in ihren Abendkursen über Organisationskunde an der Rutgers University anstelle von Lehrbüchern Aufsätze aus Fachzeitschriften, -zeitungen und Büchern oder anderes Material. In einem Copyshop, der die Kopiererlaubnis mit den Rechteinhabern abklärt, wird alles notwendige Unterrichtsmaterial eingescannt, vervielfältigt und gebunden. Die Qualität einer Seite entspricht etwa der, die Sie gerade lesen. Es gibt keinen Schutzumschlag, und auch die Bindung ist einzig funktional, doch völlig ausreichend für diesen Zweck. Und es bleiben keine unnötigen Restbestände – nicht eine Kopie zu viel oder zu wenig. Die Technik muß sich kaum mehr verbessern, bis Sie eines Tages in einer Buchhandlung eine Maschine finden könnten, die aussieht wie eine Mischung aus Kopierer und Musicbox. Sie wählen einen Titel aus, geben Ihre Kreditkartennummer ein und gehen dann an die Kaffeetheke. Kaum haben Sie sich mit Ihrem Cappuccino an einen Tisch gesetzt, überreicht Ihnen ein Angestellter Ihre individuelle Taschenbuchausgabe des neuesten John-Grisham-Thrillers, noch warm vom Kopieren und mindestens genauso schön und sorgfältig verarbeitet wie ein fertiges Buch aus dem Regal. Verleger und Buchhändler haben die Chance, das Dilemma der Branche zu lösen, nämlich große und schwergewichtige Lagerbestände zu reduzieren, wobei hinzu kommt, daß mehr als ein Drittel der ausgelieferten Bücher derzeit unverkauft an die Verlage zurückgehen.

Einige Einzelhändler haben ihren Bestand fast komplett heruntergefahren. Zumal die Kunden während der Weihnachtszeit jeden Tag Post von diversen Versandbuchhandlungen erhalten. CUC International, ein elektronisches Versandhaus, verfügt über gar keine Lagerbestände. Es versendet Kataloge, das ist alles. Das Geschäft funktioniert folgendermaßen: Der Kunde richtet seine Bestellungen telefonisch über eine 800er Nummer oder per Computer an das Unternehmen und CUC leitet sie gegen eine Gebühr an den Hersteller weiter, der den Artikel dann die Bestellkunden versendet.

Der Triumph von Information über Inventar zeigt sich auch im Bankgeschäft: Daß Banken schwerbewachten Marmorpalästen gleichen, in deren Keller Tresore, angefüllt mit Gold- und Silberbarren stehen, ein Reichtum, für den der kleine Mann schwer geschuftet hat – so besagt jedenfalls eine stürmische Hymne aus den fünfziger Jahren – stimmt heute nicht mehr.

Was früher die Niederlassung mit luxuriöser Innenausstattung, Tresoren und einem enormen Geldvorrat gewesen sein mag, ist heute der Geldautomat mit einer begrenzten Menge an Geldscheinen, der gleich neben dem Colaautomaten im Supermarkt zu finden ist. Und sogar der Geldautomat ist zwischenzeitlich auf die Größe eines Buchs zusammengeschrumpft. Ein integrierter Scanner liest die Kreditkarte, es geht ganz ohne Banknoten, elektronisch und das Geld wird vom Konto des Käufers auf elektronischem Wege auf das des Supermarktbetreibers überwiesen. Wieder einmal tritt Information (das virtuelle Geld) an die Stelle realer Geldscheine.

„Würde man heute ein Bankhaus gründen, so bräuchte man eigentlich weder Backsteine noch Mörtel" sagt Neal P. Miller, Manager von Fidelity Investments, New Millenium Fund. Auf jeden Fall bräuchte man weniger davon. Wells Fargo & Company, die neuntgrößte Bank Amerikas, deren Aufstieg einst als Golddepot für die Schatzsucher des Goldrauschs von 1849 begann, hat im Zeitraum zwischen Dezember 1993 und Oktober 1995 die Anzahl an Filialen mit der Normgröße von 675 qm von 624 auf 537 reduziert, die Tendenz ist weiter sinkend.

Für jede große Geschäftsstelle, die schließt, eröffnet Wells Fargo in kalifornischen Supermärkten 'Minigeschäftsstellen', mit einem umfassendem Angebot auf nurmehr 36qm. Das ist ein Fünfzehntel der Größe vorheriger Geschäftsstellen. Hinzu kommen noch etwa 500 Bankkioske, Einmann-Geschäftsstellen, mit etwa 3qm Größe.

Die Beispiele, in welcher Art und Weise Wissensunternehmen Informationen sinnvoll umsetzen und riesige Lagerbestände minimieren, vermitteln uns eine einfache, aber wichtige Lektion: Jeder Behälter mit Teilen, jede Palette mit Rohmaterial, jeder Außenbestand, jede Form des Papiertransfers, ist mit unnötigen Kosten und Zeitverlusten verbunden. All das sind Dinge, die Kapital unnötig binden. Sich davon frei zu machen, ist der erste Schritt, auf dem Weg zu einem sinnvollen Einsatz von Information und damit zu einem Quantensprung in der Leistungssteigerung eines Unternehmens.

Information wird zu einem eigenständigen Gut

Nicholas Negroponte, der visionäre Leiter des Media Lab am MIT, schrieb, daß die 'alte' Welt der Atome – die gegenständliche und materielle Wirklichkeit – von den Bits abgelöst werde, den sich verflüchtigenden elektronischen Impulsen. Im Cyberspace übernimmt der PC dabei die Rolle des Vermittlers, er ist das Medium, mittels dessen Menschen all ihre Bedürfnisse befriedigen, von der menschlichen Zuwendung bis hin zum Kauf von Aktien. Beides ist bereits Wirklichkeit geworden, wie vieles, das dem Bild einer Nation einsamer Menschen, die zu Hause in spärlich erleuchteten Zimmern vor ihren Computern sitzen und auf den Bildschirm starren, widerspricht. Versandhäuser wie Lands' End haben richtige Läden eröffnet und auf diese Weise Gegenden wie das Hafengebiet von Baltimore, den New Yorker Times Square und die Third Street Promenade in St. Monica wiederbelebt. Entmaterialisierung ist also nicht das einzig Wahre. Innerhalb der Wissensunternehmen gestaltet die Informationswirtschaft eine von den uns vertrauten materiellen Gütern losgelöste, eigene Realität.

In der alten Unternehmensstruktur war Information im wesentlichen an den Material- und Warenfluß gekoppelt – entweder drangeklebt oder geheftet. Beim Kauf eines T-Shirts, ging man ins Geschäft, traf eine Auswahl und bezahlte entweder bar, mit einem Scheck oder durch die Abbuchung des Kaufbetrags von einem Kundenkonto. Die Informationen über das T-Shirt, über die Zahlungsweise bis hin zum Wechselgeldbetrag waren an der gleichen Stelle vermerkt. Während meines ersten richtigen Ferienjobs füllte ich die Regale in einem Herrenbekleidungsgeschäft in Chicago auf. Ich öffnete unzählige Kartons mit Hosen, Anzügen, Jacken, Pullis etc., die alle einen Zettel enthielten, der genau den Inhalt dokumentierte; dann sah ich auf die Preisliste und heftete Preisschilder an die Ware, bevor ich die Hosen, Jacken oder Anzüge auf die Kleiderstangen hängte. Danach kam die Ware, ordentlich versehen mit Produktbeschreibung und Preisschild, in die Verkaufsräume.

Informations- und Materialfluß driften in der neuen Wirtschaftsordnung häufig auseinander. Kommen wir nochmals auf das Beispiel des T-Shirts zurück: Sie treffen anhand des Katalogs Ihre Auswahl, Sie übermitteln Ihre Bestellung und auch die Daten Ihrer Kreditkarte via Datenfernübertragung online an einen Kundendienstmitarbeiter, der möglicherweise in Omaha, sitzt. Dieser prüft Ihre Daten mit Hilfe eines weiteren Datennetzwerks und gibt über ein drittes elektronisches Datennetz alle Informationen an das zuständige Warenhaus weiter, das wahrscheinlich nicht in Omaha sitzt, damit Ihre Bestellung ausgeliefert werden kann. Sie erhalten Ware und Rechnung getrennt voneinander auf dem Postweg. Den Kaufbetrag entrichten Sie nicht an den Händler, sondern an Ihr Kreditkarteninstitut, das diese Beträge nicht als Bargeld, sondern elektronisch von Ihrer Bank zur eigenen Bank einzieht und dann an den Händler überweist. Zu keiner Zeit haben sich die drei Komponenten Shirt, das Bearbeitungsformular oder der Geldtransfer am selben Ort befunden. Sollten Sie das Kleidungsstück direkt im Geschäft kaufen und mit Kreditkarte bezahlen, werden Sie und das Shirt einerseits und der Geldtransfer andererseits unterschiedliche Wege nehmen.

Information war einst ein Schatten, kaum etwas mehr: das Preisschild eines Anzugs, der Eintrag in ein Buch. Aus der materiellen Realität abgeleitet, manchmal mehr, manchmal weniger, war Information untrennbar mit Materie verbunden.

Der Schatten ist nunmehr real, wie der von Peter Pan in dem Moment, als das Fenster zuschlug. Dies ist eine unumstößliche Tatsache für Unternehmen im Informationszeitalter: Wissen und Informationen schaffen sich eine neue Form der Realität, losgelöst von dem materiellen Strom von Gütern oder Dienstleistungen. Diese Divergenz hat mindestens zwei wichtige Konsequenzen: Erstens: Wissen und die immateriellen Vermögenswerte, mit denen es erzeugt und verbreitet wird, können ebenso verwaltet werden wie materielle und finanzielle Vermögenswerte. Darüber hinaus können intellektuelle und materiell-finanzielle Vermögenswerte getrennt voneinander, gemeinsam und auch in Beziehung zueinander verwaltet werden. Zweitens: Ist Wissen unser wertvollstes Kapital, so sollten Individuen, Unternehmen und Nationen in das investieren, womit Wissen erkannt und weiterentwickelt werden kann. Dies müssen nicht immer High-Tech-Rechner sein, und die Investitionen dürfen sich nicht auf den High-Tech-Bereich beschränken. Im vorangegangenen Kapitel habe ich absichtlich Beispiele aus so traditionellen

Wirtschaftszweige wie der Landwirtschaft, dem Einzelhandel und dem Bankwesen angeführt, um aufzuzeigen, wieviel mehr diese Unternehmen ihren Mitarbeitern und Kunden durch den Einsatz von Wissen bieten können.

Es ist nicht leicht, sich von alten Gewohnheiten zu verabschieden. Da Material- und Informationsströme früher untrennbar miteinander verbunden schienen, kommt es zu Verwechslungen, die hohe Kosten verursachen können. Vor einigen Jahren hat einer der größten Verlage von Amerika, ein Schulbuchverlag, ein kleineres Unternehmen aufgekauft, das Romane und Sachbücher publizierte und in einer eigenen Ladenkette vertrieb. Kurz nach der Übernahme wurden erste Vereinbarungen zur Konsolidierung beider Unternehmen getroffen. Die Bücher waren nicht das Problem: Der Aufkäufer verfügte in den eigenen Geschäften über genug Regalfläche und die notwendige Ausstattung, es wurden jedoch zusätzliche Mitarbeiter eingestellt. Darüber hinaus benötigte man ebenfalls neue Computer zur elektronischen Erfassung des Wareneingangs, für das Bestell- und für das Rechnungswesen, kurzum zur Informationsverarbeitung. Es stellte sich die Frage nach der erforderlichen Kapazität, und der Großverlag analysierte die Aufzeichnungen, um herauszufinden, wie viele Bücher in den vergangenen Jahren ausgeliefert worden waren, dann addierte man den Kapazitätsbedarf aus dem eigenen Unternehmen hinzu.

„Wie viele Bücher?" war die schlicht falsche Fragestellung. Das Unternehmen verwechselte das Management von Beständen mit dem Management von Informationen. Die Frage hätte lauten müssen: „Wie hoch ist die zu bearbeitende Anzahl von Bestellungen und Rechnungen?" Der Großverlag war es gewöhnt, an Einzelkunden großen Mengen auszuliefern. Der kleine Verlag lieferte geringe Mengen an eine Vielzahl von Kunden aus, was mit mehr Rechnungen und damit einem höheren Bearbeitungsaufwand verbunden war, ohne daß es jemand bedacht hätte. Bis man die Ursache für das Chaos, das daraus resultierte, gefunden hatte, betrug der Verlust, der bis dahin entstanden war, bereits fast ein Viertel des Umsatzes.

Zu begreifen, daß man diesen Schatten, den Informationsfluß, adäquat verwalten kann, kann zu deutlich mehr Effizienz und Gewinn führen. Mit Hilfe neuester Computertechnik lassen sich Produkt- oder Dienstleistungsinformationen einfach aufbereiten: Jede für sich kann bearbeitet werden. Dies war auch der Anfang des Reengineering. Bevor man es schließlich verteufelt hat, verstanden Unternehmen darunter die Reorganisation von Geschäftsprozessen zur Produktivitätssteigerung. Im Jahr 1995 erfreute es sich einer derartigen Beliebtheit, daß amerikanische Unternehmen mehr Geld für Beratungsleistungen im Bereich Reengineering ausgaben als für einen anderen Produktivitätsgaranten: nämlich Kaffee. Die grundlegende Einsicht, die das Reengineering vermittelte und die es so bedeutsam machte, war, daß der Informationsstrang effizienter genutzt und verwaltet werden kann, wenn es gelingt, ihn vom materiellen Strom der Güter und Dienstleistungen zu trennen.

Das Ende der Vermögenswerte

Das Wissensunternehmen reist mit leichtem Gepäck. Wenn Informationen die riesigen Mengen an Lagerbeständen ersetzen, wenn sie sich von der Materie lösen und selbst Inhalt des Geschäfts werden, dann verlieren Unternehmen ultimativ ihr ursprüngliches Erscheinungsbild. Das traditionelle Unternehmen ist eine Ansammlung materieller Vermögenswerte. Diese Vermögenswerte werden von Unternehmenseigentümern erworben, denen sie dann gehören und die die Verantwortung dafür tragen, daß die Werte erhalten bleiben. Diese Eigentümer stellen wiederum Mitarbeiter ein, deren Aufgabe es ist, mit diesen Werten in irgendeiner Form zu arbeiten. Ein Wissensunternehmen unterscheidet sich auf vielfältige Weise von diesen traditionellen Unternehmen. Im nächsten Kapitel und im zweiten Teil des Buchs werden wir sehen, daß die entscheidenden Vermögenswerte eines Wissensunternehmens nicht nur immateriell sind, sondern daß darüber hinaus nicht eindeutig zu bestimmen ist, wer sie besitzt und wer dafür wer verantwortlich ist, daß sie sich vermehren.

Es kann sogar sein, daß ein Wissensunternehmen kaum über nennenswerte Vermögenswerte im traditionellen Sinn verfügt. Ebenso wie Information das Umlaufvermögen ersetzt, lösen intellektuelle Werte die materiellen ab. Die Kapitalstruktur einer Wissensorganisation kann sich in so hohem Maß von der eines Industrieunternehmens unterscheiden, daß sie mit gängigen Begriffen nicht zu beschreiben ist. Der Vergleich zweier Unternehmen, Microsoft und IBM, verdeutlicht dies, obgleich die Geschichte beider Unternehmen lange Zeit eng miteinander verwoben war. IBM, der Computerriese der fünfziger, sechziger und siebziger Jahre, baute 1983 das Betriebssystem von Microsoft (MS-DOS) in seine PCs ein und ebnete dem Unternehmen von Bill Gates damit den Weg zur Branchenführerschaft. Microsoft ist mittlerweile so bedeutend geworden, daß man darüber leicht vergißt, daß die Umsätze von Big Blue immer noch rund fünfzehn mal höher sind, als die der 'kleinen Eindringlinge'. Allein die Umsätze, die IBM mit Software erwirtschaftet, sind höher als die Gesamtumsätze von Microsoft. Und wenn man den genialen Firmenslogan 'Think' betrachtet, die Phalanx von nobelpreisgekrönten Wissenschaftlern, die für das Unternehmen arbeiten oder gearbeitet haben, die 3.768 Patente, die IBM in den von Jahren 1993 bis 1995 angemeldet hat, dann weiß man, daß IBM auf dem Gebiet 'Corporate Brainpower' kein Anfänger ist.

Doch das Unternehmen, das Tom Watson einst gegründet hat, unterscheidet sich signifikant von dem, das Bill Gates und Paul Allen aus Microsoft machten. Schon ein Blick in die Bücher verdeutlicht die erstaunlichen Unterschiede: Unabhängig davon, daß IBM die größeren Umsätze aufzuweisen hat, betrug das Börsenkapital des Unternehmens im November 1996 rund 70,7 Mrd. Dollar, während das von Microsoft bei einer Höhe von 85,5 Mrd. Dollar lag. Die Vermögenswerte, die diesen Zahlen zugrunde liegen, sind völlig unterschiedlich. Zu Beginn des Jahres 1996 verfügte IBM über ein Anlagevermögen (Gebäude, Produktionseinrichtungen, Ausstattung) in Höhe von 16,6 Mrd. Dollar. Das von Microsoft betrug zum gleichen Zeitpunkt nur rund 930 Mio. Dollar. Oder anders gesagt: Wenn Sie 100 Dollar in IBM-Aktien investieren, dann partizipieren Sie mit 23 Dollar am Anlagevermögen des Unternehmens. Bei Microsoft ist es lediglich ein Dollar.

Ein Kapitalanleger, der in Microsoft investiert, erwirbt damit nicht Vermögensanteile im traditionellen Sinn; und aus diesem Grund ist diese Investition nicht mit dem Kauf von IBM-, Merck- oder General Electric-Aktien vergleichbar. Der Betrag, den Sie heute in ein Unternehmen investieren, steht für einen anderen Gegenwert als der Betrag, den Sie noch vor einigen Jahren in dasselbe Unternehmen investiert haben. Margaret Blair von der Brookings Institution hat auf Grundlage der Compustat-Daten einmal das Verhältnis zwischen den realen Vermögenswerten (Grundeigentum, Anlagen und Ausstattung) und dem Marktwert für jedes Unternehmen aus den Bereichen Produktion und Bergbau errechnet. Ihren Berechnungen zufolge machte das Anlagevermögen im Jahr 1982 durchschnittlich noch 62,3 Prozent des Marktwerts der Unternehmen aus; zehn Jahre später waren es nur noch 37,9 Prozent des Marktwerts. Und diese Zahlen beziehen sich nur auf Industrieunternehmen.

Einige der bedeutendsten und erfolgreichsten Großunternehmen verfügen heute kaum mehr über so etwas wie konkrete Vermögenswerte. Es ließe sich beispielsweise die Behauptung aufstellen, daß Visa International, obgleich das Unternehmen Finanztransaktionen im Wert von 300 Mrd. Dollar im Jahr vornimmt, eigentlich gar nicht existiert. Visa ist eine Mitgliederorganisation, eine Ge-meinschaft von Banken und anderen Geldinstituten. Jedes Mitglied ist Inhaber genau des Geschäftsbereichs von Visa, den es selber geschaffen hat, beispielsweise das Portfolio von Kreditkartenbesitzern. Dee Hock, der Gründer von Visa, nennt dies „eine umgekrempelte Holdinggesellschaft, in dem Sinne, daß nicht die Holding die beteiligten Unternehmen besitzt, sondern von den Beteiligten besessen wird". Über Jahre hatten die Besitzer von Aktien von Electronic Data Systems (EDS) keinen Anteil am Vermögen des Unternehmens, obwohl es an der New Yorker Börse notiert war. Der gesamte Besitz von EDS gehörte General Motors (GM), bis GM das Unternehmen 1996 abstieß. EDS-Aktionäre besaßen nicht mehr als die widerrufliche Zusicherung von GM, daß ein Teil der Gewinne von EDS als Dividende ausgezahlt würde.[3] Es ist charakteristisch für Wissensunternehmen, daß das in den Bilanzen ausgewiesene Anlagevermögen nach und nach weniger wird.

---

[3] Auch darin, daß die meisten Unternehmen weitaus mehr für Informationen bezahlen als für die Eigenkapitalerhöhung, zeigt sich die sinkende Bedeutung von Anlagevermögen. Es überrascht nicht, daß Organisationen wie Anwaltskanzleien oder Think Tanks mehr in Informationen investierten als in materielle Wertanlagen. Karl-Erik Sveiby unterstreicht in seinem Buch *Managing Knowhow*, daß 'Wissensunternehmen' nicht viel Kapital im herkömmlichen Sinne benötigen. Tatsächlich investieren fast alle Unternehmen, auch in der Schwerindustrie, mehr in Informationen, als in die Eigenkapitalerhöhung. Paul A. Strassman, Autor des Buches *The Business Value of Computers* hat die jährlichen Kosten für die Eigenkapitalerhöhung von rund 3000 amerikanischen Unternehmen mit denen ihrer Ausgaben für Informationen verglichen. Mehr als 90 Prozent der Unternehmen – von einigen Ausnahmen in der Stahlindustrie, Bergbau, Transportwesen und Immobiliengeschäft abgesehen – investierten eine größere Summe in Informationen. Ein durchschnittliches Unternehmen gab rund fünf

Anders als früher werden Geschäftsräume nun angemietet, Anschaffungen werden verstärkt durch Banken finanziert, Hersteller lassen ihre Waren durch Speditionsfirmen wie Ryder Trucks transportieren anstatt sich einen eigenen Fuhrpark zu leisten; die vertikale Integration weicht der virtuellen Organisation. In Wissensunternehmen tritt der Besitz traditioneller Vermögenswerte in den Hintergrund. Im Gegenteil: Je weniger davon, desto besser; solange Unternehmen über Intellektuelles Kapital verfügen, können Gewinne ohne den aufwendigen Einsatz von Eigenkapital jedweder Form erzielt werden. Ein Unternehmen wie Union Pacific ist scheinbar eine Eisenbahngesellschaft, doch in Wirklichkeit verwaltet das Unternehmen Informationssysteme, die den Schienenverkehr lenken, wobei die Transportzüge vermutlich nur geleast sind. Auch für Banken und andere Finanzdienstleister hat die Bedeutung der Höhe des Finanzkapitals, welches sie verwalten, abgenommen. Dennis Beresford, Vorsitzender des Financial Standard Accounting Board stellt fest: „1970, als ich mit der Revision von Banken begann, waren alle darum bemüht, die Höhe des Bilanzvermögens zu steigern. Heute macht jeder genau das Gegenteil." Im Mittelpunkt stehen heute die Erträge, entweder aus Zinsen von Krediten oder Darlehen, oder zunehmend aus Gebühren. Eine weitere Ertragsquelle sind für Großbanken heute Einkünfte aus branchenfremden Leistungen wie der Datenverarbeitung, dem Verkauf von Pfandleihen oder den Gebühren für andere Dienstleistungen. 1982 machten diese Leistungen weniger als ein Viertel aller Einnahmen aus. Es ist gut möglich, daß die Hypothek für Ihr Eigenheim nicht mehr bei der Bank liegt, bei der Sie sie aufgenommen haben, sondern zusammen mit anderen wie Aktien oder Schuldverschreibungen an fremde Investoren weiterverkauft wurde.

Lenny Mendonca, Berater bei McKinsey & Co, beschreibt dies folgendermaßen: „Das alte Geld- und Kapitalvermittlerspiel, Ich nehme Geld von Peter, um es dann mit Paul gewinnbringend anzulegen," wird nicht mehr von dem gewonnen, der das meiste Fremdkapital auf seiner Bilanz ausweist." Versicherungsgesellschaften besaßen ursprünglich ein gigantisches Vermögensportfolio – Immobilien, Schuldverschreibungen und Aktien u.s.w. – und bezahlten aus den Gewinnen die Leistungen für die Versicherungsnehmer. Heute gehören die Gewinne, die mit Produkten wie Lebens- oder Rentenversicherungen erzielt wurden, den Versicherungsnehmern, meist in Form eines Investmentfonds. Die Versicherungsgesellschaft ist also nicht Eigentümer der Policen, sondern verwaltet sie gegen eine Gebühr.

Obgleich es sicher genug Ausnahmen gibt, könnte man dennoch behaupten, daß Unternehmen entweder mehr zur einen oder anderen Seite tendieren: Entweder sie besitzen Vermögen, oder sie mieten es. Obgleich man zögern mag, die Logik des Intellektuellen Kapitals auf Bereiche zu übertragen, wo die Akteure erwiese-

---

Mal mehr für Information aus; bei dem Spitzenreiter, einem Beratungsunternehmen, betrug das Verhältnis 32:1. Strassmans Fazit: „Die kapitalintensive Industriewirtschaft ist von der wissenorientierten Informationswirtschaft verdrängt worden." (Seine Ausführungen sind im WWW unter http://www/strassman.com. nachzulesen).

nermaßen mehr Muskeln als Verstand haben, so sind gerade Sportveranstalter, mit Glück oder Verstand, zu äußerst erfolgreichen Unternehmer geworden: Sie mieten das, was sie an Anlagen benötigen, und all das was nicht zur Kernkompetenz gehört, wird outgesourct. Nur fünf der achtundzwanzig Baseballerstligisten und nur drei der insgesamt dreißig Teams der National Football League besitzen das Stadium, in dem sie spielen. George Steiner würde ansonsten wohl kaum damit drohen können, die Spiele der Yankees von der Bronx in ein anderes Stadium zu verlegen. Weil Städte und Gemeinden ganz wild darauf waren, die besten Vereine anzulocken, und weil sie ihnen aus diesem Grund Stadien gebaut haben – vom Steuerzahler finanziert –, verhalfen sie ihnen gleichzeitig zu lokaler Unabhängigkeit. Wissensunternehmen wollen keine Wertanlagen.

Als Treuhänder für das Vermögen der Eigentümer bleibt Managern nichts anderes übrig, als dieses Phänomen zu begreifen. Es ist für Untenehmen im Wettbewerb überlebenswichtig, gerade in den Industriezweigen, wo es ohne Anlagen nicht geht. Die Faustregel könnte folgendermaßen lauten: Je differenzierter und unternehmensspezifischer die Arbeit, desto eher sollten Sie die Anlagen besitzen, die dafür erforderlich sind. Microsofts 'heilige Kuh' ist das Programmieren. Das Unternehmen braucht keine Fabriken. Intels Kernkompetenz ist die Herstellung von Chips, und die werden in eigenen Produktionsanlagen gefertigt. Adrian Slywotzky, Berater und Autor des Buches *Value Migration*, in dem er die Auswirkungen sich ändernder Wettbewerbsbedingungen auf Unternehmensmodelle beschreibt, prophezeit, daß es in zahlreichen Branchen, in denen viel Anlagekapital benötigt wird, zum Beispiel in der Immobilien-, Stahl- oder der Chemiebranche, härter werden wird, Geld zu verdienen.

Aber nicht unmöglich. Wie wir bereits gesehen haben, sind fast alle Unternehmen wissensbasiert. Auch ein so anlagenintensives Unternehmen wie der Energieversorger Electricité de France verkauft sein Expertenwissen über Aufbau und Instandhaltung von Versorgungsnetzwerken an andere und hilft dabei, in Ländern wie Argentinien, China oder in der Ukraine Stromversorgungsanlagen zu errichten und zu betreiben.

Weil Wissen und Wissenskapital mit dieser neuen Sichtweise eigenständige Werte repräsentieren, kann jedes Unternehmen sich diese Werte erschließen. Allerdings haben erst wenige Unternehmen damit begonnen. Sie ersetzen Inventar durch Information und Anlagen durch Wissen, aber das kann nur ein erster Schritt sein. Richard Collin, Vorstand des französischen Softwareherstellers Trivium, vertritt folgende Ansicht: „Heute überlegen wir, wie wir mit Wissen die Produktivität in unserer traditionellen Tätigkeit steigern können – wie wir also das gleiche mit weniger Aufwand machen können. Aber schon morgen werden wir uns darüber Gedanken machen, wie wir mit neuen Geschäftsfeldern mehr erzielen können."

Wie die Zukunft aussehen kann, werden wir in Teil Zwei des Buches sehen. Hier werden wir Firmen begegnen, die bereits damit begonnen haben, ihr wichtigstes Vermögen zu managen: Intellektuelles Kapital, der vierte Produktionsfaktor.

Kapitel 3
Der Wissensarbeiter

Ich denke, ich kann

Watty Piper

Ein Dutzend Männer und Frauen sitzen um einen Tisch herum versammelt in einem Konferenzraum. Die Stühle, auf denen sie Platz genommen haben, haben sie zum Kopfende des Raums gewandt, wo eine Frau vor einem Flip-Chart steht. Das gemeinsame wöchentliche Meeting kann beginnen. In den darauffolgenden zwei Stunden wird das Papier des Flip Charts mit Statistiken und Notizen vollgeschrieben werden, während die Gruppe darüber brütet, wie das Unternehmen die Prozesse bei der Produktion von Blitzableitern verbessern kann. Es handelt sich dabei um sogenannte Umspannungsschützer, die Stromwerke und Hochspannungsleitungen vor Blitzeinschlägen bewahren; die kleinsten haben etwa die Größe eines Pucks, die größten die einer Telefonzelle.

Zahlen werden angeschrieben. Die Gruppe liegt rund elf Prozent unter ihrem Produktionssoll – in dieser Abteilung werden bereits vorgefertigte Scheiben zu Blitzableitern zusammengebaut – und hat einige Liefertermine nicht wie vorgesehen einhalten können. Nun müssen die Gründe hierfür gefunden werden. Nachdem die möglichen Gründe besprochen wurden – und jeder einzelne auf dem Flip Chart vermerkt wurde – stellt man fest, daß eine zu große Anzahl an Scheiben zur Nacharbeit zurückgeschickt werden mußte. Die Gruppe diskutiert daraufhin die technischen Einzelheiten des Scheibendefekts und muß eine Lösung für das Problem finden. Eine Möglichkeit wäre, mehr Scheiben auf Vorrat zu halten, doch warum sollten Mehrkosten für größere Lagerbestände in Kauf genommen werden? Die Gruppe entscheidet sich für ein Treffen mit den verantwortlichen Mitarbeitern der anderen Abteilung, um gemeinsam den Prozeß dahingehend zu optimieren, daß von vornherein weniger fehlerhafte Scheiben produziert werden.

Während der Diskussion fallen häufiger die Begriffe *falta de discos, proceso de producion*. Wir befinden uns in einer Dependance von General Electric (GE) in Bayamón, Puerto Rico, einem Industrievorort von San Juan. Für jeden, der GE kennt, scheint es zunächst ungewöhnlich, daß ihm der Firmenjargon in einer Fremdsprache begegnet – es ist, als würde man einen Freund treffen, der plötzlich eine knallrote Brille trägt. Es bedarf schon einer kurzen Überlegung, bis man *Promesas Compledas* als 'erfüllte Erwartungen' versteht. Das ist bei GE der Ausdruck dafür, daß Liefertermine, auf die beide Seite sich verständigt haben, eingehalten wurden. Indem GE den Prozentanteil erfüllter Kundenerwartungen mißt, mißt das Unternehmen die Arbeitsleistung. Das oben beschriebene Treffen zeigt noch einen weiteren Aspekt auf. Wenngleich jeder der Teilnehmer aktiv Bericht erstattet, Daten analysiert, die Arbeitsabläufe seiner Abteilung mit den Anforderungen einer anderen im Sinne des kontinuierlichen Verbesserungsprozesses abstimmt und mit seinen Ideen dazu beiträgt, den Produktionsprozeß zu optimieren, ist keiner von ihnen ein Manager.

Es könnte kaum anders sein. Die Fabrik beschäftigt 125 Arbeiter auf Stundenbasis, lediglich acht 'freie' Berater sowie einen Produktionsmanager. Das ist alles: drei Ebenen, keine Vorgesetzten, keine Angestellten und rund die Hälfte weniger Manager als in einer herkömmlichen Fabrik. Wissensarbeit – Koordination, Supervision, Terminplanung und Managen – gehören zu den täglichen Aufgaben aller Mitarbeiter. Bei Bayamón handelt es sich nicht um eine 'flache' Organisation, mit 'befähigten' Mitarbeitern. Es handelt sich vielmehr um eine kontinuierlich lernende Organisation, in der aus dem traditionellen Arbeiter ein Wissensarbeiter wird. Die Beschäftigten wechseln alle sechs Monate die Abteilungen und durchlaufen dabei die vier wichtigsten Unternehmensbereiche. Nachdem sie einen Einblick in alle Bereiche gewonnen haben, kennt jeder Mitarbeiter die eigenen Arbeitsabläufe und ist in der Lage, jede Aufgabe im Gesamtprozeß zu übernehmen. Honoriert wird die Lernbereitschaft über ein Drei-Stufen-Entlohnungssystem. Die Mitarbeiter werden für ihre Ausbildung, ihr Wissen und ihre Arbeitsleistung gleichermaßen bezahlt. Nachdem ein Mitarbeiter das erste Mal alle Bereiche durch-laufen hat, erhält er einen Bonus von 25 Cent pro Stunde für jede weitere Runde. So können die Mitarbeiter ihren Lohn fast verdoppeln. Sie können Sachgebiete wie Instandhaltung oder Qualitätssicherung als Spezialgebiet wählen und sich in den dafür vorgesehenen Abendkursen weiterbilden. Weitere Lohnerhöhungen gibt es nach bestandenen Kursen in Englisch, Ablaufplanung sowie weiteren Fächern. Das ergibt einen Gesamtbonus von etwa 225 Dollar vierteljährlich oder sogar mehr, wenn Mitarbeiter sich den Leistungsanforderungen des Unternehmens stellen und keine Fehlzeiten haben. Beförderungen oder Entlassungen richten sich nach dem Wissen der Mitarbeiter und nicht nach ihren Dienstjahren.

Von der Hand zum Kopf

Die Konzepte der 'Wissenswirtschaft' und des 'Wissens-unternehmen' klingen vielleicht abstrakt, anders jedoch der Begriff 'Wissensarbeit'. Es ist das, was Sie tun, und wenn Sie schon einige Jahre berufstätig sind, dann werden Sie wissen, wie sehr es sich von dem unterscheidet, was Sie früher einmal getan haben. Information ist vermutlich zum wichtigsten Rohstoff Ihrer Arbeit geworden. Während dies früher auf wenige zutraf, sind es inzwischen viele geworden, und die, die nicht als Wissensarbeiter tätig sind, verdienen häufig weniger. Dazu zählen auch die Arbeitnehmer, die zwar mit Informationen umgehen, doch Routinetätigkeiten ausführen, die kein Denken erfordern. Im ehemaligen Pan Am-Gebäude in Midtown, Manhattan, saßen einst Dutzende von Mitarbeitern an Schreibtischen, sortierten und zählten gebrauchte Flugscheine und verglichen sie mit den Listen der Reisebüros, um sicher zu gehen, daß die Reisebüros die richtigen Beträge überwiesen hatten. Pan Am gibt es nicht mehr und diese Tätigkeit auch nicht: Die Überprüfung wurde inzwischen automatisiert und die 'niederen' Bürotätigkeiten in Niedrig-lohnländer wie die Dominikanische Republik ausgelagert.

Es überrascht keinesfalls, daß diese schlechtbezahlten 'Ausbeuter-jobs' rasch auto-matisiert wurden. Was rücklblickend jedoch überrascht, ist, daß diese 'billigen' Arbeitsplätze einst in Manhattan, einem der teuersten Standorte der Erde, zu fin-den waren. Ähnlich wie die Kontrolle von Flugtickets fielen auch andere Tätig-keiten der Automatisierung zum Opfer. So sank beispielsweise die Zahl der Tele-fonvermittler von 244.000 im Jahr 1983 auf 165.000 im Jahr 1994, Geldautomaten übernehmen nach und nach die Arbeit von Bankangestellten. Es gibt zunehmend weniger Sekretärinnen, und viele Anrufer meinen schon jetzt, daß sie lieber eine Nachricht auf Band hinterlassen, als sie einer Sekretärin mitzuteilen.

Immer mehr Menschen verbringen ihren Arbeitsalltag umgeben von Informatio-nen, Ideen und anderen geistigen Inhalten. Laut einer Statistik von Stephen R. Barley, Professor für Industrial Engineering und Industrial Management an der Stanford University, sinkt der Anteil der amerikanischen Erwerbstätigen, die in irgendeiner Form handwerklich arbeiten (z.B. Landwirte, Maschinenführer, Ar-beiter und Handwerker), und derjenigen im Dienstleistungsgewerbe (u.a. Hotel- und Gaststättengewerbe, Angestellte in Vertrieb und Marketing, Friseure und Fri-seusen, Helfer im Gesundheitswesen). Während es im Jahr 1900 noch 83 Prozent waren, sind es heute nurmehr 41 Prozent. Andererseits waren im Jahr 1900 nur 17 Prozent der Angestellten in sogenannten Informationsbereichen tätig (z.B. Ver-triebs-, Verwaltungs- und Büroangestellte). Bis zum nächsten Jahrhundert wird diese Zahl voraussichtlich auf 59 Prozent ansteigen.

Auch bei einer differenzierteren Analyse käme man zum gleichen Ergebnis. Den-nis Swyt vom U.S. National Bureau of Standards teilt die Arbeitstätigen in folgen-de vier Gruppen ein (Anteil in Prozent):

Jahr	Produktion	Personalwesen	Leitung und Verwaltung	Technik, F & E
1900	73.4	9.0	13.3	4.3
1940	57.2	11.7	23.6	7.5
1980	34.2	13.3	36.1	16.1

Robert B. Reich, ehemaliger amerikanischer Arbeitsminister, unterscheidet in sei-nem 1991 erschienenen Buch *The Work of Nations* zwischen drei Hauptberufs-gruppen: Mitarbeiter in der Produktion – dazu zählen Fabrikarbeiter, deren Vor-arbeiter und das einfache Büropersonal (hier ist ein Rückgang von 25 Prozent zu verzeichnen) –, Mitarbeiter im Personalwesen (mit einem Anstieg von mehr als 30 Prozent) und als dritte Gruppe die Elite, 'Analytiker' wie Juristen, Berater, Inge-nieure und Forscher, die 'problemlösende, problemerkennende und strategisch-vermittelnde Tätigkeiten' ausführen (sie machen rund 20 Prozent der Beschäftigten in den USA aus). Bergarbeiter und Bauern berücksichtigte er aufgrund ihrer geringen Anzahl nicht, und da der Fokus seines Buches auf der Thematik des Globalen Wettbewerbs liegt, ließ er auch staatliche Angestellte im öffentlichen Dienst in seiner Untersuchung unberücksichtigt, da sie von der Thematik weniger betroffen sind.

Die Tendenz ist eindeutig: Eine zunehmende Zahl von Beschäftigten sind 'Wissensarbeiter': Information und Wissen sind gleichermaßen Rohstoff und Produkt ihrer Arbeit. Die Heterogenität unterschiedlicher Statistiken über den Dienstleistungssektor, eine unüberschaubare Ansammlung von Datenmaterial über Tätigkeiten, die von der eines Hausmeisters bis zu der eines Neurochirurgen reichen, hat die offensichtliche Veränderung in vielen Tätigkeitsbereichen durch das Informationszeitalter lange Zeit verdeckt. Als die Hysterie wegen der Wettbewerbsvorteile der japanischen Industrie in Amerika ihren Höhepunkt erreichte, sprachen besorgte Stimmen die Befürchtung aus, daß Amerika zu einer Nation von Burgerbratern verkommen würde.

Einige braten Burger, andere lernen dazu. In Wahrheit haben sich die gutbezahlten Stellen für Wissensarbeiter fast explosionsartig vermehrt. Das Wachstum im Dienstleistungssektor betraf insbesondere Stellen bei Investmentorganisationen, im Gesundheitswesen und bei der Entwicklung und Anwendung von Computersoftware, während die Zahl der Beschäftigten in der Ernährungsbranche, darunter Fast-Food-Ketten, tatsächlich zurückging. Die Zahl der Beschäftigten in leitenden Positionen, in der Verwaltung und im Management ist ansteigend; die Zahl der Stellen in den weniger anspruchsvollen Dienstleistungsbereichen ist hingegen rückläufig.

Wissensorientierte Unternehmen, deren Belegschaft sich bis zu 40 Prozent aus Wissensarbeitern rekrutiert, beschäftigen rund 28 Prozent aller Werktätigen in den USA und haben in den vergangenen fünf Jahren für einen Beschäftigungszuwachs von 43 Prozent gesorgt. Die große Ausnahme sind die Computerhersteller. Gerade in dieser Branche, in der Wissen den wesentlichen Wettbewerbsfaktor ausmacht, wurden ganze Heerscharen von Mitarbeitern entlassen. Aber diese Ausnahme bestätigt die Regel: Der Beschäftigungsrückgang ist hier zum großen Teil darauf zurückzuführen, daß die Hersteller den traditionellen Industriearbeiter durch Outsourcing und die Verlegung der Produktionsstandorte in Niedriglohnlohnländer wegrationalisiert haben. Gleichzeitig wurde jedoch der Anteil an Wissensarbeitern wie Programmierern, Entwicklern und EDV-Beratern erhöht.

Einerseits sind zunehmend mehr Beschäftigte in Wissensbereichen tätig. Andererseits nimmt auch der Wissensanteil in ihrer Tätigkeit ständig zu; ob in der Landwirtschaft, beim 'Mann im Blaumann', bei Angestellten oder Fachkräften. Ein Physiker ist heute beispielsweise mit hochtechnischen Magnetresonanz-Bildwandlern und mikrochirurgischen Fertigkeiten ausgestattet und verfügt auf seinem Fachgebiet über mehr Wissen, als das noch vor dem Zweiten Weltkrieg der Fall war. Der einst mit gerötetem und schweißgebadetem Oberkörper vor dem glühenden Hochofen stehende Fabrikarbeiter ist zur Ikone einer längst vergangenen

Zeit geworden. Das Gegenbild ist der in klimatisierten Kontrollräumen sitzende Angestellte, der Bildschirme überwacht, anhand von Graphiken die Arbeitsprozesse beobachtet und allenfalls die Arbeitsroboter überprüft oder in gemeinsamen Arbeitstreffen mit Kollegen statistische Analysen für weitere Kosteneinsparungen und Prozeßverbesserungen erarbeitet.

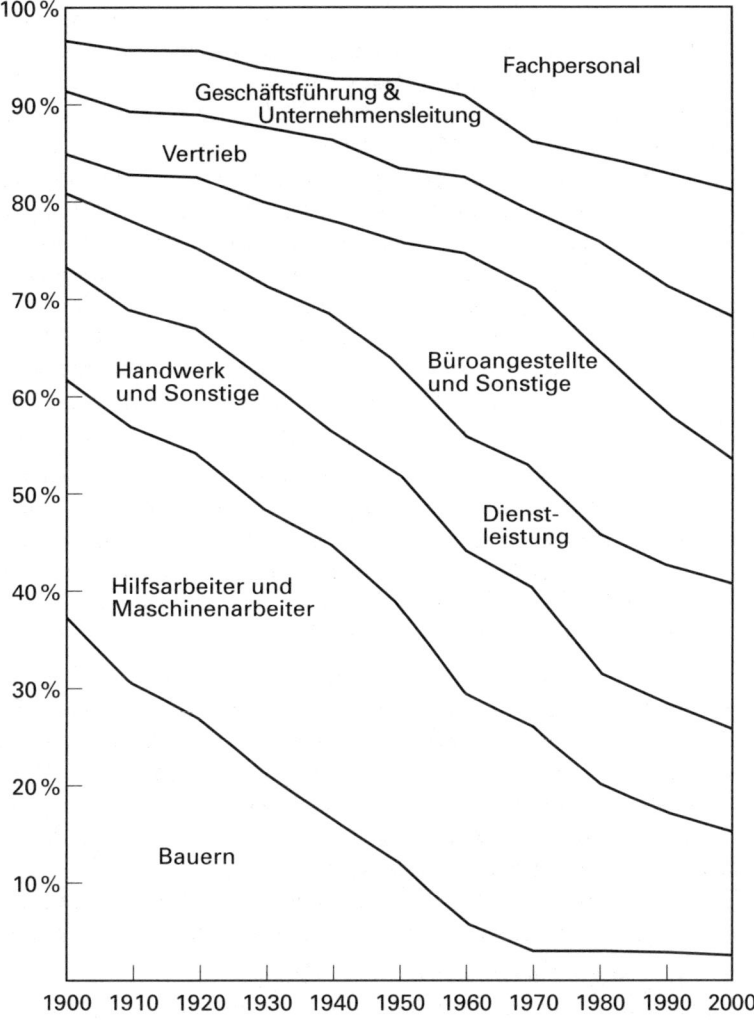

Der Aufstieg des Wissensarbeiters: Der Anteil der Wissensarbeiter an der Gesamtzahl der Beschäftigten ist seit Beginn des Jahrhunderts kontinuierlich gestiegen
[Quelle: Stephen R. Barley]

Kiichi Mochizuki, ehemaliger leitender Angestellter eines japanischen Stahlunternehmens und Vorsitzender des Pacific Institute in New York, sagt dazu: „In den heutigen, stark computerisierten Fabriken mit digital gesteuerten Maschinen sind Mathematiker aus dem Fabrikalltag nicht mehr wegzudenken. Wenn Sie über Fertigkeiten sprechen, ist das Wort 'Fertigkeit' eigentlich nicht zutreffend. Es impliziert handwerkliches Geschick, das notwendig ist, um Holz zu zerkleinern oder einen Hammer zu verwenden, doch inzwischen sind Fertigkeiten eher mentaler als manueller Natur." Die obengenannten Beschäftigten von GE in Bayamón arbeiten mit ihrem Kopf und nicht mit ihrer Muskelkraft. 1972 waren zwei Drittel der Beschäftigten von Corning Inc. noch handwerklich tätig; heute arbeiten zwei Drittel der Beschäftigten geistig, mit Datenmaterial und Informationen. Montagearbeiter in der Automobilindustrie, die früher Teile stanzten und festschraubten, müssen inzwischen allenfalls den Montageroboter zu bedienen wissen. Der geistige Anteil ihrer Tätigkeit ist demnach gestiegen. Heute lösen sie auftretende Probleme selbst und üben eher eine leitende Tätigkeit aus. Inzwischen beaufsichtigt nur halb soviel Personal die Fabrikanlagen in der Automobilproduktion wie noch zu Beginn der Neunziger Jahre. Diese Zahl wird sich bis zum Ende dieses Jahrzehnts nochmals halbieren. Vor zehn Jahren rekrutierte sich der Großteil der Mitarbeiter in der Produktion (57 Prozent) aus Maschinenführern, Vor- und Hilfsarbeitern, alle weiteren waren hochqualifizierte Präzisionsarbeiter und Handwerker. Mittlerweile hat sich das Verhältnis ins Gegenteil verkehrt: 55 Prozent sind Präzisionsarbeiter, 45 Prozent hingegen Maschinenführer und einfache Arbeiter.

Es überrascht nicht, daß Hersteller zunehmend besser ausgebildete Angestellte zur Ausführung dieser wissensintensiven Tätigkeiten beschäftigen. In den Jahren vor 1947 interessierte sich das Personalmanagement bei Ford überhaupt nicht für den Grad der Aus-bildung der Mitarbeiter. Heute haben zwischen einem Drittel und zwei Fünfteln der Neubeschäftigten in der Automobilindustrie die mittlere Reife, also etwa doppelt so viele wie noch vor einem Jahrzehnt.

Büroarbeit hat sich in ähnlicher Weise verändert. Unermüdliche und blitzschnelle Computer haben mechanische, sich wiederholende und seelenvernichtende Tätigkeiten (das immer aufs neue Aufaddieren von Zahlenreihen oder das Schreiben ein und desselben Briefes in dutzendfacher Ausfertigung) übernommen. Durch den Einsatz von E-Mail sparen Sekretärinnen im Büroalltag rund ein bis zwei Stunden täglich ein, die sie zuvor mit Warten auf das Ausdrucken von Serienbriefen und Umschlägen, dem Herumstehen an Fax- und Kopiergeräten und dem Verpacken von Schnellpostsendungen verbracht haben, obgleich jede dieser Tätigkeiten bereits Arbeitsersparnis und Erlösung von früheren Routinetätigkeiten bedeutete.

Ein Ergebnis: weniger Sekretärinnen. Weit wichtiger aber: sie sind nicht mehr 'nur' Sekretärinnen. Statt Zahlenreihen aufzuaddieren, helfen sie heute bei der Analyse der Ergebnisse, statt wiederholt die gleichen Briefe zu tippen, sind sie in der Entwicklung beschäftigt, statt Versammlungen einzuberufen, organisieren sie Konferenzen. Das Großraumbüro wurde abgeschafft und statt dessen ein Fitneßraum eingerichtet.

Steigende Kosten für 'Köpfchen'

Der Markt ist gnadenlos: Honoriert wird, was Werte schafft. Was keinen Mehrwert schafft, wird gestrichen. Man darf das nicht persönlich nehmen. Die Mechanismen sind unsichtbar und blind zugleich: Sie arbeiten 'mit Zuckerbrot und Peitsche'. Sie machen sich auf dem Arbeitsmarkt langsamer bemerkbar als anderswo. Innerhalb weniger Minuten können Investoren an der Börse Milliardenbeträge von AT&T abziehen, um das Geld dann in IBM zu investieren. Familien verfügen nicht über die gleiche Flexibilität. Sie können sich nicht von heute auf morgen in einer anderen Stadt eine neue Existenz aufbauen, nur weil sich dort bessere Chancen bieten. Automechaniker können an ihren Wochenenden nicht eben mal Computerprogrammierung lernen, und Unternehmen zögern, zumindest ein wenig, bevor sie langjährige Mitarbeiter entlassen, um neue einzustellen. Regierungen sind verständlicherweise eher gewillt, die Veränderungen am Arbeitsmarkt zu verlangsamen, als in andere Märkte einzugreifen. Damit beschützen sie die Bürger vor Not und belasten die Nutznießer der großen Erfolge zugleich mit höheren Steuern.

Dennoch sind diese Mechanismen auch auf dem Arbeitsmarkt spürbar. Wenn Wissen wirklich die entscheidende Quelle wirtschaftlichen Prosperierens ist, würde man erwarten, daß diejenigen, die mit ihrem Kopf arbeiten, entsprechend honoriert und alle anderen bestraft würden. 1995 zeichnete die Autorin Susan Sheehan das bewegende Bild eines Ehepaars aus Iowa: Die Ehefrau war als Helferin in einem Pflegeheim tätig, badete, kleidete und fütterte die Bewohner und brachte sie abends zu Bett. Der Ehemann arbeitete ebenfalls hart, und zwar für ein Unternehmen, das Straßensperren und Beschilderungen an Baustellen aufstellte. Zusammen hatten sie ein jährliches Einkommen von etwas mehr als 31.000 Dollar und verschuldeten sich sukzessive. Nur einige Jahre zuvor hatte der Ehemann dieses Gehalt für seine Arbeit bei einem Hersteller von Autowaschanlagen alleine verdient. Er wurde arbeitslos und fand keine vergleichbare Anstellung. Nach der mittleren Reife hatte er eine technische Berufsschule besucht, die er aufgrund seiner Schwächen in Mathematik vorzeitig verließ. Die Ehefrau hatte zuvor ihre Stelle als Datentypistin verloren, da sie nicht schnell schreiben konnte, und hatte die Rückstufung zur Angestellten in der Registratur akzeptiert. Nun, da sie beide in den Mittvierzigern sind, wer-den sie für den Rest ihres Lebens nicht mehr als sieben Dollar die Stunde verdienen. Das Ehepaar, so Sheehan, hatte sich einst zur Mittelklasse zugehörig gefühlt.

Dieses Paar trifft nicht die Schuld, daß es Opfer der Erwartung wurde, zur rechten Zeit am rechten Ort zu sein. Es hat deswegen auch nicht weniger unser Mitgefühl verdient. Zu jedem Zeitpunkt in der Geschichte und in allen Teilen der Welt, waren Tätigkeiten wie einfache Dienstleistung und Fabrikarbeit kennzeichnend für die Arbeiterklasse und nicht die Mittelklasse. Erst die außergewöhnliche Vormachtstellung der amerikanischen Wirtschaft der Nachkriegszeit gewährte allen Beschäftigten einen Mittelklassestatus, solange sie Arbeit hatten und weißer Hautfarbe waren. Dies änderte sich jedoch, als Europa sich wirtschaftlich erholte und Asiens Wirtschaft zu boomen begann. Der globale Wettbewerb ist nicht der eigentliche Grund für die Misere des Ehepaars. Es gibt keinen Wettbewerb zwischen Altenpflegerinnen oder Straßenbauarbeitern in den USA und denen in Deutschland oder Malaysia. Sie sind mit ihrer Tätigkeit nicht Teil der Informationswirtschaft, wo Arbeit angemessen entlohnt wird. Ihre Zugehörigkeit zur Mittelklasse währte demzufolge nicht lange, und nun gehört das Ehepaar wieder der Arbeiterschicht an.

Die zunehmenden Einkommensunterschiede in den USA und anderen Nationen sowie die Arbeit derer, die einst das Rückgrat der Wirtschaft darstellten, sind oftmals thematisiert worden. Man könnte natürlich dahingehend argumentieren, daß die Einkommensunterschiede eigentlich nicht zunehmen, doch ist das falsch, denn gerade jetzt zu Beginn dieser Informationsrevolution werden sie ebenso größer, wie bereits zu Beginn der Industriellen Revolution. Nun ließe sich darüber streiten, ob diese Entwicklung moralische, politische oder wirtschaftliche Konsequenzen hat. Diese zu leugnen wäre ebenfalls falsch, doch würde diese Diskussion den Rahmen meines Buches sprengen. Einkommensunterschiede steigen, weil ehemals wichtige Industrien an Bedeutung verlieren und weil die Arbeitsmärkte sich dieser Veränderung bislang nicht anpassen konnten. Eine Tatsache läßt sich kaum abstreiten: Besser ausgebildete Arbeitnehmer werden besser bezahlt als früher. Der bereits erwähnte gnadenlose Markt entlohnt körperliche Arbeit hingegen zunehmend weniger. Seit 1969, als die Anzeichen für den Niedergang des Industriellen Zeitalters nicht mehr zu übersehen waren, ist der Bildungsbonus im Gehalt für qualifizierte Männer und Frauen in allen Industriezweigen gestiegen. Seit 1979 hat jedoch eine Gruppe von Männern in den USA einen erheblichen Anstieg des Reallohns verbuchen können: Collegeabsolventen. In diesem Jahr bezogen männliche Collegeabsolventen ein um durchschnittliche 49 Prozent höheres Einkommen als diejenigen mit Highschool-Abschluß. 1993, also vierzehn Jahre später, betrug dieser Bildungsbonus 80 Prozent. Es ist bemerkenswert, daß die Gehälter von Angestellten mit Collegeabschluß weiterhin angestiegen sind, obwohl sich die Anzahl derjenigen, die ein College besucht haben, ebenfalls erhöhte.

Der Bildungsbonus im Gehalt ist Beleg für die zunehmende Bedeutung von Wissen im Wertschöpfungsprozeß und für den Wohlstand. James Rauch, Wirtschaftswissenschaftler an der University of California, San Diego, hat in einem Städtevergleich gezeigt, daß mit jedem zusätzlichen Ausbildungsjahr, das die Arbeitstätigen einer Stadt absolviert haben, die Produktivitätssteigerung 2,8 Prozent beträgt. Mit anderen Worten: Hat ein Durchschnittsarbeiter in Houston das zehnte Schuljahr beendet und der Durchschnittsarbeiter in Atlanta elf Schuljahre aufzuweisen, so liegt die Leistung pro Arbeiter in Atlanta um 3 Prozent höher. Dieser Unterschied könnte darauf zurückgeführt werden, daß der Mitarbeiter mit einer höheren Schulbildung effizienter arbeitet. Wahrscheinlicher ist jedoch, daß höher qualifizierte Beschäftigte einer völlig anderen Tätigkeit, die mehr Wissen erfordert, nachgehen: hier Rechtsanwälte oder Software-Entwickler, dort Drucker und Arbeiter im Gütertransportgewerbe. Obgleich die Computerisierung bei einfachen Fabrikarbeitern und Sachbearbeitern gern als Grund für Einkommensverluste genannt wird, trifft eher das Gegenteil zu: Je mehr Computer innerhalb eines Unternehmens eingesetzt werden, desto höher ist die Bezahlung der Beschäftigten, die sie bedienen. Gary Burtless, leitender Wirtschaftswissenschaftler an der Brookings Institution in Washington, D.C. stellt fest:

> Wirtschaftswissenschaftler begründen die zunehmenden Lohnunterschiede mit den Veränderungen in der Produktionstechnik. Innovative Technologien wie der PC oder neue Formen der Unternehmensstruktur begünstigen Mitarbeiter mit besseren Fertigkeiten und haben den Bedarf an ungelernten Arbeitskräften gesenkt.

Warum sollte man andererseits die Schule besuchen? Im früheren Sozialstaat Schweden galt es als sozial ungerecht, wenn ein Arbeiter weniger verdiente als sein Vorgesetzter. Die Gehälter wurden daher entsprechend angeglichen. Nach Meinung einer breiten Öffentlichkeit lohnte sich Bildung daher nicht. Nur ein geringer Teil der schwedischen Bevölkerung kümmerte sich von sich aus um eine weiterführende Ausbildung. Das Abwandern der Intelligenz war die Folge, als die Schweden mit qualifizierter Ausbildung in hoher Zahl das Land verließen, um anderswo Arbeit und leistungsgerechte Bezahlung zu suchen. Ganz nebenbei: Erhalten gebildete Angestellte höhere Löhne, sinkt die Zahl der ungebildeten. Vier von fünf Amerikanern haben einen High-School-Abschluß. Vor fünfzehn Jahren waren es lediglich zwei von dreien. Der Prozentsatz der Männer, die mindestens vier Jahre das College besucht haben, stieg von 20 Prozent im Jahr 1980 auf 25 Prozent im Jahr 1994, bei Frauen stieg die Anzahl von 13 auf 20 Prozent. Im Jahr 1993 überstieg in Deutschland zum ersten Mal die Zahl der Erstsemester die der Auszubildenden im ersten Lehrjahr. Der Kampf um die Aufnahme an einer der renommierten Universitäten Amerikas ist härter geworden. In Harvard gingen beispielsweise bereits 18.190 Anmeldungen für das Studienjahr 2000 ein. Das sind elf Bewerber auf jeden verfügbaren Studienplatz. Noch fünf Jahre zuvor betrug dieses Verhältnis acht zu eins.

Das Ende des traditionellen Management

Das Aufkommen des Wissensarbeiters verändert die Natur der Arbeit und die Inhalte des Management auf fundamentale Weise. Manager werden zu Hütern. Sie schützen, hegen und pflegen das Unternehmensvermögen. Handelt es sich dabei um Wissensvermögen, verändert sich auch die Tätigkeit des Managers. Wissensarbeit funktioniert nicht auf die gleiche Weise wie mechanische Arbeit. Die Tätigkeiten von Arbeitern und Handwerkern wurden meist streng arbeitsteilig organisiert: genau festgelegte Tätigkeiten und eine numerische Ermittlung der Arbeitsleistung und des Lohnes. Der direkte Vorgesetzte, der Abteilungsleiter und der Bereichsleiter schauten dem Mitarbeiter über die Schulter, sammelten Daten über die Arbeitsleistung, reichten diese dann in immer verdichteterer Form an die Unternehmensführung zur Bewertung der Gesamtergebnisse weiter. Die Tätigkeit eines

Managers ließ sich ziemlich treffend mit dem Akronym POEM beschreiben: Planen (Plan), Organisieren (Organize), Erledigen (Execute) und Messen (Measure). Das Topmanagement beschäftigte sich hauptsächlich mit den finanziellen Zielen, der Eigenkapitalrendite oder dem Gewinn pro Aktie. Das 'Zahlenmangement' erreichte seinen zweifelhaften Höhepunkt in den sechziger und siebziger Jahren, in Form von Harold Genees berüchtigten Geschäftsberichten bei ITT. Damals wurden angstgebeutelte Bereichsmanager von Vorgesetzten in die Zange genommen, deren Wissen nicht über den Papierstapel an Datenmaterial auf ihren gigantischen Schreibtischen hinausreichte. Ein Unternehmen unter den ersten 50 der *Fortune-500-Liste* war derart darauf versessen, eine Eigenkapitalrendite von 20 Prozent zu erzielen, daß die gesamte Führungsriege Unterwäsche mit dem dezenten Aufdruck 'ROE 20%' erhielt.

Das, was wir als 'Taylorismus' bezeichnen, benannt nach Frederick Winslow Taylor, Ingenieur und Begründer der Wissenschaftlichen Betriebsführung, funktionierte nicht nur, es funktionierte über Jahrzehnte hinweg sogar ausgezeichnet. Das Konzept basiert nicht nur auf stumpfsinniger Plackerei, den endlosen Wiederholungen eines immergleichen Ablaufs oder eng gefaßter Tätigkeiten. Das Geniale daran war, daß es das Management zwang, den Betrieb neu zu überdenken: Nimm einen komplexen Arbeitsablauf, nutze Deinen Verstand, analysiere ihn, und finde einen Weg, ihn einfacher, schneller und besser zu gestalten. Taylors Idee wird gern heruntergespielt, doch sollte nicht unbeachtet bleiben, daß die Wissenschaftliche Betriebsführung einen großen Beitrag geleistet hat, nicht nur im Hinblick auf die Produktivität, sondern auch im Hinblick auf den gestiegenen Stellenwert von Arbeit. Die Fließbandarbeit in Henry Fords Fabriken war prototypisch für den Taylorismus und in der damaligen Zeit eine Weltsensation.

Doch der Taylorismus hat seine Grenzen, wie die Nachfahren Henry Fords feststellen mußten. Der Verstand, der hier zum Einsatz kommt, ist einzig der des Managers. Taylorismus ist 'Vater weiß es doch am besten'-Management. Die Wissensarbeit ist grundlegend anders zu betrachten. Sie fordert größere Professionalität. Profis werden nicht anhand der Aufgaben, die sie erledigen, bemessen, sondern anhand der Ergebnisse, die sie erzielen. Ein Anwalt wird nicht nach der Anzahl der gesprochenen Worte seines Schlußplädoyers bewertet, sondern nach ihrem Inhalt und der Effizienz; nicht nach der Anzahl der Sätze in einem Schriftsatz, sondern anhand der schlüssigen Argumentation. Ein Anwalt würde sich eher der Fachkenntnis eines Kollegen beugen als dem Befehl eines Vorgesetzten. Tatsächlich hat er keinen Vorgesetzten, der ihm vorschreibt, wie er seinen Job zu machen hat. Er hat Klienten oder Auftraggeber, die von ihm erwarten, daß er seine Arbeit selbst plant und organisiert. Wenn Wissen integraler Bestandteil von Arbeit wird, dann sprengt das Modell eines professionell organisierten Unternehmens den bislang üblichen bürokratischen Rahmen.

Die explosionsartige Entwicklung wissenschaftlichen und technischen Wissens, seine rasante Verbreitung, die ständig zunehmende Bedeutung von Informationstechnologien, der steigende Anteil von Wissen an der Wertschöpfung, das Aufkommen des Wissensarbeiters: all diese Elemente wirken gemeinsam, jedes ist gleichzeitig Ei und Henne, Pferd und Kutsche, Ursache und Wirkung, mit der Macht, neue Organisationsformen und Managementmethoden hervorzubringen. Stephen Barley, Professor an der Stanford University sagt hierzu:

> Wo Unternehmen vorrangig Fachpersonal beschäftigen, wo die Speziali-sierung ständig zunimmt, wo neue Technologien Tätigkeiten entstehen lassen, die esoterisch anmutende Fähigkeiten erfordern, dort ist das Fachwissen in vielen einzelnen kleinen Bereichen verteilt, so daß Unter-nehmen eher Beschäftigungsbündnissen zu gleichen beginnen als straffen Hierarchiepyramiden … In dem Moment, wo das Führungspersonal nicht mehr in der Lage ist, die Tätigkeit seiner Mitarbeiter zu verstehen, muß aus einem Weisungsbefugten ein Koordinator werden.

Die Entwicklung weg von der standarisierten Massenproduktion hin zu speziali-sierter Wissensarbeit macht das herkömmliche Befehls- und Kontrollmanagement überflüssig. Eine positive Entwicklung, denn alles andere wäre nicht plausibel. In meinem Büro hängt an einer Pinwand ein Aufkleber mit dem Spruch 'Schlauer als mein Chef'. Wahrscheinlich sind Sie es auch und wurden gerade aus diesem Grund eingestellt, eben weil Sie bestimmte Dinge besser können als Ihr Vorge-setzter. Wissensarbeiter, ob allein oder im Team, planen, organisieren und führen einzelne Aufgaben ihrer Tätigkeitsfelder selbst aus. Alles Meßbare, das Errechnen von Verkaufszahlen, das Aufaddieren von Arbeitsstunden, die Inventur und der-gleichen wird heute automatisch per Computer erledigt. Kein Wunder, daß das mittlere Management schneller aus diesen Bereichen verschwand als das Popcorn aus einer Schüssel.

Wenn die Tätigkeit eines Managers nun nicht mehr darin besteht, Arbeit zu dele-gieren und zu kontrollieren, worin besteht sie dann? Ein Teil der Antwort zeigt sich in der großen Nachfrage nach Büchern, Cassetten oder Seminaren über das Thema Führung. Das Thema Management hat seine Attraktion verloren. Es zeigt sich ebenso in den Zielen, die die Geschäftsleitung formuliert, und in der Art, wie sie sie formuliert. Unternehmen wollen Profit machen, und die Sprache, in der Gewinn oder Verlust ausgedrückt werden, ist die Finanzsprache. Aber die Sprache des Managements ist zunehmend weniger von finanztechnischen Begriffen ge-prägt. Heute geht es nicht mehr um 'Shareholder Value', sondern um 'Werte'. In seinem Bestseller *Leadership is an art* schreibt Herman Miller, Vorstand von Max DePree, von einem 'Arbeitsbündnis', nicht von einem Arbeitsvertrag zwischen Unternehmen und Arbeitnehmern. Wenngleich 'Werte', 'Vision' oder 'Ermäch-tigung', 'Teamarbeit' und 'Förderung' und 'Coaching' manchmal nach reichlich viel heißer Luft klingen –, manchmal bleiben es auch reine Lippenbekenntnisse –, so spiegeln diese Begriffe die Tatsache wider, daß Manager den vorsichtigen Ver-such unternehmen, eine neue Sprache oder neue Wege des Managements zu eta-blieren, um Wissen, Wissensarbeit und wissensorientierte Unternehmen zu mana-gen. Die Finanzwirtschaft hat der Industriewirtschaft entsprechende Werkzeuge zur Verfügung gestellt. Auch die Wissenswirtschaft braucht dringend ein solches

Instrumentarium, eine Sprache. Wir werden sie im zweiten Teil des Buches kennenlernen.

In der Mitte des letzten Jahrhunderts stellte Karl Marx fest, daß Arbeiter im Gegensatz zu den Handwerkern und einfachen Landwirten vorangegangener Generationen weder im Besitz ihrer Arbeitsmittel noch des Endprodukts waren. Darin bestand im marxschen Sinne die Entfremdung des Arbeiters von seiner Arbeit und seinem Produkt. Marx hat sich in vielen Dingen geirrt, nicht aber hier. Im System 'Fabrik' gehörte beides, die Arbeitsmittel und die produzierten Güter, dem Fabriksbesitzer, dem Kapitalisten. Ebenso wie die in den Behältern längs des Fließbands liegenden Produktionsteile war der taylorisierte Arbeiter austauschbar. Das Management konnte einen Arbeiter problemlos durch einen anderen ersetzen, ohne daß sich dies in irgendeiner Form auf die Produktion ausgewirkt hätte. Der Arbeiter hat der Maschine zugearbeitet.

Nun ist es umgekehrt: Die Maschine arbeitet dem Menschen zu. Die Computerisierung hat ohne Tätigkeiten zur Entmenschlichung dazu geführt, daß Maschinen den speziellen Anforderungen der Menschen angepaßt wurden. Man stelle sich Frederick W. Taylor vor, wie er mit einer Stoppuhr in der Hand für eine Arbeitsplatzstudie Ihren Großvater, den Maurer, beobachtet. Und dann der Sprung in die Gegenwart: Andersen Consulting hat ein Labor eingerichtet, in welchem die von dem Unternehmen entwickelte Software getestet wird. Mit der tragbaren Laborversion werden die Untersuchungen vor Ort in den Unternehmen durchgeführt. Ein Mitarbeiter richtet eine Kamera auf Ihren Computer und eine auf Sie, um so die Tastenanschläge aufzuzeichnen. Der Berater beobachtet das Herumtasten, Fluchen oder auch, wie häufig Sie die Hilfe-Taste drücken. Das könnte Taylor mit einem Camcorder sein, doch besteht hier ein wesentlicher Unterschied: Taylor verlangte, daß die Arbeiter sich maschinengerecht verhalten sollten. Der Berater von Andersen weist nach Abschluß der Studien seine Ingenieure an, das Programm menschen- oder anwendungsfreundlicher zu gestalten.

Nicht, daß wir alle dazu bestimmt wären, umherziehende Wissensarbeiter zu werden, ein Laptop auf den Rücken geschnallt. Viele Arten von Arbeit sind noch immer an das Vorhandensein teurer Maschinen geknüpft, die schließlich irgendwer gekauft haben muß. Das wird auch immer so bleiben. Aber im Zeitalter des Intellektuellen Kapitals sind die wichtigsten menschlichen Eigenschaften als vierter Produktionsfaktor zugleich wertvollster Bestandteil der Arbeit geworden, auch der an Maschinen: nämlich ein Gespür für Dinge, Beurteilungsvermögen, Kreativität und die Fähigkeit, Beziehungen aufzubauen. Der Wissensarbeiter ist keinesfalls von Produkt und Arbeitsmittel entfremdet, er trägt beides zwischen den Ohren.

Teil II
Der Vierte Produktionsfaktor

Der Inhalt

Nehmen wir einmal an, daß der Verstand eines jeden Menschen wie eine Voliere voller verschiedenster Vogelarten sei – einige davon bilden, getrennt von den anderen, eine kleine Schar, andere versammeln sich in kleinen Gruppen, und dann gibt es noch welche, die fliegen frei und allein durch das Gehege ... wir können annehmen, daß diese Vögel das verschiedenartige Wissen repräsentieren und daß, als wir Kinder waren, dieses Behältnis noch leer war; wann immer der Mensch irgendeine Art von Wissen erworben und in diesem Gehege für sich aufbewahrt hat, hat er das Subjekt des Wissens erlernt und für sich entdeckt; das heißt zu wissen.

Plato

Kapitel 4
Das versteckte Gold

Es befindet sich an besonderen Orten, Huck. Manchmal auf einer einsamen Insel, manchmal in dem hohlen Bauch eines alten Baumstumpfs im Mitternachtsschatten. Manchmal liegt es aber auch unter den Dielen eines Geisterhauses verborgen ... dort liegt es lange Zeit und verrostet, ehe jemand das vergilbte Papier mit der Spur zum Schatz findet. Es ist ein Papier, dessen Zeichen und Hieroglyphen mindestens eine Woche lang entziffert und entschlüsselt werden müssen.

Mark Twain

Bewertet der Aktienmarkt den Börsenkurs eines Unternehmens auf das Drei-, Vier- oder Fünffache seines Gesamtwerts, so weist das auf eine einfache, aber grundlegende Tatsache hin: Das Anlagekapital eines Wissensunternehmens trägt in wesentlich geringerem Umfang zum Wert des erstellten Produkts oder der Dienstleistung bei als die immateriellen Aktiva – die Fähigkeiten der Mitarbeiter, die Effizienz des Managements, die Kundenbeziehungen. Das ist der vierte Produktionsfaktor. Das, worüber wir bereits in Teil I gesprochen haben, – die Bedeutung von Information in der Wertschöpfungskette, Investitionen, das Kapital der Wissensära, Wissen als Ersatz für Anlagenkapital und Material, die Veränderungen auf dem Arbeitsmarkt und die Tendenz, Wissensarbeit adäquat zu entlohnen – besagt, daß jeder, der in ein solches Unternehmen investiert, Fähigkeiten, Fertigkeiten, Wissen und Ideen erwirbt, Intellektuelles Kapital und keine Sachwerte. Sie würden Microsoft Aktien ja wohl kaum wegen der Produktionsstätten für Software kaufen, und eigentlich hat das Unternehmen auch gar keine. Was Sie mit der Aktie kaufen, ist die Fähigkeit des Unternehmens, Programme zu entwickeln, neue Standards im PC-Bereich zu setzen, sich selbst gewinnbringend zu vermarkten und die Fähigkeit, mit anderen Unternehmen strategisch zu kooperieren.

Das Pharmaunternehmen Merck war beispielsweise nicht in sieben aufeinanderfolgenden Jahren Anführer der *Fortune-Liste* der angesehensten Unternehmen, nur weil Merck Medikamente herstellt, sondern weil die Wissenschaftler in der Lage sind, neue medizinische Produkte zu entwickeln. Ein Zitat von Dr. P. Roy Vagelos, dem CEO von Merck: „Geringwertige Produkte kann jeder überall herstellen. Wissen einzusetzen, über das sonst niemand verfügt, das ist Dynamit. Wir pflegen unsere Forschung um einiges mehr als unser Finanzkapital."

Heute, da Wissen das wesentliche Rohmaterial und das Ergebnis wirtschaftlichen Handelns darstellt, ist die kollektive Intelligenz – intelligente Menschen, die auf intelligente Art und Weise komplexe Probleme lösen – mehr als ein Erfolgsfaktor. Für Menschen, die Geld in ein Unternehmen stecken, (i.e. Investoren), Menschen die dieses Geld auf einzelne Projekte verteilen (i.e. Manager), und Menschen, die ihre Zeit in dieses Unternehmen stecken (i.e. Arbeitnehmer), ist der Vierte Produktionsfaktor überlebenswichtig. Wer Wissen nicht managt, vernachlässigt sein Geschäft.

Es gibt nur ein Problem: Das relevante Wissen zu identifizieren und es zu managen ist, als würde man einen Fisch mit bloßen Händen fangen wollen. Man kann es versuchen und danach grapschen, aber man sollte sich gewahr sein, daß der Fisch reichlich glitschig ist.

Bevor ein Unternehmen das vorhandene Potential ausschöpfen kann, müssen Manager zunächst verstehen lernen, warum Intellektuelles Kapital bislang brachlag und was es kostet, dieses Potential zu ignorieren – zum einen Geld, das sinnlos verschwendet wird, und die Chancen, die dadurch vertan werden. Diesen Fragen widmen wir uns im vierten Kapitel. Im nächsten werden wir dann sehen, wie und wo Intellektuelles Kapital zu finden ist, und geben damit Führungskräften einen Leitfaden an die Hand, um diese Werte im eigenen Unternehmen zu entdecken und zu nutzen.

Der Vierte Produktionsfaktor ist nicht bilanzierbar

Ein wesentlicher Grund dafür, daß Wissen in Unternehmen oft brachliegt, ist, daß es häufig doch in physischer Form daherkommt – in Gestalt eines Buches, in Form einer Aufzeichnung auf einem Video- oder Audio-Band, in Gestalt eines Referenten oder nur als Steinchen in einem historischen Monument. Wir neigen dazu, uns eher mit der Form als dem Inhalt auseinanderzusetzen, das ist, als würde ein Weinbauer der Flasche mehr Aufmerksamkeit schenken als dem Wein. Natürlich ist es einfacher, die Anzahl der Weinflaschen zu zählen, als die Qualität des Weins genau zu beschreiben, und in der früheren Wirtschaft der 'erstarrten Ressourcen' war dies auch sinnvoll: Durch das Buchführen über die Mengeneinheiten – Kosten für Materialien und Arbeitskraft – errechnete sich im wesentlichen der Wert des Endprodukts. Aber in einer Wirtschaft des 'erstarrten Wissens' würde das nicht funktionieren. Wie sollte es auch, wenn z. B. ein und dieselbe Information völlig unterschiedliche Formen annehmen kann und jede eine andere Kostenstruktur aufweist? So kann man einen Kinofilm auch als Theaterstück, als Fernsehspiel oder als Video sehen, ein und derselbe Nachrichtentext ist in der *New York Times* in Papierform oder im Internet online zu lesen, er läßt sich scannen, zu Onkel William in Adelaide faxen oder via E-Mail an Tante Adelaide in Williamstown verschicken. Hinzu kommt, daß mit der Digitalisierung die Verpackung fast völlig verschwindet. Es macht daher heutzutage wenig Sinn, bei dem Versuch, die Produktion immaterieller Güter und Dienstleistungen zu organisieren, das Hauptaugenmerk auf das Messen und Verbessern der Verpackung zu richten.

Genau das ist es jedoch, was in vielen Unternehmen praktiziert wird. Sie werden wie traditionelle Industrieunternehmen geführt. Diejenigen, die für die materiellen Ressourcen verantwortlich sind – Manager, die Geschäftsführung, die Investoren –

sind über das Anlagenkapital und das finanzielle Kapital bestens informiert. Sie wissen, wie hoch das Bankguthaben des Unternehmens ist, kennen den Kreditrahmen, die Höhe der Aktienkurse, den Wert der Grundstücke und Gebäude; sie können das Umlaufvermögen errechnen, das Inventar und so weiter. Sie wissen Bescheid über den technischen Stand von Maschinen und wann diese durch neue ersetzt werden müssen.

Doch Wissen – die größte Quelle der Wertschöpfung und Garant für zukünftige Wettbewerbsvorteile – fristet ein stiefmütterliches Dasein. Wer hat Wissen? Wo findet es sich? Was ist in der Datenbank? Wie können wir es managen? Tom Davenport, Berater und ehemaliger Professor der University of Texas in Austin sagt hierzu: „In den meisten Organisationen, in denen Mitarbeiter über Informationen verfügen, sie nutzen und verbreiten, sind Anwälte die einzig wahren Informationsmanager", gerade diejenigen also, die Warenzeichen, Patente und Geheimnisse zu schützen wissen.

Das Management des Vierten Produktionsfaktors ist vergleichbar mit der Erschließung eines bis dato unbekannten Teils eines Ozeans, und nur wenige können seine wahren Tiefen erahnen und vermögen, ihn zu befahren. Sie mögen ein vages Verständnis über kodifiziertes intellektuelles Vermögen wie Patente und Copyrights haben und eine vage Vorstellung über andere Werte wie Markenkapital. Sie mögen erahnen, daß Weiterbildung und Erfahrung in bestimmter Weise Teil des Gesamtvermögens sind. Aber Talent spezifische Fähigkeiten zählen ebenfalls zum Intellektuellen Kapital. Der Wert eines Labors erstreckt sich auch auf potentielle Erfindungen der Wissenschaftler, die dort arbeiten. Läßt sich dies mit einem Preisschild versehen? Wie ließe sich der Preis für eine F&E-Abteilung festsetzen, deren Früchte Ihr Unternehmen nicht nutzen kann, die jedoch für andere ein Gewinn wäre? Wie sind immaterielle Werte wie Design, Service oder Kundenbetreuung zu bewerten, die gleichfalls Gewinner von Verlierern unterscheiden? Das Personalbüro kann Auskunft über die Höhe der Gehaltsschecks geben, doch weiß es kaum über die Kosten für die Wiederbeschaffung von spezifischen Fähigkeiten einzelner Mitarbeiter Bescheid. Der Personalleiter kann vielleicht angeben, wieviel das Unternehmen für Aus- und Weiterbildung der Mitarbeiter aufwendet, er kann mit Sicherheit aber nicht sagen, wieviel das Erlernte tatsächlich wert ist.

Ganze Scharen von Sachbearbeitern verwalten mit Hilfe entsprechender Computerprogramme Anlagekapital und Barvermögen, doch taugen diese Programme nicht dazu, den Wert des Verstands zu quantifizieren. Die erste Veröffentlichung über Buchführung schrieb ein venezianischer Mönch mit Namen Luca Pacioli im Jahr 1494. Pacolis *Summa de arithmetica, geometrica, proportioni et proportionalità* ist berühmt, da hier zum ersten Mal das Prinzip der doppelten Buchführung dargelegt wurde. Für das Rechnungswesen war die Erfindung der doppelten Buchführung von ähnlich überragender Bedeutung wie für die Mathematik die Erfindung der Zahl Null durch die Araber. Moderne Unternehmen sind ohne die Aufstellung von 'Soll' und 'Haben', die ein genaues Abbild der in einem Unternehmen fließenden Ströme von Gütern und Geldern liefert, nicht zu führen, vielleicht sogar undenkbar.

David Wilson, Wirtschaftsprüfer und Partner des Beratungsunternehmens Ernst & Young stellt fest: „Es sind nunmehr 500 Jahre vergangen, seit Pacioli sein Meisterwerk über Buchführung veröffentlicht hat. Und in dieser ganzen Zeit gab es – wenn man einmal von mehr Regeln, die heute gelten, absieht – praktisch keine bedeutenden Neuerungen, welche die Grundprinzipien des Rechnungswesens verändert hätten." Die Form der Bilanz hat sich seit 1868 nicht verändert, die Einkommenssteuererklärung stammt noch aus der Zeit vor dem zweiten Weltkrieg. Dies ist ein Rahmen, der für Industrieunternehmen angemessen erscheint, doch nicht für Wissensunternehmen, wie Robert K. Elliott in seinem Aufsatz 'The Third Wave Breaks on the Shores of Accounting' unterstreicht:

> Der Mittelpunkt des Interesses liegt bei dem materiellen Anlagevermögen, d.h. den Vermögenswerten, die für die Industrielle Revolution von Bedeutung waren. Dazu zählen das Inventar und der Wert von Rohstoffen und Materialien wie Kohle, Stahl und Dampfmaschinen. Sie werden in Kosten umgerechnet. Daher konzentrieren wir uns auf die 'Kosten', also auf die Produktion, und nicht auf die 'wertschöpfenden Aspekte', die Kunden.

Paciolis System verliert seine Gültigkeit. „In einem wissensbasierten Unternehmen", so Judy Lewent, Finanzvorstand von Merck & Co, „ist mit diesem Buchhaltungssystem 'kein Blumentopf' mehr zu gewinnen." Laut Edmund Jenkins, Partner bei Arthur Andersen und Vorsitzender einer Arbeitsgruppe zur Untersuchung neuer Verfahren in der Buchführung am American Institute of Certified Public Accountants, ergeben sich „die Kosten eines Produkts heutzutage vorwiegend aus den Kosten für Forschung und Entwicklung, geistigen Vermögenswerten und Dienstleistung. Das herkömmliche Buchhaltungssystem, das lediglich die Kosten für Material und Arbeitskraft erfaßt, kann nicht mehr angewendet werden."

Im wesentlichen erfaßt und überwacht das Rechnungswesen die Anhäufung und Konzentration von Kapital in einem Unternehmen und ist kostenorientiert. Das heißt, daß man davon ausgeht, daß die Kosten, die für die Beschaffung eines Gutes aufgewendet wurden, unter Berücksichtigung besonderer Aspekte wie Abschreibungen den Marktwert des Gutes repräsentieren. Diese Form der Berechnung funktioniert nicht, wenn es sich dabei um immaterielle Güter handelt. Da Wissen nicht an eine bestimmte Art von Verpackung gebunden ist, wie wir ja gesehen haben, gibt es keine direkte Beziehung mehr zwischen seinem momentanen Marktwert und seinen einstmaligen Entstehungskosten.

Die Kosten, Wissen zu produzieren, haben weniger direkten Bezug zu dem eigentlichen Wert des Produkts, als es beispielsweise bei der Herstellung von einer Tonne Stahl der Fall ist. Im Industriezeitalter konnte eine Idee erst dann Wert gewinnen, wenn sie in Form von zusammengeschraubten Teilen Gestalt annahm und schließlich vermarktet werden konnte. Das hat sich verändert. „Im Gegensatz zu Maschinen oder Geld" so Michael Brown, Finanzvorstand von Microsoft,

„entwickeln Ideen eigene Kräfte. Sie sammeln sich irgendwo, gären vor sich hin, um dann plötzlich zu explodieren." Netscape beispielsweise verfügte über einen enormen Bestand an Intellektuellem Kapital, das sich in keiner Form manifestierte, bis das Unternehmen 1995 an die Börse ging und das Aktienkapital binnen kürzester Zeit auf 2 Milliarden Dollar hochschnellte.

In manchen Unternehmen, beispielsweise Anwaltskanzleien, Beratungsunternehmen und Werbeagenturen, fehlt es ganz an Greifbarem, was gezählt werden könnte. Da es hier nicht möglich war, den Output in irgendeiner Form sinnvoll zu berechnen, man aber andererseits irgendeinen Maßstab brauchte, besann man sich auf den Faktor Zeit: Aus internen Gründen und zur Kontierung wurde daher die effektive Zeit, die Mitarbeiter für die Betreuung eines Kunden aufwandten, berechnet. Aber Zeit ist in dem Fall nur ein anderes Konzept für Kosten, und die sagen nichts über den tatsächlichen Wert des Produkts oder der Dienstleistung aus. Zudem sind sie nur ein kleiner Teil der Informationen, die ein Manager benötigt, um sein Geschäft ordentlich zu führen. Kosten sind gerade dann, wenn immaterielle Werte in unterschiedlicher Form angeboten werden, zum Beispiel als Konzertkarte, CD oder Radioübertragung, von geringer Aussagekraft.

Das Unzählbare zählt

Eine Ursache dafür, daß Unternehmer dem Vierten Produktionsfaktor keine Beachtung schenken, ist, daß sie den potentiellen Gewinn nicht erkennen können – die höhere Kapitalrendite. Der Anleger, der beim Aktienkauf die Wahl zwischen IBM und Microsoft-Aktien allein von deren Bilanz abhängig macht, erfährt so kaum etwas über den wirklichen Wert dieser beiden Unternehmen. Bei American Airlines sind die Jetliner das sichtbare Unternehmenskapital. Das Informationssystem, mit dem Sabre, das Reservierungssystem, betrieben wird, und das weit mehr Profit bringt als das gesamte Transportgeschäft, repräsentiert ausschließlich immaterielles Vermögen. Es ist in der Bilanz nirgendwo aufgeführt. Wie Elektronen in einer Wolke werfen Wissenswerte allenfalls einen Schatten auf das Hauptbuch des Unternehmens.

Dennoch ist ihre wirtschaftliche Bedeutung mit der der Kernspaltung vergleichbar. Der Fall von Cordiant, der Werbeagentur, die als Saatchi & Saatchi bekannt wurde, spiegelt zum einen den Wert des Intellektuellen Kapitals, aber auch das Risiko, dieses Potential nicht zu erkennen, wider. Institutionelle Anleger drängten, geschockt von der Arroganz und der Untätigkeit Maurice Saatchis, im Jahr 1994 den Vorstand der Agentur, ihn zu entlassen. Pikanterweise war Maurice Saatchi als Vorstandsvorsitzender so gezwungen, seine eigene Entlassung zu unterschreiben. Sein Rausschmiß zog weitere Kündigungen nach sich, aus Protest verließen zahlreiche kreative Köpfe das Unternehmen, auch zwei große Kunden, der Schokoriegelhersteller Mars und British Airways zogen sich zurück. Der Jahresabschluß sah aus, als ob nichts geschehen wäre. Die Aktien des Unternehmens fielen an der New Yorker Börse jedoch um mehr als die Hälfte ihres Wertes. Es wurden unterschiedliche Gründe für diese Entwicklung genannt, einer davon ist ganz offensichtlich: Die institutionellen Anleger waren fälschlicherweise der Meinung, daß ihnen die Agentur gehören würde, tatsächlich gehörte ihnen nicht einmal die Hälfte von Saatchi & Saatchi. Der größte Teil des Unternehmenswertes bestand in Humankapital, verkörpert durch Maurice Saatchi und seine Clique.

Nur selten führt der Markt Wertschöpfung auf Intellektuelle Werte zurück – und wenn, dann stimmen die Zahlen nicht. 1976 hat der Komponist Andrew Lloyd Webber gemeinsam mit anderen ein Unternehmen namens *The Real Useful Company* (Das wirklich nützliche Unternehmen) gegründet, das die Rechte an all seinen Stücken hält, von *Cats* über *Evita* bis hin zum *Phantom der Oper* und vielen weiteren seiner Musicals. Was immer man von seiner Musik halten mag, der Erfolg seiner Werke ist nicht zu verachten.[4] 1986 wandelte Webber das Unternehmen in eine Aktiengesellschaft um. Das Vermögen setzte sich damals wie folgt zusammen: Das Palace Theatre in London im Wert von 2 Millionen Pfund, die Rechte an Webbers Musicals und Musikstücken (hauptsächlich *Cats*), ein Siebenjahres-Vertrag und die Lebensversicherung Webbers (er war 37 Jahre alt). Einschließlich der Aktienanteile, die Webber für sich selbst behielt, betrug der Gesamtwert aller Anteile 35,2 Millionen Pfund. Nach vier Jahren kaufte Webber alles zurück. Das Unternehmen hatte inzwischen, ohne Webbers Eigenanteil, einen Wert von 77,4 Millionen Pfund erreicht – eine Zahl, die von Investment-Bankern mit einer bewährten Berechnungsmethode errechnet wurde, die eigens für die Wertermittlung von Copyrights und Patenten entwickelt worden war.[5] Im darauffolgenden Jahr verkaufte Webber 30 Prozent des Unternehmens an die Plattenfirma PolyGram. Der Preis: 78 Millionen Pfund, das war deutlich mehr, als der gesamte Geschäftsbereich noch ein Jahr zuvor wert gewesen war. In der Zwischenzeit war zwar das Webber-Musical *Sunset Boulevard* angelaufen, aber das war nicht der Grund, weshalb sich der Wert des Unternehmens mehr als verdreifacht hatte. Die besten Analysten hatten die zu erwartenden Erträge und vor allem den Wert von älteren Copyrights unterschätzt.

Wenn der Kaufpreis für ein Unternehmen den Nettobuchwert der Bilanz überschreitet, ist der Aufpreis unter anderem auf Intellektuelle Vermögenswerte – zu erwartende Erträge durch Patente, Kundenbeziehung, Markenwert usw.– zurückzuführen. Da die allgemeinen Regeln der Buchführung es nicht gestatten, Geld für etwas auszugeben, was nicht meßbar ist und damit auch 'nicht-existent' ist, faute de mieux, subtrahieren die Erbsenzähler den Nettobuchwert vom Kaufpreis und

---

[4] Zwei Männer wurden mit der Behauptung, sie seien Spione, von Terroristen entführt. Man machte ihnen kurzen Prozeß, sie wurden schuldig gesprochen und zum Tode verurteilt. Bevor sie erschossen werden sollten, gewährte ihnen der Anführer noch einen letzten Wunsch. Der erste wünschte sich, noch einmal das Gesamtwerk von A. Lloyd Webber hören zu dürfen, jedes Stück, Note für Note, woraufhin der zweite flehte: „Erschießt mich zuerst!"

[5] Im wesentlichen geht es hier um die Berechnung zukünftiger Erträge aus geistigen Eigentum, dann wird der gegenwärtige Nettowert dieser zukünftigen Erträge ermittelt. Eine Beschreibung zur Berechnung dieses Kapitalwerts findet sich im Anhang.

verbuchen diesen Betrag a conto 'good will' (oder auch Geschäftswert), ein Ausdruck, der an sich keinerlei Bedeutung hat. Man werfe aber nur einmal einen Blick darauf, welche Summen für den Kauf von Unternehmen investiert werden, dann wird man feststellen, daß in vielen Fällen der good will mehr als die Hälfte des Kaufpreises ausmacht.

Man mag einwenden, daß es kaum möglich ist, über die Höhe des Intellektuellen Vermögens Buch zu führen (siehe Anhang), aber das ist keine Entschuldigung dafür, es zu ignorieren. Der Preis der Ignoranz ist hoch. In einer Studie darüber, wie Investoren und Manager Ressourcen verteilen, fand Michel Porter von der Harvard Business School, heraus, daß „die Aufmerksamkeit eher materiellem Vermögen gilt als den immateriellen Werten, deren Erträge auch schwieriger zu berechnen sind. Für einen Großteil der Unternehmen haben Investitionen in Anlagen und Ausstattung, wo der Cash-flow leichter nachzuverfolgen ist, einen höheren Stellenwert und sind einfacher zu rechtfertigen als Investitionen in F&E, Weiterbildung und andere Dinge, wo die Erträge und damit der Nutzen nur schlecht zu quantifizieren sind."

Dennoch haben Unternehmen, die bereits aus ihrem Wissensvermögen schöpfen, entdeckt, daß sie auf eine Goldader gestoßen sind. Bei Dow Chemical Corp. geschah das eher zufällig. Das Unternehmen hatte im Jahr 1993 so eine Art Frühjahrsputz vornehmen wollen, als es eine neue Stelle mit der Bezeichnung *Direktor für Wissensmanagement* einrichtete. Dahinter verbarg sich die Idee, einen an sich passiven Bereich, die zentrale Verwaltung der gültigen 29.000 Patente von Dow Chemical, in ein aktives Geschäft umzuwandeln. Ziel war es, das gesamte Portfolio auf weitere Nutzungsmöglichkeiten, zum Beispiel den Verkauf von Lizenzen, hin zu durchforsten.

Gordon Petrash, der Wissensmanager, sagt: „Neben den Patenten gibt es noch weiteres Intellektuelles Kapital, zum Beispiel Kunst oder Know-how, aber es ist am einfachsten, mit den Patenten zu beginnen." Wobei 'am einfachsten' nicht bedeutet, daß es überhaupt einfach sei. Petrash hat herausgefunden, daß Dow weniger als die Hälfte der Patente nutzt. Schlimmer noch, die meisten sind sozusagen verwaist. Der Grund: Es gab keine Abteilung, die für die Vermarktung oder für Lizenzverkäufe zuständig gewesen wäre. Petrash verglich diesen Zustand mit anderen Unternehmen und fand heraus, daß die meisten eine hohe Zahl an ungenutzten Patenten aufzuweisen haben, darunter einige, die sicherlich mehrere Millionen Dollar wert wären, aber so kosten sie nur Geld. Es ist, als wäre man Eigentümer eines leerstehenden Gebäudes: Man zahlt in einem fort, zum Beispiel für die Instandhaltung oder für die Grundsteuer. Ein einmal angemeldetes Patent aufrechtzuerhalten kostet über einen längeren Zeitraum rund 250.000 Dollar für Anwaltskosten, Gebühren, Steuern und dergleichen.

Petrash und sein Team konnten durch die Erfassung und Pflege des Patent-Portfolios in den ersten 18 Monaten mehr als eine Million Dollar Kosten einsparen.[6]

Dow verfügt über einen riesigen Schatz, eine wahre Goldgrube. In zehn Jahren, so Petrash, werden sich die Einsparungen bei Dow auf rund 50 Mio. Dollar belaufen. Darüber hinaus werden die Einkünfte aus dem Verkauf bislang ungenutzter Patente seinen Schätzungen zufolge von rund 25 Mio. Dollar (1994) auf bis zu 125 Mio. Dollar im Jahr 2000 ansteigen. Und das sind Einsparungen und Einkünfte, die dadurch erzielt werden, daß man sich bei Dow dem immateriellen Vermögen zuwandte, das am offensichtlichsten war: dem in Form von Patenten kodifizierten Know-how. Langfristig will man sich aber auch den anderen, weniger offensichtlichen und schwieriger zu erfassenden Vermögenswerten zuwenden, der Kunst und Know-how, dazu gehört so etwas wie Geschäftsgeheimnisse oder technisches Fachwissen. Nach Ansicht von Petrash stecken da Milliardensummen drin.

Mit dieser Ansicht steht er nicht alleine da. Charles Handy, Dozent an der London Business School und Autor des Buches *The Age of Unreason* (deutscher Titel: Die Fortschrittsfalle) schätzt, daß das Intellektuelle Vermögen eines Unternehmens in der Regel den Wert des materiellen Vermögens um das Drei- bis Vierfache übersteigt. Laut Leif Edvinson, Wissensmanager bei Skandia AFS, einem schwedischen Finanzdienstleistungs-Unternehmen, ist das noch konservativ geschätzt. Er hat ausgerechnet, daß in zahlreichen Unternehmen das Verhältnis zwischen Intellektuellem Vermögen und Sachwerten zwischen fünf zu eins und sechzehn zu eins beträgt. Das Bild, das sich einem hier unvermeidlicherweise aufdrängt, ist das eines

---

[6] Petrash entwickelte ein Sechs-Stufen-Modell, mit dem Intellektuelles Kapital gemanagt werden kann:
1. Strategieentwicklung: Definieren der Wissensrelevanz in einem Unternehmen oder in der jeweiligen Geschäftseinheit. Produktneuheiten mögen für den einen Bereich von immenser Bedeutung sein, während ein anderer Kapitalinvestitionen vornimmt, um ein existierendes Produkt preisgünstiger zu fertigen oder Gelder zur Errichtung von Niederlassungen in Polen und Brasilien benötigt.
2. Einschätzen der Wettbewerbsstrategien und Patentbereiche.
3. Klassifizieren des Unternehmensportfolios: Betrachten Sie Ihr Vermögen und wie Sie es einsetzen und – dies ist eine zentrale Frage – klären, wer im Unternehmen für was verantwortlich ist.
4. Evaluierung von Kosten und Wertschöpfung des Intellektuellen Vermögens und Entscheidung, was verkauft, behalten oder abgeschafft wird. Dow verwendet Punktekarten zur Klassifizierung von Patenten und Patentanträgen, die bei Dow direkt oder in Lizenz genutzt werden, um deren potentielle Bedeutung für das Unternehmen zu ermitteln. Die Zahlen ändern sich ständig. Im Herbst 1995 zeigten sie beispielsweise, daß rund 36 Prozent der Patente von Dow benutzt wurden, weitere 50 Prozent noch nicht klassifiziert waren und für die verbleibenden 14 Prozent keine Nutzungsmöglichkeit bestand.
5. Investition: Auf der Basis der Erkenntnisse über das vorhandene Wissenspotential Wissensdefizite erkennen und diese Lücken füllen, indem die Forschung und Entwicklung entsprechend vorangetrieben wird oder neue Technologien erworben werden.
6. Fassen Sie Ihr neues Wissensportfolio zusammen, und wiederholen Sie einzelne Prozesse unendlich oft.
Petrash sagt: „Wir werden kaum jemand anderen finden, der diese Aufgaben für uns übernimmt", und er fügt hinzu: „Die Unternehmensverantwortlichen verstehen es, ihre Sachwerte richtig einzusetzen, doch hinsichtlich des Intellektuellen Kapitals werden wir ihnen unter die Arme greifen müssen."

Eisbergs. Über der Wasseroberfläche nimmt man nur das Geld und die Sachwerte wahr, wie sie da in der Sonne glänzen und manchmal vielleicht ein wenig furchteinflößend aussehen. Unterhalb der Wasseroberfläche ist jedoch der größere, der bedeutendere Teil. Wir wissen, daß es etwas Großes ist, das sogar Ozeangiganten zum Sinken bringen kann, aber wir können die Konturen nicht genau erkennen.

Eine Umfrage bei den CEO's von achtzig Großunternehmen – darunter Amoco, Chemical Bank, Kodak, Hewlett Packard und Pillsbury – hat kürzlich ergeben, daß vier von fünf der Spitzenmanager der Ansicht waren, daß Wissensmanagement in ihrem Unternehmen ein wesentlicher Bestandteil der Geschäftsstrategie werden sollte; nur 15 Prozent waren anderer Ansicht.

Kein Topmanager ließe jemals Barvermögen oder Platz ungenützt, doch auf die Frage, wieviel Wissen ihrer Ansicht nach in ihrem Unternehmen genutzt würde, lautet die typische Antwort: „Rund 20 Prozent." Das ist jedenfalls die Erkenntnis von Betty Zucker, die an der Gottlieb-Duttweiler-Stiftung, einem Schweizer Think-Tank, Wissensmanagement studiert. „Man stelle sich einmal vor, was es für ein Unternehmen bedeuten würde, wenn sich diese Zahl auf wenigstens 30 Prozent erhöhen ließe."

Dazu braucht es jedoch mehr als nur Anekdoten, Schätzungen oder Umfragen. Die immateriellen Aktiva sind naturgemäß schwer greifbar. Wir brauchen eine präzise Definition, um es greifbar und nutzbar zu machen, um das Verständnis zu fördern und Vorurteile abzubauen. Nur mit Hilfe einer Schatzkarte ist das verborgene Gold auffindbar.

Kapitel 5
Die Schatzkarte

Es gibt zwei Arten von Wissen. Entweder wir verfügen selbst über Wissen zu einem Thema oder wir wissen, wo wir nachschlagen können.

Samuel Johnson

Wenn Du so schlau bist, warum bist du dann nicht reich? Einige Wirtschaftswissenschaftler haben dies die 'amerikanische Frage' genannt. Ich war noch in der High School, als ich die Frage zum ersten Mal hörte: In einer Auseinandersetzung zwischen einem Lehrer und einem Schüler über eine Schulnote fragte der Schüler: „Wenn Sie so schlau sind, warum sind Sie dann Lehrer geworden? Lehrer verdienen doch kaum was!" Der Lehrer antwortete wie folgt: „Wenn du schlauer wärst, würdest du wissen, daß es im Leben wichtigere Dinge gibt als Geld." Viele Jahre später habe ich den gleichen Satz aus dem Munde von Herb Kelleher gehört, dem CEO von Southwest Airlines. Als ich in Dallas einen Vortrag zum Thema *Produktionsfaktor Wissen* hielt, zitierte ich Walter Wriston, der als CEO von Citicorp zwar bereits in den Ruhestand gegangen war, der Bank jedoch noch beratend zur Seite stand und der behauptet hatte, daß das Gesamtvermögen des Unternehmens unterbewertet sei. Er vertrat die Ansicht, daß auch die hochentwickelte Software, die insbesondere bei dem Betrieb der Geldautomaten Anwendung findet, ebenfalls als Teil des Unternehmensvermögens angesehen werden müsse. In jener Zeit hatte Citicorp bereits einige wirtschaftliche Probleme: Die Profite hielten sich in Grenzen, der Kurs der Aktien lag bei 10 Dollar pro Stück, und, schlimmer noch, die finanziellen Reserven der Bank waren durch fahrlässige Kreditvergabe angegriffen, so daß Citicorp unter staatliche Aufsicht gestellt werden mußte. Kelleher fragte sich, ob Wristons gestiegenes Interesse an den immateriellen Werten mit der Tatsache verbunden sei, daß es der Bank finanziell schlecht gehe. „Wenn die Leute in New York wirklich so klug sind," fragte er, „warum machen sie dann kein Geld?"

Das war eine gute Frage. Die Einsicht, daß das Wissenspotential den bedeutendsten Aktivposten eines Unternehmens darstellt, ist eine Sache. Dieser Einsicht jedoch Strategien und Pläne folgen zu lassen, um ein besseres wirtschaftliches Ergebnis zu erzielen, ist eine andere Sache. Intellektuelles Kapital kann ebenso kurzlebig sein, wie der Heilige Gral, jenes wundertätige Gefäß, von dem es heißt, das in ihm einst das Blut Christi aufgefangen worden war. Ihn zu finden war das Ziel, dem sich die Ritter der Tafelrunde verschrieben hatten. In der Artussage ist es nur einem vergönnt, nämlich Sir Galahad, die göttlichen Geheimnisse des Grals zu sehen, woraufhin er allem Weltlichen entsagt und auf den Schwingen eines Engels in himmlische Sphären emporsteigt. Diese Legende hat wenig mit dem Alltag eines

Geschäftsführers zu tun, der das Mysterium der kollektiven Geisteskraft in seinem Unternehmen den wirtschaftlichen Zielen zunutze machen muß.

Dazu bedarf es nicht nur einer Definition, sondern auch einer Handlungsanweisung, die den Verantwortlichen zeigen soll, wie sie in Wissensvermögen investieren und wie sie es managen. Genau das soll dieses Kapitel leisten. Wir gehen in drei Schritten vor: Zunächst bedarf es einer Arbeitsdefinition, also eines Werkzeugs, das uns zeigt, wonach wir suchen müssen, wenn wir uns das Intellektuelle Kapital erschließen wollen. Dann werden wir einige Probleme lösen, die dem 'Schatzsuchenden' einen Strich durch die Rechnung machen können: Falsche Schlüsse aus den unterschiedlichen Arten von Informationen zu ziehen kann einen auf eine falsche Fährte locken. Auch in dem schwer zu erfassenden impliziten Wissen liegt ein Großteil des Intellektuellen Vermögens verborgen. In einem dritten Schritt werden wir dann sehen, wo sich in einem Unternehmen Wissenskapital verbirgt.

Eine Arbeitsdefinition

Der besseren Anschaulichkeit und nicht als Definition dienen zunächst die bereits an anderer Stelle erwähnten Bestandteile des Intellektuellen Kapitals: die Summe aller Unternehmenspatente, -prozesse, Mitarbeiterfähigkeiten, Technologien, Informationen über Kundenbedürfnisse und die langjährige Erfahrung. Es gibt andere Konzepte, die jedoch zu allgemein formuliert sind, als daß sie sich ernsthaft in Managementpläne und -aktivitäten integrieren ließen: „Das Wissensvermögen und Know-how eines jeden einzelnen sind die Quelle für Innovation und Neuerungen"; „Fähigkeiten, Geschick und Fachwissen ... eingebettet in den menschlichen Verstand." Hugh MacDonald, Zukunftsforscher bei ICL, dem großen britischen Computerhersteller, der nun zu Fujitsu gehört, beschreibt es folgendermaßen: „Es ist das Wissen, das in Unternehmen vorhanden ist und mit dem unterschiedliche Vorteile erlangt werden können", mit anderen Worten: die Summe allen Wissens aller Mitarbeiter in einem Unternehmen, das zu Wettbewerbsvorteilen führt. Doch diese Aussage beschreibt eher den Nutzen des Intellektuellen Vermögens als das, was es ist. Geschäftsführer und Manager brauchen eine Definition, die mehr als die Bezeichnung 'klug' umfaßt und die, so wie der Wirtschaftswissenschaftler David Klein und der Berater Laurence Prusak sagen, es ihnen ermöglicht, „gezielt nach Intellektuellem Potential zu forschen, seine Entwicklung zu fördern und wohl kalkuliert darin zu investieren".

Die Definition von Klein und Prusak ist ein guter Anfang: „Intellektuelles Material, das formalisiert und erfaßt wurde, um mit seiner Hebelwirkung ein höherwertiges Vermögen zu erzeugen." Der Vorteil ihrer Definition liegt in der Unterscheidung zwischen 'Intellektuellem Material' und 'Kapital'. Die auf einem Post-It-Zettel notierte Adresse, der hinter einen Schrank gefallene Bericht, der geniale Einfall auf dem Weg zur Arbeit, eine wichtige Mitteilung, die ein Außendienstmitarbeiter nicht an seine Kollegen weitergeben kann, weil er kein Telefon zur Hand hat – all das sind Beispiele für Intellektuelles Material, aber keines davon für Kapital. Eine flüchtige Idee oder ein Informationsfetzen sind ebensowenig Vermögenswerte, wie ein Haufen Backsteine noch keine Fabrik ist.

Wissen wird zu Vermögen, wenn es systematisiert wird, wenn es eine schlüssige Form annimmt, z. B. in Form einer Adreßliste, einer Datei oder einer Prozeßbeschreibung; wenn es eine Form erhält, die beschreibbar, nutzbar und teilbar ist. Intellektuelles Kapital ist eine Ansammlung nützlichen Wissens.

Es ist auch gut, daß Kleins und Prusaks Definition daran erinnert, daß Intellektuelles Vermögen in vielerlei Sphären aufzufinden ist. Ökonomisch wertvolle Ideen müssen nicht immer kompliziert, gelehrt oder hochtechnisch sein. Paul M. Romer von der University of California in Berkeley, die führende Kapazität unter den Wissenschaftlern, die sich mit dem Wert von Ideen befassen, bescheibt dies wie folgt: „Mit Hilfe unserer Ideen lassen sich begrenzte physikalische Ressourcen sinnvoll und wertschöpfend miteinander verknüpfen." Die meisten Mitarbeiter werden sicherlich niemals mit der Schnittstelle zur Wissenschaft in Berührung kommen. Sie versuchen einfach, ihre Tätigkeit besser zu machen. Dies ist ein weiterer bedeutender Aspekt bei der Betrachtung von Intellektuellem Kapital. Der Vorsitzende von GE, Jack Welch, warnt Führungsverantwortliche vor allzu großer Begeisterung für die eigenen 'großen' Ideen, weil sie so den 'kleinen' Ideen der anderen nicht genügend Aufmerksamkeit schenken. Welch: „Zur Zeit liegt unsere Produktivitätssteigerung zwischen sechs und sieben Prozent, was nicht zuletzt auf die 'kleinen' Ideen zurückzuführen ist. Eine nützliche Idee muß nicht notwendigerweise eine Idee für eine neue Biotechnologie sein. Das wäre eine falsche Sichtweise. Es könnte eine Idee für ein fehlerfreies Abrechnungssystem sein. Es könnte eine Idee sein, die dazu führt, daß ein Prozeß, für den früher sechs Tage benötigt wurden, heute innerhalb eines Tages abläuft. Jeder einzelne Mitarbeiter kann hier seinen Beitrag leisten."

Die Vorstellung von formalisiertem und systematisiertem Wissen, das etwas in Bewegung bringt, ist leicht zu verstehen, wenn es sich um eine Erfindung handelt, für die ein Patent vorliegt, wenn es sich um Datenmaterial handelt, das ausgewertet werden muß, oder wenn wirkliche oder auch willkürlich gesetzte Fristen zu offensichtlichen Wissensgrenzen führen. Sie selbst haben bereits Ideen formalisiert, sie sich zu eigen gemacht und daraus Nutzen gezogen, als Sie noch während Ihres Studiums Semesterarbeiten geschrieben haben. Die Verleger der *New York Times* liefern tagtäglich Millionen von Lesern gebündeltes Wissen. Lesen wir die ein oder andere Berichtigung am darauffolgenden Tag in der Zeitung, verstehen wir besser, daß der Redaktionsschluß an der Rohfassung einer Geschichte schuld war.

Kleins und Prusaks Definition verliert jedoch bei einer größeren Ansammlung von Wissen an Eindeutigkeit, beispielsweise in einem Unternehmen, einer Feldstudie oder dem gesamten Geistesvermögen eines Menschen. Die Frage, wie 'weiche' Formen des Intellektuellen Materials oder Wissens zu bündeln sind, für die es kein Gefäß gibt, bringt diejenigen, die sich mit Wissensmanagement befassen, regelmäßig zur Verzweiflung.

Schwierigkeiten, 'weiches' Wissen zu bündeln

Fällt es schwer, das in Frage stehende Intellektuelle Material eindeutig zu bestimmen, treten in der Regel zwei Probleme auf. Zunächst erweist sich die Klassifikation als problematisch: Welche unterschiedlichen Arten sollten berücksichtigt werden, welche nicht? Ein weiteres Problem ist das Erkennen: Ein Großteil des Intellektuellen Kapitals ist nicht sichtbar und macht sich nicht laut vernehmlich bemerkbar, beispielsweise der Sachverstand oder die Kundenbeziehungen, die ein Vertreter bei der Betreuung seines Gebietes über Jahre hinweg gewonnen hat. Wie kann man das herausfinden?

Klassifikation

Das Klassifizierungsproblem taucht überall auf, besonders dann, wenn Systembetreuer über 'Data Warehouses' oder eine 'Wissensmanagement-Architektur' sprechen. Früher oder später, meist früher, ist eine Klassifizierung aufgrund offensichtlicher Unterschiede unerläßlich. Da gibt es zum einen Daten: Die Temperatur beträgt 25 Grad. Die Daten werden in den Zusammenhang der 'Information' integriert: Für diese Jahreszeit ist das ziemlich warm. Das 'Wissen' ist die Schlußfolgerung, die aus beiden Angaben abgeleitet wird: „Wir sollten unseren Skiausflug verschieben" oder, „Die Erderwärmung scheint ein größeres Problem zu sein, als zunächst angenommen." Eine vierte Kategorie darf hier nicht fehlen, die 'Erkenntnis': „Alle sprechen vom Wetter, aber niemand tut etwas gegen die Klimaveränderung." Diese Einzelaspekte müssen nunmehr sinnvoll strukturiert werden: Wie läßt sich diese kollektive 'Klugheit' in einen Wissensmanagement-Prozeß oder ein System umwandeln, wie wird es Intellektuelles Kapital, das Unwissende mit Datenmaterial und Informationen versorgt, ohne sie zu hemmen oder mit Belanglosigkeiten zu überhäufen?

Dies ist unmöglich, so lautet die kurze Antwort. Die Folgekapitel sollen aber zumindest entsprechende Annäherungen aufzeigen. Die Vorstellung, man könne Wissen in einer Daten-zu-Erkenntnis-Hierarchie unterbringen, ist aus dem einfachen Grund Humbug, da des einen Wissen des anderen Datenbestand ist. Menschen bilden durch Zeitschriften, Zeitungen oder unterschiedliche Kommunikationsformen eine politische Meinung, von der sie glauben, es sei Wissen, ja manchmal sogar Erkenntnis. Doch was für die einen Wissen, ist für den Wahlhelfer, der dem Politiker zur Wiederwahl verhelfen soll, wichtiges Datenmaterial. Andererseits ist der unter großem Aufwand erworbene Sachverstand eines Politikers, beispielsweise zum Thema Umweltpolitik, nur ein Aspekt in der Einschätzung von Wählern über die zukünftige Leistung dieses Politikers, wenn er im Amt.

Wie Schönheit existiert Wissen nur im Auge des Betrachters. Die kleinsten Preisveränderungen bei Aktien vor oder nach der vierteljährlichen Ausschüttung der Dividenden, sind für die meisten Anleger von minimaler Bedeutung, da sie für sie unerheblich sind. Aber für die Mitarbeiter von Fletcher Capital Management oder anderer Unternehmen, die an der Börse spekulieren, ist dieses Wissen ein Grundpfeiler ihrer Tätigkeit, denn gerade mit diesen Kleinstbeträgen machen sie ein Vermögen.

Eine Lektion dieses Kapitels ist: Intellektuelles Kapital ist immer vorhanden, kann aber ebenso wie Barvermögen oder Anlagekapital nur im Zusammenhang mit einer Strategie erschlossen und gefördert werden. Das Intellektuelle Kapital läßt sich eben nicht bestimmen und managen, wenn unklar ist, was man damit machen will. Rob van der Spek, holländischer Berater und Spezialist zum Thema Wissensmanagement, äußert sich dazu wie folgt:

> Die Mitarbeiter eines Unternehmens kennen den Unterschied zwischen Daten und Wissen ganz intuitiv. Es wird dann problematisch, wenn in diesem Zusammenhang über Karriere gesprochen wird und wenn die damit verbundenen Aufgaben des Managements thematisiert werden. Die unterschiedlichen Vorstellungen der Mitarbeiter, die in jeweils unterschiedlichen Bereichen vom Thema Wissensmanagement betroffen sind, hat bei uns zu großen Diskussionen geführt. Das Personalmanagement sagt: „Wissen besteht allein in den Köpfen der Leute", in der Dokumentenverwaltung und der Bibliothek ist man der Ansicht, „Wissen wird in Dokumenten manifest", die Leute aus der EDV sagen: „Wissensmanagement ist nichts anders als Informationsmanagement, bei dem Informationen zu Wissen werden" und die Ingenieure sagen schließlich: „Wissen läßt sich in Computeranwendungen erfassen.". Wir haben uns dafür entschieden, uns der 'wirklichen' Probleme anzunehmen, die von den Menschen wahrgenommen werden und die etwas mit Qualität, Kosten, Bearbeitungszeit oder Zufriedenheit zu tun haben, und die leidige Diskussion über Wissen, Daten usw. zu umgehen. Dieser Ansatz macht es erforderlich, zunächst die Problemfelder innerhalb eines Unternehmens zu identifizieren, die beseitigt werden sollen, oder sich den Chancen, die damit verbunden sind, zu widmen.

Zunächst sollten triviale und flüchtige Informationen von relevan-tem Intellektuellem Vermögen getrennt werden, insbesondere in Bereichen, die einem atemberaubend schnellen Wandel unterworfen sind. Die Hälfte all dessen, was ein Student der Ingenieurwissenschaften im Grundstudium lernt, ist, kaum daß er die Universität verlassen hat, bereits wieder veraltet. Liam Fahey, Wirtschaftsprofessor am Babson College und treuer Begleiter des Strategic Leadership Forum, stellt anderen gern die folgende Frage: „Wie lange dauert es, bis etwa die Hälfte des Wissens, das sie zur Ausführung Ihrer Tätigkeit benötigen, wieder veraltet ist?" Stellt er diese Frage einer Gruppe, sagt etwa ein Drittel der Zuhörerschaft, daß die Halbwertszeit dieses Wissens weniger als zwei Jahre beträgt, bei einem weiteren Drittel sind es weniger als fünf Jahre.

Diese Angaben stimmen so nicht ganz. Es ist richtig, daß Intellektuelles Kapital, so wie andere Produktionsfaktoren, über einen gewissen Zeitraum einer Wertminderung unterworfen ist. Doch Fathleys Zuhörer verwechseln hier Daten mit Wissen.

Sie haben, um in der Sprache der Buchführung zu bleiben, Rohmaterial und Inventar mit Kapitalwerten, und das 'Arbeitswissen' mit Intellektuellem Kapital verwechselt. Man sollte beides voneinander trennen. Arbeitswissen, Informationen, die im Arbeitsalltag von Belang sind – dazu zählen aktuelle Aktienpreise, das Adreßverzeichnis eines Vertriebsleiters, der Bestand an Dichtungsmaterial in einem Warenlager oder die nationale Handelsbilanz – unterliegt ständigen Veränderungen. Ein Mitarbeiter mag zu einem bestimmten Zeitpunkt Datenmaterial benötigen, über das er im Augenblick nicht verfügt. Worüber er jederzeit verfügen muß, ist das Wissen, wie er sich dieses Datenmaterial verschaffen kann. Und er benötigt einen viel dauerhafteren Grundstock an Wissen – er muß über die verschiedenen Kontexte, in denen jenes Datenmaterial relevant wird, Bescheid wissen: Trends in der Industrie, Einflüsse auf das Kaufverhalten irgendeines Unternehmens, darüber, wo billig und schnell Dichtungen eingekauft werden können oder darüber, welche Bedeutung Handelsbilanzen haben. Auch dieses Wissen verschleißt, doch nicht mit gleicher Geschwindigkeit wie andere Informationen.

Die Unterscheidung zwischen Daten, Informationen, Wissen und Erkenntnis ist irrelevant. Intellektuelles Kapital, das wir suchen, weist zwei Formen auf. Als erstes gibt es einen 'halb dauerhaften Grundstock' an Wissen – das Fachwissen über ein bestimmtes Aufgabengebiet, das eines Mitarbeiters oder eines Unternehmens. Das können Kommunikationsfähigkeit oder besondere Führungsqualitäten sein, die Fähigkeit, die Struktur eines Virus zu erkennen, das Wissen darüber, was Kunden für ein Produkt zu zahlen bereit sind, die Vertrautheit mit den Prozessen, den Werten und der Kultur eines Unternehmens. Als zweites gibt es Werkzeuge, die diesen Grundstock erweitern, entweder indem sie neue Fakten, Daten oder Informationen bereitstellen, oder indem sie dazu beitragen, diese an andere weiterzuleiten. Telefonnummern sind kein Intellektuelles Kapital, aber Telefonbücher.

Implizites Wissen erkennen

Oftmals entzieht sich 'weiches' Wissen einer Definition, da es irgendwo versteckt ist und somit schlecht zu beschreiben oder zu erkennen ist. Der Erwerb einer Fremdsprache ist ein gutes Beispiel. Französische Muttersprachler würden den Satz „C'est la plume de ma tante" ohne zu zögern aussprechen. Das Wissen, daß es sich bei 'plume' und 'tante' um weibliche Substantive handelt, wurde internalisiert. Jemand, der Französisch als Fremdsprache erlernt, würde einhalten, nachdenken und vielleicht in einem Wörterbuch nachschlagen. Bewohner der westlichen Welt wissen, daß der Name Rogers vor Rubin im Telefonbuch steht, doch wie erfährt man eine Telefonnummer in Japan, wo es kein Alphabet gibt? In welcher Reihenfolge wären hier die Namen Hashimoto, Kadama oder Kurasawa zu finden?[7]

---

[7] Im Japanischen gibt es anstelle einer Buchstabenreihenfolge eine feststehende phonetische Silbenfolge: A-I-U-E-O, Ka-Ki-Ku-Ke-Ko, Sa-Shi-Su-Se-So, Ta-Chi-Tsu-Te-To, Na-Ni-Nu-Ne-No, Ha-Hi-Hu-He-Ho, Ma-Mi-Mu-Me-Mo, Ya-Yi-Yu-Ye-Yo, Wa-Wi-Wu-We-Wo... Die Namen Kurasawa, Kodama, Hashimoto werden dementsprechend in dieser Reihenfolge aufgeführt.

Die Erkenntnis aus dem ewigen Bestseller *What Color is Your Parachute?* ist die, daß Menschen über mehr Wissen verfügen, als ihnen bewußt ist. Sie erwerben über die Jahre ein riesiges Repertoire an Fähigkeiten, Informationen und Wissen darüber, wie Dinge zu machen sind, und verinnerlichen dieses Wissen bis zum Unbewußten. Dieses brachliegende Potential zu aktivieren und zu bündeln kann Ausgangspunkt für eine völlig neue Karriere werden.

Was für Einzelpersonen gilt, läßt sich auf Organisationen und größere Gruppen übertragen, egal ob es sich dabei um ein Unternehmen oder eine Streetgang handelt. Sie strotzen vor implizitem Wissen: Intuition, Faustregeln, die allgemeine Einstellung, ungeschriebene Gesetze, unbewußte Werte. Einiges davon scheint trivial: Jones z.B. bleibt gern für ein, zwei Martinis länger in der Mittagspause. Wenn sie seine Aufmerksamkeit brauchen, sollten Sie ihn besser morgens anrufen. Einiges davon überschneidet sich mit sogenanntem expliziten Wissen: Ein Unternehmen behauptet, daß es auch konträre Ansichten begrüßen würde, aber jeder weiß, daß nur die 'Ja-Sager' befördert werden. Einiges davon gibt grundlegende Glaubenssätze eines Unternehmens wieder: In unserer Branche spielt für den Kunden in erster Linie der Preis eine Rolle, 'die Qualität ist zweitrangig'. Ein Großteil dieses Wissens findet sich auch in den nicht-kodifizierten Fähigkeiten von Experten: Auch in angetrunkenem Zustand vermag Jones als einziger, einen Software-Störimpuls zu beseitigen.

Und zählt man die Gesamtheit dieses impliziten Wissens erst einmal zusammen! Hubert Saint-Onge, Vizepräsident der Canadian Imperial Bank of Commerce (CIBC) sagt: „Aus diesen Grundsätzen und den Vermutungen heraus, übernimmt das Unternehmen Werte, Prinzipien und 'eine bestimmte Art, Dinge zu tun', die andererseits die Entscheidungsfindung beeinflussen und das kollektive Verhalten seiner Mitarbeiter formen."

Der große Vorteil des impliziten Wissens besteht darin, daß es sofort abrufbar ist, ohne Zeitverlust oder ohne daß ein Gedanke daran verschwendet werden müßte. Eine Schreibkraft, die die Tastatur ihrer Schreibmaschine in- und auswendig kennt, ist wesentlich schneller als jemand, der die Buchstaben mühsam suchen muß. Unser angesäuselter Kumpel Jones hat die möglichen Ursachen für eine defektes Laufwerk schneller erkannt als jemand, der auf dem Weg zur Lösung des Problems vielleicht ein Dutzend Mal das Rad neu erfinden muß. Im weitesten Sinn bedeutet dies, daß ein Unternehmen, das den 'richtigen Riecher' für die Bedürfnisse des Marktes hat, diese mit großer Wahrscheinlichkeit geschickter und mit geringerem Aufwand befriedigen wird. Bei der Einschätzung neuer Produkte wird es weniger Zeit und Geld für Markforschung aufbringen müssen, und es werden wenige interne Diskussionen geführt werden müssen, da alle instinktiv wissen, was der Kunde will und was zu tun ist, damit er es auch bekommt.

Wie jede Sache, so hat auch implizites Wissen seine Kehrseiten: es kann falsch sein, und es ist schwierig, es zu verändern oder zu vermitteln. Da implizites Wissen in der Regel unausgesprochen ist, bleibt auch unerforscht. Es könnte zu falschen Entwicklungen führen, ohne daß sich jemand dessen bewußt wäre. Das

Beispiel des Total Quality Management zeigt, welch fatale Folgen Fehler haben können. Seit Jahrzehnten hing die Produzierende Industrie der Vereinigten Staaten der Philosophie nach, daß es sinnvoller sei, einige Fehler in Kauf zu nehmen, als riesige Summen in die Fehlerfindung und -vermeidung zu investieren. Auch als W. Edward Deming nachwies, daß die Folgekosten schlechter Qualität durch Prüfung, Nacharbeit oder Rückläufer alle anderen Kosten weit überstiegen, zog niemand Schlüsse aus seiner Erkenntnis – jeder wußte es besser. Deming fand schließlich in Japan Gehör. Als der zunehmende Erfolg der japanischen Industrie, der zum großen Teil auf Demings Ideen zurückzuführen war, die amerikanische Industrie in Bedrängnis brachte, dauerte es nicht lange, bis die ersten über den Pazifik eilten, um das Geheimnis des japanischen Erfolgs kennenzulernen. Erst da erkannten sie, daß ihr Wissen nicht mehr aktuell war, und es dauerte Jahre, die festgefahrenen Meinungen in den Unternehmen zu verändern.

Implizites Wissen ist ortsgebunden und widerspenstig, da es nicht in Handbüchern, Daten oder Aktenordnern zu finden ist. Es hat eine mündliche Tradition. Es entsteht an Orten wie der Kaffeemaschine und wird dort weiter verbreitet. Implizites Wissen verbreitet sich, wenn Menschen aufeinandertreffen und die neuesten Nachrichten austauschen, oder wenn sie es mit einer systematischen Vorgehensweise aufspüren und explizit machen wollen. Saint-Onge sagt: „E-Mail und Telekommunikation erfüllen ihren Zweck, wenn es um die Verbreitung von explizitem Wissen geht, doch implizites Wissen läßt sich auf diesem Wege nicht vermitteln. Wenn Sie mit eingeschaltetem Autopilot fliegen, und die Welt verändert sich in der Zwischenzeit, dann haben Sie Pech gehabt."

Implizites Wissen muß notwendigerweise aufgedeckt, das Unausgesprochene artikuliert werden. Sonst ließe es sich nicht untersuchen, aufbereiten oder weiterverbreiten. In einer Abteilung von AMP, einem Hersteller von elektrischen und elektronischen Bauteilen in Pennsylvania, haben die Ingenieure über Jahre eine Technik entwickelt, um feinste Löcher in ultradünne Plastik- und Metallringe zu bohren, um so Verbindungen für Glasfaserkabel herzustellen. Niemand auf der Welt konnte feinere Löcher bohren als diese Mitarbeiter, und die Präzision ihrer Arbeit ermöglichte es AMP, die Verbindungen für die Hälfte des Preises der Konkurrenz anzubieten. Die Mitarbeiter in einer anderen Abteilung, die mit der Herstellung von Verbindungen für Kupferdrahtsysteme betraut waren, hatten keinen blassen Schimmer von den Fähigkeiten ihrer Kollegen. Erst als man das technologische Know-how aller Unternehmensbereiche zusammentrug, erkannte AMP dieses Defizit und war in der Lage, den Mitarbeiter, in der Kupferdrahtabteilung die Kenntnisse der Kollegen aus der Glasfaserabteilung zu vermitteln.

Dies ist ein immerwährender Kreislauf: Implizites Wissen erkennen, es explizit machen, damit es eine Struktur erhalten kann, es greifbar machen und es nutzbringend dort einsetzen, wo es fehlt, damit es sich dort 'setzt' und wieder zu implizitem Wissen wird.

Für jemanden, der in das 'Köpfchen' investieren oder es managen will, entstehen – bevor er das findet, wonach er sucht – zwei Probleme: Erstens, die sinnvolle Unterscheidung von Wissen und bloßem 'Balast' durch eine entsprechende Strategie. Intellektuelles Kapital ist immer an einen bestimmten Zweck oder an eine Perspektive gebunden. Mein Wissen oder das meines Unternehmens muß nicht notwendigerweise für andere bedeutsam sein. Zweitens ist ein Großteil des Intellektuellen Kapitals implizites Wissen, was zu keinem Preis der Welt verkäuflich ist. Doch auch diese schwammige, weiche Masse muß in irgendeiner Form identifiziert und zum Einsatz gebracht werden, diesen Kreislauf von implizit zu explizit zu implizit durchlaufen, wenn ein Unternehmen sich davon Gewinn erhofft.

Intellektuelles Kapital aufspüren

In jeder Organisation findet sich wertvolles Intellektuelles Material in unterschiedlichster Form: Vermögen und Ressourcen, implizite oder explizite Kenntnisse, Daten, Informationen, Wissen und sogar Erkenntnisse. Doch ist es unmöglich, dieses Material zu managen, ganz davon zu schweigen, es aufzufinden, wenn Sie im Unternehmen nicht die Stellen lokalisieren, die von strategischer Bedeutung sind. Es stellt sich also die Frage: Wo muß gesucht werden?

Die Antwort lautet, an einem oder mehr als drei Orten: bei den Mitarbeitern, in den Strukturen und bei den Kunden. Das ist zumindest die elegante Einteilung von Hubert Saint-Onge von der CIBC und von Leif Edvinson von Skandia. Sie gliedern Intellektuelles Kapital in drei Bereiche: Humankapital, Strukturelles Kapital und Kundenkapital.

Im Skandia/CIBC-Modell kann jedes der drei Elemente gemessen werden und Ziel für Investitionen sein. Keines der drei ist sichtbar, jedes reflektiert das gesamte Know-how eines Unternehmens und jedes beschreibt zugleich etwas, was für Manager und Investoren 'greifbar' ist. Mehr noch, wenn Sie einmal in den Kategorien Humankapital, Strukturelles Kapital und Kundenkapital denken, wird es möglich, die Fragen zu stellen, mit denen Sie implizites und explizites Wissen identifizieren können.

Saint-Onge, auf dessen Visitenkarte die etwas undurchsichtige Bezeichnung 'Vicepresident, Learning Organization, and Leadership Development' steht, ist ein ernsthafter und klarsichtiger Enthusiast mit der Gabe, auf abstrakter Ebene zu argumentieren. Er leitet den Bereich Humanressourcen und ist u.a. dafür verantwortlich, die mitunter verwirrende Begrifflichkeit der Lernenden Organisation in die Sprache der Geschäftswelt zu übersetzen, damit die Banker etwas damit anfangen können. In dieser Eigenschaft traf er auf Edvinson, der ein schwedisches Bankunternehmen verlassen hatte, um 1991 die Position als Verantwortlicher für Intellektuelles Kapital bei AFS zu übernehmen. Wie es sich für jemanden ziemt, der seine neu erfundene Tätigkeit erst noch schaffen muß, ist Edvinson ein unermüdlicher Experimentierer, immer auf der Suche nach neuen Wegen, um das versteckte Vermögen greifbar zu machen, oder nach neuen Bildern, die es beschreiben. Er vergleicht es mit den Wurzeln eines Baumes, den Mauern eines Hauses oder dem Nervensystem des menschlichen Körpers. Doch wie auch immer seine Bilder und

Vergleiche aussehen, Edvinson ist davon überzeugt, daß das Intellektuelle Kapital der Rohstoff ist, mit dem finanzielle Ergebnisse erzielt werden.

„Wir verdanken Leif das Konzept des Strukurellen Kapitals", sagt Saint-Onge. „Er verdankt uns das Konzept des Kundenkapitals." Das Humankapital ist Bestandteil beider Modelle. Allein davon auszugehen, daß Mitarbeiterwissen ein immaterieller Anlagewert ist, ist bedeutungslos. Ein Teil meines Hirns ist damit beschäftigt, die Bruchstücke einer angelsächsischen Redewendung zu erinnern – Hwoe, we Gar-Dena…– die nicht ein Fünkchen Bedeutung für meine Arbeit bei Fortune haben. Der Blickwinkel – wir erinnern uns – spielt jedoch eine Rolle: Demnach ist Humankapital, „die Fähigkeit einzelner, die dazu benötigt wird, Kunden Lösungen anzubieten." Dazu gehört mein Angelsächsisch sicher nicht, und vielleicht gehöre ich eines Tages auch nicht mehr dazu, wenn meine Fähigkeiten nicht mehr benötigt werden, um Dinge zu tun, für die der Kunde zu zahlen bereit ist.

Die Unterscheidung zwischen Humankapital und Strukturellem Kapital ist für das Wissensmanagement von fundamentaler Bedeutung. *Humankapital* spielt eine Rolle, weil es eine Quelle für Innovation und Neuerungen ist, entweder als Ergebnis eines Brainstorming in einem Labor oder in Form einer wichtigen Eintragung im kleinen schwarzen Buch eines Vertreters. Das bedeutet jedoch nicht, daß Firmen, in denen intelligente Menschen arbeiten, automatisch auch intelligente Unternehmen sind. Betty Zucker sagt: „Universitäten mögen ein Sammelbecken genialer Menschen sein, aber sie sind nicht das Beispiel für kollektive Genialität. Da dort Wissen nur spärlich fließt, sind Universitäten als Ganzes nicht als intelligent zu bezeichnen. Andererseits verfügen die Mitarbeiter von Mc Donald's über einen durchschnittlichen Intelligenzquotienten, das Unternehmen als Ganzes ist jedoch äußerst intelligent, da es in der Lage ist, überall auf der Welt Produkte mit derselben Qualität zu bieten. Das Unternehmen hat sein Wissen strukturiert und vereinheitlicht." Als Gegenbeispiel sei hier der Dreisternekoch Paul Bocuse genannt, der im Vergleich zu Mc Donald's bei weitem die bessere Küche bietet, doch bei dem Versuch, Franchise-Unternehmen zu gründen, kläglich gescheitert ist.

Um Wissen zu teilen und zu übermitteln, es gewinnbringend an der richtigen Stelle einzusetzen, bedarf es struktureller Vermögenswerte wie Informationssysteme, Labore, Wettbewerbs- und Marktwissen, des Wissens über Vertriebskanäle und eines Management-Fokus, der individuelles Know-how in kollektive Fähigkeiten verwandelt. Ebenso wie Humankapital kann Strukturelles Kapital ausschließlich in einem Umfeld bestimmter Sichtweisen, einer Strategie, einer Zielrichtung oder eines Zwecks bestehen. So gesehen ist es das strukturelle Potential eines Unternehmens, das sich den Marktbedürfnissen anpassen muß.

Strukturelles Kapital ist das, was aus einem Mönch, der einzigartige Kalligraphien anfertigt, den lächelnden Star der Xerox-Werbespots werden läßt, der nun endlos viele Kopien herstellen kann. Als Multiplikator und als Medium sammelt es das Humankapital und ermöglicht dessen wiederholte Anwendung. Sid Caesar sagt: „Der Erfinder des ersten Rades war ein Idiot. Derjenige, der die anderen drei erfand, war ein Genie." Das menschliche Wissen in strukturelles Kapital umzuwandeln verhalf AFS, aus der weltweiten Deregulierung von Versicherungs- und anderen Finanzdienstleistungen schnell einen direkten Vorteil zu erzielen. Edvinson und anderen gelang es, bei einem Projekt die bis zur Eröffnung einer Niederlassung im Ausland benötigte Zeit von sieben Jahren auf sieben Monate zu reduzieren. Ausschlaggebend für dieses fulminante Ergebnis war das Erkennen bestimmter Techniken und Technologien, deren Einsatz nicht standortgebunden war. Während die Produktpalette von AFS je nach Standort differiert, ist der Bearbeitungsprozeß unabhängig vom Standort. Einer der Skandia-Verantwortlichen kommentierte dies folgendermaßen: „Die finanzielle Transaktion ist von Bogotá bis Uppsala dieselbe." Von dieser Erkenntnis ausgehend, entwickelte AFS ein prototypisches Konzept, eine Sammlung von Softwareanwendungen, Handbüchern und anderem strukturierten Know-how, das sich mit wenig Aufwand an regionale Gegebenheiten anpassen läßt und der jeweiligen Gesetzgebung oder den unterschiedlichen Anforderungen an die Produkte Rechnung trägt. Das Unternehmen hat bereits vorher ähnliche Wissenstransferstrategien auf grenzüberschreitende Geschäftätigkeit – Produkte, die in einem Land hergestellt und in einem anderen verkauft werden – angewendet. Diese Prämieneinnahmen betragen derzeit rund 15 Prozent vom Gesamtumsatz.

Als *Kundenkapital* bezeichnet Saint-Onge die „Tiefe (Marktdurch-dringung), Weite (Deckung), Bindungspotential (Loyalität) unseres Geschäfts"; Edvinson fügt hinzu: „Es bezeichnet die Wahrscheinlichkeit, mit der unsere Kunden auch weiterhin in Geschäftsbeziehung mit uns bleiben werden." Es ist möglich, auch die Lieferanten in dieses Konzept zu integrieren – als 'Beziehungskapital'. Die jeweilige Beziehungsdynamik bleibt in beide Richtungen, aufwärts wie abwärts, gleich.

Es geschieht an dieser Stelle, in der Beziehung mit dem Kunden, daß Intellektuelles Kapital zu Geld wird, obgleich an dieser Stelle betont werden muß, daß das Kundenkapital sich nicht immer in Geldeinheiten ausdrücken läßt, auch wenn es sich schlußendlich in dieser Form manifestiert. Da das Kundenkapital in die Einkünfte einfließt, wird es häufiger gemessen oder gezählt, als Humankapital oder Strukturelles Kapital. Markenkapital beispielsweise stellt eine Form des Kundenkapitals dar, für das bereits eine bewährte Bewertungsmethode existiert: Man errechnet den Mehrbetrag, die Käufer für den Erwerb eines Markenprodukts zu zahlen bereit sind – zum Beispiel Kellogg's Corn-flakes anstelle eines No-name-Produkts. Dann berechnet man anhand der Kapitalkosten und der Kapitalrendite den Wert des Kapitals (die Reputation der Marke), mit dem höhere Einkünfte erzielt werden. Der Markenname Coca-Cola ist weltweit der wertvollste und wird auf eine Höhe von 39 Milliarden Dollar beziffert.

Aber die nicht-greifbaren Werte der Kundenbindung zeigen sich in vielfältigen nicht-pekuniären Formen, was Coca-Cola zu spüren bekam, als man versuchte, das Kernprodukt zu ändern. Das Kundenkapital zeigt sich in Beschwerdebriefen, in der Produkterneuerungsrate, im Verbundabsatz und in der Geschwindigkeit, mit der Ihr Anruf entgegengenommen wird. Wichtiger noch: es ist im Lernprozeß, in der Art und Weise, wie man aufeinander zugeht, und im Vertrauen manifest. Wählt eine Fluggesellschaft bei der Konstruktion eines neuen Flugzeugs zwischen einem Motor von General Electric, Pratt & Whitney und Rolls-Royce, so wird neben dem Preis und den technischen Anforderungen, die Qualität der Geschäftsbeziehung die Entscheidung beeinflussen. Je besser die Geschäftsbeziehung, desto eher zeigt sich der Käufer bereit, seine Pläne und seinen Sachverstand mit dem Verkäufer zu teilen, das heißt: Desto eher wird ein Unternehmen mit und von einem Kunden und Lieferanten lernen können. Geteiltes Wissen ist die ultimative Form des Kundenkapitals.

Im folgenden Kapitel werden wir Humankapital, Strukturelles Kapital und Kundenkapital im Detail betrachten. Eine Anleitung, die Schritt für Schritt zeigt, wie diese Schritte zu managen sind, würde von Unternehmen zu Unternehmen unterschiedlich ausfallen, aber ich werde die Dynamik und die Managementprinzipien für jeden einzelnen Wert darlegen und zeigen, wie Unternehmen mit Erfolg in diese Werte investieren und aus ihnen Kapital schlagen können. Die Art und Weise, wie sie bemessen, gemanagt oder vermehrt werden können, hat häufig nichts mit Geld zu tun; sie sind nichtsdestoweniger real und weit von schwammigen Begriffen wie 'Unternehmensintelligenz' oder 'Schläue' entfernt.

Der entscheidende Punkt ist, daß Intellektuelles Kapital nicht als zählbare Anhäufung von Humankapital, Strukturellem Kapital und Kundenkapital zu verstehen ist, sondern aus dem Wechselspiel der drei Elemente untereinander entsteht. Strukurelles Kapital, in Form von Datenmaterial, Computernetzwerken, Patenten und einem guten Management, kann die Fähigkeiten eines Ingenieurs um ein vielfaches fördern; schlechte Ausstattung und unnütze Bürokratisierung können seinen Wert zunichte machen. Trotz Kundenbindung und Markenkapital geriet der Schreibmaschinenhersteller Smith Corona in eine Krise, da es dem Unternehmen nicht gelang, mit der sich verändernden Technologie Schritt zu halten. Wenn Humankapital in Form von ausgefuchsten Mitarbeitern und Strukturelles Kapital in Form einer Technologie, die den Stand der Technik repräsentiert, nicht mit dem Kundenkapital interagieren, dann ist die Pleite vorprogrammiert. „Wie das Geld unter der Matratze", sagt Hugh Macdonald, bringt „Intellektuelles Kapital keinen Nutzen, wenn es nicht bewegt wird. Ein kluges Köpfchen, daß allein im Zimmer sitzt, nützt niemandem."

Und genau an dieser Stelle müssen wir anfangen: bei den Menschen.

Kapitel 6
Humankapital

JOHN HIGGINS: *Ein Großteil meiner Firmenausstattung kostet mich nichts, da ichsie jährlich abschreibe. Wie heißt das noch gleich, Arthur?*

ARTHUR HIGGINS: *Wertminderung und Abschreibung.*

JOHN: *Ja, genau. Das bedeutet, daß die Anlagen sich abnutzen und dann nicht mehr die gleiche Leistung wie am Anfang bringen.*

DR. PRAETORIUS: *Ein Wort zu Autoren, Lehrern und Menschen ähnlichen Berufs. Sie haben meist weniger Ärger mit ihrer Einkommensteuererklärung als Bauern oder Ölbarone.*

JOHN: *Ach ja? Wie kommt's?*

DR. PRAETORIUS: *Weil ihr Equipment ihr Talent und ihr hochentwickelter Verstand sind, und wenn die sich abnutzen, dann kann diese Wertminderung steuerlich nicht berücksichtigt werden.*

Joseph L. Mankiewicz, 'People Will Talk'

„Die niedlichste kleine Fabrik, die Sie jemals gesehen haben" – So beschreibt John Hazen White den Ort. Um ihn zu erreichen, verlassen Sie die Interstate 95 in Cranston, Rhode Island – eine niedliche kleine Fabrik ausgerechnet in Cranston? –, und nachdem Sie einige Male nach links abgebogen sind, erreichen Sie eine schäbige alte Straße mit verschiedenen Geschäften, Tankstellen und heruntergekommenen Fabrikhallen, die Zeugnis vom Niedergang der Industrie in Neuengland ablegen. Nach wenigen Minuten sehen Sie links ein flaches rotes Backsteingebäude mit einem vierstöckigen Glockenturm an einer Ecke. Jahrelang haben die Fenster einen hohlsichtigen Blick auf das Innere des Turms offenbart, seit 1994 erstrahlt wieder ein Ziffernblatt an seiner Außenfront. Das also ist Taco Inc., ein Hersteller unscheinbarer Pumpen und Ventile und zugleich Beispiel für die enorme Bedeutung des Humankapitals.

Die meisten der rund 450 Angestellten von Taco arbeiteten hier in der Fabrik, nur wenige etwas weiter oben an der Küste in Fall River, Massachusetts. Die Mitarbeiter sind repräsentativ für den typischen Neuengland-Mix: sie sind irischer, italienischer oder französisch-kanadischer Abstammung, und seit kurzem trifft man auch auf Immigranten aus Mittelamerika und Südostasien.

Beim Betreten des Gebäudes treffen Sie zunächst auf die Empfangsdame. Zur Rechten führt eine Treppe zu den Büros der Führungsmitarbeiter. Zwischen Rezeption und Treppe befindet sich eine Tür mit der Aufschrift Lernzentrum. Dahinter verbergen sich Klassenräume, ein Rechenzentrum, eine Bibliothek und ein Konferenzraum. Außerdem befinden sich ganz in der Nähe der Firma Colleges und Universitäten. Dieses 'kleine' Privatunternehmen (1995 lagen die Umsätze zwischen 80 und 90 Millionen Dollar) bietet seinen Angestellten ein erstaunliches Angebot an Kursen für die Aus- und Weiterbildung. Insgesamt sind es mehr als sechs Dutzend. Einige gehören zum Standardrepertoire, das sind Orientierungs-programme, Feuer- und Sicherheitsübungen, Einführungen in die Produktpalette des Unternehmens, Weight-Watchers-Kurse und Nichtraucherkurse. Aber das ist noch längst nicht alles.

Eine ganze Reihe von Kursen (die mitunter Universitätsniveau haben) ist tätig-keitsbezogen: dazu zählen Kurse im Lesen von Blaupausen, Bedienen von CNC-Maschinen, in der ISO 9000-Auditierung, in statistischer Prozeßkontrolle, Total Quality Management, Produktionsverfahren, Kundendienst, telefonischer Ge-sprächsführung oder im Arbeitsrecht. Doch das ist bei weitem noch nicht alles.

1995 erhielten fünf Mitarbeiter bei Taco einen dem High-School-Zeugnis ver-gleichbaren Abschluß. Taco bietet Kurse für Englisch als Fremdsprache auf drei unterschiedlichen Stufen an, die den Lehrwert verdoppeln, indem der Lernende gleichzeitig mit Themen wie der Geschichte Amerikas, dem Schulsystem und mit dem privatem Finanzmanagement vertraut gemacht wird. Viele der Mitarbeiter besuchen die Spanisch-Konversationskurse I und II, um mit den fremdsprachigen Kolleginnen und Kollegen besser kommunizieren zu können. Es werden Kurse in Arithmetik, Algebra, PC-Nutzung, Rhetorik, Kunst und Gartenbau angeboten. Und das ist immer noch nicht alles.

Der Gouverneur von Rhode Island, der Bürgermeister von Providence und ande-re haben in Taco bereits Vorträge über ihre Tätigkeit gehalten, der Richter des Obersten Gerichtshofs referierte dort über Geschichte. Sieben Mitarbeiter haben vor kurzem ihre Anträge auf die amerikanische Staatsbürgerschaft eingereicht. Die Kinder der Angestellten fahren mit den Meereskundlern der Universität von Rho-de Island auf das Meer, um Wale zu beobachten, und werden sowohl musikalisch als auch künstlerisch gefördert.

Die Kosten für den einzelnen Mitarbeiter: nichts, außer für die Teilnehmer der Kunstkurse, welche die Materialkosten selbst tragen müssen. Die Kosten für das Unternehmen: eine viertel Million Dollar für den Bau des Lernzentrums, das im Jahr 1992 eingeweiht wurde; plus 200.000 Dollar jährlich für den Betrieb und rund 100.000 Dollar jährlich für zusätzliche Löhne und Produktionsausfälle. Mitarbeiter können immer nur einen Kurs auf einmal besuchen. Ist der Inhalt tätigkeitsbezo-gen, dann werden die Unterrichtszeiten als Überstunden vergolten.

„Ich kann mir gar nicht erklären, wie es dazu gekommen ist," sagt John Hazen White, „höchstens damit, daß ich es so wollte." Der schlanke, durchtrainierte Vie-rundachtzigjährige mit dem klaren Blick hatte das Unternehmen 1942, kurz nach-dem sein Vater an einem Herzinfarkt verstorben war, übernommen. Wie die mei-sten der Besitzer privater Unternehmen macht White – sonst eher der gesprächige Typ – keine Angaben zu dem Gewinn, doch es ist eindeutig, daß Taco für ihn rentabel ist: Drei Universitäten in der näheren Umgebung – Brown, Johnson & Wales und die University of Road Island – erhielten von ihm Spenden in Millionenhöhe, und seiner großzügigen Hilfe verdanken es die Sea Scouts, daß sie seit kurzer Zeit in drei neuen Booten die Segel hissen dürfen.

Sind diese Investitionen in Aus- und Weiterbildung sowie in die Staatsbürgerschaftsangelegenheiten der Mitarbeiter nun der gut-mütige Spleen eines netten älteren Herrn oder eine clevere Investition in die Zukunft eines Familienunternehmens? „Profitieren wir davon? Natürlich tun wir das," sagt White. Er scheut sich jedoch davor, diesen Profit in Zahlen auszudrücken. „Wir merken es an der Haltung, der Einstellung der Mitarbeiter. Sie haben das Gefühl, am Geschehen beteiligt zu sein und nicht nur als Statisten zu wirken."

Wenn man keine Zahlen nennt, dann muß man sie auch nicht dementieren. Taco ist ein renommierter Hersteller von Umluftsystemen, Pumpen, Wärmeaustauschern, Durchflußreglern und Vorrichtungen für Klimaanlagen. John White Jr, 39, Vizepräsident des Unternehmens, sagt: „Als ich 1982 in das Unternehmen kam, war die Hälfte aller Betriebe in unserer Branche noch in Familienbesitz. Sie sind eingegangen wie die Fliegen."

Auch für Taco bedeutete die Rezession zwischen den Jahren 1990 und 1992 einen schweren Schlag. Zwischen 1987 und 1991 erzielte Taco keinen Verkaufsanstieg, und obwohl das Unternehmen keine finanziellen Einbußen hinnehmen mußte, floßen die Gewinne eher zäh, erinnert sich Johnny White. Im Frühjahr 1991 sackten die Einnahmen dann plötzlich rapide ab: Hätte sich die Trendentwicklung des ersten Quartals in der Folgezeit fortgesetzt, dann wären rund 20 Prozent des Geschäfts weggebrochen. Das Unternehmen hätte in dieser Form in Neuengland nicht überleben, geschweige denn in Familienbesitz bleiben können.

Es gab drei Möglichkeiten: Entweder die Kosten radikal zu senken, das Unternehmen in den lohngünstigeren Süden zu verlegen und zu hoffen, daß der Sturm vorüberziehen möge. Doch die Whites hatten schon zu viele Wettbewerber mit dieser Strategie untergehen sehen. Eine zweite Möglichkeit hätte darin bestanden, sich 'irgendwie durchzuschlagen', neue Maschinen einzukaufen, Verluste hinzunehmen und besseren Zeiten entgegenzusehen. Das hätte ein größeres Risiko bedeutet als die Whites gewillt waren, auf sich zu nehmen. Sie entschieden sich für den moderaten, aber auch harten Weg, darauf vertrauend, daß Humankapital mehr auszurichten vermag als finanzielle Mittel. Zunächst galt es, die Kosten einzudämmen, was einerseits bedeutete, die finanziellen Ausgaben zu reduzieren, andererseits leider mit sich brachte, daß annähernd ein Fünftel der Belegschaft entlassen werden mußte. Nachdem diese bittere Pille geschluckt war, machte sich White daran, seinen Plan zu verwirklichen: Er strich alle Prozesse, welche die Produktion im Prinzip blockierten. Auf diese Weise gelang es ihm, Kapital freizusetzen. Dieses Kapital wurde im Anschluß zur Modernisierung der Anlagen reinvestiert. Als nach der Rezession der Aufschwung kam, wurden die steigenden Einkünfte für weitere Investitionen in Modernisierung und Erneuerung der Anlagen genutzt. Das Ziel war, bei gleichbleibendem Personalbestand die Kapazität zu erhöhen.

Da für die ersten Restrukturierungsmaßnahmen einfach kein Geld zur Verfügung stand, mußte man sich eines anderen Vermögens-werts bedienen: des Humankapitals. John White sagt: „Wir haben uns dazu verpflichtet, Menschen nicht durch Maschinen zu ersetzen. Die Entlassungen waren reine Überlebensstrategie und kein willkürlicher Rausschmiß. Dann haben wir gesagt: 'Nun laßt uns den Laden in Ordnung bringen.'"

Und es gab viel zu tun. Mit den Ideen und der Zustimmung der nunmehr auf Stundenbasis beschäftigten Arbeiter überprüfte man nun Schritt für Schritt alle Abläufe. Man fing bei den schlimmsten Hemmnissen an und reorganisierte nach und nach alle Arbeitsprozesse. Lieferanten wurden gebeten, häufiger, aber dafür kleinere Mengen zu liefern. Wo früher viele Mitarbeiter ein und den gleichen Bearbeitungsschritt an einem Teil vorgenommen hatten (mit Kisten von noch zu bearbeitenden und bereits bearbeiteten Teilen an jeder Station), bildeten sich nun Gruppen, in denen jeder einen anderen Bearbeitungsschritt übernahm. Arbeitsstationen wurden verschoben, um Wege zu verkürzen. All diese Veränderungen gefielen zunächst natürlich niemandem, doch sie waren unvermeidbar. John White: „Wissen Sie, was der Unterschied zwischen unserer Fabrik noch vor vier Jahren, und einer aus dem 19. Jahrhundert war? Im 19. Jahrhundert trugen Frauen noch hochgeknöpfte Schuhe."

Der Erfolg hing von einzelnen Mitarbeitern und deren Bereitschaft ab, Ideen zu entwickeln und weiterzugeben, ihrerseits zu 'kibitzen', neue Fähigkeiten zu erlernen und damit Humankapital aus den materiellen Gegebenheiten zu schaffen. Das Lernzentrum war in der Vereinbarung, die Taco mit seinen Mitarbeitern traf, war von zentraler Bedeutung, wie Johnny White sagt: „Wir haben den Mitarbeitern gesagt: Macht ihr euch daran, eure Kenntnisse zu verbessern, wir schaffen für euch die Voraussetzungen." Durch das Wissen, das sie in Kursen über Total Quality Management (TQM), neue Produktionsverfahren oder allgemeinere Dinge wie Finanzmanagement erworben hatten, merkten die Mitarbeiter von Taco, daß sie mit ihren Ideen etwas bewirken können. Als sich die wirtschaftliche Entwicklung in der Folgezeit weiter verbesserte, wurden neue Maschinen angeschafft, ohne auch nur einen Mitarbeiter dadurch wegzurationalisieren. Jeder Dollar, den Taco in Maschinen investierte, resultierte aus den Gewinnen durch reduzierte Inventarkosten. Nein, man kann nicht sagen, daß es eine besonders schöne Fabrik ist, doch verglichen mit Aufnahmen von 1991 ist das warm beleuchtete, saubere, großzügig angelegte Gebäude heute kaum wiederzuerkennen.

In der Zeit von 1991 bis 1995 haben sich die Umsätze verdoppelt. Die Anzahl der Mitarbeiter blieb undverändert – die Fluktuationsrate bei Taco beträgt weniger als ein Prozent. Auch die Preise blieben unverändert. Die jährliche Produktivitätssteigerung von etwa 20 Prozent ist in erster Linie den Mitarbeitern und nicht neuen Maschinen oder Technologien zu verdanken.

Der Aufwand, mit dem Taco dieses Ergebnis erzielt, beträgt weniger als 700 Dollar pro Mitarbeiter jährlich. Das entspricht in etwa der Höhe des Weihnachtsgeldes oder der Gewinnbeteiligung bei Taco. Sicherlich sind die Veränderungen auf eine noble, humanistische Grundhaltung des Eigentümers zurückzuführen, andererseits verfolgte White senior damit auch Unternehmensinteressen. Wäre es nach seiner Mutter gegangen, dann wäre der junge Mann damals in den 20er Jahren in die Fußstapfen seines Großvaters, eines Bischofs der Episkopalkirche, getreten und Priester geworden. Statt dessen wurde er eine Art Lehrer. „Ich bin kein Heiliger," sagt der alte Mann.

Zum Thema 'Humankapital' existieren bereits unzählige Artikel und Buchveröffentlichungen. Sie kritisch zu diskutieren würde das Anliegen meines Buchs überschreiten und Ihre Geduld überstrapazieren. Ich will auch in diesem Kapitel nicht die Best Practices des Personalmanagements auflisten.[8] Die wirtschaftliche Bedeutung des Humankapitals muß nicht erneut unter Beweis gestellt werden: Taco ist nur ein Beispiel von vielen, die diese These belegen. Doch müssen wir an dieser Stelle drei Dinge tun: Zunächst sollten wir Emotionen und Thema voneinander trennen. Wir alle neigen zu großen Worten, wenn es um die Bedeutung von Humankapital geht. Tatsache ist, daß einige Menschen ein wertvolles Kapital darstellen, wohingegen andere nur Kosten verursachen und noch dazu unleidlich sind. Als zweites müssen wir uns ansehen, wie Unternehmen ihr Humankapital erhöhen. Und drittens müssen wir das Rätsel des Humankapitals lösen: Es repräsentiert einen Teil des Unternehmensvermögens, ohne den Unternehmen wirklich zu gehören, denn Mitarbeiter sind kein Eigentum. Wie können Manager also sichergehen, daß ihr Unternehmen mit Investitionen in Humankapital Profite erzielt?

Es ist in der Tat das wichtigste Vermögen

Ideen sind frei. Sie sind ein überfließender, nimmer versiegender Quell. Jedes Elternpaar, das einmal sein zweijähriges Kind für einen Augenblick unbeaufsichtigt ließ, weiß, daß die Fähigkeit, Ideen und Einfälle zu haben, angeboren ist und keiner besonderen Schulung oder Ausbildung bedarf. Die gezielte Entwicklung konstruktiver Einfälle und Ideen ist eine Herausforderung für jedes Management geworden.

Ideen sind von unschätzbarem Wert, weit wertvoller, als wir in der Regel annehmen. Robert Schiller von der Universität Yale hat errechnet, daß 72,1 Prozent des Wohlstands amerikanischer Haushalte aus Humankapital besteht, das er als den gegenwärtigen Wert der Summe der zu erwartenden lebenslangen Lohnzahlungen bezeichnet. In Kapitel 3 wurde der Einfluß von Aus- und Weiterbildung auf die Höhe des Gehalts verdeutlicht.

Wir sind es gewohnt, im Zusammenhang mit Mitarbeitern an Gehälter, also Lohnkosten zu denken. Doch wie hoch ist ihr tatsächlicher Wert? Wie wertvoll ist eine Tätigkeit tatsächlich? Stellen wir uns einen Angestellten vor, der ein Jahres-

---

[8] Der Human Resources Financial Report, der jährlich von dem Saratoga Institute herausgegeben wird (12950 Saratoga Avenue, Saratoga CA 95070), sei hier als Quelle genannt, er hat jedoch einen stolzen Preis.

einkommen von 100.000 Dollar plus einer Gehaltserhöhung von fünf Prozent für das nächste Jahr hat. Die Karriere dieses Angestellten als Vermögen betrachtet, ergibt eine Investition mit einer Dividende von 100.000 Dollar, plus Vermögenszuwachs, so daß diese Investition im darauffolgenden Jahr 105.000 Dollar abwirft. Nehmen wir nun an, der Angestellte wird auf dem Weg zu einem geschäftlichen Termin von einem Laster überfahren. Er möchte all seinen Erben ein Vermögen hinterlassen, das dem Wert seiner Karriere entsprochen hätte. Wie hoch wäre die Summe? Zum jetzigen Zeitpunkt liegt der Zinssatz einer dreißigjährigen Schatzobligation bei 6,5 Prozent p.a. Um eine Dividende von 100.000 Dollar zu erhalten, würde man Schatzobligationen im Wert von 1,54 Mio. Dollar benötigen. Doch ist die Karriere bei weitem mehr wert als das: Durch die fünfprozentige Erhöhung würde man im darauffolgenden Jahr 76.000 Dollar mehr an Schatzobligationen benötigen. Also 1,62 Mio. Dollar. In diesem Jahr beläuft sich die Gesamtrendite – Dividende plus Vermögenszuwachs – nicht auf 100.000 Dollar, sondern auf 176.000 Dollar. Es ist ebenso bedeutend, das Kapital einer Karriere zu schützen, wie das eines Unternehmens.

Stellen Sie sich nun einmal den Wert des menschlichen Kapitals aller Mitarbeiter eines Unternehmens vor. Nach der Schreckensverkündung im Jahr 1996, daß AT&T 40.000 Mitarbeiter abbauen werde, schätzte der Berater Tom DeMarco den Verlust an Humankapital auf eine Höhe zwischen 4 und 8 Milliarden Dollar; das entspricht mehr als einem Drittel des Unternehmensgesamtvermögens in Form von Eigentum, Anlagen und Ausstattung.

Daß Humankapital ein wirklicher Aktivposten für Unternehmen ist, hat sich vielfach erwiesen. Kluge Mitarbeiter arbeiten klüger. Das fand Robert Zemsky, Professor für Bildungswesen an der University of Pennsylvania und stellvertretender Direktor des National Centre on the Educational Quality of the Workforce (EQW), heraus. In Zusammenarbeit mit dem Amt für Statistik haben Zemsky, Lisa Lynch, Wirtschaftswissenschaftlerin an der Fletcher Business School der Tufts University, und Peter Cappelli, Managementprofessor in Wharton, eine Studie über die Wechselwirkung von Ausbildung und Produktivität an mehr als 3.100 amerikanischen Arbeitsplätzen durchgeführt. In ihrem Abschlußbericht von 1995, der die Faktoren Alter, Ausstattung, Industrie und Größe des Unternehmens berücksichtigt, zeigte das EQW, daß eine Steigerung des Bildungsniveaus um zehn Prozent zu einem Gesamtproduktivitätsfaktor von 8,6 Prozent führte. Im Vergleich dazu hat eine Steigerung der Kapitalanlagen um 10 Prozent, also im Wert der Ausstattung beispielsweise, zu einer Produktivitätssteigerung von nur 3,4 Prozent geführt.[9]

---

[9] Gesamtproduktivitätsfaktor (Zemskys Zahl) kann nicht direkt mit Arbeitsproduktivität verglichen werden (die Zahl, die ich aus den Angaben bei Taco abgeleitet habe), obgleich beide Einheiten die Effizienz messen. Die Arbeitsproduktivität mißt den Output (in Teilen oder Geld) pro Arbeitseinheit (Stunden, Lohnkosten oder Zahl der Mitarbeiter). Der Gesamtproduktivitätsfaktor ist die Summe aus Output, geteilt durch die Gesamtkosten – Arbeit, Rohmaterial und Investitionsgüter.

Noch einmal anders ausgedrückt: Der Grenzwert für Investitionen in Humankapital liegt dreimal höher als der Wert bei Anlageinvestitionen.

Aus welchem Grund sind Unternehmen also so zurückhaltend? Meines Erachtens besteht der Hauptgrund darin, daß es ihnen lange Zeit schwerfiel, zwischen den *Kosten* für einen Mitarbeiter und dem *Wert*, den er darstellt, zu unterscheiden.

Welche Form von Humankapital führt zu Wohlstand?

Humankapital ist, um Yeats zu zitieren, der Ausgangspunkt gesellschaftlichen Erfolgs: der Ursprung der Innovation. Wäre Intellektuelles Kapital ein Baum –, ein Bild, das Leif Edvinson gerne benutzt –, dann wären Menschen der Saft, der darin fließt, der sein Wachsen und Gedeihen fördert. Geld bewirkt eine Menge, doch es denkt nicht; Maschinen leisten etwas, manchmal besser als Menschen, doch sie erfinden nicht. Jedes Durchschnittsunternehmen verwendet Formblätter, die vor dem Kauf neuer Anlagen auszufüllen sind: Der Antrag für die Höhe der Kapitalausgabe, der zur Berechnung der Rendite verwendet wird. Manches, was da zu Papier gebracht wird, könnte man (böswillig) als Form kreativen Schreibens bezeichnen, doch das Ausfüllen eines vergleichbaren Formulars zur Berechnung der Rendite für Investitionen in neue Mitarbeiter fordert weit mehr Erfindungsgeist.

Dieser Aspekt muß betont werden: Routine, anspruchslose Tätigkeiten, auch manueller Art, erzeugen weder Humankapital noch sind sie Beispiel für dessen Einsatz innerhalb eines Unternehmens. Tätigkeiten dieser Art lassen sich automatisieren und sind daher in der heutigen Zeit von der Rationalisierung bedroht. Lassen sich die Tätigkeiten nicht automatisieren, so ist dennoch auch der Mitarbeiter, der mit wenig Fachkenntnis irgendwelche Teile zusammenschraubt, leicht austauschbar – er ist eine 'bezahlte Hand' und nicht ein 'bezahlter Kopf'.

Damit möchte ich nicht behaupten, daß jene Mitarbeiter nicht über Talente oder Fertigkeiten verfügten. Mag sein, daß sie eine 'Magnumflasche' an Wissen in ihren Köpfen mit sich herumtragen, doch es ist ihre Privatsache: der Arbeitgeber profitiert nicht davon. Ziehen Sie einmal einen x-beliebigen Roman aus dem Regal einer Buchhandlung, und lesen Sie die Autorenvita im Klappentext: John Doe, so steht dort, graduierte an der Universität von Chicago, züchtete Schafe in Montana, war Barmann in Fort Worth, arbeitete in den Docks von Baltimore und als Pfleger in der Psychiatrischen Klinik von Rangoon. Wenn seine Fähigkeiten als Zuhörer hinter der Bar ihn zu einem besseren Mitarbeiter in Rangoon machten, so ist das Zufall. Er hat aber Humankapital erworben, das er in seinem Buch verwertete, das jedoch für seinen Arbeitgeber nicht von Nutzen war.

Dies ist die bessere Berechnungsmethode, doch sogar die Regierung vertraut in erster Linie den Angaben der Gesamtproduktivität, da sie schneller verfügbar sind.

Wir wollen unseren Blick jedoch nicht so sehr auf das Individuum als vielmehr auf das Unternehmen richten: Für das Unternehmen stellt sich die Frage, wie es einen möglichst großen Bestand an Humankapital erwirbt, um es gewinnbringend zu verwerten. Wenn der Nutzen von Humankapital primär in Innovation besteht, egal, ob es sich dabei um neue Produkte, Dienstleistungen oder Prozeßverbesserungen handelt, so entsteht Humankapital immer dann, wenn mehr Fertigkeiten und Zeit von Mitarbeitern in jene Aktivitäten fließen, die schließlich in Innovationen münden. Humankapital wächst in zweifacher Weise: zum einen, wenn Unternehmen mehr Mitarbeiterwissen nutzen, und zum anderen, wenn Mitarbeiter mehr Wissen erwerben, das für ihre Tätigkeit relevant ist.

Mehr Mitarbeiterwissen nutzen

Um das bereits vorhandene Humankapital freizusetzen, sollten geistlose Tätigkeiten, sinnloser Papierkram sowie unproduktive Machtkämpfe abgebaut werden. Am 'taylorisierten' Arbeitsplatz wurde mit diesen Tätigkeiten wertvolle Arbeitskraft vergeudet. Frank Ostroff, Mitarbeiter von Perot Systems, erinnert sich daran, wie er zum ersten Mal das Ausmaß der Verschwendung bemerkte. Das war während eines Ferienjobs in einer Reifenfabrik in Ohio: „Wir verbrachten acht Stunden täglich mit völlig stumpfsinnigen Tätigkeiten, wie Klebstoff auf Reifengummis aufzutragen. Wenn dann der Feierabend kam, gingen dieselben Mitarbeiter nach Hause und bauten in ihrer Freizeit aus Schrotteilen komplette Autos zusammen oder leiteten freiwillig einen Wohlfahrtsverein." Das Unternehmen profitierte zwar von den acht Stunden Arbeit, aber nicht vom Verstand dieser Mitarbeiter.

Im Informationszeitalter kann es sich kein Unternehmen leisten, Humankapital dermaßen zu verschwenden. Der GE-Vorsitzende Jack Welch betont: „Die einzigen Ideen, die zählen, sind erstklassige Ideen, sonst nichts. Das bedeutet, daß wir alle Mitarbeiter im Unternehmen ins Boot holen müssen. Wenn das gelingt, dann werden die besten Ideen zum Vorschein kommen." Das Fitneß-Programm, das sich GE selbst verordnet hat, bestehend aus einer schier endlosen Zahl von Meetings, bei denen Mitarbeiter Vorschläge für die Prozeßverbesserung einbringen und Vorgesetzte sofort zustimmen oder ablehnen müssen, ist ein bewährter Weg, sich das Gold in den Köpfen zu erschließen.[10]

Über ein Jahrzehnt hinweg hat man Führungsverantwortlichen die Vorteile der Zerschlagung bürokratischer Strukturen, der Teamarbeit und des Coaching usw. eingetrichtert. Hier kommt das, was Sie wirklich zu diesem Thema wissen müssen:

Veranstaltungen wie das Fitneß-Programm bei GE sind erfolgreich, weil sie einen sicheren Rahmen bieten, innerhalb dessen Mitarbeiter Ideen austauschen können,

---

[10] Mehr zum Thema Work-Out finden Sie in meinem Aufsatz 'GE keeps those ideas coming'. In: Fortune, August 12, 1991, Seite 40ff.; oder Noel Tichy und Stratford Sherman, *Control Your Destiny or Someone Else Will*. New York: Currency Doubleday, 1993.

ohne von ihren Vorgesetzten oder von irgendwelchen bürokratischen Betonköpfen niedergemacht zu werden. Um aus dem Wissensschatz der Mitarbeiter schöpfen zu können, müssen Unternehmen einen Rahmen schaffen, der es gestattet, privates Wissen öffentlich und implizites Wissen explizit werden zu lassen. Im folgenden Kapitel werden wir erörtern, warum einige Firmen elektronische Netzwerke und wiederum andere Wissens-Verteilungs-Systeme installieren. Tatsächlich verfügen Mitarbeiter schon heute über informelle Netzwerke und Foren wie die Beziehung zu einem Mentor oder die freitagabendliche Pokerrunde. Hier findet ein Wissensaustausch und die Entwicklung von Ideen statt. Die ausgeprägteste Form sind die sogenannten 'communities of practice', ein Lernforum, auf das an anderer Stelle Bezug genommen werden soll.

Mit Weiterbildung zu Gewinn

Führungsverantwortliche müssen Talent dort anhäufen und einsetzen, wo es notwendig ist, entweder durch das Einstellen neuer Mitarbeiter oder durch Schulung. Wie überall im Zusammenhang mit Intellektuellem Kapital, ist der Verweis auf die Strategie von Bedeutung. Kodak beispielsweise, das Großunternehmen dessen eigentliche Wurzeln in der traditionellen Photoindustrie liegen, bemüht sich derzeit darum, das Humankapital zu fördern, um den Entwicklungen in der digitalen Bildverarbeitung standzuhalten. Zu Beginn der neunziger Jahre waren unternehmensweit Spezialteams bei Kodak damit beauftragt, digitale Bildverarbeitung in die Produktpalette zu integrieren. Obwohl das Unternehmen in 10 Jahren rund 5 Milliarden Dollar in die Forschung und Entwicklung digitaler Bildverarbeitungssysteme investiert hatte, blieben die Anstrengungen weitestgehend ergebnislos. 1992 präsentierte Kodak dann mit großem Tamtam eine Photo-CD, ein Service, der es Photofreaks für einen Preis von 20 Dollar ermöglichte, Bildmaterial auf eine CD brennen zu lassen, beispielsweise um diese dann an die Großmutter zu versenden. Oma konnte sich ihre Lieben dann am Fernsehbildschirm ansehen, vorausgesetzt sie hatte ein Zusatzgerät, das zwischen 400 und 800 Dollar kostete, oder einen Mac. Wahrlich kein großer Erfolg. Das Problem bei Kodak hatte etwas mit Größe und Zielrichtung zu tun. Die Teams arbeiteten abgeschottet voneinander in den Abteilungen, in denen sie ins Leben gerufen worden waren, dadurch war die Zusammenarbeit erheblich beeinträchtigt und die Weitergabe von Wissen erschwert. Zu einem bestimmten Zeitpunkt gab es schließlich 23 unterschiedliche Teams, die alle – und jedes für sich – an der Entwicklung von Digitalscannern arbeiteten.

Als George Fisher 1993 Vorstand bei Kodak wurde, erkannte er das Problem sofort und faßte die einzelnen Spezialeinheiten in einer Abteilung zusammen. Es entstand die neue Forschungsabteilung Digitale Bildverarbeitung. Die Umsätze aus Produkten wie 'intelligenten' Filmen, die Belichtungszeiten und andere Daten für eine bessere Bildverarbeitung speichern, oder den Kopierstationen in Photogeschäften, mit denen Ausschnittvergrößerungen von normalen Bildern angefertigt werden können, beliefen sich im Jahr 1994 auf rund 500 Millionen Dollar. Sie sollen sich in den nächsten Jahren mindestens verdoppeln.

Aus den Erfahrungen, die Kodak mit der digitalen Bildverarbeitung gemacht hat, läßt sich folgende Erkenntnis ableiten: *Humankapital wird leichtfertig vergeudet. Es sollte gebündelt und konzentriert werden.* Daher sollte die vorhandene kollektive Intelligenz eines Unternehmens, wie übrigens jeder andere Vermögenswert auch, unter dem Gesichtspunkt des Praxisbezugs kultiviert werden: Aufs Geratewohl frisch promovierte Wissenschaftler einzustellen reicht leider nicht. Was könnten Sie auch mit ihnen anfangen? Damit daraus etwas wird, müssen das Strukturelle Kapital und das Kundenkapital dem Humankapital zur Seite stehen. Kodak steht nun die unangenehme Aufgabe bevor, in eine Zukunft investieren zu müssen, für die es noch keinen Absatzmarkt und auch kein Vergleichsbeispiel gibt, während das Unternehmen gleichzeitig sein lukratives Geschäft in der herkömmlichen Photoindustrie verteidigen muß. Nur wenige Unternehmen müssen die Tatsache in Erwägung ziehen, daß sich die technologischen Voraussetzungen in ihrer Branche komplett verändern könnten. Für die meisten anderen besteht die Herausforderung darin, jene Talente und Fähigkeiten aufzuspüren und zu fördern, die einen wirklichen Vermögenswert darstellen, denn nicht alle Fähigkeiten entwickeln sich in gleicher Weise. Jede Aufgabe, jeder Prozeß oder jedes Geschäft erfordert im wesentlichen drei Arten von Fähigkeiten oder Kenntnissen:

1. Allgemeine Fähigkeiten: Fähigkeiten, die nicht branchenspezifisch sind, bereits vollständig vorhanden und für eine Vielzahl unterschiedlicher Unternehmen mehr oder weniger von gleicher Bedeutung sind. Zu diesen Fähigkeiten gehören das Schreibmaschine schreiben, eine angenehme Art, mit Anrufern umzugehen oder auch die Instandhaltung und Wartung von Klimaanlagen, wenngleich hier technisches Fachwissen erforderlich ist.

2. Tätigkeitsbezogene Fähigkeiten: Wissen, das zwar nicht unternehmensspezifisch, aber für manche Unternehmen bedeutender ist als für andere. In den meisten Unternehmen werden Programmierer benötigt, doch können Andersen Consulting, IBM Consulting und EDS dieses Wissen branchenübergreifend anbieten, da sie eine Vielzahl von unterschiedlichen Unternehmen bedienen, wohingegen die Programmierer der Bank of America oder von General Motors ihr Wissen ausschließlich für ihren Arbeitgeber wertschöpfend zum Einsatz bringen können. In ähnlicher Weise ist daher ein Rechtsanwalt für eine Anwaltskanzlei von größerem Wert als für ein Unternehmen. Das ist auch der Grund, warum die Anwälte, die für Ihr Unternehmen tätig sind, meist mehr verdienen, als der Rechtsberater im Haus der das Mandat an sie vergibt. Diese Fähigkeiten neigen dazu, branchenspezifisch aber nicht unternehmensspezifisch zu sein.

3. Unternehmensspezifische Fähigkeiten: Das sind die Kenntnisse und Fähigkeiten, die nur in diesem einen Unternehmen zu finden sind und um die herum das Unternehmen seine Geschäftstätigkeit entwickelt. Diese spezifischen Kenntnisse werden, je profunder sie sind, zum Verkaufsargument: McKinsey ist *das* strategische Beratungsunternehmen schlechthin, die Universität von Chicago hat *die* Fakultät für Wirtschaftswissenschaften, und das Ritz-Charlton ist *der* Spezialist in Sachen Hotelmanagement. Einzelne Spezialkenntnisse werden als Patent, Urheberrecht und sonstiges 'geistiges Eigentum' kodifiziert, aber weitaus mehr wird sichtbar, konzentriert man sich auf das spezifische Fachwissen und den Sachverstand in einem Unternehmen, die schlußendlich ja die Frage beantworten: „Was haben wir, das andere nicht haben?"Betrachten Sie die Mitarbeiter Ihres Unternehmens oder Ihrer Abteilung, und teilen Sie jeden einzelnen in einen der vier Quadranten des folgenden Mitarbeiterportfolios ein.

kaum ersetzbar niedrige Wertschöpfung	kaum ersetzbar hohe Wertschöpfung
leicht ersetzbar niedrige Wertschöpfung	leicht ersetzbar hohe Wertschöpfung

Ungelernte und angelernte Arbeit wird im linken unteren Quadranten aufgeführt: Das Unternehmen kann auf diese Mitarbeiter nicht verzichten, benötigt sogar eine große Zahl, doch ist der Unternehmenserfolg nicht von ihnen als Einzelperson abhängig: Einer ist so gut wie der andere, ein Stellenausschreibung würde Dutzende von möglichen Nachfolgern bringen, die Einarbeitungsphase ist kurz.

Im linken oberen Viertel werden diejenigen aufgeführt, die besondere Fertigkeiten erlangt haben, jedoch nicht eigenverantwortlich tätig sind, z. B. höherqualifizierte Fabrikarbeiter, erfahrene Sekretärinnen oder Mitarbeiter in den Bereichen Qualitätssicherung, Betriebsprüfung oder interne Kommunikation. Diese Mitarbeiter sind kaum zu ersetzen und führen im Unternehmen wichtige Aufgaben aus, aber nicht unbedingt in Bereichen, für die sich der Kunde interessiert (Qualität interessiert den Kunden natürlich, aber er setzt sie auch voraus). Eine Werbeagentur beispielsweise verliert unter Umständen Kunden, wenn die Buchhaltung ständig alles durcheinanderbringt, Rechnungen doppelt verschickt etc., sie gewinnt jedoch neue Kunden hinzu, wenn sie ihnen kreative Lösungen verkaufen kann.

Die Mitarbeiter im rechten unteren Feld gehen Tätigkeiten nach, die ein großes Maß an Kundennutzen aufweisen. Sie sind als Einzelperson jedoch ersetzbar. In diesem Bereich finden sich zahlreiche Mitarbeiter, die über tätigkeitsbezogene Kenntnisse verfügen: ein Buch soll zum Beispiel einen wunderbaren Einband erhalten, doch bietet der Markt unzählige gute Graphiker.

Die Helden finden sich im rechten oberen Quadranten: Für das Unternehmen sind dies unentbehrliche, hochspezialisierte Mitarbeiter, die auch als Einzelpersonen kaum zu ersetzen sind. Ein Teil dieser Mitarbeiter sind in der Unternehmenshierarchie sehr weit oben angesiedelt, andere nicht: Chemiker, Top-Vertreter,

Projektmanager, Schauspieler. Laut Schätzung einer Arbeitsgruppe von Hewlett-Packard benötigen neue Ingenieure einen Zeitraum von mehr als zwei Jahren, bevor sie in ihrem Team die erwartete Spitzenleistung bringen. In der Tat kaum zu ersetzen und eine kostspielige Investition.

Das Humankapital des Unternehmens ist im rechten oberen Quadranten abgebildet, es wird verkörpert durch die Gruppe von Mitarbeitern, die mit ihren Fähigkeiten und Kenntnissen maßgeblich an der Schaffung von Produkten und Leistungen beteiligt sind, welche Kunden dauerhaft an das Unternehmen binden. Damit wird es zu Vermögen. Die übrigen drei Quadranten bedeuten im Prinzip reine Lohnkosten (übrigens ist die Zuordnung Ihrer Fähigkeiten zu einem der Quadranten eine gute Methode, um die Sicherheit Ihres Arbeitsplatzes einzuschätzen oder um herauszufinden, ob Sie durch eine neue Position in Ihrer alten Firma dem Quadranten näherkommen würden oder durch eine neue Position bei einem neuen Arbeitgeber). Je größer das Humankapital eines Unternehmens, d.h. je größer der Prozentsatz an 'kaum zu ersetzenden' Mitarbeitern mit 'hoher Wertschöpfung', desto mehr kann das Unternehmen für seine Produkte und Dienstleistungen verlangen und desto weniger ist es vom Wettbewerb gefährdet. In so einer Situation ist es für den Konkurrenten immer noch schwerer, diese spezifischen Fähigkeiten zu erlangen, als es für ein Unternehmen ist, diese Mitarbeiter zu ersetzen. Kluge Unternehmen werden daher kaum in Bereiche oder Tätigkeiten investieren, die wenig Kundennutzen bringen und überdies von leicht zu ersetzenden Mitarbeitern erledigt oder gar automatisiert werden können. So erklärt sich auch die hohe Mitarbeiterfluktuation bei Fast-Food-Ketten.

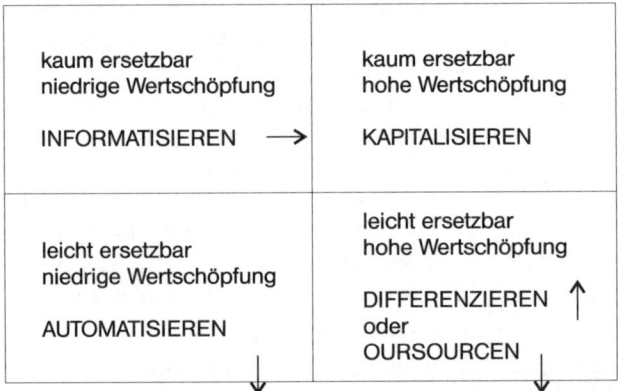

Die Mitarbeiter des linken oberen Quadranten sind auch komplexeren Managementaufgaben gewachsen: das Unternehmen braucht sie, würde aber gerne auf sie verzichten, da die Kunden für deren Leistung nicht direkt zahlen. Ziel muß daher sein, so Shoshana Zuboff in ihrer treffenden Analyse, ihre Arbeit mit mehr Information zu versehen und so wertschöpfend zu gestalten. Zuboff bezeichnet das als

Informatisierung der Arbeit. Die Funktion vieler innerbetrieblicher Abteilungen, die bislang nur indirekt an der Wertschöpfung beteiligt waren, hat sich teilweise stark verändert. Aus dem Bereich 'Interne Recvcision' – einst als Kader reisender Kontrolleure gefürchtet – wurde bei GE ein wertvoller In-House-Berater. Die Prüfer kamen einst aus der Finanzwelt, heute sind es häufig EDV-Spezialisten. Teresa LeGrand, Leiterin der Abteilung, stieg vor fünfzehn Jahren ein: „Beim Besuch eines GE-Geschäftsbereichs war früher meine erste Handlung, die 5000 Dollar in der Portokasse zu zählen. Heute schauen wir uns Lagerbestände im Wert von 5 Mio. Dollar an und überlegen uns, wie wir dieses Inventar durch Prozeßverbesserungen reduzieren können." Damit wurden die Prüfer im Kampf um den Wettbewerb zu einem aktiven Firmenkapital, anstelle reine Kontrollfunktionen auszuführen. Ähnliches würde geschehen, wenn die Abteilung Qualitätssicherung dazu beiträgt, Fehler zu vermeiden, statt sie nur festzustellen, oder wenn die Buchhaltung nicht nur dafür sorgt, daß Rechnungen bezahlt werden, sondern durch intensiveren Datenverkehr mit den Kunden zu mehr Kundenzufriedenheit beiträgt.

Die austauschbaren Werte im unteren rechten Quadranten eröffnen eine Wahlmöglichkeit: Die Tätigkeiten lassen sich outsourcen. In einer Studie von Arthur Anderson, in der über 300 kaufmännische Leiter befragt wurden, hat ergeben, daß zwei von fünf Unter-nehmen den Versand outsourcen. Mehr als ein Drittel hat den EDV-Bereich nach außen verlagert: Jeder zwölfte Dollar, den amerikanische Unternehmen für Informationstechnologie ausgeben, geht an EDV-Dienstleister. Roy Smith, Vizepräsident der Microelectronics and Computer Technology Corporation, geht davon aus, daß drei von zehn Großunternehmen mehr als die Hälfte der Produktion outsourcen.

Das Outsourcing bewahrt Unternehmen davor, in Fachkenntnisse zu investieren, die für das Kerngeschäft nicht wichtig sind. Bei EDS, einem großen DV-Beratungsunternehmen, ist das Expertenwissen in der Informationstechnologie der bedeutendste Wettbewerbsfaktor: Um zur Weltspitze zu gehören, muß das Unternehmen hier investieren. Für ein Unternehmen wie Xerox, einem Kunden von EDS, wäre das keine Investition, sondern Geldverschwendung. Es würde bedeuten, Kapital an unnötiger Stelle zu binden, das an anderer Stelle, beispielsweise in der Entwicklung neuer Bildverarbeitungs- oder Kopiertechnologien, für Profit sorgen könnte. Das gilt insbesondere für Branchen, in denen das technologische Umfeld einer rasanten Veränderung unterworfen ist. Bei dem, was da auf Sie und Ihren Geldbeutel zukommen mag, scheint es ratsam, dort zu investieren, wo Ihr Kapital auch Früchte tragen wird. Sie wollen Ihr Geld ja so investieren, daß Sie die Meute hinter sich lassen und nicht der Meute hinterher hinken.

Eine Alternative zum Outsourcing ist die Differenzierung, d.h., Wege zu finden, allgemeines Wissen so zu spezifizieren, daß nur Ihr Unternehmen es vermarkten kann. Anfänglich war in nur wenigen Unternehmen das Know-how vorhanden, PCs herzustellen. Heute ist es ein von zahlreichen Anbietern hart umkämpfter Markt mit niedrigen Gewinnspannen. Die Geräte von Compaq, Gateway, Hewlett-Packard, IBM und weiteren Anbietern werden in Client-Server-Netzwerken wahllos miteinander kombiniert – einige Reseller stellen sogar PCs aus den Komponenten unterschiedlicher Hersteller zusammen. Mit ihrem Spezialwissen sind diese Firmen allerdings in der Lage, die Schlüsselkomponenten zu entwickeln und herzustellen, und PCs, Server wie auch Mainframes in kundenspezifischen Netzwerken miteinander zu verbinden. Jeder bedeutende Computerhersteller macht heute auch Beratung und Systemintegration, denn dort sind seine Spezialkenntnisse gefragt.

Humankapital entwickeln: Die Funktion der Gemeinschaft

Wenn der Vorstand sagt, daß 'Mitarbeiter das wichtigste Kapital des Unternehmens sind', so meint er die Mitarbeiter des oberen rechten Quadranten: Mitarbeiter, die es verstehen, mit Kunden umzugehen und damit dem Unternehmen einen Wettbewerbsvorteil verschaffen. Humankapital in dieser Form zu betrachten, wirft ein neues Licht auf die Art und Weise, wie es entwickelt wird, und auch darauf, wie individuelles Wissen kapitalisiert werden muß, um daraus einen Vermögenswert für das Unternehmen zu schaffen. Es zeigt, daß Schulung im herkömmlichen Sinn reine Geldverschwendung ist. Die Mitarbeiter bei Taco und GE im Kraftwerk von Puerto Rico wurden nicht geschult. Sie haben während der Arbeitszeit und danach Gelegenheit, alle für die Tätigkeit notwendigen Kenntnisse zu erwerben, die sowohl ihrer Karriere als auch ihrem Privatleben zugute kommen. Wie John Hazen White bereits bemerkt hat: „Die Mitarbeiter haben so das Gefühl, am Geschehen beteiligt zu sein und nicht nur als Statisten zu wirken."

Die Canadian Imperial Bank of Commerce hat ein völlig neues Konzept der Mitarbeiterentwicklung erarbeitet. Man ist dabei der Definition gefolgt, daß Humankapital das sei, was Mitarbeiter wissen müssen, um Kunden zufriedenzustellen und selbst daraus einen Nutzen zu ziehen. Das Modell zeigt, wie nutzbringend Humankapital entwickelt werden kann, ohne die Lernenden wie Ölsardinen in Klassenräume zu stopfen. Im neuem Leadership Center von CIBS, einer firmeneigenen Weiterbildungseinrichtung mit mehr als Klassenräumen, ca. eine Stunde nördlich von Toronto gelegen, entwickelten Hubert Saint Onge und andere ihr sogenanntes Kompetenzmodell. Es beschreibt die Fähigkeiten, die der Kunde von den Angestellten der Bank erwartet: Vertrautheit mit der Produktpalette, Kenntnisse in Buchführung oder in Kreditanalyse – alles in allem etwa vier Dutzend unterschiedliche Anforderungen. Die Breite und Tiefe der erwarteten Kenntnisse variieren natürlich in Abhängigkeit von Tätigkeit und Position. Dieses Kompetenzmodell wurde dann zu einer 'Kompetenz-Landkarte' weiterentwickelt, die den Mitarbeitern zeigt, welche Fähigkeiten sie auf ihrem Karriereweg erwerben müssen.

Als nächstes wurden Weiterbildungsmaßnahmen bei CIBC abgeschafft. Das mag unvernünftig klingen, aber man muß sich vor Augen halten, daß die meisten Weiterbildungsmaßnahmen die Teilnehmer entweder über- oder unterfordern, die Inhalte in der Regel nicht zum richtigen Zeitpunkt vermittelt werden und daß diese Maßnahmen zudem ein Vermögen kosten. „Die meisten Unternehmen," sagt

Saint-Onge, „können keine genaueren Angaben darüber machen, wie hoch die Ausgaben für Schulung waren. Wir haben sechs Monate gebraucht. Das Ergebnis: 30 Millionen Dollar jährlich! Und nur ein Penny von hundert erreicht sein Ziel." „Die Wechselbeziehung zwischen Lernen, Schulung und Ausbildung falsch einzuschätzen", sagt John Seely Brown, Direktor der Paolo Alto Forschungseinrichtung von Xerox, „ist einer der häufigsten und kostspieligsten Fehler des Managements."

Nun lastet die Verantwortung auf den Schultern der Mitarbeiter: Mit Hilfe ihrer Kompetenzlandkarten müssen sie, selbst dafür Sorge tragen, neues Wissen zu erwerben und bereits vorhandenes Wissen anzuwenden und zu vertiefen, sich der momentanen Tätigkeit mit vollem Einsatz zu widmen und sich nicht für die nächste Stufe auf der Karriereleiter zu rüsten. Die Mitarbeiter müssen die Lücke zwischen dem, was sie können, und dem, was die Kunden erwarten, schließen. Sie haben Zugang zu allen notwendigen Mitteln wie Bücher und Software, die im Lernraum jeder Abteilung bereitstehen. Manager sind angewiesen, den 'Blick über die Schulter des Kollegen' zu fördern; wenn es erforderlich ist, haben sie die Möglichkeit, weitere Kurse zu besuchen. Doch die Initiative und das Zeitmanagement liegen bei den Mitarbeitern selbst. Und weil sie das für den Moment relevante Wissen erlernen, können die Mitarbeiter und auch das Unternehmen die Weiterbildung bemessen und nicht nur die Teilnahme abhaken, also den Output bewerten und nicht die Kosten. Der Abteilungsleiter kann die Mitarbeiterdaten sammeln und analysieren, um beispielsweise die Lerngeschwindigkeit einer Arbeitsgruppe oder ihre Schwächen in bestimmten Aufgabenbereichen festzustellen. Diese Daten geben ein genaueres Bild der Mitarbeiterentwicklung wieder als die Aufstellung über Kosten und Schulungszeiten. Das CIBC-Modell definiert zugleich die Kernkompetenzen des Unternehmens und zeigt seinen Mitarbeitern, wie sie an dem Wissen, das die Bank benötigt, wachsen können.

Das Wechselspiel zwischen individuellem Lernen und dem Humankapital des Unternehmens – nicht als Ansammlung von Wissen, sondern als Fähigkeit zur Innovation – bezieht sich eher auf Gruppen als auf Einzelpersonen. Es macht daher Sinn, diesen Vermögenswert des Unternehmens als gemeinschaftlichen Ursprungs zu betrachten.

Als gutes Beispiel dient der Arbeitsvertrag, der am ersten Arbeitstag unterzeichnet wird und dann vielleicht für lange Zeit in der Ablage verschwindet. Mit dem Vertrag verpflichten Sie sich, keine Firmengeheimnisse an Fremde weiterzugeben und geben Ihre Zustimmung, daß Sie die Früchte Ihrer Arbeit (Ideen, intellektuelles Eigentum und anders) dem Arbeitgeber übertragen. Der Wortlaut des Vertrags ist wahrscheinlich wie folgt:

> Mit meiner Anstellung bei Random Rightsizing, Inc., überschreibe ich für den Zeitraum meiner Beschäftigung hiermit meine Ideen und Innovationen während des Anstellungsverhältnisses dem Unternehmen und erkläre mich einverstanden, keine vertraulichen Informationen, die ich aufgrund meiner Tätigkeiten erhalte, über das Unternehmen hinaus weiterzugeben (…)

Es verstößt gegen das Gesetz und gegen gute Sitten, Firmengeheimnisse zu klauen. Außerdem handelt es sich hier um ein rechtskräftiges Dokument. Das wäre Betrug. Doch zunächst einmal geben Sie ständig Unternehmensinformationen an andere weiter. Wenn Sie das nicht täten, wäre das Unternehmen nicht erfolgreich. Darüber hinaus liegt der Ursprung, der eigentliche Besitz an einer Idee und an Know-how, nicht bei einem Unternehmen, aber ebensowenig bei einem Individuum. Sie sind Eigentum der sogenannten 'community of practice'. Wenn dieser Begriff nicht vom Institute for Research on Learning (IRL) geprägt wurde, wurde er von dort aus zumindest verbreitet. Die Einrichtung wurde 1987 als eine Art Unternehmenszweig des Palo Alto Forschungszentrums von Xerox gegründet. Die Aufgabenstellung, das Lernen von Menschen zu untersuchen, macht es zu einer Einrichtung für Grundlagenforschung des Informationszeitalters. Die grundlegendste Erkenntnis des IRL bestand darin, daß Lernen ein sozialer Vorgang ist: Das Bild eines Schülers oder Studenten, im Licht seiner Schreibtischlampe, einsam über die Bücher gebeugt, mag noch so romantisch sein, doch Lernen findet in Gruppen statt.

Diese Erkenntnis ist von immenser, nicht unproblematischer Bedeutung für Manager. Nicht jede Gruppe wird automatisch zu einem Ort des Lernens. Es genügt nicht, ein Dutzend Lernwillige um einen Tisch zu versammeln, ihnen eine Kanne Kaffee und ein paar Doughnuts zu servieren, und schon lernen sie. Lerngruppen, communities of practice zeichnen sich durch besondere Merkmale aus. Sie entstehen aus eigenem Antrieb: Es sind soziale oder berufliche Gründe, die drei, vier, zwanzig oder sogar dreißig Leute zueinanderführen; sie arbeiten zusammen, bieten einander Resonanzboden, belehren einander, erschließen gemeinsam neue Themengebiete. Diese Lerngemeinschaften entstehen und sind leicht zu sprengen. Sie gehören zu den wichtigsten Strukturen eines jeden Unternehmens, wo geistige Inhalte eine Rolle spielen, aber sie haben – fast unvermeidlich – eine subversive Wirkung auf die formalen Strukturen und Beschränkungen.

Brook Manville, Berater von McKinsey & Co, beschreibt die community of practice als eine „informelle Gruppe von Beschäftigten, die einer gemeinsamen Problemstellung und einem Lösungsansatz nachgehen und in diesem Sinne eine Fülle von Wissen verkörpern." Die meisten von uns gehören einer solchen Gruppe an, auch außerhalb des Arbeitsumfelds: das Management-Team; eine Gruppe von Ingenieuren, manche davon vielleicht Kollegen von außerhalb des Unternehmens , die versuchen, mehr Schaltkreise auf einer dünnen Siliziumscheibe unterzubringen, der Kirchenchor. Unterschiedliche Gemeinschaften mögen durchaus ähnliche Ziele verfolgen. So brachte einst das profane Problem eines Kirchenchors, wie man im Gesangbuch die Seiten mit den Liedern für den Gottesdienst markieren könnte, ohne Eselsohren hineinzumachen, den Tenor Arthur Fry auf eine Idee für ein Produkt, das dann von den Klebstoffspezialisten von 3M weiterentwickelt wurde und als Post-it-Zettel auf den Markt kam.

Etienne Wenger vom IRL nennt die Eigenschaften, die eine community of practice ausmachen, um sich von anderen Gruppen zu unterscheiden. Zunächst hat sie eine Geschichte, die Entwicklung und das Lernen geschieht über einen Zeitraum hinweg. Zweitens hat die community of practice eine wie auch immer geartete Struktur, kennt aber keine Tagesordnung, d.h. sie formiert sich um eine wertschöpfende Tätigkeit herum. Es kann sich dabei um eine Streetgang handeln, die sich ihren Platz auf der Straße erstreitet, oder um ein Außendienstbüro eines Unternehmens, das den Ehrgeiz hat, umsatzstärkstes Außendienstbüro zu werden. Das können Menschen sein, die zwar nicht zusammenarbeiten, aber für eine gemeinsame Sache kämpfen, z.B. Anwälte, die Kartelle verhindern wollen, die Anonymen Alkoholiker oder die Leute vom Kopierreparaturdienst (dieses Beispiel stammt von John Seely Brown), die am Kaffeeautomaten Tips austauschen. Die dritte Eigenschaft ist, daß diese Struktur den Lernprozeß vorantreibt und somit dazu beiträgt, daß die community of practice über die Zeit eine eigene Kultur entwickelt, wie Wenger es sagt, „eine Art, mit der Welt, die sie teilen, umzugehen."

Menschen gesellen sich dazu und bleiben, weil sie etwas lernen können und ihrerseits etwas anzubieten haben. Das, was sie leisten, wird zu einem gemeinschaftlichen Eigentum, es wird zur 'cosa nostra' (zur eigenen Angelegenheit).

Mit diesen Eigenschaften nehmen communities of practice ihre eindeutige Position im System informeller Organisationen ein. Projektgruppen und Teams werden bewußt ins Leben gerufen oder gegründet und müssen an eine höhere Autorität berichten. Auch wenn sie im Unternehmensorganigramm nicht explizit aufgeführt werden, so haben sie eine Tagesordnung, müssen sich an Fristen halten. Die communities of practice bestehen auf freiwilliger Basis, sie sind langlebiger und haben keine spezifische Aufgabenstellung, müssen nicht irgend etwas wie einen Bericht oder eine Neuentwicklung 'abliefern'. Bei Gruppen von Gleichgesinnten oder Clubs – die freitägliche Pokerrunde – geht es nicht um Arbeit, sondern um Gemeinschaft. Die 'Gerüchteküche' und andere informelle Netzwerke mögen Ihrer Arbeit zwar dienlich sein, sind für Sie aber nicht von zentraler Bedeutung.

Communities of practice lassen sich mit Poes „Verschwundenem Brief" vergleichen: sie sind so sehr Teil unseres Alltags, daß wir sie in der Regel kaum mehr wahrnehmen. Ihre Bedeutung ist jedoch alles andere als alltäglich, da sie in zweifacher Hinsicht zur Bildung des Humankapitals beitragen: durch den Wissenstransfer und durch Innovation. James Euchner, einer der Vizepräsidenten des Nynex Forschungs- und Entwicklungszentrums, begann über sie nachzudenken, als er feststellte, daß manche Gruppen neue Technologien schneller annahmen als andere. Euchner stellte einen Anthropologen ein, der herausfinden sollte, warum beispielsweise manche Gruppen durchschnittlich siebzehn Tage benötigten, um bei Kunden einen neuen Anschluß einzurichten. Dieser stellte fest, daß die jeweiligen beteiligten Abteilungen auf informeller Ebene nicht miteinander kommunizierten und somit weder die unterschiedlichen Rollen noch die Erwartungen der anderen verstanden und damit Probleme nicht gemeinsam lösen konnten. Indem der Anthropologe und Euchner die beteiligten Abteilungen in einem Raum zusammenführten, schufen sie eine Umgebung, in der sich um die unterschiedlichen Aufgaben herum informelle Gruppen bilden konnten, um sich den Aufgaben angemessen zu widmen. Sie entwickelten sich rasch zu communities of practice. Das Ergebnis: das Gefühl des beidseitigen Nutzens, der Austausch von Ideen, der dazu führte, daß die Dienstleistung heute in nurmehr drei Tagen erfolgt.

Euchner sah sich mit der großen Herausforderung, die communities of practice sicherlich bieten, konfrontiert: Organisationales Lernen ist von diesen oftmals nicht-sichtbaren Gruppen abhängig, sie lassen sich jedoch nicht im herkömmlichen Sinne 'managen'. Im Gegenteil, sie steuern zu wollen kann sie sogar lahmlegen. Die Studie der drei Akademiker Ronal Purser der Loyola University in Chicago, William Pashmore und Ramkrishnan Tenkasi von der Cleveland Case Western Reserve University, haben die Ursachen hierfür dargelegt. Die drei Professoren haben zwei Produktentwicklungsprozesse im Hause eines großen Produktionsunternehmens untersucht. Der Prozeß, es ging um die Aufrüstung einer Schlüsseltechnologie, wurde streng gesteuert und baute auf vierzehntägigen Arbeitssitzungen auf, um alle Mitarbeiter über den Stand der Dinge zu informieren. Der andere Prozeß, hier ging es um eine absolute Neuentwicklung, wurde kaum von außen gelenkt. Die Professoren beschreiben dies als 'selbst-organisierend ... informell ... gleichberechtigt.' Das eine Projekt war eine einzige Plackerei, das andere ein wahrer Höhenflug. Laut Purser et al. führten die stark formalisierten Strukturen in der ersten Gruppe zu Lernbarrieren. Zu den größten Hürden zählten die Unfähigkeit, bereits vorhandenes Wissen zu nutzen, wertvolles Wissen aufgrund von Mißgunst oder Konkurrenz unter den Mitarbeitern zurückzuhalten, Besprechungen ohne das Beisein der Schlüsselmitarbeiter abzuhalten, die Unfähigkeit, wichtige Informationen von anderen Gruppen zur Kenntnis zu nehmen, sowie unterschiedliche Wertvorstellungen zwischen den Gruppen. Genaugenommen haben die formalen Strukturen in der ersten Gruppe die Kommunikation zwischen den einzelnen Mitarbeitern verhindert, wohingegen es meist im Umfeld der zweiten Gruppe genügend Raum für das klärende Gespräch gab.

Doch auch wenn diese communities of practice nicht gesteuert werden können, so können Manager sie dennoch fördern. Doch wie?

Indem sie sie und ihre Bedeutung erkennen. Sie lassen sich recht einfach innerhalb einer Abteilung oder einer Geschäfteinheit ausfindig machen, wie das Beispiel der Mitarbeiter, die Kopierer reparieren, zeigt. Schwieriger ist es, bereichsübergreifende Gemeinschaften aufzudecken. „Suchen Sie nach Tätigkeiten unterschiedlicher Funktionen, Geschäftseinheiten, geographische Gebiete", schlägt George Pór vor, Vorsitzender der Firma Community Intelligence in Santa Cruz, California, die Unternehmen wie Intel und Dow Chemical bei der Einführung solcher communities of practice unterstützt. Anlagenmanager, Außendienstmitarbeiter, Metallurgen, – von Abilene bis Aberdeen führen sie ähnliche Tätigkeiten aus; und auf die ein oder andere Weise tauschen sie wahrscheinlich ihr Wissen aus. Sie würden von einer engeren Zusammenarbeit profitieren.

National Semicondutor, ein Unternehmen in Silicon Valley, unterstützte das Entstehen von communities of practice, indem man ihnen einen halboffiziellen Status verlieh. Der Hersteller von Halbleitertechnologie richtete einen Beirat ein, in dem derzeit ein halbes Dutzend Gemeinschaften vertreten sind – darunter eine Gruppe von Spezialisten, die Chips für die Signalverarbeitung in der Telekommunikation entwickelt, andere, die an der schnurlosen Datenübertragung arbeiten, und wieder andere, deren Aufgabe die Konstruktion umfaßt. All das sind zentrale Technologien unterschiedlicher Geschäftsfelder bei National Semiconductor, und es ist aus diesem Grund überlebenswichtig, daß der vorhandene Sachverstand nicht innerhalb einer Abteilung unter Verschluß bleibt. Der Beirat bietet technische Hilfestellung (beispielsweise beim Aufbau interner Web-Seiten) und bemüht sich um Gelder, um von Zeit zu Zeit Experten von außerhalb zu Vorträgen einfliegen zu lassen. Obgleich sie im Organigramm nicht aufgeführt sind, werden diese Wissensinteressenverbände vom Topmanagement als sehr wichtig anerkannt. Einem davon übertrug man sogar die verantwortungsvolle Aufgabe, das Design aller Microchips, die von den verschiedenen Abteilungen entwickelt werden, nochmals zu prüfen.

Indem sie die benötigten Mittel zur Verfügung stellen. Communities of practice benötigen nur wenige Mittel: Geben Sie ihnen ein Intranet oder ab und an einen Konferenzraum. Planen Sie Zusammenkünfte im Budget ein und laden Sie Referenten ein. Unternehmensinterne Kommunikationssysteme sind in der Regel auf die Bedürfnisse in den einzelnen Abteilungen zugeschnitten und sind daher für ein bereichsübergreifendes Brainstorming, die gemeinschaftliche Entwicklung von anderen informellen Formen des kreativen Gedankenaustauschs, ungeeignet. Eine weitere Möglichkeit ist es, Mitarbeiter zeitweilig in andere Abteilungen oder Geschäftseinheiten zu versetzen. Unternehmen profitieren von einer engeren Zusammenführung der Mitarbeiter, die sonst vielleicht unwissentlich das, was ein anderer an anderer Stelle bereits erarbeitet hat, aufs neue erarbeiten, oder vielleicht von Projekten Abstand nehmen würden, die von ihnen alleine nicht zu bewältigen wären.

National Semiconductors fördert communities of practice, um zu verhindern, daß Schlüsselpersonen das Unternehmen verlassen. Im Jahr 1991 war das Unternehmen in große Turbulenzen geraten. Die Herstellung von Speicherchips war zu einem Geschäft mit niedriger Gewinnspanne geworden. Um die Entwicklung von Geschäftsfeldern mit hohen Gewinnspannen zu fördern, reorganisierte der neue Vorstand Gil Amelio (der danach zu Apple ging) das Unternehmen im Hinblick auf die Produktionslinien, was jedoch zu einer nicht unwesentlichen Zahl von Entlassungen führte. Das hatte unangenehme Konsequenzen: Es wurden Mitarbeiter entlassen, die zwar innerhalb der Geschäftsbereiche nicht zu den Schlüsselpersonen gehörten, jedoch über Sachverstand und Fertigkeiten verfügten, die für alle Bereiche unentbehrlich waren.[11] Die Ingenieure rückten enger zusammen, um

---

[11] Diese Mitarbeiter werden auch Rudi genannt. Rudis erhielten ihren Namen von Patricia Seeman, als sie noch bei Hoffman-LaRoche, dem Schweizer Pharmaunternehmen, beschäftigt war. (Sie arbeitet inzwischen als Beraterin für Ernst & Young.) Einer ihrer Aufgabenbereiche bestand darin, die Zeit für die Zulassung neuer Medikamente zu reduzieren. Seeman erstellte eine unternehmensinterne Datenbank mit Branchenregister, die beispielsweise die Suche nach Personen mit umfassenden

diese Schlüsselpersonen zu schützen und bildeten so die communities of practice. Skip Hovsmith, Leiter des Forschungsbereichs 'mobile Vernetzung' betont: „Wir mußten einen Weg finden, den Fokus des Unternehmen von den Produktlinien auf das Wissen der Ingenieure zu verlagern. Communities of practice stellten die Verbindung her."

Bereite den Boden, aber betreibe keine Landwirtschaft. Valdis Krebs, Berater aus Los Angeles, der Unternehmen in Strukturfragen unterstützt, indem er die Netzwerke realer Arbeitsabläufe abbildet, sagt: „Wenn man den communities of practice zuviel Förderung zuteil werden läßt, besteht die Neigung, Ergebnisse von ihnen zu fordern. Sie bekommen aber nicht, was sie erwarten. Sie bekommen das, was die Gemeinschaft zu liefern bereit ist." Das resultiert daraus, daß diese Gruppen ihre Motivation aus sich selbst heraus schöpfen. Für sie gibt es Grenzen, um sie zu überschreiten, ebenso wie Berge dazu da sind, erklommen zu werden. Information erfordert Unabhängigkeit.

Soweit der subversive Teil. Stephen Barley von der Stanford University vertritt die Meinung, daß „mit dem Steigen der Zahl der communities of practice Arbeitsprinzipien zunehmend mit Verwaltungsprinzipien konkurrieren". Die unterschiedliche Verantwortung eines Mitglieds gegenüber den unterschiedlichen Gemeinschaften, in denen er Mitglied ist, mögen einander oder auch den Richtlinien und Interessen des Unternehmens zuwiderlaufen. Beobachten Sie einmal Wissenschaftler auf einem Kongreß: Sie tauschen Geheimnisse aus wie ein Straßenverkäufer, der mit weit geöffneter Jacke sein Uhrensortiment feilhält. In den späten achtziger Jahren beobachtete Eric von Hippel, Professor der Sloan School of Management am MIT, wie Ingenieure in der Stahlwalz-Industrie unternehmens-interne Informationen sogar mit Wettbewerbern austauschten. In der jungen Branche – es gab noch vieles zu lernen – schien man in Unternehmen wie Nucor und Chaparal Steel der Ansicht, daß dies der faire Preis des Fortschritts sei. „Das geschieht überall", sagt Hippel. „Natürlich herrscht in Unternehmen die Meinung vor, daß man damit das Wichtigste preisgibt. Tatsache ist jedoch, wenn andere kooperieren und Sie nicht, dann bleiben Sie zurück."

Kenntnissen im Bereich klinischer Versuche, die für amerikanische Behörden relevant sind, oder sich mit den deutschen Anforderungen auskannten, erleichtern sollte. Während sie das Wissen und die Arten der Tätigkeiten erfragte, begegnete sie vielen – der erste hieß zufälligerweise Rudi – die angaben, 'nur irgendwie auszuhelfen'. Es stellte sich heraus, daß diese Rudis die zentrale Personen im Transfer jenes Wissens waren, das für das Unternehmen von essentieller Bedeutung ist. Sie gingen dennoch keiner genau definierten Tätigkeit nach und wurden somit leicht zum Opfer von Kosteneinsparung. Seeman beschreibt Rudis als 'die grauen Mäuse, die das Management nicht wahrnimmt, Personen, die nicht nur über das Wissen verfügen, sondern auch über die Zeit, dieses zu verbreiten und wunderbare Geschichten zu erzählen". (Interview vom 17. April 1996)

Humankapital besitzen

Sie mögen bei Citicorp, Disney oder Whirlpool unter Vertrag stehen. Doch die Frage lautet, wo hängt Ihr Herz? Zunehmend mehr Angestellte zeigen gegenüber ihrer Arbeit und den communities of practice größere Loyalität als gegenüber ihren Arbeitgebern. In der heutigen Zeit definieren sich Footballspieler eher als 'Linebacker' oder 'Shortstops', denn als Spieler der Bears oder der Cups. Dasselbe gilt insbesondere für den Wissensarbeiter: Unternehmen können Arbeitskraft mieten, aber nicht besitzen.

Wertvolles, kaum zu ersetzendes Wissen, der Schlüssel eines jeden Wettbewerbsvorteils, wird innerhalb der communities of practice entwickelt, doch diese sind ebenso unbeeindruckt vom Shareholder Value wie das Humankapital, das sie schaffen. Die Herausforderung für jede Geschäftsführung lautet demnach: Wie kann Humankapital in einem Eigentumsvorteil verwandelt werden? Vereinzelt läßt sich Wissen durch Gesetze über geistiges Eigentum schützen. Wie wir im nächsten Kapitel sehen werden, kann Wissen vereinzelt auch als Strukturelles Kapital kodifiziert werden.

Das Eigentum an Humankapital in Unternehmen abzutreten sollte jedoch auf freiwilliger Basis geschehen. Das kann erfolgen, indem eine besitzähnliche Beziehung zwischen Angestellten und Unternehmen geschaffen wird. Charles Handy, Managementtheoretiker, glaubt, daß „Unternehmen reine 'Mitgliedsvereinigungen' sein sollten, da es sich bei Unternehmen nicht um irgendwelche Dinge handelt, sondern sie sich aus Menschen konstituieren, die darin arbeiten. Um Mitarbeiter an das Unternehmen zu binden, dürfen sie nicht mehr nur als Angestellte bezeichnet werden. Um sie zu halten, bedarf es einer gewissen Kontinuität, einem Gefühl der Zugehörigkeit."

Der Widerspruch liegt im Kern einer typischen Organisation des Informationszeitalters: In dem Moment, wo Arbeitgeber ihren Angestellten geringe Arbeitsplatzsicherheit und Loyalität signalisieren, machen sie sich abhängiger denn je vom Humankapital, denn Wissensarbeiter sind mit Körper und Geist bei der Sache – sogar mit der Seele – und erweisen sich gegenüber ihrer Arbeit als weitaus loyaler (obgleich nicht gegenüber dem Arbeitgeber) als die an anderer Stelle erwähnten Arbeiter in der Reifenfabrik, deren Liebe ihren Hobbies galt.

Was das Problem vergrößert, ist die Tatsache, daß die wertvollsten Wissensarbeiter auch am ehesten in der Lage sind, den Arbeitgeber zu wechseln und somit ihre gesamten Fähigkeiten mitzunehmen. Kathryn Rudie Harrigan und Gaurav Dalmia kommentieren dies wie folgt:

> Wissensarbeiter ... teilen ihre Loyalität zwischen Beruf und Gleichgesinnten einerseits und dem beschäftigenden Unternehmen andererseits. Sie bleiben einem Unternehmen nur so lange treu, wie ihnen ein interessantes Arbeitsumfeld geboten wird. Ist das nicht der Fall, wechseln sie zu größeren Spielwiesen ...Um größere Effektivität zu erzielen, müssen Angestellte und Unternehmen ein Bündnis schließen.

Bündnisse … Spielwiesen – wenn sich das nach Dr. Spock anhört, kein Grund zur Sorge. Organisationen können Eigentumsbündnisse schaffen und dabei den Widerspruch in impliziter und expliziter Form auflösen. Die implizite Möglichkeit besteht darin, diese Wissensinteressenverbände in den für den Wettbewerbsvorteil relevanten Bereichen aufzuspüren und zu fördern, genauer gesagt: in jenen kaum ersetzbaren, hochwertigen Tätigkeitsbereichen, die im oberen rechten Quadranten abgebildet sind (s. Schaubild, S. 97). Die dynamische Lerngemeinschaft trägt zur Sozialisation des Humankapitals bei und sichert die Eigentumsinteressen des Unternehmers; verläßt Sally das Unternehmen, so ist sie immer noch irgendwie Teil davon. Erinnern wir uns, daß diese Schlüsselpersonen, bewußt oder unbewußt, bereits Mitglieder solcher Gemeinschaften sein können: zum Beispiel Chemiker (die derzeit bei DuPont beschäftigt sind), Manager (die bei General Electrics auf der Gehaltsliste stehen), Personalmanager (die früher für Procter & Gamble und jetzt für Intel arbeiten, und die überlegen, sich als Berater selbständig zu machen). Gehört das Herz der Mitglieder dieser Gemeinschaft ihrem Unternehmen, werden sie vermutlich bleiben wollen. Doch sollte ihr berufliches Interesse sein, 'die Beschaffenheit von Käse zu erforschen', wird es ihnen kaum genügen, wenn sie in Ihrem Unternehmen mit dem Bau besserer Mausefallen beschäftigt sind.

Wir haben bereits erörtert, auf welche Weise Unternehmen das Wachsen der communities of practice fördern können: indem man ihnen einen halboffiziellen Status verleiht oder ihnen die notwendigen Mittel zur Verfügung stellt, bereichsübergreifende Kommunikationssysteme innerhalb des Unternehmens einrichtet oder Mitarbeiter im Rotationsverfahren von Abteilung zu Abteilung schickt, damit in ähnlichen Tätigkeitsfeldern ein Austausch möglich wird.

Es ist unumstritten, daß die Unterstützung dieser eigendynamischen Gemeinschaften, die eher Motivation aus sich selbst heraus schöpfen und nicht aus der Gewinn- und Verlustrechnung des Arbeitgebers, gewisse Risiken birgt. Das wohl größte Risiko besteht nicht darin, daß sie Firmengeheimnisse ausplaudern könnten oder wertvolle Mitarbeiter abwandern, sondern in der mächtigen Hand des Managements selbst, die sie 'abwürgen' könnte. Die Grenzen einer Lernenden Gemeinschaft gehen häufig über die Grenzen des Unternehmens, der Geschäftseinheiten oder Abteilungen hinaus. Warum auch nicht? „Abgrenzungen bewahren Informationen nicht nur, sie grenzen sie auch aus", sagt Jim Euchner von Nynex. Sollten hin und wieder wichtige Informationen nach außen gelangen, was kann es schaden? Ist die Gemeinschaft zentral im Unternehmen verankert und mit ihrer hochwertigen Tätigkeit gewachsen, so wird das Unternehmen davon mehr profitieren als Außenstehende. Von Hippels Studie über Wissensaustausch in der Stahlindustrie hat ergeben, daß die Menschen das gleiche Maß an Informationen erwarteten, wie sie bereit waren, zu geben. Sie lehnten es ab, Informationen an Konkurrenten weiterzugeben, die ihrerseits nicht zum Austausch bereit waren. Mehr noch, das wahre wettbewerbsrelevante Wissen haben sie eifersüchtig, zu schützen gewußt. Von Hippel beschreibt dies wie folgt: „Berühmte Küchenchefs handeln zwar mit Rezepten, würden das Geheimnis *ihrer* Mousse au Chocolat jedoch um keinen Preis weitergeben."

Andererseits gibt es explizite Möglichkeiten, um das Band zwischen Arbeitgeber und Angestellten zu festigen, damit das Unternehmen die Humanvermögenswerte kapitalisieren kann: Angestellte sollten als die Kapitalisten, die sie auch sind, behandelt werden. Das Humankapital macht für einige Unternehmen einen Großteil ihres Gesamtvermögens aus. Shareholder-Aktivist Robert A. Monks kommentiert: „Niemals würde ich auch nur einen Penny an passivem Kapital in ein Dienstleistungsunternehmen investieren, wo Wertschöpfung von Mitarbeitern erzielt wird, die um 17.00 Uhr zur Tür hinausspazieren." Eine Bemerkung, die voller Ideen steckt. Eine 'passive' Investitionshaltung beschränkt sich darauf, einfach Aktien zu kaufen, doch was ist dann eine 'aktive'? 'Zur Tür hinausgehen' – was aber wäre, wenn das Unternehmen eine Möglichkeit fände, die verhindert, daß dieses Vermögen durch die Tür verschwindet, indem es dem Mitarbeiter beispielsweise Besitzanteile am Unter-nehmen anbietet oder umgekehrt versucht einen Teil des Wissens dieser Mitarbeiter zu erwerben?

Es ist kein Zufall, daß die Mitarbeiterbeteiligung (in Form vom Aktien) im Informationszeitalter zugenommen hat und in wissensorientierten Unternehmen mehr Bedeutung einnimmt als in traditionellen. Es ist ebensowenig verwunderlich, daß leistungsabhängige Vergütungssysteme zunehmend Anwendung finden. Erik Brynjolfsson von MIT schrieb 1993: „Einer Untersuchung des American Productivity and Quality Center zufolge, haben in den vergangenen fünf Jahren über die Hälfte aller Arbeitgeber leistungsabhängige Vergütungsformen eingeführt. Dieser Schritt erscheint gerade sinnvoll, wenn ein Mitarbeiter über Wissen verfügt, das der Arbeitgeber nicht hat ... der Arbeitgeber bringt den Mitarbeiter dazu, so zu agieren, daß beide Parteien einen Nutzen daraus ziehen, einfach indem er ihn an den Gewinnen und den Verlusten, die er mit seiner Tätigkeit bewirkt, teilhaben läßt." Humankapitalisten sind Investoren.

Henry Ford besaß die Produktionsmittel zur Herstellung der Kraftfahrzeuge. Er besaß ebenfalls den Output (das Auto), jedenfalls bis zum Verkauf, mit dem Fords Ansprüche endeten. Die Produktion und der Output der Wissensarbeit jedoch gehören nicht dem Unternehmen allein, das den Wissensarbeiter beschäftigt. So Michael Brown, Finanzvorstand von Microsoft: „Vor fünfzehn Jahren gab es nur Angestellte und Arbeitslose. Nun sehen Sie sich jetzt einmal um: Menschen sind Besitzer, Manager und Angestellte, manchmal sogar alles in einem zur gleichen Zeit." Schreibe ich einen Beitrag für *Fortune*, so übertrage ich die Rechte an meinem Text dem Verlag. Das bedeutet jedoch nicht, daß er die uneingeschränkten Rechte an dem zugrundeliegenden Wissen hat. Das gehört mir. Und auch *Fortune*. Und sollten Sie den Beitrag lesen, so haben Sie auch Anteil daran. Ist Wissen also die Quelle und das Ergebnis – Input wie Output, Rohmaterial und Endproduk – so ist der Arbeiter ist Teilhaber, der Arbeitgeber und der Kunde ebenfalls.

Indem sie die Besitzansprüche der Mitarbeiter mit entsprechenden Vergütungs- und Führungsmaßnahmen respektieren, können Unternehmen paradoxerweise ihre eigenen Ansprüche und Interessen an dem Wissenswerten schützen. In dieser Welt des Mitarbeiterkapitalismus können die traditionellen Funktionen des Personalmanagements – mit seinen Schwerpunkten auf Weiterbildungsmaßnahmen, Sozialleistungen des Unternehmens und die gleichberechtigte Behandlung von Mitarbeitern (ohne Mitarbeiter als Aktienkapital anzusehen) wirkungslos bleiben. Das Personalmanagement sollte, um seine Rolle bei der Entwicklung und dem Managen von Humankapital wahrzunehmen, wie jede andere Disziplin auch, in unternehmensspezifische, hochwertige Fachkenntnisse solcher Bereiche investieren, beispielsweise in die Fähigkeit, Kernkompetenzen zu definieren, die Verbesserung der Entwicklung von Führungskräften, dem fachlichen Austausch von Topmanagern und Experten und die Entwicklung von Vergütungssystemen - die Mitarbeiterbeteiligung ist hier inbegriffen - die zu Verbesserungen in den Prozessen und Bereichen führen, die Bestandteil des Intellektuellen Vermögens des Unternehmens sind.

Die zunehmende Beliebtheit von Optionsscheinen und Mitarbeiteraktien weist daraufhin, daß hier für Unternehmen eine attraktive Möglichkeit besteht, Humankapital an das Unternehmen zu binden, indem es mit Finanzkapital zusammengebracht wird. Michael Brown von Microsoft sagt, „die Mitarbeiterbeteiligung ist ein Beispiel dafür, wie sehr das Informationszeitalter die Unternehmensstruktur bereits verändert hat." Microsoft war niemals auf das Geld anderer angewiesen. Als Bill Gates und Paul Allen das Unternehmen 1975 gründeten, nahmen sie ein geringes Darlehen auf, und heute: ein Börsenkapital von 60 Millionen Dollar, alleine durch den internen Cash-flow erzielt. Das Unternehmen hatte niemals auch nur einen Penny Schulden über einen längeren Zeitraum hinweg. Welches Anliegen verfolgten Gates und Allen, als sie 1981 die Aktiengesellschaft gründeten? Und warum gingen sie 1986 an die Börse, wenn es ihnen nicht um die Kapitalerhöhung ging? Zum einen sollten damit die Verbindlichkeiten in Grenzen gehalten werden, denn nicht einmal Gates könnte es sich leisten, sich mit Anwälten, die sich auf Schadensersatzklagen spezialisiert haben, anzulegen. Doch dies war nicht der Hauptgrund. „Um sich als reines Informationsunternehmen am Markt zu bewähren, muß man die Fähigkeit besitzen, geistiges Eigentum in konzentrierter Form anzuhäufen. Diese Art Unternehmen gehen nicht an die Börse, um Erträge zu steigern oder Anlagen zu bauen. Sie machen es, um den Wert der Mitarbeiterbeteiligungsprogramme zu monetarisieren. Microsoft wurde eine Aktiengesellschaft, um Eigentum zu teilen, und nicht, um die Produktion anzukurbeln. Der Hauptgrund für Microsoft, an die Börse zu gehen, war, den Unternehmenswert in Geld umzuwandeln.

Wir fassen zusammen: Gates und Allen haben eine Aktiengesellschaft gegründet, nicht um das Kapital zu erhöhen, sondern weil sie sie als Mittel für die Besitzverteilung brauchten. Mit wem sollte geteilt werden? Mit den Mitarbeitern. Aus welchem Grund? Weil ihre Fähigkeiten der Schlüssel zum Unternehmenserfolg waren, sind und sein werden: nämlich die Fähigkeit Software zu schreiben. Die Mitarbeiter erhielten durch ihren Aktienanteil einen finanziellen Anreiz, ihr intellektuelles Vermögen auch weiterhin in das Unternehmen einzubringen, anstatt es anderweitig einzusetzen.

Sogar traditionelle Unternehmen mit großen Anlagen und Fabriken, die ihren Fremdaktionären verpflichtet sind, können sich von Microsoft oder anderen 'eine Scheibe abschneiden'. GE bietet heute rund 22.000 Beschäftigten Aktienoptionen an, während es Anfang der achtziger Jahre gerade mal 200 Beschäftigte waren. Doch sind Optionsscheine nicht die einzige Möglichkeit, Mitarbeiter angemessen zu vergüten. Mitarbeiter in der Produktion bei Owens Corning, einem Hersteller von Glasfaserdämmstoffen, erhalten einen Großteil ihrer Vergütung in Form einer Gewinnbeteiligung, d.h. sie erhalten einen finanziellen Bonus, wenn entsprechende Zielvorgaben erreicht werden. Das Entscheidende daran ist, daß die Ziele – Arbeitssicherheit, niedrige Fehlzeiten, effizienter Einsatz von Rohmaterialien – in der Verantwortung der Mitarbeiter liegen und nicht irgendwelche Ertragsziele sind, auf die die Mitarbeiter keinen direkten Einfluß haben. Bei den Mitarbeitern in Vertrieb und Marketing gibt es ein ähnliches System der Gewinnbeteiligung.

So wird der Bonus über die Gewinnbeteiligung zur Dividende, die Mitarbeiter für den Einsatz von Humankapital erhalten. Damit wird der Tatsache Rechnung getragen, wie Peter Drucker sagt, daß 'die eigentliche Investition in eine Informationsgesellschaft nicht den Maschinen oder Werkzeugen gilt, sondern dem Wissen der Wissensarbeiter ... Der Industriearbeiter benötigte den Kapitalisten letztendlich mehr, als umgekehrt ... In der Wissensgesellschaft lautet die Erkenntnis für Unternehmen, daß sie abhängiger von Wissensarbeitern sind, als umgekehrt.'

Dennoch hat das Unternehmen einen durchaus legitimen Anspruch auf die Mitarbeiter und das Humankapital, das sie einbringen. Diesen Ansatz kommentiert Robert K. Eliott, zweiter Vorsitzender der KPMG Peat Marwick, in einfacher Form: „Wenn jeder Mensch in der Lage ist, den vollen Wert seiner Leistung auszuschöpfen, gäbe es keine Unternehmen mehr. Was ein Unternehmen überhaupt erst möglich und profitabel macht, ist die Tatsache, daß es seinen Angestellten insgesamt weniger bezahlt, als sie wert wären. Freundlicher ausgedrückt: In der Zusammenarbeit erschaffen Mitarbeiter etwas, dessen Wert über der Summe ihrer Individualleistung liegt. Die Differenz ist der Gewinn. Ohne diesen Überschuß kein Unternehmen: In der Tat sind jene Mitarbeiter, die ihren Wert selbst voll ausschöpfen wissen, meist unabhängige Vertragspartner. Doch in den meisten Fällen gibt es einen wirtschaftlichen Wert, der aus unserer Zugehörigkeit zu einem Unternehmen entsteht. Ein Grund, weshalb Gruppenarbeit in der Regel wertvoller ist, als die Arbeit einer Einzelperson. Dieser Wert gehört dem Unternehmen. Es gibt jedoch einen weiteren Vermögenswert, der wertvoller ist als Humankapital und der den Aktionären gehört: das Strukturelle Kapital.

Kapitel 7
Strukturelles Kapital I

Wissensmanagement

Nenne mir die Whiskeysorte, die Grant bevorzugt,
denn ich würde gern meinen anderen Generälen ein Faß davon schicken.
Abraham Lincoln

Über Abbott Lawrence Lowell, Präsident der Harvard University in den Jahren zwischen 1909 und 1933 wird folgende Geschichte erzählt: Eines Tages fragte ihn ein Gast: „Wie kommt es, daß man an den Ufern des Charles River so viel Wissen findet?" Lowell antwortete: „Es ist ganz einfach. Wir nehmen hier jedes Jahr die fähigsten jungen Männer Amerikas auf" – damals waren es ausschließlich junge Männer und in den meisten Fällen Amerikaner – „und wenn sie vier Jahre später ihren Abschluß machen, dann sind sie völlig unwissend. Demnach müssen sie ihr Wissen hier zurückgelassen haben." Die Anekdote karikiert das, womit Manager sich heutzutage konfrontiert sehen. Wie gelingt es, die Geistesblitze der einzelnen Mitarbeiter in ein helles Licht für das Unternehmen zu verwandeln und zu verhindern, daß es um 17.00 Uhr, wenn sie das Büro verlassen, erlischt?

Humankapital, der unter der Baumrinde zirkulierende Lebenssaft, fördert Innovation und Wachstum, und dieses Wachstum zeigt sich in immer neuen Jahresringen, die ihrerseits wieder Teil der Baumstruktur werden. Führungsverantwortliche sollten Wissen eingrenzen und binden, so daß es zu Unternehmenseigentum wird. Dieses Kapitel zeigt Ihnen, wie. Strukturelles Kapital ist Wissen, das über Nacht nicht nach Hause geht. In Schweden unterschied man bereits zwischen Humankapital und Strukturellem Kapital, noch bevor Leif Edvinson von Skandia AFS das Konzept aufnahm. Ich habe zum ersten Mal 1992 davon gehört. Edvinson hielt einen Vortrag in einem dieser anonymen Festsäle, deren Kronleuchter und Wandlampen ein Abklatsch des Pomps und des Luxus längst vergangener Tage sind. Wir befanden uns in Tysons Corner, Virginia, das noch vor kurzem ein verschlafenes Nest gewesen war und sich inzwischen zum drittwichtigsten Technologiezentrum Amerikas gemausert hat. In dem Ballsaal hatten sich Männer und Frauen eingefunden, die nach Wegen suchten, in der Wissensära Leistung zu messen und zu managen. Edvinsons Zuhörer, zum großen Teil Führungskräfte aus dem Bereich Personal- oder Organisationsentwicklung, erwarteten eine Lobeshymne auf die gesammelte Geisteskraft von Mitarbeitern, und er schien ihre Erwartungen zunächst zu erfüllen, indem er betonte, Humankapital sei die Quelle für Innovation im Unternehmen. Doch dann fuhr er fort: „Das Strukturelle Kapital ist weit wichtiger." Man konnte förmlich fühlen, wie die Stimmung im Ballsaal gefror.

Seine Aussage ist richtig, zumindest in Bezug auf das Management: Es ist die Hauptaufgabe des Management, kollektives Vermögen aufzubauen. In jedem Unternehmen findet sich eine ganze Menge an Wissen, aber vieles davon in den Köpfen der Computergenies, die mit einer wahnsinnigen Geschwindigkeit ein unverständliches Kauderwelsch von sich geben, oder in dem des Buchhalters, der zwar Wunder bei großen Zahlen vollbringt, aber nicht so recht mit Menschen kann, oder aber in irgendwelchen Akten, die im Archiv nach und nach verstauben. Oder es ist mit in Pension gegangen und gerade beim Angeln. Sogar die Klügsten der Welt benötigen ein System, das die Früchte ihres Gedankenguts vereint, anhäuft, weiterentwickelt oder weiterverbreitet. „Nur ein Unternehmen kann die notwendige Kontinuität bieten, die für den Wissensarbeiter von elementarer Bedeutung ist, um effektiv zu sein", so Peter Drucker. Wie ein Hochofen, in dem Eisen und Koks zu Stahl werden, wird Wissensarbeit durch das Unternehmen konzentriert, entwickelt und konkretisiert. Der Entrepreneur und der Erfinder verkörpern Humankapital in Reinstform. Thomas Edison gab jedoch, als er das spätere Unternehmen General Electric gründete, seinem Humankapital eine Struktur. Strukturelles Kapital ist Teil des Unternehmens als Ganzes. Es ist reproduzierbar und teilbar für manches von dem, was unter die Kategorie Strukturelles Kapital fällt, hat der Gesetzgeber das Recht auf Eigentum geregelt: Technologien, Erfindungen, Daten, Veröffentlichungen und Prozesse können patentiert, urheberrechtlich geschützt oder auch als Betriebsgeheimnis deklariert werden: Diese Rechte sind verkäuflich und der widerrechtliche Gebrauch strafbar. Es gibt Patente über hochtechnologische Neuentwicklungen, der größte Teil davon sind jedoch 'Alltagserfindungen'. So sind beispielsweise nur wenige der Produkte (Bleichmittel, Kohle, Katzenstreu, Salatdressing und mehr noch) von Clorox wirkliche hochtechnologische Wunder, doch um sie weltweit mit gleicher Qualität zu vertreiben hat das Unternehmen in mehr als 8000 unterschiedlichen Dokumenten die Herstellungsstandards z. B. für Maschineneinstellungen, Güte und Mengenvorgaben an Rohstoffen, Testverfahren usw. fixiert. Zu den einzelnen Bestandteilen des Strukturellen Kapitals gehören auch Strategie und Kultur, Strukturen und Systeme, Routine und Abläufe – Vermögen, das oftmals umfassender und wertvoller ist als das kodifizierte.

Strukturelles Kapital managen

Stellen Sie sich eine Fabrik vor, innerhalb deren Mauern sich alles Notwendige zur Herstellung von Produkten findet (Maschinen, Einzelteile, Rohstoffe, Sicherheitsbrillen und -helme, Prüfmaschinen, Gabelstapler, alles, was sonst noch dazugehört). Nehmen wir einmal an, daß diese Gerätschaften planlos in der Gegend herumliegen und daß Teile niemals gezählt oder überprüft werden. Und jedes Mal, wenn der Mechaniker ein Getriebegehäuse anbringen will, muß er zunächst suchen, bevor er die Schachtel mit den entsprechenden Teilen findet. Die Materialbehälter sind überfüllt mit überflüssigem Zeug und Restteilen; die Prüfmaschinen befinden sich in einem anderen Gebäude als dort, wo das Endprodukt eintrifft. Halbfertige Produkte liegen im gesamten Unternehmen herum und durch das Chaos einen Gabelstapler zu manövrieren, kommt einer Fahrt durch Manhattan am letzten Verkaufstag vor Weihnachten gleich. Der herumliegende Müll wird nicht eingesammelt. Statt dessen fährt alle paar Monate ein Bulldozer durch die Fabrik und räumt alles aus dem Weg.

Sie meinen, ich habe gerade das Aussehen der meisten Kinderzimmer beschrieben, doch genauso sieht das Wissensmanagement in Ihrem und meinem Unternehmen aus. 1995 sammelten sich in zwei Wochen bei *Fortune* etwa 39 Nachrichten am elektronischen 'Schwarzen Brett' der Redaktion an. Neun Fragen waren „Weiß irgend jemand…?" Ein typischer Satz lautete: „Wer kann fachliche Auskunft geben?" Sechs weitere lauteten: „Wer hat …?" die Hälfte der Anfragen galt Nachschlagewerken, die nicht aufzufinden waren. (Der Schuldige möge sie zurücklegen!) Und 15 der 39 Mitteilungen (38 Prozent) bezogen sich auf Informationen, die irgendwo in den Redaktionen vorhanden waren, Gott weiß bei wem. Unzählige Male haben meine Kollegen und ich in den zwei Wochen E-Mails ausgetauscht, in der Bibliothek nachgefragt, Akten geblättert oder auf andere Weise versucht, Informationen zu erhalten, die irgend jemand in der Firma bereits hatte. Ich schätze, daß jeder von uns mindestens zwei oder drei Wochen im Jahr damit verbringt, an Informationen zu gelangen, die ein anderer im Unternehmen bereits hat.

Skandia beschreibt den Vorgang, akkumuliertes Wissen einzelner Mitarbeiter zu managen, um es in kollektives Vermögen umzuwandeln konkret folgendermaßen:

> Das Systematische Management von Intellektuellem Kapital fördert das Wachstum des Shareholder Value. Dies wird u.a. durch Recycling und kreativen Einsatz bereits vorhandenen Wissens und von Erfahrungen erzielt. Das macht es unerläßlich, dieses Wissen mit Hilfe von Technologien, Prozeßbeschreibungen und Netzwerken zu strukturieren und zu bündeln, um zu gewährleisten, daß dieses Wissen dem Unternehmen erhalten bleibt, wenn der Mitarbeiter nach Hause geht. Einmal gebündelt, wird es ein Teil des Strukturellen Kapitals des Unternehmens, Teil des Unternehmensvermögens. So wird die Voraussetzung geschaffen, Wissen auf schnellem Weg zu teilen und (gemeinsamen) Wissenswachstum zu garantieren … Die Zeit zwischen Lernen und Wissensverteilung wird systematisch verkürzt. Das Humankapital wird mit Hilfe strukturierter, leicht zugänglicher und intelligenter Arbeitsprozesse produktiver werden.

Der schnelle Wissenserwerb, die kollektive Wissensbereicherung, kürzere Vorlaufzeiten und produktivere Mitarbeiter: das sind die Gründe, die für das Management von Intellektuellem Kapital sprechen. Physisches Material wird gelagert, mit einem Preisschild versehen. Geistiges Material, noch weitaus bedeutender als das gegenständliche, liegt verstreut irgendwo herum, ist nicht greifbar und verflüchtigt sich, ohne eine Spur zu hinterlassen.

Will man die Strukturen des kollektiven Wissens managen, so muß man sich vor Augen führen, daß auch diese Form des Kapitals in erster Linie 'Kapital' ist. Wie jede Art von Kapital kann man es als Bestand oder als Strom sehen. Machlup betont: „Betrachtet man das Wissen an einem beliebigen Zeitpunkt, so sieht man den Bestand, betrachtet man es über einen beliebigen Zeitraum hinweg, so sieht man den Strom." Wir werden beides betrachten und sehen, was Unternehmen aus dem Umgang damit gelernt haben. Es ist nicht schwer, Strukturelles Kapital zu managen, aber es ist eine neue Herausforderung, und wir können von fortschrittlichen Unternehmen, die sich dieser Herausforderung bereits gestellt haben, eine Menge lernen.

Wissensbestände aufbauen

Wenn das Thema Intellektuelles Kapital zu einem Managementtrend wird, dann sicherlich unter dem Schlagwort 'Wissensmanagement', denn mit dem Verkauf von Software, Systemen und Beratungsdienstleistungen, die allen Mitarbeitern in einem Unternehmen Zugang zu kollektivem Wissen, den Erfahrungen und den Erkenntnissen der Kollegen verschaffen sollen, läßt sich eine Menge Geld machen. Tatsächlich haben Unternehmen Millionen von Dollars investiert, um das kollektive Intellektuelle Kapital zu bündeln, es in irgendeiner Form niederzulegen und zugänglich zu machen. Carol Anne Ogdin, Gründerin des Beratungsunternehmens Deep Woods Technology, Santa Clara, Californien, beschreibt eine Ausprägung: „In allen Unternehmen, mit denen wir arbeiten, werden Wissensdatenbanken errichtet. Das ist weit mehr als Handbücher zu schreiben oder E-Mails zu verschicken. In diesen Unternehmen hat die Führung eine neue Strategie eingeschlagen, die die Arbeitsweisen im Unternehmen grundlegend verändern soll. Der Blick auf diese Wissensdatenbanken zeigt, was auf dem Spiel steht, was erreicht werden kann und inwieweit die Einführung dieser Technologie die praktische Zielsetzung, Wissensbestände aufzubauen, unterstützt."

Ich habe Beratungsunternehmen erwähnt, da sie für diese Form der Wissensanhäufung die Wegbereiter waren – was eigentlich überrascht, da sie in der Regel zwar Probleme ihrer Kunden erkennen können, für die eigenen internen Probleme jedoch blind sind. In den letzten Jahren hat Andersen sein Knowledge Xchange-System aufgebaut, Booz Allen & Hamilton entwickelte KOL – Knowledge On-Line, Ernst & Young schuf das Businessknowledge Center, KPMG Peat Marwick beschäftigt Wissensmanager, und Price Waterhouse entwickelte ein Konzept namens Knowledge View. Diese Liste ließe sich schier endlos erweitern, wir könnten noch kleinere Beratungsunternehmen oder Softwareentwicklungsfirmen anfügen, die gegen ein entsprechendes Honorar das Chaos im Kinderzimmer beseitigen.

Um zu verdeutlichen, wie mit diesen Wissensdatenbanken gearbeitet wird, betrachten wir Knowledge On-Line von Booz Allen einmal genauer. Das System ist seit 1995 in Betrieb. Es soll verhindern, daß wertvolle Arbeitszeit vergeudet wird (zum Beispiel, wenn Berater an ähnlichen Problemstellungen arbeiten und jeder für sich das Rad neu erfindet), und helfen Expertenwissen, ungeachtet dessen in welchem Erdteil es sich befinden mag, anzuzapfen. So kann sich beispielsweise der Berater, der in Indonesien eine Ölfirma bei der Verbesserung des Kundenservice berät, die Erfahrung von Kollegen in Caracas oder Houston zunutze machen oder schauen, wie der New Yorker Kollege ein ähnliches Problem gelöst hat.

Wenn er ein Laptop und eine Telefonleistung in der Nähe hat, kann er sich bei KOL anmelden. Das Icon, das am Bildschirm erscheint, steht für die Suchkriterien 'Experten/Berichte/Historie'. Sie klicken es an, geben den Namen eines Kollegen ein, und schon erscheint sein Bericht. Oder Sie geben den Begriff 'Kundendienst' ein und erhalten alle Berichte von Kollegen, die sich mit diesem Thema befaßt haben. Ein weiteres Icon steht für Wissen. Dahinter verbergen sich zahlreiche Datenbanken. Sie enthalten Tausende von Dateien mit Querverweisen zu Firmen und Themen wie Reengineering, Marketing und Change Management. Unser Mann in Jakarta kann Benchmarking-Studien herunterladen, die Mitarbeiter von Booz Allen und Hamilton für die Ölindustrie erstellten, Kurzfassungen von Zeitungs- und Fachzeitschriftenbeiträgen ausdrucken oder Präsentationen kopieren, die für Kunden anderer Industriezweige bestimmt waren und wichtige Aspekte enthalten, die für das Reengineering des Customer Service relevant sind. KOL bietet darüber hinaus ein 'Schwarzes Brett', Diskussionsforen und Schulungskurse.

Die Wissensdatenbanken der anderen Beratungsunternehmen arbeiten in ähnlicher Weise, wenn sich die zugrunde liegende Technologie und die Themenschwerpunkte auch unterscheiden mögen. Viele Wissensdatenbanken laufen unter Lotus-Software, andere unter Netscape-Software, die das World Wide Web im Internet dominiert – sie werden daher auch als Intranets bezeichnet. All dies ist Ausdruck für den ehrgeizigen Versuch, verstreute Informationen und Know-how zusammenzutragen und in kollektives Wissen umzuwandeln. Mit preisgünstiger und leistungsfähiger Informationstechnik bekam der Traum von einer virtuellen Bibliothek, in der riesige Mengen von kollektivem Wissen angesammelt sind, erneut Nahrung. Diese Vorstellung ist natürlich wie alle Utopien etwas versponnen. Aber der potentielle Nutzen ist offensichtlich (den weniger sichtbaren Gefahren werden wir uns später widmen). Erstens wird deutlich, daß die Investition in Wissensmanagement-Techno-logien enorme finanzielle Vorteile bringt. Nach Angaben von Charles Paulk von Andersen Consulting spart das Unternehmen mit dieser Wissensdatenbank Millionen von Dollar jährlich, die das Unternehmen früher für Kurierdienste ausgegeben hat. Eine Studie aus dem Jahr 1994, in der 64 Organisationen (Behörden und Nonprofit-Organisationen), die Lotus Notes verwenden, untersucht wurden, hat die vorsichtige Schätzung ergeben, daß das Durchschnittsunternehmen über einen Zeitraum von drei Jahren hinweg fast das Doppelte des Betrags einsparen konnte, den es für die Investition aufgewendet hatte. Dieser Ertrag ist auf Kostenreduzierungen und Zeitersparnis bei interner Kommunikation und auf Verbesserungen in der Planung und Abwicklung von Projekten zurückzuführen.

Zweitens gewährt die Wissensdatenbank leichter Einblick in das Kollegenwissen. An einem Freitag im August 1995, beispielsweise, sollte Peter Westcott von Andersen Consulting in Chicago etwas über FDDI (Schnittstellen für Datenübertragung auf Glasfasernetzen) in Erfahrung bringen und hat seine Anfrage an die Xchange-Datenbank geschickt. Am darauffolgenden Dienstag lagen ihm bereits Antworten von vier Kollegen aus USA und Großbritannien vor: Auf diese Weise erhielt Westcott die Informationen schneller und billiger, als es jemals zuvor möglich gewesen wäre. Und all das, ohne irgendwelche Photokopien anzufertigen, Auftragszettel für Federal Express ausfüllen zu müssen oder stundenlang herumzutelefonieren. Das Beste daran ist: seine Anfrage hat Intellektuelles Kapital erzeugt, denn sollte jemals ein anderer Berater Informationen zum selben Thema benötigen, so liegt das Material bereits vor.

Wissensdatenbanken unterstützen Unternehmen auch in ihrer globalen Geschäftstätigkeit. Tatsächlich war die Absicht, den Anforderungen von weltweit tätigen Kunden gerecht zu werden der eigentliche Grund, weshalb die Beratungsfirmen diese Art von Wissensdatenbankenentwickelt haben. Großkunden, die global vertreten sind, erwarteten, daß das Fachwissen schnell und auch in den entlegensten Gebieten der Erde zugänglich ist. Darüber hinaus erwarten die Kunden, daß die Beratungsleistungen, egal wo sie erbracht werden, in Chile oder Malaysia, immer konsistent sind und sich gegenseitig nicht widersprechen.

Hier ein weiterer zwingender Grund, das kollektive Wissen zu erfassen, um Wachstum und eine hohe Fluktuation bewältigen zu können. Bei Price Waterhouse Consulting, wo die Umsätze jährlich um 30 Prozent steigen, wird in den nächsten fünf Jahren mit einer Verdoppelung der Belegschaft gerechnet. Je schneller die neuen Mitarbeiter alles lernen, was das Unternehmen weiß und was sie wissen müssen, desto schneller können sie ihren Beitrag leisten. Doch wird das Unternehmen auch Mitarbeiter verlieren. Man kann davon ausgehen, daß ein Unternehmen mit einer jährlichen Fluktuationsrate von zehn Prozent, das ist niedriger als der Durchschnitt, bei insgesamt gleichbleibender Mitarbeiterzahl in weniger als fünf Jahren die Hälfte seiner erfahrendsten Mitarbeiter verliert. Jeder, der ein Unternehmen verläßt, nimmt wertvolles Wissen mit, und jeder neue Mitarbeiter bringt wertvolles Wissen mit. „Aus diesem Grund," so Pederson von Price Waterhouse, „ist es so wichtig, das Wissen zu erfassen."

Welches Wissen soll erfaßt werden?

Welche Arten von Strukturellem Kapital gehören in die Wissensdatenbank? Eine derartige Liste wäre endlos und würde von Unternehmen zu Unternehmen anders aussehen: Eine Werbeagentur benötigt zum Beispiel eine große Zahl demographischer Daten, die wiederum für ein Speditionsunternehmen, das Informationen über die weltweiten Einfuhrbestimmungen benötigt, von geringem Nutzen wären. Grundsätzlich lassen sich drei Punkte identifizieren, die eine Investition in den Aufbau einer Wissensdatenbank rechtfertigen.

Das unternehmensinterne Wissensbranchenbuch

Wissen verändert sich derart schnell, daß der Versuch, alles zu kodifizieren, lächerlich wäre. Das Expertenwissen in einem Unternehmen verändert sich hingegen nur langsam. Es wird sicherlich jemand in Ihrem Unternehmen geben, der weiß, warum der Vertrag mit der Firma XY den Reparaturservice nicht einschließt, oder, warum bestimmte Stecker in Ländern mit 220-Volt-Steckdosen nicht funktionieren. Doch wer soll das sein? Wer spricht arabisch? Wer kennt sich mit Fluorkohlenwasserstoff aus? Wer war der Leiter des Projektteams, das die neue Telefonanlage in der Hauptgeschäftsstelle installiert hat? Es würde viel zuviel wertvolle Zeit kosten, alltägliche Fragen wie diese zu beantworten. Unternehmen vertrauen hier häufig auf die Mund-zu-Mund-Propaganda. Sicher haben Sie schon mal Stunden damit zugebracht, einen Bericht zu suchen, zu guter letzt geben Sie die Suche ergebnislos auf, und Monate später erfahren Sie, daß Ihr Büronachbar diesen Bericht verfaßt hat. Es ist eigentlich so einfach, ein Wissensbranchenbuch zu erstellen, so daß es bemerkenswert ist, wie wenig Unternehmen dies bis jetzt gemacht haben. Das unternehmensinterne Branchenbuch ist laut Carol Anne Ogdin die ultimative Anwendung der Wissensmanagement-Technologie, aus folgendem einfachen Grund: es ist die einfachste Art, eine Verbindung zwischen Fragenden und Experten herzustellen. Es hilft, Fehler und 'Ratespiele' zu vermeiden, und verhindert, daß das Rad immerfort neu erfunden werden muß. Vor riesigen Datenbeständen warnt Arian Ward von Hughes Space and Communications, führender Hersteller kommerzieller Kommunikationssatelliten, da bestimmte Informationen einer zu schnellen Veränderung unterworfen sind. „Sinnvoller sind 'Wissenslandkarten', die zeigen, wo das Unternehmenswissen zu finden ist, vor allem in wessen Köpfen."

Aus Erfahrung lernen

Wissensarbeit ist Maßarbeit. Wie andere Dienstleistungen auch, wird sie zu dem Zeitpunkt und an dem Ort geleistet, an dem der Kunde sie wünscht. Sogar Hersteller von Standardprodukten haben von der Massenproduktion auf kundenindividuelle Fertigung umgestellt (s. Kapitel 9). Das bedeutet jedoch nicht, daß jedes Projekt immer wieder von Anfang an neu geplant werden muß.

Eine grundlegende Möglichkeit, um Strukturelles Kapital zu vergrößern, besteht darin, die gemachten Erfahrungen zu archivieren, also Checklisten darüber anzufertigen, was gut oder weniger gut war, und Handlungsanweisungen zu erstellen, die anderen in vergleichbaren Projekten weiterhelfen. Dies war im wesentlichen das Ergebnis der Arbeit von Wards bei Hughes Space and Communications. Satelliten sind komplex, teuer und erfordern äußerste Präzision. (Es ist schließlich einfacher, ein Reparaturteam zu einem Elektrizitätswerk irgendwo am Orinoco zu schicken, als zu einem Satelliten in die Umlaufbahn.) Zudem ist das Geschäft hart umkämpft, das Unternehmen erhält zunehmend weniger militärische Aufträge und sieht sich einem stärkeren Wettbewerbsdruck ausgesetzt. Daraus schließt

Ward: „Für uns ist es lebensnotwendig, aus unseren Erfahrungen zu lernen, um beim nächsten Mal schneller und besser zu sein."

Das Wissen, das sich ein Ingenieurteam vor zwei Jahren bei dem Bau eines Satelliten mühsam angeeignet hat, könnte ein Team mit ähnlicher Aufgabenstellung heute vielleicht gut gebrauchen; oder ein neues Team kennt zwar die Forschungsergebnisse, aber nicht den Weg, der dorthin geführt hat, und traut daher der Arbeit nicht oder vermag ihren Anwendungsbezug nicht zu erkennen. Das ist übrigens typisch für Ingenieure. Wenn sie etwas nicht selbst gemacht haben, dann sind sie überzeugt, daß es nicht richtig gemacht wurde und daß sie es besser machen können. Das Resultat sind 'Wissensinseln'.

Der richtige Schritt, die auseinanderliegenden Inseln miteinander zu verbinden, ist laut Ward die Erkenntnis, daß Wissen mindestens zwei Formen annehmen kann: Eine Form basiert auf Regeln, bei der aufeinanderfolgende Prozeduren eine gezielte Antwort auf die Problemstellung generieren. Regeln lassen sich oftmals automatisieren, beispielsweise in Form eines Rechtschreibprogramms oder in Form eines ausgeklügelten Expertensystems, mit dessen Hilfe das optimale Schaltkreisdesign für bestimmte Prozessoren gestaltet wird. In der Regel ist Wissen weit weniger strukturiert: die Antwort ist hier vom Kontext abhängig. Hier begegnet man Wissen in Form von Erkenntnis, Erfahrung oder Anekdoten, aber nicht in Form von Regeln. Gerade um das oftmals 'weiche' Wissen zu erfassen, umzusetzen und zu kapitalisieren, hat Hughes einen individuellen 'Wis-senshighway' entwickelt. Es begann damit, daß bereits vorhandene Wissensdatenbanken über Groupware wie Lotus Notes verknüpft wurden. Damit hatte die Projektgruppe, die an der Konstruktion eines neuen Satelliten arbeitet, zum Beispiel Zugriff auf Berichte über die Fehler in früheren Produktionen und war so in der Lage, auf mögliche Probleme beizeiten zu reagieren. Hughes hatte Fälle dokumentiert, in denen die Nutzung dieses Erfahrungsschatzes zu wesentlicher Zeitersparnis geführt und doppelte Arbeit verhindert hat. Der Erfolg läßt sich auch anhand einer 'Doppelfehler-Liste' bemessen. Sie zeigt, daß die Anzahl der Fehler, die zweimal gemacht wurden, erheblich gesunken ist, seitdem die Ingenieure voneinander lernen. Auch dies ist ein Beispiel dafür, daß der vorhandene Erfahrungsschatz geborgen werden kann, um ihn einer kreativen, nützlichen und wertschöpfenden Verwendung durch alle Mitarbeiter zuzuführen.

Wettbewerbswissen

Nehmen wir einmal an, heute ist Ihr erster Tag als Manager in der Soundso-Abteilung bei der Mustermann AG. Wie würden Sie anfangen? Natürlich würden Sie zunächst ein Meeting einberufen. Und wonach würden Sie fragen? Nein, zuallererst nicht danach, wo die Kaffeemaschine steht. Zuallererst würden Sie um die Aufzeichnungen über die wichtigsten Kunden und größten Konkurrenten bitten. Was dann kommt, können Sie sich vorstellen. Nach der Versammlung folgen Sie dem Verkaufsdirektor in sein Büro, wo er die Akten aus der verschlossenen Schublade seines Schreibtisches nimmt. Er wird Ihnen die Akte reichen. Als Sie sie entgegennehmen wollen, zögert er einen Moment und sagt dann: „Es ist möglich, daß sie nicht hundertprozentig vollständig und auf dem neuesten Stand ist." Es ist doch immer das gleiche.

Eigentlich erstaunlich, wie nachlässig Unternehmen bei der Pflege ihrer Daten über Lieferanten, Kunden und Wettbewerber sind. Niemand weiß genau, wie viele Umsätze Sie tatsächlich mit der weltgrößten Computerfirma machen, da jede Abteilung Ihres Unternehmens die eigenen Daten selber im Computer verwaltet und diese Systeme womöglich nicht kompatibel sind. Und selbst nachdem Sie Millionen Dollar in die Behebung dieses Problems investiert haben, erhalten Sie immer noch nicht die kompletten Angaben, weil Ihr Kunde in manchen Abteilungen unter dem Namen IBM geführt wird, in anderen unter I.B.M. und in wieder anderen unter International Business Machines.

Im Jahr 1995 hat die Firma Monsanto Chemie einen großen Auftrag an die Konkurrenz verloren. Später stellte sich heraus, daß ein Vertreter eines anderen Geschäftsbereiches von Monsanto, der auf anderen Seite des Globus von dem bevorstehenden Deal gehört hatte, die Information wegen der Zeitverschiebung und wegen unternehmensinterner Hemmnisse nicht sofort an die Kollegen in der Firmenzentrale in St. Louis weitergeleitet hatte. Schließlich war es zu spät. Inzwischen ermöglicht ein Programm namens Knowledge Management Architecture, das auf Lotus Notes läuft und das ebenfalls von der Abteilung 'Großkundenbetreuung' und der Abteilung 'Marktbeobachtung und Konkurrenzanalyse' verwendet wird, weltweit hunderten von Außendienstmitarbeitern den Informationsaustausch. Sie tauschen Neuigkeiten sowie Klatsch und Tratsch aus. Das Programm basiert auf einer Entwicklung bei Ceregen, dem Geschäftsbereich Biotechnologie von Monsanto. Ceregens Konkurrenten- und Kundendatenbank, zu der alle der rund 600 Mitarbeiter Zugang haben, enthält ständig aktualisiert Firmenprofile, Neuigkeiten aus kommerziellen und öffentlichen Quellen, Kundenberichte von Vertretern, Protokolle von Konferenzen und Tagungen, ein internes Adreßbuch für Spezialisten, die neuesten Nachrichten über Vorgaben der Food and Drug Administration (eine staatliche Überwachungsstelle für Lebens- und Arzneimittel) und vieles mehr. Alle Daten sind mit Querverweisen auf Unternehmen oder Technik versehen. Gerade in einem sich ständig verändernden Bereich wie der Biotechnologie stellt die permanente Aktualisierung von Informationen einen riesigen Vorteil dar. Die Frage lautet heute nicht: „Wie bekomme ich die Information, die ich benötige am effektivsten", so ein Projektleiter, „sondern: „Wie nutze ich diese Information".

Jedes Unternehmen muß sich heute die Fragen „Was wissen wir?" und „Wo finden wir dieses Wissen?" stellen. Möglicherweise wird dabei von Unternehmen zu Unternehmen die Gewichtung differieren und auch das Vokabular. Vergessen Sie für einen Moment die hochtrabenden Worte über Intellektuelles Kapital. Richard Baumbusch, der frühere Geschäftsführer der USWest Communications, einem Tochterunternehmen von Bell Atlantic hat folgende Feststellung gemacht: „Um das Wissensmanagement als Unternehmensziel zu kommunizieren, mußten wir eine Sprache finden, die auch die technischen Manager verstehen." Er meinte eine Rhetorik der Ergebnisse. Harry Lasker, zweiter Vorsitzender des Beratungsunternehmens Renaissance Solutions in Lincoln, Massachusetts, vertritt die gleiche Meinung: „Es wäre ein Fehler, Wissensmanagement losgelöst von dem Kontext der Unternehmensleistung zu sehen. Es bringt nichts, das unternehmensinterne Wissen erfassen zu wollen, wenn Sie es nicht an eine Strategie, ein Ziel oder Ergebnis knüpfen." Aus diesem Grund sind beispielsweise ein Wissensbranchenbuch, die Wissensdatenbank oder das Konkurrenzwissen von so großer Bedeutung.

Dennoch wird es die perfekte 'Wissensbank', in der alle Namen aller Experten, die Unternehmenspolitik, jedes noch so kleine Detail über alles, was Sie jemals brauchen könnten, gehortet ist, niemals geben. Aber es ist eine zweifelsohne faszinierende Vorstellung: Das akkumulierte Unternehmenswissen, mit nur einem Mausklick abrufbar …

Nun, so etwas ähnliches gibt es bereits. Der Schriftsteller John Guare hat es beschrieben:

> Ich habe einmal gelesen, daß die Menschen auf diesem Planeten nur durch sechs weitere voneinander getrennt sind. Nur sechs Entfernungsgrade. Zwischen jedem von uns und jedem anderen auf dieser Erde. Der Präsident der Vereinigten Staaten von Amerika. Ein Gondoliere in Venedig. Nennen Sie Namen …[doch] müssen Sie zunächst die richtigen sechs Leute für die Verknüpfung finden.

Mit schnellen Mikroprozessoren, Intranet und flinken Suchmaschinen läßt sich die Maschinerie automatisieren, aufrüsten und verknüpfen. So läßt sich erhalten, was andernfalls unterginge, das katalogisieren, was andernfalls verlorenginge. Die Frage, die bleibt, ist, wie bringen wir es zum Fließen?

Den Wissensfluß beschleunigen

Neben dem Erfassen, Aufbereiten und Vertiefen von Fachwissen wird das explizite Management von Strukturellem Kapital zu einer Produktivitätssteigerung führen. Es lassen sich großartige Erfolge erzielen, so der Berater David Skyrme, wenn „wir lernen, die 'Mechanik von Wissen' zu managen, genauso wie wir (fast) gelernt haben, die 'Mechanik der Produktion' zu managen".

Hewlett-Packard hat beispielsweise ein elektronisches Netzwerk eingerichtet, um im Hinblick auf einen besseren Kundenservice auf weltweiter Ebene Wissen zu managen und zu verbreiten. Hewlett-Packard betreut über ein Netzwerk rund 1.900 Servicemitarbeiter, die die Computersysteme der Hewlett-Packard-Kunden funktionsfähig und am Laufen halten. Die Rechner sind das 'zentrale Nervensystem' der Kunden: Wenn sie zusammenbrechen, muß schnellstens Abhilfe geleistet werden. Wenn ein Kunde ein Problem meldet, dann wird die Meldung sofort an eine der vier Hewlett-Packard-Serviceleitstellen, die es weltweit gibt, weitergeleitet. Dort geben die Vermittler die Problembeschreibung gemeinsam mit der Angabe der Dringlichkeit in die Datenbank ein und schicken diese Information an eines der 27 Kundendienstzentren. Alle Zentren haben Zugriff auf die Datenbank, und die Bearbeitung erfolgt sozusagen mit 'Live-Übertragung', d.h., wenn immer ein Mitarbeiter eine Datei bearbeitet, werden die entsprechenden Dateien in den anderen Zentren aktualisiert, so daß alle zu jedem Zeitpunkt über identische Informationen verfügen. Sollte das erste Servicezentrum das Problem nicht lösen können, wird es den Zeitzonen entsprechend weitergeleitet: Um 6.oo Uhr abends wird beispielsweise die Information über das Problem von Kalifornien nach Australien weitergesendet, um dort von einem Team entgegengenommen und weiterbeverarbeitet zu werden. Kein Manager koordiniert die Weitergabe der Daten. Hätte da ein Manager seine Hand im Spiel, würde es sicher nicht so reibungslos ablaufen.

In diesem Fall ist das Strukturelle Kapital das Netzwerk selbst; der Weg, den das Wissen nimmt. Es gibt jedoch auch 'nicht-technische' Formen Strukturellen Kapitals, die genauso real und effektiv sind: Best Practices aufzufinden und von ihnen zu lernen.

Abraham Lincoln war sozusagen der Pionier in der Nutzung von Best Practices, als er, nachdem er von Ulysses S. Grants Vorliebe für harte Getränke erfahren hatte, erwiderte: „Nenn mir die Whiskeysorte, die Grant bevorzugt. Ich würde gerne meinen anderen Generälen ein Faß davon schicken." Dick Baumbusch folgte bei USWest der gleichen Stategie. „Gibt es Mitarbeiter, die mehr Leistung bringen als andere?" fragte er einige seiner Manager. Als sie dies bejahten, fragte er weiter: „Wollen Sie, daß die anderen ebenso gut werden?" Baumbusch arbeitete vor einiger Zeit in einer bestimmten Region mit Monteuren zusammen, um die Besten unter ihnen ausfindig zu machen, und, indem er sie bei der Arbeit beobachtete und sie zu einem Erfahrungsaustausch zusammenbrachte, das Geheimnis ihres Erfolgs herauszufinden. Wenn Wissen auf diese Art herausgearbeitet wird, ist es reproduzierbar und teilbar. Die Mittel, um dieses zu erreichen, mögen sich, so Baumbusch, jedoch unterscheiden: In der einen Gruppe mag der Einsatz von Training und Hörcassetten sinnvoll sein, in einer anderen ein Kaffeeklatsch genügen, und für eine dritte Gruppe werden High-tech-Datenbanken benötigt. Vor langer Zeit fand man bei Xerox heraus, daß die Gespräche am Kaffeeautomaten für die Kundendienstmitarbeiter eine gute Möglichkeit darstellten, Wissen auszutauschen. Daraufhin wurden die Fahrzeuge des Kundendiensts mit Zweiwegradios ausgestattet, die ihnen nun einerseits erlauben, mehr Zeit mit dem Kunden zu verbringen, und gleichzeitig am 'virtuellen' Kaffeeautomaten Informationen und Neuigkeiten auszutauschen. Die technische Ausstattung ist nicht ausschlaggebend, obgleich, wie der Name schon sagt, Informationstechnologien bei der Verbreitung von Informationen hilfreich sind: Wichtig ist die ausdrückliche Absicht, nützliches Wissens zu identifizieren, es zu verpacken und weiterzugeben.

Der nächste Schritt ist, Best Practices in die Ausführung zu integrieren. Früher geschah die Wissensvermittlung in erster Linie mittels Handbüchern, Training und

Supervisionen, alles in allem mühselige, unzuverlässige und kostspielige Methoden. Mit Technik geht das schneller und besser. So nutze Cigna Corp, eine große Versicherungsgesellschaft mit Sitz in Philadelphia, das Strukturelle Kapital, um die Fähigkeiten ihrer Mitarbeiter zu verbessern; und gleichzeitig die Leistung zu erhöhen. Cigna setzt eine spezielle Software zur Unterstützung der Entscheidungsfindung ein, um sicherzugehen, daß der jeweilige Mitarbeiter, der eine Police ausstellt, bei der Festlegung der Versicherungssumme die Best Practices erkennt und anwendet. Insbesondere die Geschäftsbereiche 'Property und Casualty' des Versicherungsunternehmens hatten schlechte Ergebnisse erzielt – allein 1993 hatte Cigna in diesen Bereichen 251 Millionen Dollar Verlust gemacht. Dieser Verlust wandelte sich jedoch innerhalb von 12 Monaten in einen Gewinn von 87 Millionen Dollar, und nur ein Jahr später betrug der Gewinn bereits 160 Millionen Dollar. Maßnahmen wie Kosteneinsparungen, Entlassungen und Reengineering, die mit Hilfe von Gemini Consulting durchgeführt wurden, spielten sicher eine große Rolle bei dieser Veränderung, doch sind sie nur ein Teil der Geschichte. Reengineering verbessert die Effizienz, doch wenn man wie Cigna ein großes Risiko versichert, genügt es nicht, effizienter zu sein. Hervorragende Qualität ist das Resultat besserer Entscheidungen. Harry Lasker vom Beratungsunternehmen Renaissance Solutions, das mit Gemini und Cigna zusammenarbeitete, stellte fest: „Wir spürten wichtiges, aber verstecktes Know-how in den Unternehmen auf. Es gab genügend Experten, doch keine Mittel, deren spezifisches Wissen herauszuarbeiten oder an andere zu vermitteln."

So erteilte Cigna seinen freien Versicherungsagenten die Aufgabe, eine Wissensdatenbank zu errichten. Sie beinhaltet im wesentlichen Checklisten, Faustregeln, Richtlinien für die Risikobewertung oder die Namen von Experten. Diese Daten wurden derselben Software beigefügt, die jeder Versicherungsagent zur Bearbeitung von Aufträgen verwendet. Soll ein Krankenhaus in Kalifornien versichert werden? Die Software gibt unter anderem Auskunft über nächstgelegene Verwerfung in der Erdkruste und die Gefährdungsbeurteilung von Spezialisten. Kommen neue Informationen wie Expertenanalysen, Feedback aus der Schadensabteilung oder von den Agenten selbst hinzu, werden sie vom Wissensmanager ausgewertet und nach seinem Ermessen in den Datenbestand aufgenommen. Jeder Agent berücksichtigt automatisch die neuen Best Practices. Die Mitarbeiter in der Schadensabteilung und die Vertreter verfügen über ähnliche Programme. Und was kostet das alles? „Wenig", sagt Lasker. „Cigna sammelt diese Informationen sowieso, aber jetzt werden sie wenigstens sofort entsprechend gespeichert."

Anders als ein Fließband bewegt sich Wissensarbeit nicht kontinuierlich vorwärts. Es handelt sich hierbei um einen unendlichen Prozeß des gegenseitigen Miteinanders und des ständigen Austauschs, und obgleich sie mitunter unstrukturiert ist, vermag das Strukturelle Kapital sie zu unterstützen.

In Werbeagenturen beispielsweise ist der Entwurf einer Anzeige ein unstrukturierter und nicht vorhersehbarer Vorgang, in dessen Verlauf der Werbefachmann und weitere kreative Mitarbeiter immer wieder Änderungen vornehmen, bis die

Anzeige fertig ist. Der Prozeß muß dokumentiert werden, was sich leicht zu einem Alptraum auswachsen kann, wenn jede kleinste Änderung mit einer Anzahl weiterer Veränderungen als Folge verbunden ist – „Wenn wir hier Blau nehmen, dann muß aber jene Fläche gelb und die anderen dort weiß werden (…)" Die lästige, aber notwendige Schreibarbeit ist eine Form des Wissensmanagement, und stammt noch aus einer Zeit, in der der Gegenstand wichtiger war als die Information.

Bei Young & Rubicam stellte der Chief Information Officer (CIO), Nicholas Rudel, fest, daß das alte System, die Entwicklung auf Papier festzuhalten, nicht die eigentliche Arbeit beschrieb. Schlimmer noch, es ließ sich nach einer Weile nicht mehr rekonstruieren, welche der vorhandenen Versionen die aktuelle war, und nicht eindeutig feststellen, welcher Mitarbeiter an welchem Projekt arbeitete. Y&Rs Lösung für dieses Problem: Eine Lotus-Notes-Datenbank mit Workflow-Software, deren Eckpfeiler die vier wichtigsten und vorhersehbaren Arbeitsschritte sind: Auftrag (Chuck braucht eine Anzeige), Übereinkunft (Bill, Kay und Bob übernehmen den Auftrag), Performance (sie gestalten die Anzeige) und Genehmigung. Da das System automatisch alle Dateien, die miteinander verknüpft sind, aktualisiert, kann jedes Teammitglied sofort den Stand der Dinge erfahren und sehen, welches die letzte Version ist, an der gearbeitet wurde. Zwar müssen nach wie vor Kopien, Skizzen und Entwürfe die Runde machen, was sich bei dieser Art kreativer Gemeinschaftsarbeit nie vermeiden lassen wird, doch indem Y&R diese Dokumentation anhand der vier grundlegenden Schritte systematisiert hat, ist es gelungen, die mitunter unnötigen Papierberge zu verbannen und gleichzeitig den aktuellen Status der Projekte zu überblicken. Drei Monate nach Start eines Pilotprojekts berichteten die Teilnehmer, daß die Zahl der Überstunden von 27 auf 13 Prozent gefallen, die Anzahl der Arbeiten, die im Rahmen des geplanten Budgets blieben, von 73 auf 87 Prozent angestiegen und das Lamentieren über Mehrbelastung bei den Mitarbeitern von 42 Prozent auf null gesunken sei.

In jedem der vier geschilderten Beispiele erzielten Unternehmen eine Produktivitätssteigerung, indem sie den internen Apparat (das Strukturelle Kapital) modifizierten und somit den Wissenstransfer unter den Beteiligten beschleunigten. In drei der vier Unternehmen kamen verstärkt Informationstechnologien zum Einsatz, das vierte Unternehmen USWest, vertraut in anderen Bereichen des Wissensmanagements auf Informations- und Kommunikationstechniken, aber nur neue Software zu kaufen ist nicht die 'Moral von der Geschicht'. Die lautet vielmehr: Jedes dieser Unternehmen hat erkannt, daß die Informationen und das Wissen, die Mitarbeiter für ihre Arbeit nutzen, mindestens ebenso wichtig sind, wenn nicht sogar wichtiger als Ausrüstung oder ganze Wagenladungen an Material, und daß sie, ebenso wie Ausrüstung oder Material, produktiver gemanagt werden können.

Dem alten Tauschhandel entfliehen:
Schnelligkeit versus Sachverstand

Denken Sie an die Begriffe 'Struktur' und 'Organisation'. Was fällt Ihnen dazu ein? Vielleicht dies:

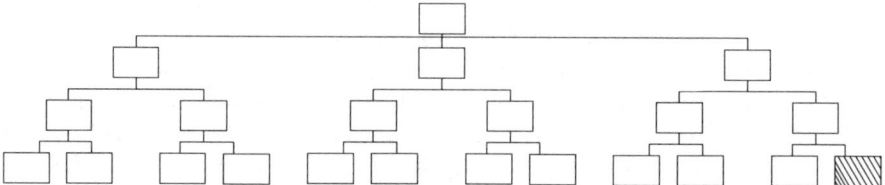

Die gute alte 'funktionale Organisation' hat inzwischen derart viele Kritiker, daß ihre Vorteile unbedingt einmal hervorgehoben werden sollten. Die klare Einteilung der Kompetenzbereiche, der Kommunikationswege und der Kontrollbefugnisse zeigten sehr deutlich, wer für was verantwortlich war. Die mit der Abteilung einhergehende Spezialisierung der Arbeit und die Einteilung der Spezialisten in überwachbare Abteilungen, z.B. Buchhaltung, Herstellung und Verkauf, führte zu einem hohen Maß an gegenseitiger Verläßlichkeit. Daß diese Unternehmensstruktur sich nur schleppend oder überhaupt nicht an Veränderungen anzupassen vermochte, war in der Zeit der Massenproduktion, in der sich Wettbewerbsvorteile und Wertschöpfung aus der Fertigung unendlich vieler identischer und dadurch preiswerter Teile oder Services ergaben, zunächst kein Nachteil. Nicht umsonst wird in der herkömmlichen Organisationsstruktur erst in zweiter Linie an den Kunden gedacht: Nur das Verkaufspersonal (der schraffierte Kasten in der Graphik) widmet sich vorrangig dem Kunden. Die Hauptaufgabe dieser Mitarbeiter besteht darin, Kunden für ein bereits entwickeltes Produkt zu werben.

Es gab gute Gründe für Unternehmen, Mitarbeiter auch im mittleren Management abzubauen, doch man schüttete das Kind mit dem Bade aus: Da war das 'Fossil', das schon alles gesehen hatte, dann diejenigen, die ihre Nase immer in alle Angelegenheiten stecken mußten und Ihnen – geben Sie es zu – auf diese Weise vielleicht schon mehr als einmal als Ausrede gedient haben, und darüber eine Schicht von Abteilungsleitern, deren Sachverstand und deren Verantwortung für die Arbeit den zügellosen Eifer ihrer Untergebenen nicht selten gebremst haben. Die Aufrechterhaltung dieser Strukturen ging auf Kosten von Zeit und Flexibilität. Prozesse waren kostspielig und schwerfällig. Die „vertikale Weitergabe von Informationen" – von unten nach oben, und dann wieder nach unten – ist „der wohl schleppendste Prozeß in jedem Unternehmen", so Jim Manzi, der Lotus Notes als damaliger CEO bekannt gemacht hatte und nun Leiter von Nets Inc. ist, einem Unternehmen, das einen virtuellen Markt auf dem Internet anbietet.

Wissen sollte schnellstens zwischen einzelnen Funktionsbereichen weitergegeben werden. Robert Buckman, CEO der Buckman Laboratories, Memphis, betont:

„Sie können sich nicht, wie einst, zuerst an den obersten Chef wenden, um dann die Informationen von oben nach unten weiterzuleiten. Das kostet Zeit und wichtige Details bleiben auf der Strecke." Der Erfolg von Buckmans Unternehmen ist darauf zurückzuführen, daß schnelle, individuelle Lösungen für Kundenanforderungen geboten werden. Eine Papierfabrik beispielsweise bestellt nicht nur Bleichmittel bei Buckman. Gemeinsam mit eigenen Fachleuten und Spezialisten der Chemiefirma werden hier 'Lösungen', die genau auf die Bedürfnisse des Endkunden zugeschnitten sind, entwickelt.

Wenn man Werte schaffen will, so muß man die 'richtigen' Mitarbeiter miteinbeziehen, ungeachtet ihrer Position. In Hierarchien ist die Entscheidungsbefugnis des einzelnen an seine Position geknüpft: Ein Manager darf über Geschäfte bis zu einem Volumen von 50.000 Dollar entscheiden, sein Vorgesetzter über Geschäfte bis zu 100.000, dessen Vorgesetzter über Geschäfte bis 250.000 Dollar und so weiter ... Dieses Schema ist veraltet. Es geht nicht darum, wie hoch der Betrag ist, sondern wie hoch der Puls des Kunden schlägt. Professor Quinn Mills von der Harvard Business School betrachtet die folgenden Fragestellungen als zentral: „Wird eine Antwort sofort benötigt? Ist Flexibilität gefragt? Wenn ja, dann sollte die Person, die in engem Kontakt mit dem Kunden steht, bevollmächtigt sein." Doch Bevollmächtigung ohne Sachkenntnis würde zu einer Katastrophe führen.

Ebenso wie Informationen das Inventar ersetzen, kann Strukturelles Kapital die Unternehmensstrukturen aufheben. Zunächst einmal können automatisierte Abläufe, die Informationen erfassen und verbreiten (das Hewlett-Packard Customer Response Network oder SAP, das abteilungsübergreifende Informationsmanagement-Sy-stem), den engen vertikalen Fluß der Informationen umgehen. Darüber hinaus ermöglichen Kommunikationsnetzwerke, gemeinsam genutzte Branchenbücher und Wissensdatenbanken, die besten Mitarbeiter im Unternehmen an die Front der Wissensbranchenbücher zu schicken, *während ihre Sachkenntnisse für das gesamte Unternehmen verfügbar bleiben.* „Das ist die revolutionärste Entwicklung in der Geschichte der Unternehmensführung, die wir je miterleben durften", sagt Bob Buckman, und er treibt sie mit einfachsten Mitteln voran: In Form eines Online-Privatforums auf Compuserve, zu dem alle Mitarbeiter Zugang haben und wo jeder die Möglichkeit hat, Fragen zu stellen und Antworten zu geben. Eine Handvoll technischer Experten und Systemverwalter überwacht unterschiedliche branchenbezogene Unterforen (die auf spezifische Anforderungen der Kunden in unterschiedlichen Industriebereichen abgestimmt sind, zum Beispiel Zellstoff- und Papierindustrie, Lederwarenindustrie, Kunststoffindustrie), um die wertvollsten Informationen zu speichern und allen zugänglich zu machen. Dieses Netzwerk und die Datenbank ersetzen die Tiefe des Wissens auf einzelnen Hierarchieebenen durch die Breite des Wissens und der Erfahrung aller Mitarbeiter auf allen Ebenen. Heute sind 40 Prozent der Mitarbeiterbei Bruckman im Verkauf tätig, 72 Prozent sind Collegeabsolventen. 1979 waren es noch 16 Prozent beziehungsweise 39 Prozent. Ohnedie Mittel für den effizienten Wissenstransfer wäre dies nicht möglich gewesen.

Kein Wissensmanagement ohne Wissensmanager

Keine Fabrik würde von selbst die Produktion beginnen, genauso wie Wissensmanagement nicht ohne Wissensmanager initiiert werden kann. Ebenso wie andere Organisationssysteme, Methoden und Funktionen muß Wissensmanagement einem eindeutigen strategischen Zweck dienen. McKinsey & Co hat, lange bevor die technischen Mittel dafür zur Verfügung standen, aufgrund der rückläufigen Nachfrage nach Beratungsleistungen damit begonnen, Wissen zu managen. Das führte zu einer unternehmensweiten Untersuchung über die eigentlichen Kundenbedürfnisse, und man erkannte, daß McKinsey fundierte Kenntnisse in unterschiedlichen Industriezweigen und Geschäftsbereichen anbieten mußte. Das Unternehmen hatte sich immer seines Teamgeistes gerühmt, der den Erfolg der Gruppe immer über die Leistung eines einzelnen Beraters gestellt hatte und der zu einem freiwilligen Austausch von Wissen, Erfahrungen oder Ideen beigetragen hatte. Diese Tradition geriet erst ins Schwanken, als erstens der Kunde fundiertere Sachkenntnisse erwartete, was zu einer stärkeren Spezialisierung der Bereiche führte. Zweitens wurde der Wissensaustausch aufgrund der zunehmenden Globalisierung des Unternehmens erschwert. McKinsey begegnete diesen Erschwernissen mit seinem Rapid-Response-Team. Der Kern dieses Teams hat seinen Sitz in New York, wo sich eine kleine Gruppe von Bibliothekaren und Forschern den unterschiedlichsten Problemstellungen der Berater annimmt. Das Aufgabenfeld dieser 'Rechercheteams', unterteilt sich in drei Bereiche: Zunächst machen sie sich in einem Gespräch mit dem ratsuchenden Berater ein Bild vom Ausmaß der Problemstellung, um auch im richtigen Umfang Hilfe leisten zu können. Dann recherchieren sie in der Firmenbibliothek, deren Angebot von eigenen Forschungsberichten und Fallstudien, Büchern und Periodika bis hin zu Datenbankmaterial reicht und zum Teil für einen schnellen Zugriff digitalisiert wurde, nach geeignetem Material. Drittens verweisen sie den Anrufer an jene Kollegen, die sich dazu bereit erklärt haben, ihrem Kollegen ein wenig über die Schulter zu schauen, egal wie voll ihr eigener Terminkalender gerade sein mag. Diese freiwillige Hilfeleistung funktioniert einzig auf der Basis, daß unternehmensweit Einigkeit darüber herrscht, daß sie höchste strategische Priorität haben muß.

Natürlich ist Strukturelles Kapital, ein Destillat menschlicher Intelligenz, von der freiwilligen Beteiligung aller abhängig. Anne Odgin sagt hierzu: „Wenn ich an eine der riesigen Wirtschaftsprüfungsfirmen denke, wo ich nur Partner werden kann, wenn mein Jahresumsatz eine bestimmte Höhe erreicht, dann ist es nicht in meinem Interesse, die Lösung, die ich für ein bestimmtes, prekäres steuerliches Problem gefunden habe, dem Wissensmanagement zur Verfügung zu stellen." Wenn der Teamgedanke nicht kultiviert und nicht durch entsprechende Vergütungssysteme unterstützt wird, dann ist Wissensmanagement ebenso zwecklos, wie wenn man einen Spielplatz auf dem Gelände eines Altenheims errichten würde.

Und wenn es nicht vernünftig gemanagt wird, dann geht es in einem Unternehmen genauso chaotisch zu wie auf einem Schulhof in der großen Pause. Ein aktives Wissensmanagement-Netzwerk ist ein selbstregulierendes System: Fehler werden bei Tageslicht offenbar. Genauigkeit zählt jedoch nicht zu den Stärken eines solchen Netzwerkes. Fehler sollten getilgt und vermieden werden. Neue bahnbrechende Ideen müssen gefördert und publik gemacht werden, Prozesse und Erfahrungen müssen dokumentiert, das Gedächtnis des Unternehmens muß organisiert werden. Mit anderen Worten, es muß jemand die Verantwortung für das Management des Wissens, der Inhalte und der dafür verwendeten Technologien übernehmen.

Die Manager der Zukunft sind die Wissensmanager. Margaret Matthews, zuständig für Wissensintegration im Beratungsbereich In-dustrieprodukte bei Andersen Consulting, ist Bibliothekarin, Wissensvermittlerin und eine Art Animateurin zugleich. Sie ist gemeinsam mit anderen Kollegen in anderen Bereichen für die Verwaltung, Aktualisierung und Formatierung des Datenbestands verantwortlich. Außerdem ist sie damit betraut, Beratern die Nutzung des System nahezulegen, nach Informationen zur Ergänzung zu suchen und, sehr wichtig (!), Themen aufzuspüren, aus denen sich Forschungsprojekte entwickeln könnten. „Wir beabsichtigen, Wissensmanagement als anerkannte Disziplin auf gleicher Ebene wie Personalführung und Finanzmanagement zu etablieren", betont sie. Die Wissensmanager gehören nicht zu einer separaten Abteilung, sie arbeiten vielmehr direkt in den jeweiligen Geschäftsbereichen von Andersen Consulting. So berichtet Matthews dem Leiter des Bereichs Industrieprodukte und erfährt dadurch, auf welchem Wissensstand sich die Gruppe befindet und wo sie sich befinden sollte. Mit dieser Methode wird sichergestellt, daß das Wissensmanagement mit den Geschäftsaktivitäten sinnvoll verknüpft ist.

Der Erfolg im Management des Strukturellen Kapitals hängt hauptsächlich von der Leitung ab. Ich meine, daß der Anreiz von Incentives wie T-Shirts, Essen-für-zwei und Leistungszulagen eher belangloses Zeug einbringt als daß es zur systematischen Verbesserung des Wissensvermögens des Unternehmens führt. Es gibt keinen größeren Anreiz als einen Vorgesetzten, der Wissensmanagement vorlebt. Wenn der Manager einem Mitarbeiter sagt, daß er etwas in einem elektronischen Forum gefunden habe, das zur Lösung eines bestimmten Arbeitsproblems führen könnte, dann wird der Mitarbeiter das ernst nehmen. Wenn die Unternehmensleitung ihren Mitarbeitern klar macht, wie wichtig es ist, daß sich jeder einzelne am Wissenstransfer beteiligt, dann darf man sicher sein, daß sie es machen. Wie Buckman sagt: „Wenn diejenigen, die ihr Wissen gern und freiwillig der Gemeinschaft zur Verfügung stellen, befördert werden, dann ist kein weiterer Ansporn nötig."

Viele Manager predigen – entweder weil sie technophob sind oder in einer Zeit an die Spitze kamen, als es wenig Informationsressourcen gab – die Bedeutung von Unternehmenswissen quasi als Laien. Der Leiter der Abteilung Change Management von Andersen Consulting, Terry Neil, betont: „Ein Großteil der Senior Manager ist geistig bereits in den Ruhestand getreten. Sie weigern sich, E-Mail zu benutzen, und überlassen dies ihren Sekretärinnen. Das ist das Schlimmste, was sie tun können." Die Entscheidung, hier nicht einzusteigen, beruht auf zwei Gerüchten: Intellektuelles Kapital ist unnötig (wenn dem so wäre, dann sollte man hinterfragen, warum ein Unternehmen soviel Geld dafür ausgibt), oder es organisiert sich von selbst (wenn dem so wäre, dann sollten Sie hinterfragen, warum Ihr Unternehmen überhaupt Geld für Sie ausgibt).

Kapitel 8
Strukturelles Kapital II

Die Gefahr, zuviel in Wissen zu investieren

Das Wissen und die Fähigkeiten der Mitarbeiter sind das einzig nicht ersetzbare Kapital von Unternehmen. Ob dieses Kapital eine Rendite bringt, ist davon abhängig, ob es den Mitarbeitern gelingt, sich ihr Wissen gegenseitig mitzuteilen und es umzusetzen.

Andrew Carnegie

Strukturelles Kapital bedeutet, daß ich das, was ich weiß, an meine Kunden weitergebe. Es ordnet die Unternehmensressourcen, vermehrt und fördert meine Ideen und meine Arbeit. Für Bürokraten, die informelle Strukturen naturgemäß argwöhnisch beobachten, ist es eine Provokation. Es bietet mir die Informationen, die ich benötige, um meine Arbeit besser und effektiver zu machen. Aber es birgt auch die Gefahr, daß ich mit unnötigen Informationen zugeschüttet werde. Jedes Ding hat zwei Seiten, auch Intellektuelle Vermögenswerte. Im Hinblick auf die internen Strukturen ist die zentrale Frage im Informationszeitalter, wie Unternehmen das Strukturelle Intellektuelle Kapital bestmöglich nutzen können, so daß es für die Mitarbeiter unterstützend und nicht hemmend wirkt. Was es mit der möglichen Informationsüberfrachtung auf sich hat, wollen wir in diesem Kapitel untersuchen. Ein weiterer Punkt ist die mögliche Verbürokratisierung von Wissensmanagement. Wir werden sehen, wie man eine derartigen Entwicklung schon frühzeitig erkennen und ihr entgegenwirken kann.

Der menschliche Erfindungsreichtum, der uns jeden Tag neue Dinge beschert, neue Web-Browser, immer leistungsfähigere Mikrochips und sonstige Innovationen aller Art, soll nicht darüber hinwegtäuschen, daß Strukturelles Kapital an sich konservativ und nicht innovativ. Seine Wirkungsweise besteht darin, vorhandenes Wissen zu sammeln, zu testen, zu organisieren, zu verfeinern und effizienter zu verbreiten. Strukturelles Kapital kann so gesehen eine gegebene Form nicht verändern, es ist die Form selbst. Der Markt ist die Mutter der Innovation. Natürlich, neue Formen Strukturellen Kapitals – Patente, Produkt- und Prozeßverbesserungen, Datenbanken oder Netzwerke – tragen dazu bei, eine überkommene Architektur zu verändern oder zu ersetzen. So ließe sich beispielsweise argumentieren, daß Intranets und die Vernetzung von Mitarbeitern inhärent eine Bedrohung für Unternehmensstrukturen und Hierarchien darstellen und sie langfristig auch zerstören können. Doch sind die neu entstehenden Strukturen ihrerseits ebenfalls von einer Reihe unerfreulicher Nebeneffekte bedroht, wie beispielsweise von der Würgeschlange der Informationsübersättigung. Thomas W. Malone, Professor an der Sloan School of Management am MIT sagt: „Früher war Information ein teures Gut, daher haben wir uns mit wenig begnügt, wir schufen Unternehmen, die selbst in einer Informationswüste überleben konnten." Jetzt, da es so billig und einfach geworden ist, Information aufzuspüren, zu sammeln und zu verbreiten, „befinden wir uns", so Malone „fast in einer Art Informationsdschungel. Die Überlebensstrategien, die uns in der Wüste geholfen haben, werden uns hier nicht mehr weiterhelfen. Letztendlich werden diejenigen erfolgreich sein, die aus diesem Informationsüberfluß wirtschaftlichen Nutzen ziehen können."

Netzwerke haben eine laute, beängstigende und eine schier nimmer enden wollende Informationsflut ausgelöst. Mancher 'Vernetzte' beschwert sich bereits, daß er neben den sonst üblichen mündlichen Mitteilungen, Memos, Faxen oder Briefen täglich 200 und mehr E-Mails erhält. Die Informationsfülle bei SunMicrosystems erinnert an eine Jahrhundertflut: Täglich strömen durch das Netz eineinhalb Millionen interner Nachrichten, das sind 120 pro Mitarbeiter. Bill Raduchel, der CIO von Sun scherzt: „Alle landen in meiner Mailbox." Und es gibt keine Möglichkeit, dem ein Ende zu bereiten. Die Gefahren sind offensichtlich. Das Dringende verdrängt das Wichtige. Vieles ist nur zeitraubend. Jeder hat etwas zu kritisieren, insbesondere die Unwissenden. Ihre Mailbox ist überfüllt mit Nachrichten 'zur Kenntnisnahme', zu denen Sie eigentlich nichts zu sagen haben, oder mit Anfragen „Was meinen Sie?", zu denen Sie nichts sagen können. Sie werden so sehr damit überschüttet, daß Sie sich vielleicht nach der guten alten Zeit zurücksehnen, als Sie für den Kauf eines Lochers noch fünf Unterschriften benötigten.

Informationsüberfrachtung ist ein reales Problem, das auf eine wesentliche Herausforderung im Umgang mit Intellektuellem Kapital hindeutet. Wenngleich diejenigen, die sich mit Wissensmanagement auseinandersetzen, ständig beklagen, daß zuwenig darin investiert würde – was dazu führt, daß wichtige Fähigkeiten nicht erkannt werden oder daß wichtige Ideen ignoriert werden –, kann das Nicht-Managen von Wissen das Gegenteil bewirken: zuviel in Wissen zu investieren.

Sehen Sie sich IBM an. Kein anderes Unternehmen verfügte jemals über mehr Humankapital. Während eines Kolloquiums über Intellektuelles Kapital, bei dem ich zugegen war, brach plötzlich ein allseitiges Lamentieren darüber aus, daß mit den 150.000 brillanten Mitarbeitern, die das Unternehmen verlassen müßten, die kollektive Geisteskraft des Unternehmens verlorenginge. Wahr genug: Wer schön ist, tut Schönes. Aber indem IBM all diese klugen Mitarbeiter eingestellt hat, hat das Unternehmen etwas Häßliches getan. „Niemand bei IBM ist dumm", betont Tom Whiteside, ein Ex-IBMler, der als leitender Ingenieur damals für die Entwicklung des PowerPC-Chip verantwortlich war, „aber es ist wie mit Katzen: Jede macht, was ihr gefällt."

Die Begeisterung für das Intellektuelle Kapital sollte nicht auf Kosten der Grundprinzipien des Management gehen. Jeder Geschäftsmann muß darum bemüht sein,

Kapital bestmöglich zu nutzen, mehr Ertrag mit weniger Einsatz zu erzielen. Ungenutztes Kapital wirkt wie eine Bremse auf die Unternehmensleistung. Würde man die Anatomie des Menschen entsprechend gängiger Buchhaltungsrichtlinien beurteilen, so würde Fett zur Muskelmasse des Körpers zählen.

Die Soziologen Sara Kiesler und Lee Sproull legten in ihrem Buch *Connections* über elektronische Netzwerke anhand von Beispielen dar, daß zunehmend zuviel in Wissen investiert wird. Mats Alvesson, schwedischer Professor an der University of Gothenburg, bestätigt diesen Trend: „Die Leute sind in bezug auf Wissen hypersensibilisiert. Sie häufen mehr davon an, als nötig wäre, und sprechen zuviel darüber. Diese Überbetonung ist auf die Selbsterwartung, sorgfältig, vernünftig, verläßlich oder sogar intelligent agieren zu wollen, zurückzuführen. Paradoxerweise weist der Wunsch, vernünftig sein zu wollen, auf eine Verhaltensweise hin, die geradezu unvernünftig ist, nämlich sich zu sehr mit Informationen zu beschäftigen." Ich brauche nur in mein Büro zu gehen, um festzustellen, daß ich zuviel in Wissen investiert habe: Jahresberichte, Aufsätze von Professoren, Berichte über Untersuchungen, Studien, Ausdrucke besonders wichtige E-Mails, herausgerissene Zeitschriftenartikel, Stapel ungelesener Bücher, Papierberge, Notizen, Aufzeichnungen, Telephonnummern und alles nur „für den Fall, daß…". Wir sollten es besser wissen. Die japanischen Automobilhersteller haben Detroit gelehrt, daß die Stapel der 'just-in-case'-Teile abgebaut und Teile 'just-in-time' angeliefert, d.h. Lagerbestände durch Informationen ersetzt werden können. Riesenmengen an Informationen 'für den Fall, daß…' können ebenso lähmend sein, wie Riesenstapel von Teilen 'für den Fall, daß…'.

Wenn die Menschen zuviel in Informationen investieren, dann machen Unternehmen dies erst recht. IBM hatte sicherlich nicht zu viele Mitarbeiter. Der zurückgehende Anteil an Mitarbeitern in der Computerindustrie ging einher mit Umsatzeinbußen, was den Schluß zuläßt, daß Big Blue mit dem Erhalt seiner Marktanteile ebenso die Arbeitsplätze hätte sichern können. Wovon IBM mit Sicherheit zuviel hatte, waren die internen Strukturen – ein insgesamt schwerfälliger und lähmend großer Apparat –, welche die Anpassung an die sich schnell verändernden Marktbedürfnisse verhinderten und die nicht dazu angetan waren, die Talente, die ja durchaus vorhanden waren, dauerhaft ans Haus zu binden.

Lassen wir daher zunächst die Technologien, die im Zusammenhang mit dem Strukturellen Kapital von Bedeutung sind, beiseite, und kommen wir auf die Grundsätze zurück. In Kapitel 4 unterschieden wir zwei Formen von Intellektuellem Kapital: erstens, den zum Teil halbdauerhaften Wissenskorpus, der sich mit einer Aufgabenstellung, einer Person oder einer Organisation entwickelt. Zweitens, Mittel, die diesen Wissenskorpus fördern, indem sie Mitarbeiter bei Bedarf mit den relevanten Daten und Kenntnissen versorgen. Hinzu kommt nun: Während in den meisten Unternehmen Informationsverarbeitung in irgendeiner Form zum Tagesgeschäft gehört, kann die wertschöpfende Wissensarbeit kaum jemals Routine werden, denn jeder Verkauf, jedes Projekt, jedes juristische Schriftstück ist so einzigartig, daß nicht vorhersehbar ist, welches spezifische Wissen jeweils benötigt wird.

Aus dem Gesagten lassen sich zwei wesentliche Zwecke ableiten, denen das Strukturelle Kapital dienen sollte. Ein bereits im Kapitel 7 erörterter Zweck besteht darin, Wissen, das auch anderen zugute kommen kann, zu kodifizieren, quasi um seine 'Rezeptur' zu bewahren. Dabei kann es sich wortwörtlich genommen durchaus um ein Rezept handeln, beispielsweise um eine Spezialität in einem Restaurant oder eine geheime Mixtur aus der Lebensmittelindustrie, es kann ein Entwurf für ein Atomkraftwerk sein, es können aber auch speziell geformte Geschäftsprozesse sein, wie beispielsweise bei Skandia AFS, wo heute im Vergleich zu früher neue Geschäftsstellen in nur mehr einem Zwölftel der Zeit eröffnet werden (vgl. Kapitel 5), oder unzählige andere Best Practices, solange sie angepaßt, vermittelt oder wiederverwendet werden können.

Der zweite Nutzen des Strukturellen Kapitals besteht darin, Menschen und Datenbanken, Experten und Expertenwissen *just-in-time* zusammenzubringen. Wir werden uns in diesem Kapitel ausschließlich diesem letztgenannten Aspekt widmen. Ein gutes Beispiel ist hier Hewlett-Packard. Das Unternehmen zeigt, wie unterschiedliche Wege, Strukturelles Kapital zu managen, vereint werden können.

Vom kleinen Garagenbetrieb in Palo Alto, Kalifornien, und einem der Pionierunternehmen im Silicon Valley hat sich Hewlett-Packard mittlerweile zu einem weltweiten Riesen mit 110.800 Mitarbeitern und Umsätzen in Höhe von 31, 5 Milliarden Dollar im Jahr 1995 entwickelt. 1993 lief das Unternehmen Digital Equipment Corp. den Rang als zweitgrößter Computerproduzent ab. Kurz nachdem Hewlett-Packard im Jahr 1995 seinen ersten PC auf den Markt gebracht hatte, stand das Unternehmen innerhalb kürzester Zeit an sechster Stelle auf der Liste der weltweit umsatzstärksten Computerhersteller. Hewlett-Packard kontrolliert mittlerweile 70 Prozent des Druckermarktes. In den Jahren zwischen 1991 und 1995 stieg die Kapitalrendite von 11,1 auf 23,2 Prozent. Noch im Oktober 1990 hatte Hewlett-Packard mit ähnlichen bürokratischen Auswüchsen zu kämpfen wie IBM oder DEC. Die Probleme – dazu zählten unter anderem die Zentralisierung der Marketingaktivitäten, ein schwerfälliger, konsensgerichteter Entscheidungsfindungsprozeß – nahmen ein solches Ausmaß an – zudem erreichte der Aktienkurs mit 25 Dollar das seit Jahren schlechteste Ergebnis – daß der 78jährige David Packard aus dem Ruhestand zurückkam, um das Unternehmen zu retten, das er einst mitbegründet hatte. In nur einem Jahr stieg der Aktienkurs um das Doppelte, und das Unternehmen hat seither nicht mehr an Attraktivität (für Investoren und Mitarbeiter) verloren. Das Management von Strukturellem Kapital hat bei Hewlett-Packards Wiederauferstehung eine Schlüsselrolle gespielt.

Ein zweifaches Hoch der Offenheit

Ein bedeutender erster Schritt war die Erkenntnis, daß wissensbasierte Unternehmen nicht erfolgreich sein können, wenn sie ihr bedeutendstes Kapital unter Verschluß halten. „Wenn man es mit einem schwerfälligen Unternehmen zu tun hat, dann reicht es nicht, kluge Köpfe anzuheuern und dann auf das Gute zu hoffen", sagt Julio Rotemberg, Wirtschaftswissenschaftler am MIT, der den Einfluß des Managements auf die Innovationsfähigkeit untersucht hat. Um Gewinne aus Investitionen in Wissen zu erzielen, bedarf es einer Unternehmensstruktur und -kultur, in der sich Wissen frei entfalten kann, d.h. daß ideenhemmende Regeln abgeschafft werden müssen.

'Offenheit' war das frühere Motto des noch jungen Unternehmens Hewlett-Packard, und während man die Fahne dieses Unternehmensprinzips verbal weiter hochhielt, sah die Wirklichkeit doch etwas anders aus. Die Sicherheitsbestimmungen von 1985 lauteten beispielsweise: „Computersysteme sind so zu konfigurieren, daß die Benutzungsrechte weitgehend eingeschränkt werden ... die Benutzer sollen nur Zugriff auf jene Bereiche haben, die sie für die jeweilige Aufgabenstellung benötigen." 1991 wurde diese Vorgabe vollkommen auf den Kopf gestellt: „Die Benutzer sollen im Hinblick auf ihre Arbeit unbegrenzte Zugriffsmöglichkeiten erhalten, es sei denn das Management schränkt sie ein. Es ist für den Benutzer nicht erforderlich, nachzuweisen, zu einem bestimmten Bereich Zugang haben zu müssen, das Management hingegen muß Zugangsbeschränkungen begründen." Das war eine willkommene Änderung, so Robert Walker, CIO: „Das Informationen nun in vollem Umfang weitergegeben werden können, ohne den 'hierarchischen Filter' zu durchlaufen, ermöglicht es uns, so zu arbeiten, wie wir schon immer wollten."

Die Informationsüberflutung war in einem Unternehmen, in dem nahezu jeder an einem Rechner arbeitet und über das Netz mit allen anderen verbunden ist, nicht zu vermeiden. Bis Mitte des Jahres 1994 tauschten die 97.000 Mitarbeiter von Hewlett-Packard monatlich intern 20 Mio. E-Mails aus (hinzu kommen 70.000 weitere Meldungen nach außen), sie tauschten bis zu drei Billionen unterschiedliche Arten von Daten aus und sie führten mehr als eine Viertel Million Transaktionen mit Kunden und Lieferanten über das System aus – Telephongespräche, Voice-Mail oder Briefpost nicht eingerechnet. Während Informationen in den Zeiten der Zugangsbeschränkung also eher spärlich flossen, strömen heute mehr davon auf das Unternehmen ein, als es vernünftig zu verarbeiten in der Lage ist.

Informationen herantragen
versus
Informationen anfordern

Die Informationssystem-Gruppe von Hewlett-Packard hat zunächst nach Möglichkeiten gesucht, den Sumpf trockenzulegen, ohne jedoch den Fluß zum Versiegen zu bringen. Eine grundlegende Einsicht war die Unterscheidung zwischen Informationen, die an jemanden herangetragen werden, und denen, die jemand für sich anfordert. Die meisten von uns erhalten Informationen: Standardberichte (die wöchentlichen Verkaufszahlen, monatliche Kostenaufstellungen) landen in regelmäßigen Abständen auf unseren Schreibtischen. Hinzu kommen formlose E-Mails und Notizen sowie nichtdokumentierte Informationen in Meetings, Telefongesprächen und in der Kaffeepause. Jede dieser genannten Informationsformen richtet sich an ein Gegenüber, das die Informationen seinerseits auch anfordern kann: Statt darauf zu warten, daß man Ihnen einen Bericht zuschickt, können Sie sich Zugang zur entsprechenden Datei verschaffen und bei Bedarf darauf zurückgreifen. Die unterschiedlichen Dokumente lassen sich, wie in Kapitel 7 beschrieben, in Datenbanken bereitstellen, und Wissenslandkarten sowie Wissensbranchenbücher erleichtern bei Bedarf die Suche nach bestimmten Experten.

Hewlett-Packard hat seine Mitarbeiter beim Frühjahrsputz auf den Arbeitsflächen, egal ob aus Holz oder Silizium, unterstützt. Heute werden weniger Informationen an den einzelnen herangetragen, man ist vielmehr dazu übergegangen, sie dort abzulegen, wo er sie bei Bedarf abfragen kann. Richtlinien, Telephonbücher, Produktbeschreibungen (insgesamt rund 20.000) und eine Vielzahl interner Berichte werden online zur Verfügung gestellt. Anstatt unzählige Abos für Zeitschriften, Newsletter oder andere Informationsquellen für seine Mitarbeiter zu bestellen, kauft das Unternehmen bei den Verlagen unternehmensweite Lizenzen und bietet diese Informationen seinen Mitarbeitern in elektronischer Form an. So kann sich jeder das heraussuchen, was er benötigt, ohne mit überflüssigem Material überschüttet zu werden.

Um den Gefahren einer Überinvestition in Wissen vorzubeugen, wird bei Hewlett-Packard ein System entwickelt, das 'bewußte Ignoranz' fördert. Dies basiert auf der Wissenstopologie von Liam Fahey vom Babson College:

	Wissen	Nichtwissen
Wissen	Wissen, von dem Sie wissen, daß Sie drüber verfügen (explizites Wissen)	Wissen, von dem Sie wissen, daß Sie nicht darüber verfügen (bewußte Lücken)
Nichtwissen	Wissen, von dem Sie nicht wissen, daß Sie darüber verfügen (implizites Wissen)	Wissen, von dem Sie nicht wissen, daß Sie nicht darüber verfügen (unbewußte Lücken)

Für gewöhnlich sind Menschen bestrebt, den Bereich 'Wissen, von dem Sie wissen, daß Sie darüber verfügen' zu erweitern, indem sie versuchen, ihr implizites Wissen explizit zu machen, Wissenslücken durch Schulung und Forschung zu schließen oder Unwissenheit aufzudecken. „Doch kann das wirklich unser Ziel sein?", fragt Chuck Siellof, Verantwortlicher für den Bereich Interne Informationssysteme bei Hewlett-Packard. „Es ist nicht notwendig, allen alles zu vermitteln. Unser Ziel sollte nicht sein, möglichst viele mit den gleichen Informationen zu füttern, sondern die Erträge aus Intellektuellem Kapital zu steigern." Der einfachste Weg zu diesem Ziel ist, die Bereiche bewußter Ignoranz anzuerkennen, „Dinge, von denen Sie wissen, daß sie für Sie für Ihre Arbeit nicht von Bedeutung sind." Hier eine Auswahl der Mittel und Wege, mit denen die Informationssystem-Gruppe von Hewlett-Packard exzessive Investitionen in Wissen umgeht:

Vorteile durch Spezialisierung: Die Bemühungen vieler lassen sich durch die effektive Nutzung des Wissens einiger weniger reduzieren. Rund 20 wirkliche Spezialisten (zehn Ingenieure und zehn Supportmitarbeiter) pflegen die Netzwerkumgebung der 80.000 Computerarbeitsplätze bei Hewlett-Packard. Sie tragen die Verantwortung für die Verbreitung und Pflege der Kernsoftware (Textverarbeitung, Tabellenkalkulation und elektronische Post): Früher mußten sich die einzelnen Unternehmensbereiche selbst um die Wartung kümmern. Die Folge: eine Verschwendung von Talent und die Inkompatibilität der Systeme einzelner Bereiche untereinander.

Vereinfachung und Automatisierung: Die Kosten für die Wartung von Client/-Server-Netzwerken belaufen sich über einen Zeitraum von fünf Jahren auf 48.000 Dollar pro Person. Durch die Einführung von Help-Desks, einer Software, die die Entscheidungsfindung unterstützt, und künstlicher Intelligenz, um Datenverarbeitungs- und Informations-Managementprozesse zu vereinfachen, ließen sich, laut Hewlett-Packard Kosteneinsparungen von 10.000 bis 15.000 Dollar erzielen.

Inventarmanagement: die Reduzierung von Kosten für Intellektuelles Kapital, indem Wissen auf Abruf zur Verfügung steht. Das kann weit mehr sein als Berichte, Telephonnummern oder Zeitschriftenabonnements. Wie die meisten Unternehmen erwartet auch Hewlett-Packard von seinen Managern, daß sie das Projektmanagement beherrschen (vgl. Kapitel 12). Das Unternehmen entschied sich jedoch gegen herkömmliche Schulungen. Produktionsmanager, so Sieloff, „interessieren sich nicht für Projektmanagementtheorien, also übernehmen wir das für sie." In Zusammenarbeit mit Ernst & Young entwickelte Hewlett-Packard eine Reihe von ein. bis zweitägigen Minikursen zu einzelnen Themenbereichen aus dem Projektmanagement, zum Beispiel darüber, wie Projektziele definiert werden. Bei Bedarf brauchen Manager nur nach Hilfe zu schreien und erhalten sofort Unterstützung. Sieloff: "Sie stellen die Inhalte (d.h. Manager geben die aktuelle Problemstellung vor) und bezahlen meine Leute dafür, ihnen das jeweils notwendige Wissen zu vermitteln. Plötzlich haben wir ein Management, das nie eine Schulung besucht hätte, jedoch gewillt ist, für *'just-in-time'*-Wissen zu zahlen."

In ähnlicher Weise besucht die Vertriebsabteilung von Hewlett-Packard heute keine Informationsveranstaltungen über neue Produkte mehr, was den Mitarbeitern früher Wochen ihrer kostbaren Zeit geraubt hat. Die notwendigen Produktinformationen sind nunmehr bei Bedarf online abrufbar. Wenn sie unterwegs sind, verwenden sie den sogenannten ESP (Electronic Sales Partner), der rund 13.000 Dokumente über Produkte, Preise oder Präsentationsmaterial usw. bereithält. Bevor es den ESP gab, waren ihre Briefkästen überfüllt mit Tonnen von Informationsmaterial, von dem sie mit Sicherheit die Hälfte gleich im Papierkorb entsorgten.

Marktorientiertes Wissensmanagement

Während bei Hewlett-Packard absichtlich Unwissenheit gefördert wird, sind andere beschäftigt, die Verbreitung von Wissen zu fördern. Hewlett-Packard baut das Strukturelle Kapital ökonomisch sinnvoll auf, dank des mächtigsten Bürokratieblockers: des Marktes. Ein grundlegendes Prinzip für das Management Intellektuellen Kapitals ist oder sollte sein: *Wissen ist wertvoll, also sollen andere dafür zahlen.*

Diese Parole wurde Anfang der neunziger Jahre an die Belegschaft ausgegeben. Teil der Unternehmensstrategie bestand darin, jede zentrale Funktionseinheit dazu anzuhalten, finanziell eigenverantwortlich zu arbeiten, um somit das Aufblähen der Kosten und des Apparates zu verhindern. Von diesen Einheiten gab es nicht viele, und unter ihnen befanden sich Beratergruppen im Hauptsitz des Unternehmens, die sogenannte Product Processes Organization (PPO), die unter anderem für interne organisatorische Planung, Beschaffung, Herstellung und Qualität verantwortlich waren. Der Leiter dieser Gruppen, Bill Kay, fühlte sich verpflichtet zu beweisen, daß wertvolles Strukturelles Kapital nicht sinnlos geopfert werden dürfe. Judy Lewis, Leiterin eines der PPO-Teams sagt: „Bills Aufgabe bestand darin, der Arbeit der Gruppen einen Sinn zu geben. Im großen und ganzen hatten die Gruppen bei Hewlett-Packard den Ruf, nur eine Gemeinkostenstelle zu sein, die keine Erträge erzielt, was sicherlich richtig war." Kays erster Schritt war von immenser Bedeutung: er machte aus dem PPO-Team, dessen Kosten früher als Overhead auf die einzelnen Geschäftseinheiten verteilt wurden, zu einer sich selbst finanzierenden Einheit, die ihre Dienstleistungen auf vertraglicher Basis verkauft. Angebote hatten nur dann eine Überlebenschance, wenn Kunden bereit waren, dafür zu bezahlen. Diese Änderung war ein voller Erfolg, aber das sollte noch nicht alles gewesen sein. Um mit Lewis Worten zu sprechen: „Wir waren noch zu sehr auf die Programme, die wir betreuten, fixiert. Alles funktionierte bestens, doch hatten wir etwas übersehen." Keine andere Einheit bei Hewlett-Packard verfügte über einen derart detaillierten Einblick in alle einzelnen Geschäftsbereiche und -funktionen. PPO konnte von einem Kunden lernen und das Erlernte an den nächsten Kunden als Wissen weitergeben. Doch das setzte voraus, daß der Kunde bereit war, für dieses Wissen zu zahlen. Daraus ergab sich, daß die Mitarbeiter von PPO zunächst mehr über die unausgesprochenen Bedürfnisse ihrer potentiellen Kunden in Erfahrung bringen und ihrerseits Möglichkeiten finden mußten, ihre Vielfalt des Beratungsangebots zu kommunizieren. So mußten sie die Kunst, Wissen zu schaffen und zu verkaufen, erlernen.

1994 setzte sich Lewis mit Kollegen des Geschäftsbereichs Test and Measurement Products Business (T&M) von Hewlett-Packard in Verbindung. Aufgrund von Umsatzeinbußen im Bereich Luft- und Raumfahrttechnik (durch geringere öffentliche Ausgaben im Bereich militärische Verteidigung) war T&M sehr an neuen Ideen interessiert. Lewis überzeugte ihre Gesprächspartner, die Forschungsarbeit über den Wissenstransfer zwischen einzelnen Geschäftseinheiten zu unterstützen.

Die Gruppe um Lewis griff zu diesem Zweck einen Abschnitt im Prozeß der Entwicklung neuer Produkte heraus: die Unternehmensplanung und die Produktdefinition, zwei frühe Phasen in der Produktentwicklung, in denen die kritischen Entscheidungen darüber getroffen werden, welche Funktionen und Merkmale ein Produkt haben soll. T&M verfügte bereits über umfangreiche Kenntnisse in der Produktplanung, doch aufgrund des olivgrün-gefärbten Kundenkreises (im wesentlichen Militärs aber auch kommerzielle Raumfahrtunternehmen) hatte der Geschäftsbereich niemals die hohe Schule der Marktsegmentierung erlernt – d.h. das Wissen darüber, wie man sich mit einigen wenigen veränderten Produktmerkmalen einen komplett neuen Markt erschließen kann oder warum Kunden eines Marktsegments Kaufentscheidungen zu einem früheren Entwicklungszeitpunkt fällen als andere. T&M wußte gar nicht, was es alles nicht wußte.

Andere Geschäftsbereiche bei Hewlett-Packard verfügten wiederum über sehr umfassende Kenntnisse in der Marksegmentierung. „Wir haben damit begonnen, Historien, Fallstudien und Erfahrungen zu sammeln", so Lewis, „von denen wir annahmen, daß sie T&M unbekannt waren." Die Laserdrucker von Hewlett-Packard waren der überragende Erfolgsartikel und das beste Beispiel dafür, wie mit unterschiedlich gestalteten Produkten unterschiedliche Marktsegmente bedient werden können. Das Geschäft mit medizinischen Instrumenten, das dem von T&M sehr ähnelt, hat sich die Marktsegmentierung zunutze gemacht und konnte sich damit gegen das Aufkommen der Health Maintenance Organization – (HMO) und großer Krankenhausketten wie Humana behaupten. Lewis erinnert sich: „Das, was wir da an Material hatten, war ein Vermögen wert, denn PPO hatte mit allen Geschäftsbereichen zusammengearbeitet. Für die Leute von T&M war das Ganze faszinierend, weil sich für sie völlig neue Möglichkeiten auftaten."

Auch für PPO taten sich völlig neue Wege auf. Das Team um Lewis entwickelte ein Programm „KnowledgeLinks", in dem PPO als vermittelnde Instanz fungiert. Es greift sich das Wissen aus einem Geschäftsbereich und übersetzt es dann gewissermaßen, damit es in einem anderen Bereich zur Anwendung kommen kann.

„Wir wollten den Beweis antreten, daß Wissen geteilt und weitervermittelt werden kann, wenn man den unternehmensinternen Bedürfnissen und Prozessen Rechnung trägt", so Lewis. „Man kann die relevanten Informationen aufspüren, und man kann einen lebendigen Mechanismus erzeugen, der sie permanent aktualisiert und auf den neuesten Stand bringt." Durch den Übersetzungsprozeß entstanden Unmengen an Paketen von Wissen über das Geschäft – Strukturelles Vermögen.

PPO hat sich dann umgehend Gedanken darüber gemacht, wie man den Ertrag aus diesem firmenspezifischen Wissen erhöhen kann. Die Einzelberatung war eine tolle Sache, das bestätigten die Umsätze, doch mit jedem Beratungsgespräch erhöhte sich der Schatz an noch ungeteiltem Wissen, das auch den anderen Geschäftsbereichen zugute kommen sollte. Ziel war es, diesen Schatz so schnell wie möglich unter die Leute zu bringen. So arbeitete PPO aus dem breiten Themenspektrum einige Themenschwerpunkte heraus, beispielsweise Wettbewerbswissen, Produktplanung, Lagerwirtschaft oder Verkürzung von *time-to-market*, die für alle

Einheiten von Interesse waren. Daraus entwickelte sich eine Online-Version von KnowledgeLinks im Intranet, eine Mischung aus Katalog und Anthologie, die Managern einen Überblick über das Angebot von PPO gibt und ihnen zeigt, welche Beratungsleistung sie in Anspruch nehmen können. Gary Gray, Mitarbeiter im PPO-Team und Spezialist für Produktentwicklung, fügt an: „Da es kaum möglich ist, detailliertes Informationsmaterial zu allen Themen zur Verfügung zu stellen, versuchen wir das, was wichtig ist, in Fallstudien zu verpacken, die dem Anwender das Wesentliche über das Programm vermitteln." Ein Manager, der beispielsweise die Herstellung durch Outsourcing auslagern will, kann so erfahren, wie andere hier vorgegangen sind, und vor allem, *wer* es bereits getan hat.

Die größte Bestätigung für KnowledgeLinks – und der beste Weg, die Verbürokratisierung zu verhindern – ist die Tatsache, daß für die Beratungsleistung bezahlt wird. Als Gray und Lewis ihren Kunden einen Prototyp der elektronischen Version von Knowledge Links vorstellten, machten sie deutlich, daß es sie Zeit und Geld koste, diese Fallbeispiele aufzubereiten, auf Kundenanfragen zu antworten und das System zu verwalten. Sie sähen sich daher gezwungen, den Preis für die Beratungsleistung um 25 Prozent zu erhöhen. Die Kunden waren einverstanden.

Doch auch ohne PPO kann Hewlett-Packard Strukturelles Kapital nutzen. Die Arbeit von PPO wird durch das sogenannte Work Innovation Network (WIN) ergänzt. Über WIN kann jeder Geschäftsbereich als Veranstalter Präsentationen, Konferenzen oder Seminare zu Themen, mit denen man sich in diesem Geschäftsbereich gerade eingehend beschäftigt, zum Beispiel wie man auf immer kürzere Produktlebenszyklen reagieren kann, anbieten. Der veranstaltende Geschäftsbereich organisiert typischerweise eine halbtägige Konferenz und verschickt Einladungen an die restlichen Unternehmensbereiche. Handelt es sich um ein 'brandheißes' Thema, d.h. ist die Resonanz hoch, so wird sich nach der Konferenz vielleicht eine Art Arbeitsgruppe mit Mitgliedern und Experten aus den unterschiedlichsten Bereichen bilden. In der Tat haben sich WIN-Konferenzen schon manches Mal zu communities of practice entwickelt.

Programme wie WIN und KnowledgeLinks spiegeln die gesunde Balance zwischen der menschlichen und der technischen Komponente des Strukturellen Kapitals wider. Elektronische Netzwerke haben an sich keinen Wert. „Das wichtige an einem Netzwerk," so Mel Horwitch, Professor an der Polytechnic University von New York, „sind die Menschen, die damit arbeiten." Die Bedeutung der Technik besteht darin, das 'echte' Informationsnetzwerk, den informellen Austausch zwischen Menschen, zu unterstützen. „Aber," so Gray: „In dem Moment, wo Unternehmen immer größer werden, wird das informelle Netzwerk ineffektiv. Die Chance des Informationssystems besteht darin, einen Mechanismus zu erzeugen, der Zugang zum Wissen dieses informellen Netzwerks gewährt." Daraus entsteht dann ein fortwährender Kreislauf: Menschen erlernen Fertigkeiten, die dokumentiert und damit zu Dokumenten werden, die im Netzwerk als Daten verfügbar gemacht werden, auf die Menschen im Lernprozeß Zugriff haben und nutzen. Humankapital erzeugt Strukturelles Kapital, das wiederum Humankapital erzeugt…

Dies ist eine geringfügige Verlagerung, aber sie ist der Schlüssel für das Verständnis der scheinbar widersprüchlichen Bedürfnisse von Humankapital und Strukturellem Kapital: Der Sinn von Wissensmanagementsystemen jedweder Art, seien dies nun firmeneigene Weiterbildungszentren oder Wissensdatenbanken, ist nicht, Wissen um seiner selbst willen anzuhäufen, sondern um Wissensarbeitern und Kunden gerecht zu werden. Wissensarbeiter, die zur Wertschöpfung beitragen, lehnen 'Systeme' mit festen Regeln häufig ab. Sie gehen lieber die kurzen Wege, vergessen dabei schon mal, ihren Vorgesetzten zu informieren, und können vielleicht mit Teamarbeit nicht viel anfangen. Kunden, die für die Wertschöpfung bezahlen, mögen Systeme ebensowenig. Angestellte tun richtig daran, wenn sie das Intellektuelle Kapital in der Gruppe bewahren wollen, doch der ultimative Test für ein Wissensmanagementsystem ist nicht die Frage, wieviel Wissen es enthält, sondern ob es den Kunden und Mitarbeitern das Leben erleichtert. Genauso wie man Kundenkapital als 'die Wahrscheinlichkeit, daß Kunden weiterhin ihr Geschäft mit uns machen werden' umschreiben kann, könnte man Strukturelles Kapital als 'der Grund, warum kluge Menschen zu uns kommen und bleiben' umschreiben.

Die beste Unternehmensstruktur ist die, die man nicht sieht: eine unsichtbare und leitfähige Verbindung zwischen Mitarbeitern und Kunden. Zu der Erkenntnis kam Nick Bontis, Wissenschaftlicher Mitarbeiter an der Universität von Western Ontario, in einer Art Pilot-Studie, in der er die relative Bedeutung von Humankapital, Strukturellem Kapital und Kundenkapital untersucht hat. Bontis befragte in seiner Studie 64 MBA-Kandidaten, die nach mehrjähriger Berufserfahrung wieder an die Universität zurückgekehrt waren, über die Unternehmen, in denen sie beschäftigt waren. Der Fragebogen war so konzipiert, daß der Befragte auf einer Skala von eins bis sieben seine Zustimmung oder Ablehnung zu einer Aussage zum Ausdruck bringen konnte – ein zugegebenermaßen sehr subjektives Bewertungskriterium. Die Aussagen lauteten beispielsweise 'Mitarbeiter sind klug', 'Einzelne lernen von anderen', 'das Unternehmen ist effizient', 'das System erleichtert den Zugang zu Informationen', 'Kunden sind loyal', 'das Unternehmen ist marktorientiert' usw. Die Ergebnisse wurden zusammengezählt und dann mit der finanziellen Performance des jeweiligen Unternehmens, zum Beispiel dessen Kapitalrendite oder Umsatzwachstum, verglichen. Bontis fand heraus, daß offensichtlich keine direkte kausale Beziehung zwischen der Höhe der Punktzahl für das Strukturelle Kapital und der die Höhe des Humankapitals und des Kundenkapitals besteht. Strukturelles Kapital schien beides nicht zu generieren oder zu beeinflussen, aber: es verbindet beides miteinander. Darüber hinaus zeigte sich, daß das Humankapital und das Kundenkapital in direkter Beziehung zur finanziellen Performance des Unternehmens stehen.

Die Effizienz und die Schnelligkeit, mit der ein Unternehmen Humankapital hervorbringt, ist der Bewertungsmaßstab für die Unternehmensleistung im Wissenszeitalter. Dave Ulrich von der University of Michigan sagt, daß sich die Lernfähigkeiten eines Unternehmens aus g mal g errechnen: die Fähigkeit, neue Ideen zu erzeugen (generieren), multipliziert mit der Fähigkeit, sie innerhalb des Unternehmens zu verallgemeinern und zu verbreiten (generalisieren). Letztendlich ist der

Zweck der Fähigkeit zu generalisieren, Mitarbeiter und Experten mit Informationen sowie Unternehmen und Kunden zusammenzubringen. Stan Davis, Berater bei Boston Consulting, formuliert dies schärfer. „In der heutigen Zeit müssen Unternehmen sich so organisieren, daß sie ihren Kunden in kürzester Zeit die neuesten Produkte liefern, weil sie gar keine Zeit haben, sich über Strukturen oder Abteilungen Gedanken zu machen. Sie agieren nur noch."

Kapitel 9
Kundenkapital

Informationskrieg und Allianzen

Bevor ich beginne, Grenze zu errichten, hätte ich gern gewußt,
was ich eingrenze oder ausgrenze.

Robert Frost

Stündlich startet ein Maschine der United Airlines von dem New Yorker Flugha-fen La Guardia in Richtung Chicago. Kurz davor oder danach verläßt ein Flug-zeug der American Airlines den Flughafen, ebenfalls in Richtung Chicago. Wäh-rend ich dies schreibe, fällt mir ein, daß ich Freitag in einer Woche um 17.00 Uhr in einem dieser Flugzeuge sitzen werde, um zum 75. Geburtstag meiner Mutter zu fliegen. Voraussichtlich werden beide Flugzeuge gnadenlos überfüllt sein und das Essen an Bord wird gleichermaßen ungenießbar sein. In beiden Flugzeugen wer-den ähnliche Flugmagazine mit Kreuzworträtseln von ähnlichem Unterhaltungs-wert und Schwierigkeitsgrad in den Sitztaschen stecken. Ich hätte zwischen beiden Fluglinien wählen können, zumal der Tarif der gleiche ist. Ich fliege aber mit Ame-rican Airlines. Meine Schwester, die am darauffolgenden Tag von New York nach Chicago fliegt, nimmt die andere Fluglinie.

Sie können sich sicherlich vorstellen, warum wir jeweils mit einer anderen Flugge-sellschaft fliegen. Das hängt mit der Mitgliedschaft im Frequent Flyer Programm zusammen. Aus Gründen, an die ich mich nicht mehr erinnere, entschied ich mich vor einigen Jahren für das Vielflieger-Programm von American Airlines und nicht das von United. In den Jahren 1995 und 1996 sparte meine Entscheidung meinem Arbeitgeber einen Betrag von 5.500 Dollar. Und wenn nichts dazwischenkommt, wird das 1997 und 1998 so weitergehen.

Durch meine Entscheidung werde ich zu einem Vermögenswert für American Airlines, zwar nur ein kleiner Vermögenswert im Vergleich zu jemandem, der mehr als 100.000 Meilen jährlich fliegt, aber immerhin eine feste Größe: ich bin Stammkunde. Und meine Fluggesellschaft betreibt einigen Aufwand, um 'mich als sein Vermögen' zu binden. Meine Entscheidung wird mit zusätzlichen Freiflügen honoriert. Darüber hinaus hat meine Fluggesellschaft andere Unternehmen, bei-spielsweise Citibank oder MCI, dazu gebracht, mir Kredite oder Telephonleistun-gen zu gewähren, die mir wiederum Punkte bei American einbringen und mich zu einem noch treueren Kunden werden lassen. Sie stellt Kontakt zu Hotels, Autovermietern oder anderen Fluggesellschaften her; manchmal komme ich, wenn ich danach frage und wenn Platz vorhanden ist, in den Genuß, First- oder Business-Class zu fliegen, wenn mir dann nicht doch ein noch bedeutenderes 'Vermögen' den Platz streitig macht. Es wird genügend in den Erhalt meiner Treue investiert, die ich dem Unternehmen so lange halten werde, wie der Vergleich mit anderen eindeutig zugunsten von American ausfällt.[12]

Jedes Unternehmen, das mit Kunden zu tun hat, verfügt über Kundenkapital. Hubert Saint-Onge definiert es als den Wert eines Exklusivrechts, den Wert seiner fortwährenden Beziehungen mit den Menschen oder Unternehmen, die es mit seinen Produkten oder Leistungen beliefert. Von den drei Kategorien des Intellektuellen Kapitals – Humankapital, Strukturelles Kapital und Kundenkapital – stellt letzteres am offensichtlichsten einen Wert dar. Der Kunde zahlt. Und weil er das tut, hinterläßt er in der Bilanz eine deutliche Spur, die leichter nachvollzogen werden kann als die von Personen, Strukturen oder Fähigkeiten. Obgleich das in der Buchführung nicht vorgesehen ist, läßt sich die Höhe des Kundenkapitals anhand von Indikatoren wie Marktanteil, Kundentreue, Kundeneinbußen und Pro-Kopf-Umsatz leicht abschätzen. Es überrascht kaum, daß sich eine Vielzahl an Managementliteratur findet, in der beschrieben wird, wie sich der Wert des Kundenkapitals, beispielsweise in Form von Kundenloyalität (siehe Anhang) oder in Form von Markenkapital (ein wesentlicher Aspekt des Kundenkapitals: es bezeichnet die Bereitschaft, Ihr Produkt zu erwerben, obgleich es teurer ist als ein vergleichbares No-name Produkt), in Geldeinheiten ausdrücken läßt.

Dennoch ist Kundenkapital bislang – und das überrascht sehr – der immaterielle Vermögenswert, der bei weitem am schlechtesten verwaltet wird. Viele Unternehmen, egal ob Zeitungskioske, Lebensmittelläden, Supermärkte, Busunternehmen oder Einzelhändler, wissen nicht mal, wer ihre Kunden sind. American Express ist bestens darüber informiert, wenn ich bei Bloomingdale's einkaufe, doch Bloomy's nicht. Procter & Gamble kennt die Läden, in denen sie mit ihrem Sortiment vertreten sind, in- und auswendig und verfügt über Daten, die zum Beispiel Aufschluß darüber geben, wie viele männliche Kunden, außer mir die Produkte kaufen. Doch weiß das Unternehmen nicht, ob ich zum Zähneputzen Crest oder Colgate verwende. Andere Unternehmen wissen zwar, wer ihre Kunden sind, behandeln sie aber nicht wie einen Vermögenswert, im Gegenteil, eher nach dem Motto 'Friß-oder-stirb'. Bekleidungsgeschäfte und Kaufhäuser setzen sich inzwischen gegen ihre Kunden zur Wehr, indem sie sie an der gelben Linie warten lassen, bis sie bedient werden können, sogar im vorweihnachtlichen Verkaufstrubel. Daß das amerikanische Durchschnittsunternehmen trotz Qualitätsverbesserungen an den Produkten, trotz nur unwesentlicher Preissteigerungen und trotz der unermüdlichen Belehrungen darüber, wie Kunden richtig zu behandeln sind, in fünf Jahren rund die Hälfte seiner Kunden verliert, kann nur auf das eklatante Mißma-

---

[12] Aber sollten sie weiterhin die scheußlichen Pseudo-Calzones servieren, wechsle ich zu United, sobald ich meinen nächsten Freiflug erhalten habe.

nagement des Kundenkapitals zurückgeführt werden. Die Kundenzufriedenheit in den USA schwindet dahin.

Es ist offensichtlich, daß Kundenkapital wertvoll ist, wie wertvoll jedoch, ist erstaunlich. Ford hat errechnet, daß mit jedem Prozentpunkt, mit dem die Kundenloyalität steigt – Ford-Besitzer, die sich beim Kauf des nächsten Automobils wieder für einen Ford entscheiden würden – dem Unternehmen pro Jahr mindestens 100 Millionen Dollar an zusätzlichem Gewinn beschert werden. Das Kreditkartenunternehmen MBMA hat errechnet, daß, wenn es gelingt, die Kundenabwanderungsrate um fünf Prozent zu senken, die Lebenszeitrentabilität eines Durchschnittskunden um 125 Prozent steigt. Um diese Erträge zu erzielen, bedarf es mehr als der Erkenntnis, daß Kundenbeziehungen Kapital darstellen und nicht bloß eine Begleiterscheinung sind. Es erfordert, die Dynamik im Umgang mit diesem Vermögen zu verstehen: Wodurch steigt es, wodurch nimmt es ab, wodurch wird es noch wertvoller?

Diejenigen, die bis hierher gelesen haben, wird es nicht verwundern, daß sich Kundenkapital im Informationszeitalter nicht durch zielloses 'Herumfischen im Strom der Beziehungen' zwischen Käufer und Verkäufer fangen läßt, man muß sein Netz in den tiefen Wassern der Informationen und des Wissens, die zwischen ihnen wogen, auswerfen. Wissen – das, was wir kaufen und verkaufen, stellt die bedeutendste Komponente wirtschaftlicher Transaktionen dar. Wissen wird damit zum Hauptbestandteil des Kundenkapitals. Das Beispiel von Merck & Co. und deren Wettbewerbern in der pharmazeutischen Industrie, die einen rapiden und schmerzhaften Verlust an Kundenkapital hinnehmen mußten, unterstreicht einerseits die Bedeutung von Informationen und eröffnet uns andererseits die Prinzipien und die Dynamik des Umgangs mit diesem Vermögen.

Die Kundenkapitalkrise in der pharmazeutischen Industrie

Mit seinen phantastischen Forschungseinrichtungen, seinem beispielhaften Finanzmanagement und seiner Anpassungsfähigkeit an neue Marktbedingungen führte Merck sieben Jahre lang die *Fortune-Liste* der 'meistgeschätzten' Unternehmen an. Das soll mal einer nachmachen. Merck war, was das Kundenkapital anbetrifft, reichlich bedacht. Das Unternehmen war von seinen Kunden, Ärzten und Krankenhäusern hochgeschätzt und respektiert, nicht zuletzt wegen der exzellenten Riege von Pharmavertretern, die für Merck arbeiteten. Das waren mal die besten Vertreterjobs. Man stelle sich vor: Freitagabend, eine Bar, zig Vertreter, die sich einen Drink zum Feierabend genehmigen. Woran erkennt man hier den Pharmavertreter? Das ist der am Ende der Theke, der mit den Gucci-Schuhen, der den Chivas trinkt und mit der Goldcard bezahlt.

Merck kam durch Intellektuelles Vermögen zum Erfolg, nicht durch Kundenkapital, sondern durch Humankapital und Strukturelles Kapital, die sich in der Ent-

145

wicklung, der Patentierung und der Zulassung neuer Medikamente zeigten. 1990 erzielte Merck eine Gesamtkapitalrendite in Höhe von 22,2 Prozent. Die durchschnittliche Gesamtkapitalrendite aller Pharmaunternhemen in der *Fortune-500-Liste* betrug in demselben Jahr 13,1 Prozent. Der Durchschnitt bei allen Firmen auf der Liste lag bei 4,7 Prozent, ein Mißverhältnis, das ins Auge stach und bei den verantwortlichen Politikern Verärgerung über die hohen Kosten im Gesundheitswesen erregte. Aber in der Bilanz von Merck waren nirgendwo die hohen Kosten für das Wissen, das für die Entwicklung dieser Medikamente erforderlich ist, aufgeführt. Die Entwicklung eines neuen Medikaments ist kostenintensiv, ungefähr eine viertel Milliarde Dollar. Merck gibt wesentlich mehr Geld für F&E aus als für andere Kapitalinvestitionen. Intern wird F&E als Kapitalinvestition und nicht als Aufwand verbucht. Wird dieses Vermögen zu den Anlagenwerten gerechnet, so einer der damaligen Geschäftsführer, „stehen wir in bezug auf die Gesamtkapitalrendite recht normal da."

Damals bemerkten nur einige wenige, daß das Erfolgsmodell der Pharmaunternehmen aufgrund der Veränderungen des Kundenkapitals zu bröckeln begann. Eigentlich begann diese Entwicklung bereits Anfang der achtziger Jahre, als der Großhändler und Lieferant McKesson ein clever konzipiertes Computernetzwerk für Apotheken aufbaute. Dieses System und andere, die in ähnlicher Weise errichtet wurden, ermöglichte es Apotheken, den Lagerbestand niedrig zu halten und dadurch Geld zu sparen. Auch McKesson profitierte davon, weil das Unternehmen als Großabnehmer zu günstigeren Konditionen einkaufen konnte. Darüber hinaus bot das Netz Informationen über die Wirkungsweise von Medikamenten, die insbesondere kleinen Apotheken zugute kamen. Dieses System war so erfolgreich, daß der Anteil der über die Großhändler verkauften Medikamente in wenigen Jahren von 40 auf 80 Prozent stieg; eine enorme Chance in der industriellen Wertschöpfungskette. Nutznießer dieser Veränderung wie McKesson zeichneten sich dadurch aus, daß sie über Wissen verfügten, das an die Stelle großer Bestände gerückt war und daß sie dennoch hohe Rabatte erhielten. Diese Veränderung machte sich hauptsächlich im Groß- und Einzelhandel bemerkbar, Ärzte und Krankenhäuser spürten wenig davon, und die Pharmaproduzenten machten mehr Geld denn je.

Ende der achziger Jahre setzte eine erneute Veränderung im Arzneimittelmarkt ein, die direkt mit dem Intellektuellen Kapital in Zusammenhang stand. Während früher das wertvollste Wissen in den Labors zusammengebraut wurde, wurde es für die Hersteller plötzlich schwierig, aus diesen Investitionen einen Gewinn zu erzielen. No-name-Produkte waren ein Teil des Problems, doch weit schwerwiegender wirkte sich das Aufkommen privater Krankenversicherer aus. Pharmaunternehmen wie Medco Containment knüpften an dem Punkt an, wo McKesson aufhörte. Sie handelten mit Health Maintenance Organizations (HMO)[13] und mit

---

[13] Health Maintenance Organizations (HMO) sind Krankenversicherungen, die den Ärzten vorschreiben, welche Medizin (Marken- oder No-name-Produkt) er dem Patienten verschreiben darf.

Firmen, die ihre Mitarbeiter versicherten, Verträge aus, die vorsahen, daß Verschreibungen direkt an den Pharmahersteller geleitet wurden, der das Medikament dann seinerseits direkt an den Patienten auslieferte. Traditionelle Mittelsmänner wie die Apotheker wurden dabei umgangen. Medco kam somit an Informationen auf Patientenebene, die zuvor nur für Ärzte und Apotheker zugänglich waren. Merck und andere Pharmaindustrien mögen zwar ihre Kunden, Ärzte, Krankenhäuser, Großhändler und Drogerien gekannt haben, doch Medco kannte den Endverbraucher, den Patienten.

Die Medcos dieser Welt nutzten und nutzen diese Information auf zweifache Weise: Zum einen umgingen sie den Einzelhandel bei einigen Patienten komplett, insbesondere bei chronisch Erkrankten oder älteren Menschen, die immerhin 50 Prozent aller Patienten ausmachen. Zum anderen traten sie direkt an die Ärzte heran und zwangen sie, statt teurer Markenmedikamente ein vergleichbares No-name-Medikament zu verschreiben. Für Einzelhändler und andere Pharmahersteller bedeutete diese Entwicklung eine Katastrophe. Mit ihrem Wissen über den Endverbraucher übertrumpften sie das Wissen von Merck und Co. über die Produkte in einer Weise, die die Pharmahersteller an ihrem Geldbeutel mehr als deutlich zu spüren bekamen. Zwischen 1987 und 1992, so ergab eine Studie der Boston Consulting Group, haben Krankenversicherer und Firmen wie Medco ihren Marktanteil und die Rabatte, die die Hersteller ihnen gewähren, verdoppelt. Noch vor zwanzig Jahren, so Mercer Management Consulting, flossen von jedem Dollar, der für ein verschreibungspflichtiges Präparat ausgegeben wurde, mindestens 67 Cents zurück an den Hersteller. Inzwischen sind es noch 60 Cents. Der Preiskampf, der auf das Kundenkapital zurückzuführen ist, wird im Vertrieb ausgetragen. *Fortune* hat diesen Trend bereits 1991 erkannt und damals schon den Pharmaherstellern das Ende der 'fetten Jahre' prophezeit. „Auf diesem Markt wird sich noch einiges bewegen", so schrieb die Zeitschrift.

Es bahnte sich eine weitere Veränderung an: Merck kaufte 1993 das Unternehmen Medco auf. Man hat Merck damals vorgeworfen, einen zu hohen Preis für die Übernahme gezahlt zu haben. Judy Lewent, kaufmännische Leiterin von Merck, hatte jedoch nicht nur die Kosten für die Übernahmen von Medco kalkuliert, sondern auch die Kosten für die Nicht-Übernahme. „Wir wurden gefragt, warum wir einen Vertriebsarm aufkaufen würden, obwohl bekannt ist, daß eine vertikale Integration in unserer Branche unmöglich ist", sagt sie, „man hat jedoch nicht verstanden, daß wir nicht das Vertriebssystem gekauft haben, sondern die Kundendaten und das Kunden-Lieferanten-Potential. Wir haben das immaterielle Vermögen des Unternehmens gekauft."

Betrachten Sie diese Aussage –„Wir kaufen nicht das Vertriebssystem", d.h. nicht die Absatzkanäle –, sondern die Kundendaten und die Informationen über die Vernetzung von Käufer und Kunde, d.h. den Zugang. Mit dem Kauf von Medco

---

Sollte die HMO ein No-name-Medikament vorschreiben, so muß der Patient, wenn er auf einem Markenprodukt besteht, den Differenzbetrag selbst tragen.

reagierte Merck auf die Tatsache, daß das immaterielle Vermögen, mit dem der Markt einst zu kontrollieren war, sich verändert hatte. Nahezu die Hälfte der 6,6 Milliarden Dollar, die Merck für Medco bezahlte, war für den Erwerb der 'Kundenbeziehungen'.

Die Pharmavertreter, die Merck hätten verlassen müssen, müssen sich wie Willi Loman[14] gefühlt haben. In der Tat ging das Unternehmen zunächst davon aus, die Zahl der Außendienstmitarbeiter herunterschrauben zu müssen. Dann entschied man sich dafür, die Vertreter zu behalten und sie umzuschulen; zu ihrem pharmazeutischen Fachwissen erwarben sie Kenntnisse in Kostenplanung und den Umgang mit Krankheiten. Statt nur Medikamente an Patienten auszuliefern, entwickelt Medco nunmehr Programme zum Gesundheitsmanagement, die das Gesundbleiben fördern und die Langzeitkosten bei chronischen Erkrankungen senken sollen. Das Unternehmen investiert Geld in die direkte Vernetzung von Ärzten und Apotheken, mit der Ärzte sehen können, welche Medikamente der Patient bereits von einem anderen Arzt verschrieben bekam, um so unerwünschte Wechselwirkungen zu vermeiden.

Ähnliche Entwicklungen zeigen sich inzwischen auch bei anderen Pharmaproduzenten. Bei Pfizer wurden aus den Vertretern mit Unterstützung von reichlich Informations- und Kommunikationstechnologie sogenannte 'Informationsbroker', die die Schnittstelle zwischen Kunde und Hersteller bilden. Sie suchen täglich mindestens acht bis zehn Kunden auf, tätigen aber keine Verkäufe. Das geschieht durch die Gruppenversicherer (HMO) oder die Vertriebsfirma. Sie sammeln Informationen und beobachten den Markt. Die zunehmende Zahl privater Krankenversicherungen bewog Pfizer im Jahr 1994 überall dort, wo das Unternehmen mit seinen Produktvertretern war, 'Krankheitsmanagement-Teams' zu bilden. In diesen Teams arbeiteten Leute, die sich auf die Bereiche Medizin, Marketing, Controlling und 'rechtliche Rahmenbedingungen' spezialisiert haben, zusammen. Es ist unter anderem ihr Ziel, herauszufinden, welcher Arzt mit welchen Krankenversicherern zusammenarbeitet und welche der Produkte von Pfizer und Kollegen auf der Zulassungsliste dieser Versicherer stehen. Darüber hinaus sammeln sie Daten darüber, welche Arten von Medikamenten und welche Pfizer-Produkte von den Ärzten tatsächlich bestellt werden.

In weniger als einem Jahrzehnt hat sich die Struktur der Pharmaindustrie komplett verändert – nicht durch neue Herstellungs- und Zulassungsverfahren, sondern durch die Veränderung in der Käufer- und Marktstruktur. Die 'guten Beziehungen' der Pharmakonzerne – ihr Kundenkapital – waren mit einem Mal nicht mehr viel wert. Die Newcomer wie Medco machten sich breit, diktierten die Preise und konnten bestimmen, welche Medikamente verschrieben werden sollten. Nur eine schnelle und offensive Anpassung an die neuen Marktbedingungen konnten einen totalen Kollaps der Pharmaindustrie verhindern.

---

[14] Aus dem Schauspiel „*Tod eines Handlungsreisenden*" von Arthur Miller

Die Informationskriege

Sie erinnern sich vielleicht an den Fernsehspot von Federal Express: Ein Chef betritt das Büro eines Mitarbeiters und hält ihm eine Strafpredigt, weil ein Päckchen nicht an einen wartenden Kunden ausgeliefert wurde. Während der Chef sich über die Inkompetenz seines Untergebenen ausläßt, tippt der etwas in seinen Computer ein und teilt ihm nach kurzer Zeit mit, daß das Paket bereits ausgeliefert und der Lieferschein von dem verärgerten Kunden selbst unterschrieben wurde. Die Kollegen im Büro applaudieren. Was hier beklatscht wird, ist ein Resultat, das die Informationsorientierung im Geschäftsalltag mit sich bringt: Machtverhältnisse ändern sich. Dies soll in Teil drei näher erläutert werden. Meines Erachtens macht sich die Informationsorientierung am stärksten in der Kunden-Lieferanten-Beziehung bemerkbar. Sicherlich, es ist bequem, wenn ein Kunde den Lieferweg seiner Pakete weiterverfolgen kann, aber er kann mehr als das, er kann in Federal Express hineinsehen. Und sollte FedEx eine Sendung verbummeln, so kann sich das Unternehmen nicht mehr hinter Ausreden wie „Das Paket ist noch irgendwo auf dem Bearbeitungsweg" verstecken.

Wenn Wissen Macht bedeutet, dann muß die Macht auf der Seite des Kunden sein. Dies ist ein Grundsatz im Umgang mit Intellektuellem Kapital. Die Pharmaindustrie war ein gutes Beispiel hierfür, aber mehr und mehr Industrien befolgen diesen Grundsatz. Vergleicht man die Marketingpläne von vor zehn Jahren mit den heutigen, so sagt Fred Wiersema, Berater bei CSC Index in Cambridge, Massachusetts, daß „die Vertriebskanäle ein einziges Chaos waren". Kunden haben heute mehr Macht. Die Vertriebsarbeit ist daher heute eine vollkommen andere. In der Automobilindustrie bedrohen die neuen elektronischen Märkte, die Kunden mehr Informationen bieten und ihnen erlauben, online Preisvergleiche anzustellen, das lukrative Geschäft im Gebrauchtwagenhandel.

Auch bei Fluggesellschaften macht sich dieser Machtwechsel in der Kunden-Lieferanten- Beziehung bemerkbar. Computergestützte Reservierungssysteme (Sabre bei American Airlines, Apollo bei United usw.) sind mittlerweile etwas mehr als zehn Jahre alt. Bevor es sie gab, mußten Passagiere und Reisebüros Flugverbindungen und Preise bei den Gesellschaften telefonisch erfragen. Dieses aufwendige Prozedere machte Preisvergleiche nahezu unmöglich. Dann schlossen einige Fluggesellschaften, allen voran American Airlines, die Reisebüros quasi als Dienstleistung an ihr jeweiliges Reservierungssystem an, in der Hoffnung, daß Passagiere bevorzugt auf ihre Linien gebucht würden. Weil sie den freien Wettbewerb gefährdet sah, zwang die amerikanische Kartellbehörde die Fluggesellschaften, ihre Reservierungssysteme auch anderen Fluganbietern zugänglich zu machen.

Diese Entwicklungen haben die Flugindustrie verändert. Zunächst einmal wurden die Preise transparent und damit vergleichbar, was in Folge zu Preiskämpfen, Tarifschlachten und einem heute zum Teil verwirrenden Preissystem geführt hat. Dies brachte wiederum mit sich, daß Kunden verstärkt über Reisebüros buchen, zum einen, weil sie dort den günstigsten Tarif erhalten, zum anderen, weil das System für einen Kunden komplex und schwer zu durchschauen ist. Früher wurden zwei Drittel aller Flugscheine direkt von den Fluggesellschaften ausgestellt. Nur fünf Jahre nach Einführung der Reservierungssysteme verkauften Reisebüros zwei Drittel aller Tickets. Dies ist eine ähnlich massive Entwicklung in den Kunden-Lieferanten-Beziehungen wie die in der Pharmaindustrie. Durch Online-Angebote und das World Wide Web versuchen Fluggesellschaften heute, die Reisebüros zu umgehen. Das würde eine weitere Veränderung in den Kunden-Lieferanten-Beziehungen, eine Bewegung auf den Kunden zu, bedeuten. Da jedoch Reisebüros von den Reiseveranstaltern finanziert werden, würden Einsparungen in diesem Bereich zu weiteren Preisschlachten führen. Wie auch immer – für die Reisebüros sind solche Entwicklungen existenzbedrohend.

Ein weiteres Beispiel ist ein kleiner Hersteller von Haushaltswaren, der Wal-Mart, Kmart und Target, die drei größten Einzelhandelsketten Amerikas, beliefert. Vor einigen Jahren erhielt er von jedem 'ein Angebot, das er nicht ablehnen konnte'. „Wir wurden aufgefordert - oder gedrängt – uns dem elektronischen Datenaustausch anzuschließen", so der Hersteller. Über die Vernetzung der Computer gelangen die Bestellungen direkt in das System. Die Rechnungsstellung erfolgt ebenfalls online.

Bei beiden, Hersteller und Einzelhändler, wurden dadurch die Papierberge, Fehler und administrative Kosten verringert. Auf Verlangen seiner Kunden ging der Hersteller schließlich auch noch dazu über, die Waren mit Barcodes zu versehen, zuerst nur die Paletten, dann die einzelnen Kartons und schließlich jedes einzelne Teil. Diese Vorgehensweise ersparte den Einzelhändlern wiederum Zeit und Geld, wenn die Waren angeliefert wurden. Anfänglich teilten sich beide Seiten die Kosten für die Auszeichnung der Waren. Kurze Zeit später jedoch, so bemerkt der Hersteller süffisant, „hat man entschieden, daß die Einsparungen derart hoch sind, daß ich die gesamten Kosten tragen soll. Aber", so fügt er an, „ich kann mich nicht beschweren, die Auftragslage ist gut."

Einige seiner Kunden erwarten nicht nur die verkaufsfertige Auszeichnung der Ware mit Barcodes, sondern auch mit den firmeneigenen Preisaufklebern, oder verlangen weitere Preisnachlässe, wenn sie seine Waren in einer neuen Filiale im Stapel präsentieren.

Wie läßt sich diese Verlagerung der Macht, weg vom Hersteller hin zu den Grossisten, Einzelhändlern und Konsumenten erklären? Sicherlich nicht mit dem gängigen Klischee, die Großen würden Druck auf die Kleinen ausüben. Medco war schließlich kleiner als Merck, und Reisebüros sind kleiner als Fluggesellschaften. Es gibt Anzeichen dafür, daß Großunternehmen heute auf den Märkten über weniger Macht verfügen als noch vor 20 Jahren. Beispielsweise fiel seit 1974 die Zahl der Beschäftigten in den Unternehmen der *Fortune-500-Liste* um 24 Prozent (etwa 3,7 Millionen Arbeitnehmer), während die Zahl der Beschäftigten im gesamten Land um 43 Prozent anstieg. Wenn die Großen die Kleinen tatsächlich unter Druck setzen könnten, so sollte das aus ihren Gewinnen zu ersehen sein. Die Zahlen besagen jedoch das Gegenteil. Im Jahr 1974 erwirtschafteten die 500 größten Industrieunternehmen in den USA 27,2 Prozent aller Gewinne. Dieser Anteil sank bis zum Jahr 1994 auf 20,6 Prozent. Es könnte ein kleiner Trost für Haushaltswarenhersteller sein, daß der Druck nicht von der Größe des Unternehmens abhängt. Ebensowenig hat die Verschiebung in Richtung Kunde stattgefunden, weil dieser den Händlern eins auswischen will – im Gegenteil, sie kooperieren häufig mit den Anbietern. Die Erklärung liegt auch nicht in neuen Managementstrategien, die Kundenzufriedenheit plötzlich zum Maß aller Dinge erheben. Die alte Weisheit 'Der Kunde ist König' war immer gültig, sie wurde nur nicht beachtet.

Der heutige Kunde gibt den Ton an, weil er im allgemeinen sehr gut informiert ist. In der heutigen Wissenswirtschaft ist Information bedeutender als jemals zuvor, und man kann davon ausgehen, daß Kunden stärker davon profitieren. Michael Standing, Experte für Supply-Chain-Management bei Gemini Consulting, charakterisiert die Veränderung folgendermaßen: „Informationen waren unzugänglich. Inzwischen sind sie für jeden Kunden verfügbar, und damit verändert sich das Machtgefüge." Elektronischer Datenaustausch, partnerschaftliche Kunden-Lieferanten-Beziehungen und andere Errungenschaften des Supply Management gewähren dem Kunden einen Einblick in die Unternehmen, bei denen sie kaufen. Er ist bestens über Ihre Lagerbestände informiert und weiß, wann seine Lieferung Ihr Lager verläßt. Die gleichen Informationen hat er über Ihren Konkurrenten. Sollten Sie komplexe Einzelteile herstellen, wird er möglicherweise über die Details Ihrer Produktionskosten sowie Ihre F&E informiert sein. „Ein elektronisches Interface mit Lieferanten hat strategische Vorteile", so Robert K. Eliott, Vizepräsident von KPMG Peat Marvick, „denn so können Sie am Preis drehen. Im Hinblick auf Ihre Kunden wäre es strategisch weniger sinnvoll, da diese dann am Preis drehen."

Das muß nicht unbedingt der Fall sein, auch nicht, daß der Verkäufer grundsätzlich einen Schaden davon hat. Lieferanten und Kunden schließen sich zusammen, weil die Nähe und Vertrautheit einen einfachen Umgang mit dem anderen ermöglichen, auch wenn der Ärger dann unter Umständen um so größer ist, wenn mal etwas schiefgehen sollte. Geteiltes Wissen ist wertvoll. Elliott betont: „Ist die gesamte Lieferkette transparenter, kann mit wenig Ressourcen eine hohe Wertschöpfung erzielt werden." Die Verknüpfung unterschiedlicher Datenbestände und Anwendungen von Hersteller und Kunde durch einen elektronischen 'Link' ist preiswert und einfach zu realisieren: Die damit erzielte Verkürzung der Bestellzeiten und Reduzierung der Lagerbestände setzt beim Kunden teures Arbeitskapital frei. Unter Geschäftspartnern ließe sich die beidseitige Verwaltung von Informationen wie etwa Lagerbestand, Qualitätsprüfung, Rechnungsstellung oder Einkauf aufteilen oder zusammenlegen. Jordan Lewis, Verfasser einer Studie über strategische Allianzen, die unter dem Titel *The Connected Corporation* erschien, meint daß etwa 30 bis 40 Prozent der Einsparungen im Bereich Kunden-Lieferanten-Beziehung auf solche Synergieeffekte zurückzuführen ist.

In guten Partnerschaften bekommen beide ihren Teil vom Kuchen. Administrative Kosten im Business-to-Business-Geschäft, also die Kosten für das Verkaufen, den Papierkram, die Logistik usw., belaufen sich in den USA auf 250 Milliarden Dollar jährlich. Allein in der abpackenden Industrie betragen die gesamten Kosten für die zusätzliche Beförderung, die Verwaltung und die Lagerbestände bei Herstellern und Groß-, Zwischen- oder Einzelhändlern rund 30 Milliarden Dollar jährlich. Manche Reengineering-Berater brüsten sich damit, daß sie in Firmen die internen Verwaltungskosten um 40 Prozent gesenkt haben. Über die weniger erfolgreichen Projekte oder die Fehlschläge verlieren sie zwar kein Wort, nichtsdestoweniger lassen die Zahlen erahnen, wieviel Geld Unternehmen sparen können, wenn sie endlich aufhören, gegen ihre Kunden zu arbeiten und gemeinsam mit ihnen dieses Potential, etwa 100 Milliarden Dollar, das entspricht in etwa dem BIP von Dänemark oder Thailand, ausschöpfen.

Die immaterielle Wertschöpfungskette

Um das Konzept des Kundenkapitals und seine vermögens-bildenden Möglichkeiten für Kunde und Lieferant vollständig zu begreifen, muß man die immaterielle Wertschöpfungskette betrachten. Die Wertschöpfungskette zeichnet, wie bereits erwähnt, den Weg eines Produkts oder einer Leistung vom Erstanbieter zum Endverbraucher, vom Rohmaterial zum Artikeln im Regal nach. In jedem Stadium wird – zumindest sollte das so sein – Wert hinzugefügt. Dahinter verbirgt sich die Idee, mit möglichst geringen Kosten einen möglichst großen Wert zu erzielen und diesen im Gewinnaufschlag zu realisieren.

Diejenigen, die Wissen besitzen – insbesondere Wissen darüber, was am Kundenende der Kette geschieht –, sind heute das wertvollste Glied dieser Kette. Die Macht der Informationen ist von solch immenser Wichtigkeit, daß, wer immer sie kontrolliert, vielfach auch den Markt kontrolliert. Der Druck liegt nicht per se bei den Lieferanten, sondern bei all jenen, die am Informationsfluß nicht teilhaben oder den Zeitpunkt verpassen, daraus Vorteile zu ziehen.

Aber eins nach dem anderen: Zunächst besteht kein Grund, warum Informationen sich am Kundenende des 'Flusses' ansammeln sollten. Informationen sind schon merkwürdig: Anders als beispielsweise Kühlschränke, Fabriken oder Geschäftsfassaden, können sie sich in Sekundenbruchteilen in alle Richtungen ausbreiten. Sie weiterzuleiten kostet so gut wie nichts. Bringen Sie Ihren Nissan 240 SX zum Händler, damit ein Autotelefon eingebaut wird, kann das Wissen über diese Aktion an Nissan, andere Niederlassungen im Vertriebsnetz oder eine Mobiltelefongesellschaft weitergeleitet werden. Zweitens: Obgleich Kundeninformationen immer als wertvoll erachtet werden, sind diese Informationen am wertvollsten für diejenigen, die entlang des Informationsflusses am weitesten vom Kunden entfernt sind, zum Beispiel die Hersteller. Die Tatsache, daß Ihr Augenarzt Ihnen Kontaktlinsen verschrieben hat, bedeutet für Ihren örtlichen Optiker sicherlich einige Dollar Umsatz, doch ist die Information stromaufwärts für Johnson & Johnson weit wichtiger, wenn das Unternehmen Sie damit als Stammkunden für seine Wegwerflinsen gewinnen kann.

Ein aufmerksamer Manager kann entlang der Wertschöpfungskette überall wichtige Informationen aufspüren und sie dort einsetzen, wo sie die größten Erträge erzielen. Aus diesem Grund müssen Sie sich im Hinblick auf die Wertschöpfungskette mit drei grundlegenden Fragestellungen auseinandersetzen:

Welche Informationen treiben das Geschäft voran?
Wer verfügt darüber?
Für wen haben sie den größten Wert?

Unternehmen haben die Wahl. Sie können ihre physischen, materialbezogenen Aktivitäten reduzieren, um sich auf informations- oder wissensbezogene Aktivitäten zu konzentrieren. Sie können sich entlang des Informationsflusses aufwärts oder abwärts bewegen, und zwar dorthin, wo ihre dicken Fische schwimmen.

Ein Beispiel dafür ist MicroAge. Das Unternehmen hat sich einen Schritt stromaufwärts bewegt, weg vom Endverbraucher, um maximale Gewinne aus dem Kundenkapital herauszuholen. Das schnell wachsende Unternehmen (1995: 2,9 Milliarden Dollar Umsatz, 32 Prozent mehr als im Vorjahr) mit Sitz in Phoenix, Arizona, wurde 1976 gegründet. Hauptgeschäftsführer Jeffrey McKeever sagt: „Bis vor fünf Jahren waren wir in erster Linie Großhändler." MicroAge verkaufte früher als autorisierter Reseller von Apple, Compaq, Hewlett Packard und IBM über Lizenzhändler Computer an Unternehmen. Die Wertschöpfung vollzog sich auf für Großhändler übliche Weise: Aufträge und, in diesem Fall, Auslieferung und fachgerechte Installation der Rechner vor Ort beim Endkunden.

Dann entstand mit dem Aufkommen offener Systeme und der Client-Server-Netzwerke eine neue Form der Wertschöpfung. Die Bedürfnisse der Kunden beschränkten sich nicht mehr einzig auf den Erwerb der Computer, die Kunden wollten auch die Konfiguration. Dutzende von Herstellern sind an dem Endprodukt beteiligt: Die zentrale Recheneinheit von einem Anbieter, Server von einem anderen, Tastaturen von einem weiteren sowie Bildschirme, Modems, weitere Peripherie und Software von wieder anderen Anbietern. Würde die Automobilindustrie in ähnlicher Weise arbeiten, könnten Sie ein Auto mit einer Cadillac-Karosserie, einem Ford-Motor, einer BMW-Lichtmaschine und einem Midas-Auspufftopf, das bei Toyota zusammengebaut wird, kaufen.

So gesehen, so McKeever „ist der Computer nur ein Teil". Die Teile nur zu besitzen ist unwichtig. Was wirklich zählt, ist das Wissen, wie diese Teile zu einem System miteinander verknüpft werden. 1982 gingen von jedem Dollar, den Endverbraucher beim Kauf eines Computers ausgaben, 85 Cents zurück an den Hersteller. Im Jahr 1992 waren es nur mehr 55 Cents, die restlichen 45 Cents teilten Vertreiber und Serviceanbieter unter sich auf. Die Gewinnverteilung hat sich nach Angaben der Mercer Management Consulting sogar noch drastischer verschoben. Der Herstelleranteil sank von 71 auf 25 Prozent. Mc Keever: „Wir beobachteten eine Werteverschiebung; weg von den Anlagen hin zu den Informationen." Die Schlüsselinformation: zu wissen, wie Systeme sich kundengerecht zusammenfügen lassen.

MicroAge hat sich dieser Veränderung angepaßt. Das Unternehmen hat eines seiner Lagerhäuser in eine Fabrik umfunktioniert. Täglich durchlaufen 125 Tonnen Informationstechnologie –Bildschirme, Rechner, Tastaturen und andere Komponenten von mehr als 500 Zulieferfirmen – die Fabrik, werden hier zu kundenspezifischen Systemen zusammengebaut und dann ausgeliefert. Aus dem wertvollen Informationspool – dem Wissen über Kundenanforderungen, Kosten, Leistungsfähigkeit und Kompatibilität von Hard- und Softwarekomponenten unterschiedlicher Hersteller – hat MicroAge das Kerngeschäft umgestaltet. „Wir haben unsere Position innerhalb der Wertschöpfungskette gewechselt", sagt McKeever.

Vom Wettstreit zur Allianz: In Kundenkapital investieren

Da sich das Machtgefüge verändert hat, müssen Unternehmen ihre Kundenbeziehungen überdenken und neu gestalten. Sie müssen, ebenso wie in Mitarbeiter und Strukturen, in Kunden investieren. Das Kundenkapital ist dem Humankapital in vielerlei Hinsicht ähnlich: auch Kunden besitzt man nicht. Aber genauso wie Unternehmen in ihre Mitarbeiter investieren können, um das Wissensvermögen des Unternehmens zu steigern, können sie mit ihren Kunden gemeinsam Intellektuelles Kapital entwickeln. Doch begehen Sie keinen Fehler: es handelt sich um wirkliche Investitionen, die Gewinn versprechen. Wenn Sie mit Verstand investieren, dann dürfen Sie mit Recht auf Gewinn hoffen. Die Welt ist voller Investitionsmöglichkeiten:

Mit Kunden zu Innovation

Erfolgreiche, wenn auch nicht durch Patente geschützte Innovation war schon immer die beste Verteidigung gegen den Druck auf die Gewinnspanne. Innovation wurde bereits an anderer Stelle als Output von Humankapital diskutiert, doch spielt auch das Kundenkapital hier eine Rolle. Ein wichtiger Aspekt, der gerne außer acht gelassen wird, ist: Genauso wie Sie an Ihrem Kunden etwas verdienen wollen, will der an seinem Kunden etwas verdienen. Innovation hilft Ihnen beiden dabei. Der Aluminiumgigant Alcoa und sein Kunde Audi haben gemeinsam fast über ein Jahrzehnt hinweg an der Entwicklung einer revolutionären Aluminiumkarosserie gearbeitet. Die Innovation war in beiderseitigem Interesse. Für Alcoa bestand der Nutzen darin, neue Wege zu finden, um den Einsatz von Aluminium in der Automobilindustrie - für Alcoa ein gigantischer Markt - zu steigern, neue Legierungen und Technologien, die auch in anderen Märkten Anwendung finden könnten, zu entwickeln und die Ausdehnung auf den europäischen Markt zu forcieren. Nicht geringer der Nutzen für Audi: Eine technische Neuerung war auf dem europäischen Automobilmarkt schon immer ein gutes Verkaufsargument, mit dem die Automobilhersteller höhere Preise für ihre Produkte rechtfertigten. Eine Karosserie, die komplett aus Aluminium gefertigt ist, ist insofern ein phantastisches Verkaufsargument, als das deutsche Umweltrecht vorschreibt, daß Autos komplett recycelbar sein müssen.

Darüber hinaus hat die Zusammenarbeit mit dem eigenen Kunden einen weiteren Vorteil: Jede Investition in F&E ist um so rentabler, wenn es bereits einen Kunden für das zu entwickelnde Produkt gibt, und der Kunde profitiert davon, weil er der erste ist, der die Innovation nutzen kann.

Den Kunden ermächtigen

Wie William Bluestein, Direktor der Forschungsabteilung für Informationstechnologie bei Forrester Research, Massachusetts, betont, geht der Trend dahin, „den Kunden zu ermächtigen". Mit dem Ziel, Kosteneinsparungspotentiale aufzudecken und die Vertrautheit mit den jeweiligen Prozessen auf beiden Seiten zu fördern, gewähren Lieferanten und Kunden sich gegenseitig Zugang zu ihren Computersystemen. Häufig sind es nur wenige Informationen, die durch elektronische Firewalls geschützt werden. Frederick Kovak, Vizepräsident der Planungabteilung bei Goodyear prophezeit: „Eines Tages, vielleicht schon in naher Zukunft, werden Kunden die Testdaten von neuen Reifen im gleichen Moment erhalten, wie unsere Ingenieure. Sie werden alles sehen, auch die Schwächen." So können Ihre Kunden Ihnen Feedback geben, noch bevor sich kostspielige Fehler einschleichen. Von dort ist es nur noch ein kleiner Schritt, bis Kunden – vielleicht sogar über Ihr Netzwerk – Erfahrungsberichte untereinander austauschen können." „Also, wäre ich an Ralph Naders Stelle," so Bluestein, „würde ich eine Kunden-Chat-Line einrichten, dann könnte der potentielle Käufer eines Saturn sich bei anderen Besitzern zunächst darüber informieren, ob sie zufrieden sind. Wäre GM schlau, würden sie von selbst darauf kommen." Lotus tut es bereits: Hunderte von Unternehmen können die Support-Datenbank von Lotus Notes direkt anwählen. Auf diese Weise erhalten Kunden nicht nur von Lotus Unterstützung, sie können sich gegenseitig helfen. Das Ergebnis: besserer Service, ein Meer an neuen Ideen und Informationen für Lotus, das Gefühl der Verbundenheit unter den Kunden und mit dem Unternehmen, und vor allem Kostensenkungen, da ein Großteil der Serviceleistungen online abgewickelt wird. Helfen sich die Kunden gegenseitig, so entstehen für Lotus gar keine Kosten.

Den Kunden als Individuum sehen

Den Kunden zu ermächtigen bedeutet für das Unternehmen ein enormes zusätzliches Maß an Informationen über den Markt. Dieses Wissen in Kundenkapital (das langlebige Vermögen, dessen Wert weit höher ist als die bloße Summe der einzelnen Transaktionen) umzuwandeln bedarf einer flexiblen Anpassung an individuelle Kundenbedürfnisse. Das verlangt wiederum, daß Unternehmen sich von den Konzepten des Massenabsatzes und der Massenproduktion verabschieden. Beide Konzepte haben in der Wissenswirtschaft ausgedient. Noch immer gibt es jedoch eine große Anzahl an Unternehmen, die beides munter weiter praktizieren. Die blinde Suche nach Marktanteilen ist beispielsweise weniger erfolgreich, als die klare Suche nach einem größeren Anteil am Geschäft Ihres besten Kunden. Mein Briefkasten ist überfüllt mit Angeboten übereifriger Kreditkartenanbieter, die ihre Marktanteile steigern wollen. Doch – wie Kreditkartenunternehmen in jeder Rezession erfahren – sind manche Marktanteile nicht erstrebenswert. James More, ein Berater aus North Carolina, sagt, daß nahezu jede Bank bei drei von fünf Privatkunden ein Minusgeschäft eingeht. (Machen Sie kaum oder keinen Gebrauch von Ihrer Kreditkarte, gehören Sie auch dazu). Zur Steigerung des Kundenkapitals müßte die Strategie lauten, Kundenanteile und nicht Marktanteile zu erobern. Machen Sie Ihrem besten Kunden klar, daß Sie mehr für sie tun können: Sie bieten ihm nicht nur Kreditkarten, sondern auch Giro- oder Sparkonten, Hypotheken oder Rentenpapiere.

Diese Form der individuellen Kundenbetreuung ist davon ab-hängig, ob Sie mit Hilfe des Human- oder Strukturellen Kapitals 'kundenindividuelle Massenprodukte' realisieren können. Motorola in Boynton Beach, Florida, kann bis zu 29.000 unterschiedliche Arten von Piepsern, in allen erdenklichen Formen und Größe herstellen. Der Vertreter entwirft gemeinsam mit Ihnen auf seinem Laptop das Design des Piepsers, gibt die Daten an die Fabrik weiter, und noch am selben Tag wird er produziert. Die kundenindividuelle Massenproduktion ist keine Zukunftsmusik, es gibt sie schon.

Gewinne mit dem Kunden teilen

Sollten die immateriellen Aktiva in den Kundenbeziehungen keinen wirklichen Wert darstellen, so werden sie keinen Ertrag bringen. Eine ungerechtfertigte Preiserhöhung wird vom Markt nicht akzeptiert, oder zumindest nur für kurze Zeit. Der Terminus 'Konsu-menten-Überschuß' bezeichnet den Teil der Produktivitätssteigerung eines Unternehmens, die dem Kunden zugute kommt: Die Computerindustrie, wo ständig steigende Produktivität zu Preisnachlässen und sinkenden Gewinnspannen geführt hat, ist ein gutes Beispiel hierfür; obgleich Computerkäufer den Überschuß häufig in leistungsfähigere Computer investieren und nicht in die Tasche stecken.

Das Kundenkapital wird dann zu einem kumulierten Vermögenswert, wenn Hersteller und Kunde nicht über die Verteilung des Überschusses, den beide erzielt haben (zum Beispiel durch Kosteneinsparung), streiten, sondern beide einvernehmlich darüber verfügen. Je enger die Geschäftsbeziehung zwischen Kunde und Lieferant, desto größer der Überschuß. Hubert Saint-Onge von CIBC hat die Ebenen der Kunden-Lieferanten-Beziehung und in Abhängigkeit davon den Anstieg von Humankapital, Strukturellem Kapital und Kundenkapital (auf beiden Seiten) in einer Graphik festgehalten [Quelle: CIBS] :

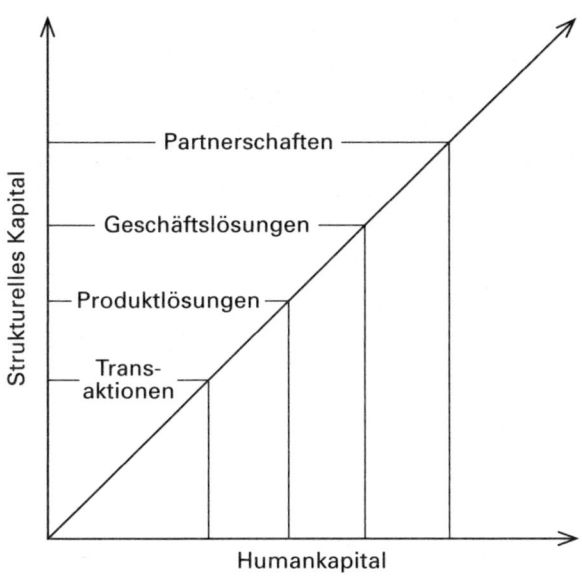

Ganz unten befinden sich die Transaktionen, wo Lieferanten lediglich verkaufen und Käufer nur kaufen. Kaufen Sie für Ihre Außendienstmitarbeiter Piepser in einem Elektrofachgeschäft, werden Sie von dem Hersteller kaufen, der ein anständiges Gerät zu einem vernünftigen Preis bietet. Das Know-how des Herstellers oder die Strukturen in seinem Unternehmen würden mit großer Wahrscheinlichkeit Ihre Kaufentscheidung nicht beeinflussen können, wenn Sie ein vergleichbares Produkt eines anderen Herstellers sähen, das billiger ist. Aber nehmen wir einmal an, Sie suchen ein Gerät, dessen leistungsspezifische Merkmale ganz auf Ihre Bedürfnisse und die Ihrer Außendienstmitarbeiter zugeschnitten sind, dann suchen Sie eine anforderungsspezifische Produktlösung. Um diese zu finden, müssen Sie und der Hersteller mehr Informationen austauschen und Sie werden eine engere Verbindung mit ihm eingehen. Nicht jeder Hersteller wird Ihre Änderungswünsche umsetzen oder einen schnellen Service bieten können. Ihnen geht es immer noch 'nur' um das Produkt, Sie sind jedoch bereit, einen kleinen Aufpreis für die Piepser zu zahlen, wenn sie nach Ihren Bedürfnissen gefertigt werden.

Auf der nächsten Ebene wird das Produkt zweitrangig. Sie und der Käufer haben ein geschäftliches Problem: Sie wollen einerseits, daß Ihr Außendienst länger unterwegs ist, andererseits soll der Kontakt mit dem Büro nicht darunter leiden. Was Sie benötigen, ist ein System, das Piepser, Auftragsdienst und E-Mail miteinander verknüpft. Um diese Anforderungen umsetzen zu können, müssen Sie und der Hersteller die notwendigen Informationen hinsichtlich Ihrer Bedürfnisse und seiner technischen Möglichkeiten austauschen. Dadurch entsteht möglicherweise eine langfristige Geschäftsverbindung, denn Sie schätzen seine Fachkenntnisse und er Sie als Kunde. Tatsächlich bezahlen Sie als Kunde weniger für die Fachkenntnisse des Lieferanten. Er wird Ihnen die Piepser wahrscheinlich zu einem knapp kalku-lierten Preis verkaufen und seinen Profit mit dem Betrag, den er Ihnen für die Entwicklung des auf Ihre Bedürfnisse angepaßten Systems berechnet, erzielen. In einer voll entwickelten Partnerschaft übernimmt der Lieferant den Betrieb und die Aufrechterhaltung des Kommunikationssystems, ein Outsource-Abkommen, in dem der Lieferant die Erweiterung Ihrer Geschäftsgrenzen bedeutet und umge-kehrt. Statt Kaufverträge werden Dienst-leistungsverträge geschlossen, in denen der Lieferant sich verpflichtet, alles, was zum Betrieb des Systems notwendig ist, zu liefern und zu warten.

In der Entwicklung von einer reinen Transaktion hin zu einer Partnerschaft, er-höht der Lieferant seine Gewinnspanne, seinen Kundenanteil, seine Sicherheit und letztendlich auch sein Kundenkapital. Diese Beziehungen sind fordernd und inten-siv, doch sie sind für beide Seiten extrem einträglich.

Erlernen Sie das Geschäft ihrer Kunden und vermitteln Sie Ihres

Je größer Ihr Einblick in das Geschäft Ihrer Kunden, desto größeren Nutzen kön-nen Sie ihnen bieten. In der Geschäftswelt ist diese Tatsache seit langem bekannt, doch in der Wissenswirtschaft, wo kundenspezifische Lösungen erwartet werden, ist sie um so relevanter. Der umgekehrte Fall trifft ebenfalls zu und ist in der In-formationswirtschaft zunehmend von Bedeutung. Minnesota Mining und Manu-facturing (3M) war beispielsweise immer schon bestrebt, engere Kundenkontakte aufzubauen. Es ist eine alte Unternehmensweisheit, an denjenigen in der Fabrik heranzutreten, der das Produkt benutzt, und nicht an den Einkäufer im Büro. Vor Jahren haben sich die Vertreter von 3M zu wahren Experten im Verbundabsatz entwickelt, da sie die Tatsache nutzten, daß ein Vertreter, während er medizini-sche Produkte anbietet, gleichzeitig 3M-Klebeband verkaufen kann. Inzwischen haben sie das Bestreben, Intellektuelles Kapital aufzubauen, verstärkt und gewäh-ren ihren Kunden größtmöglichen Einblick in die eigenen Aktivitäten, wie auch umgekehrt. Der Leiter für Marketing, Marc Adam, beabsichtigt, beide Seiten zu-sammenzubringen, indem er Kundengremien gründet, in denen Mitarbeiter aus allen Bereichen, angefangen von der F&E bis zum Verkauf, vertreten sind. So will 3M die Kommunikation schüren und neue Erkenntnisse gewinnen, insbesondere über unausgesprochene Kundenbedürfnisse, die dann in die Entwicklung neuer Produkte einfließen sollen. Ein Beispiel für eine dieser Neuentwicklungen ist ein Stoff, der von innen für Wasserdampf durchlässig ist, aber Flüssigkeiten von außen abhält. Er wurde entwickelt auf Anregung von Ärzten, die mit diesen Kitteln ei-nerseits nicht mit dem Blut der Patienten in Berührung kommen, andererseits aber auch nicht im 'eigenen Saft schmoren' wollten.

Herkömmliche Kunden-Lieferanten-Geschäftsbeziehungsstrukturen haben die Form einer gebundenen Fliege, wie auf der nächsten Seite in der oberen Darstel-lung erkennbar ist [Quelle: Minnesota Mining and Manufacturing]:

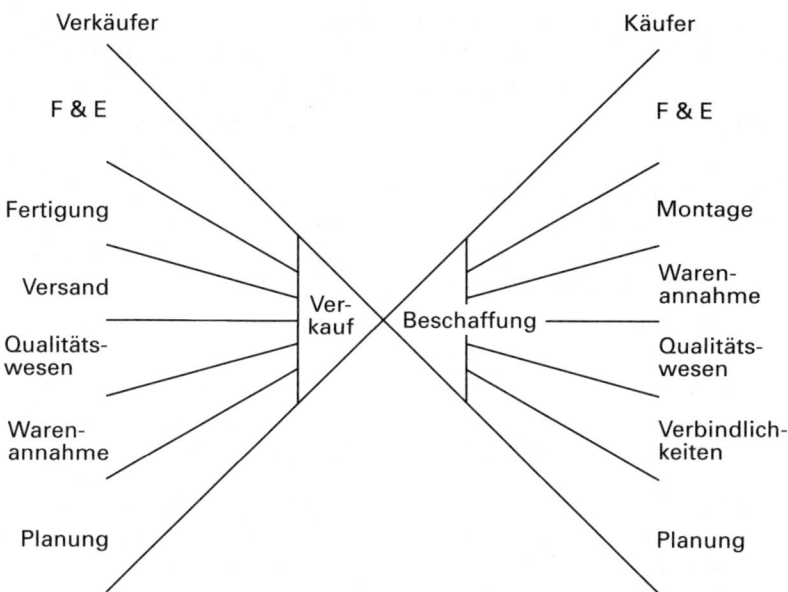

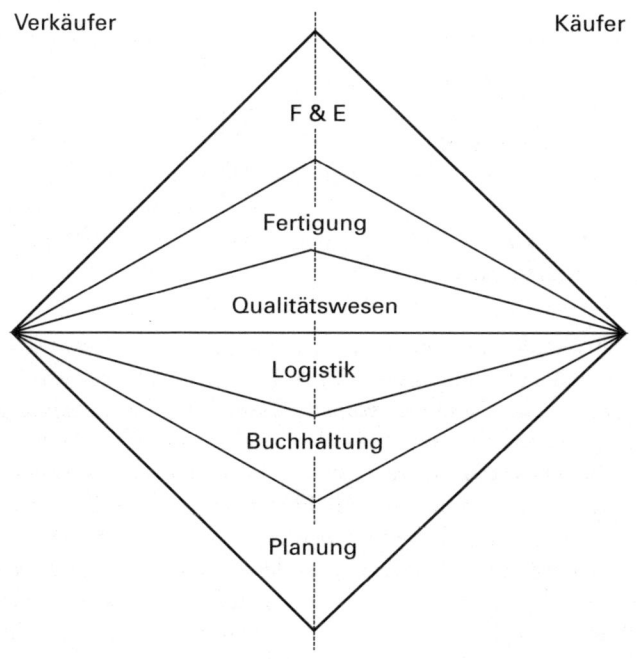

Es ist unwahrscheinlich, daß Sie mit dem Kunden gemeinsam lernen (oder Kundenkapital anhäufen), wenn Sie die Beziehung Vertretern oder Verkäufern überlassen. Man denke statt dessen an die Form eines Diamanten, wie er auf der vorhergehenden Seite unten dargestellt ist [Quelle: Minnesota Mining and Manufacturing].

Bilden Sie insbesondere mit Ihren Hauptkunden Teams mit Vertretern aus Logistik, Marketing, Buchhaltung, strategischer Planung und anderen Abteilungen. Das Wissen und der Sachverstand der Kundenvertreter in diesen Teams hilft Ihnen zu verstehen, was Ihr Kunde will, womit er sein Geld verdient und welchen Zusatznutzen Sie ihm bieten können.

Machen Sie sich unentbehrlich

Nutzen Sie die Informationen, die Ihnen zur Verfügung stehen, um Ihrem Kunden einen lebensnotwendigen Service anzubieten, der es ihm erschwert, zu anderen Anbietern zu wechseln. Ihr Lager beispielsweise schöpft von sich aus keinen Wert, doch wenn es Ihnen gelingt, sein Inventar darin zu verwalten, ist es überaus wertvoll. In engen Geschäftspartnerschaften können Sie sogar einen Schritt weiter gehen: Unternehmen wie Procter & Gamble sowie Newell managen inzwischen ihren Warenbestand in Wal-Marts Warenhäusern und damit einen Teil von Wal-Mart selbst. Verlassen sich Kunden auf die immateriellen Aktiva ihrer Lieferanten (u.a. Service und Technologien), schlägt sich die in der Bilanz nieder.

Sollte es jemals ein Unternehmen gegeben haben, das auf Preisdruck reagierte, so ist das sicherlich W. W. Grainger (Umsätze im Jahr 1995: 3,3 Milliarden Dollar). Das Unternehmen in The Skokie, Illinois, verkauft Wartungs-, Reparatur- und Betriebszubehör, Glühbirnen, Sicherheitsglas, Kleinmotoren, Farbsprayer, Toilettenpapier. Ein wichtiges und wertvolles Antiblockiersystem zu verkaufen ist eine Sache. Wie können Sie aber in Ihre Kunden investieren, wenn Sie Waren vertreiben, die, so wichtig sie auch sein mögen, in den Augen Ihrer Kunden nur ein Kostenfaktor und nicht Teil seiner wertschöpfenden Aktivitäten sind?

Die Lösung für Grainger: Gebrauchsgegenstände in einem Wertpaket anzubieten, das selbst keinen Gebrauchsgegenstand, sondern eine Dienstleistung darstellt. Je nach Kunde mag dieses Paket elektronische Bestellung und Bezahlung oder Beratung bei Reengineering-Prozessen im Bereich Zuliefermanagement einbeziehen. Da Grainger bereits große Warenbestände kostengünstig verwaltet (bei einem Durschnittsbestellwert in Höhe von nur 129 Dollar müssen die Verwaltungs- und Bearbeitungskosten gering gehalten werden), ist das Unternehmen in der Lage, die Kundenvorräte günstiger zu verwalten, als der Kunde selbst, und kann sich diese Einsparungen mit dem Kunden teilen. Das Unternehmen würde sogar den Kauf und die Lieferung von Zubehör von Konkurrenzunternehmen über-nehmen. Dadurch, daß das Unternehmen zu den Produkten eine immaterielle Leistung verkauft, nämlich das Management von Abläufen, hat sich Grainger zu einem unentbehrlichen Verbündeten entwickelt. Ebenso wie durch das Markenkapital, eine Form des Kundenkapitals, ist es Unternehmen durch den immateriellen Wert ihres Informationsangebots möglich, einen Aufpreis zu verlangen. Jordan Lewis: „Intelligente Kunden werden den Niedrigpreisanbieter ignorieren, denn der kann es sich nicht leisten, ständig auf dem neuesten Stand der F&E zu bleiben, und die Kosten, zu einem neuen Lieferanten zu wechseln, sind zu hoch."

Die zehn Grundsätze zur Verwaltung Intellektuellen Kapitals

Einige der Schlüsselprinzipien des Managements von Intellektuellem Kapital lassen sich aus dem Humankapital, dem Strukturellen und dem Kundenkapital ableiten:

1. Unternehmen besitzen Humankapital und Kundenkapital nicht; vielmehr teilen sie sich dieses Vermögen: das Humankapital mit ihren Mitarbeitern, und im Fall des Kundenkapitals mit ihren Kunden und Lieferanten. Nur wenn Unternehmen diese Tatsache anerkennen, können sie das Kapital managen und gewinnbringend nutzen. Der restriktive Umgang mit Mitarbeitern, Kunden oder Lieferanten mag ihnen auf kurze Sicht vielleicht den ein oder anderen Dollar sparen, auf lange Sicht zerstört er Kapital.

2. Um Humankapital zu schaffen, muß ein Unternehmen Teamarbeit, communities of practice und andere Formen gemeinschaftlichen Lernens fördern. Individuelle Fähigkeiten sind großartig, doch sind sie an den jeweiligen Mitarbeiter gebunden. Interdisziplinäre Gruppen erwerben, formalisieren und kapitalisieren Fähigkeiten, die von mehreren Menschen geteilt werden und nicht an eine Einzelperson gebunden sind. Wenn Mitarbeiter ausscheiden, bleibt das Wissen dem Team erhalten. Gelingt es dem Unternehmen, einen Lernort zu schaffen – wenn es zur Brutstätte von Expertenwissen auf einem neuen Gebiet wird –, wird es Hauptnutznießer des neu erworbenen Wissens sein, egal, ob etwas davon zu anderen Unternehmen durchsickert.

3. Um Humankapital zu entwickeln und zu managen, sollten Unternehmen erkennen, daß einige Mitarbeiter, mögen sie noch so intelligent oder fähig sein, kein Vermögen darstellen: Unternehmenskapital baut sich im Zusammenhang mit jenen Fähigkeiten auf, die spezifisch für ein Unternehmen sind, und zwar in dem Sinne, daß niemand sonst sie besser beherrscht und daß sie zweitens, von strategischer Bedeutung sind, da sie Werte schöpfen, für die der Kunden bezahlt. Diese Mitarbeiter sind das Vermögen, in das investiert werden sollte. Alle anderen sind ein Kostenfaktor, den es zu reduzieren gilt. Mag sein, daß diese Mitarbeiter für ein anderes Unternehmen ein Vermögen darstellen.

4. Das Strukturelle Kapital ist das immaterielle Vermögen, auf das Unternehmen am leichtesten Zugriff haben, es ist daher für Manager am leichtesten zu kontrollieren. Paradoxerweise ist es das, woran Kunden – die letztendlich das Geld bringen – in der Regel das geringste Interesse zeigen. Mit Strukturen verhält es sich so wie mit Regierungen: je weniger man ihr Vorhandensein wahrnimmt, desto besser sind sie. Managen Sie das Unternehmen demnach so, daß sich die

Kooperation zwischen Ihren Mitarbeitern und Kunden so angenehm wie möglich gestalten kann.

5. Strukturelles Kapital ist in zweifacher Hinsicht nützlich: Um ein riesiges Repertoire an Wissen für die Tätigkeiten bereitzuhalten, für die Kunden bezahlen, und um den Informationsfluß innerhalb des Unternehmens zu beschleunigen. Hersteller haben gelernt, daß *just-in-time*-Lagerbestände in jeder Hinsicht sinnvoller sind als vollgestopfte Warenlager, die mit Materialien vollgestopft sind, das 'für den Fall, daß...' bereitliegt; das, was Sie brauchen könnten, sollte einfach zu erhalten sein.

6. Informationen und Wissen sollten teures Sach- und Kapitalvermögen ersetzen. Jedes Unternehmen sollte seine Kapitalausgaben prüfen und sich fragen: In welchen Bereichen können immaterielle Aktiva die teuren materiellen Anlagenwerte ersetzen?

7. Wissensarbeit ist Maßarbeit. Mit Massenproduktion lassen sich auf Dauer keine hohen Gewinne erzielen. Sogar Unternehmen, die lange Zeit von der Massenproduktion geprägt waren, können kundenspezifische Leistungen und Lösungen anbieten und so den eigenen Gewinn und den des Kunden steigern.

8. Jedes Unternehmen sollte die Wertschöpfungskette seiner Branche überprüfen – über die gesamte Länge hinweg, vom Rohmaterial bis hin zum Endverbraucher – um die für sich wesentlichen Informationen herauszufiltern. Im Zusammenhang mit Wissensarbeit sind die wesentlichen Informationen am unteren Ende der Kette, beim Kunden, zu finden.

9. Konzentrieren Sie sich auf den Informationsfluß, nicht auf den Materialfluß. Egal, ob Sie Humankapital, Strukturelles Kapital oder Kundenkapital betrachten, oder vielleicht sogar deren Wechselbeziehungen, Sie sollten die 'reale' Wirtschaft und die 'immaterielle' nicht miteinander verwechseln. Früher unterstützten Informationen das 'reale' Geschäft, inzwischen sind sie es selbst.

10. Humankapital, Strukturelles Kapital oder Kundenkapital wirken gemeinsam. Es wäre falsch, in Menschen, Systeme und Kunden unabhängig voneinander zu investieren. Sie können einander unterstützen, jedoch auch beeinträchtigen. An dieser Stelle seien einige mögliche Interaktionen aufgezeigt:

Humankapital und Strukturelles Kapital können einander in ihrer Wirkung bestärken, wenn das Unternehmen die kollektive Zielorientierung mit einem unternehmerischen Geist vereint, wenn das Management großen Wert auf Flexibilität legt und wenn das Management mehr mit 'Zuckerbrot' als mit 'Peitsche' arbeitet. Andererseits können beide Kapitalformen einander zerstören, wenn ein Großteil der Unternehmensaktivitäten nicht auf Kundeninteresse gerichtet ist oder wenn die Führung versucht, das Verhalten anstelle der Strategien zu kontrollieren.

Humankapital und Kundenkapital nehmen zu, sobald die einzelnen Mitarbeiter für ihren Bereich im Unternehmen Verantwortung übernehmen, direkte Kontakte zu externen Kunden pflegen und wissen, welches Wissen und welche Fähigkeiten die Kunden von ihnen erwarten. Mitarbeiter, die über dieses Wissen nicht verfügen, verringern den Wert des Humankapitals und des Kundenkapitals. Genauso wie Unternehmen, die zu sehr auf ihre internen Abläufe konzentriert sind. Man spricht heute gerne von 'internen' Kunden oder Lieferanten und hält die Mitarbeiter dazu an, so miteinander umzugehen, als seien sie wichtige externe Kunden oder Lieferanten. Das ist Blödsinn. So etwas wie einen 'internen Kunden' gibt es nicht. Anstatt Mitarbeiter zu ermuntern, sich gegenseitig wie Kunden zu behandeln, sollten Sie sie nach draußen schicken, damit sie sich dem Geschäft widmen.

Kundenkapital und Strukturelles Kapital vermehren sich, wenn Unternehmen und Kunde voneinander lernen, wenn sie bereit sind, sich auch auf anderer Ebene zu begegnen und näherzukommen – 'ein unkomplizierter Geschäftspartner' zu werden. Wenn ein Zyniker in Ihrem Unternehmen feststellt, daß Sie sich Kunden gegenüber loyaler zeigen als gegenüber dem eigenen Unternehmen, sind Sie auf dem richtigen Weg. Sollte sich andererseits die Beziehung auf das Ausfüllen von Bestellformularen und Beschwerdebriefen reduzieren, können Sie sicher sein, daß Ihr Kundenkapital und Ihr Strukturelles Kapital auf dem besten Weg sind, sich gegenseitig zu zerstören.

Teil III
Das Netz

Die Verbindung

Jede Zivilisation beginnt als Theokratie und endet als Demokratie …
Jede große Bewegung setzt, unabhängig von ihrer Ursache und ihrem Ergebnis,
in einer letzten mitreißenden Welle den Geist der Freiheit frei … Autorität wird
zunichte gemacht … Einheit wird entzweit … Der Adel erzwingt sich seinen Weg
mit der Macht der Kirche. Das Volk erzwingt sich seinen Weg mit der Macht des
Adels.

Victor Hugo

Kapitel 10
Die Informationswirtschaft

Hier gibt's keine Regeln! Wir wollen schließlich etwas erreichen!
Thomas Edison

Seit 1985 haben sich die Erträge aus dem internationalen Handel im Vergleich zum Wert der weltweit produzierten Güter und Dienstleistungen verdoppelt. Das Volumen des internationalen Finanzgeschäfts übersteigt den Handel um das Zweifache. Die Märkte für Derivate wie Futures, Options und andere exotische Wertpapiere sind schneller angewachsen als die Aktien- und Rentenmärkte. Walter Wriston, ehemaliger Vorsitzender von Citicorp, hat dies sehr treffend charakterisiert: „Informationen über Geld sind inzwischen wertvoller geworden als das Geld selbst." Die immaterielle Wirtschaft ist heutzutage unbestritten ebenso groß - wenn nicht sogar größer - als die materielle Wirtschaft.

Beinahe hätte ich geschrieben 'als die materielle Wirtschaft, auf der sie basiert', aber das wäre falsch. Es steht jedoch außer Frage, daß die materielle und die immaterielle Wirtschaft nebeneinander existieren, in Verbindung treten, sich überlappen, ineinander übergehen und in Interaktion treten. Beide atmen dieselbe 'Wirtschafts-luft'. Sie dienen beide der Befriedigung der gleichen menschlichen Bedürfnisse nach Nahrung, Unterkunft, Kleidung, Liebe und Kunst. Immaterielle Vermögenswerte - Intellektuelles Kapital, das sich in Menschen, Strukturen und Kunden manifestiert - können von enormer Bedeutung sein, beispielsweise wenn man nach Öl bohrt, oder mit Finanzierungsinstrumenten handelt. Um-gekehrt wissen die Manager und Mitarbeiter von Unternehmen, die virtuelle Produkte und Dienstleistungen verkaufen, ganz genau, daß man Bytes nicht essen kann.

Aber es wäre heute nicht mehr korrekt, würde man sagen, daß die immaterielle Wirtschaft auf der materiellen Wirtschaft basiert. Die Zutaten, Vermögenswerte und der Output von Wissensarbeit sind, egal wie eng sie mit der physischen Arbeit in Zusammenhang stehen mögen, im Vergleich dazu von ganz anderer Art. Die Produktion, die Verteilung und der Verkauf von Wissen lassen sich unter manchen Gesichtspunkten denselben Analysen unterziehen und folgen denselben Gesetzen wie der Kauf und Verkauf von Auberginen oder Autos. Andere Aspekte hingegen sind mit der materiellen Wirtschaft ebensowenig zu vergleichen wie die Quantenphysik mit der Physik zur Zeit Newtons. Gegenstand dieses Kapitels sind daher die neuen Regeln. Sollte Ihnen das Ganze etwas zu theoretisch erscheinen, so bitte ich Sie um Nachsicht: Die moderne Informationswirtschaft hat enorme und praktische Konsequenzen für das Management allgemein und für Ihre Karriere im Besonderen, und diese sollen in den folgenden zwei Kapiteln konkreter ausgeführt werden. Die Wirtschaft ist der Nährboden, auf dem sich Strategien entfalten. Wenn Sie nicht verstehen, warum die moderne Wirtschaft ist, wie sie ist, dürfte es Ihnen schwerfallen, kluge Entscheidungen darüber zu treffen, wie Sie darin überleben können.

Information: Eine seltsame Ressource

Information und Wissen unterscheiden sich von Bargeld, Bodenschätzen, Arbeitskraft und Maschinen. Erstens ist Wissen etwas, das Wirtschaftswissenschaftler als 'öffentliches Gut' bezeichnen. Im Fachjargon heißt das, daß Wissen genutzt werden kann, ohne verkonsumiert zu werden. Es wird nicht weniger: Wenn ich mir ein bestimmtes Wissen aneigne, verringere ich damit keineswegs Ihre Chancen, sich dasselbe Wissen anzueignen. Bei einem Schokoriegel oder einem freien Sitzplatz im Bus verhält es sich anders. Andererseits werden die Kosten, welche die Produktion von Wissen verursacht, nicht von der Zahl der Menschen beeinflußt, die dieses Wissen letztendlich nutzen: Mein Wissensanteil an diesem Buch bleibt für mich gleich, egal ob 5.000 oder 500.000 Menschen es lesen. Es stimmt zwar, daß das Exemplar, das Sie gerade vor sich haben, nicht von einem Dutzend anderer Leser gleichzeitig gelesen werden kann und daß die Druckkosten von der Höhe der Auflage abhängig sind, aber diese wirtschaftlichen Fakten beziehen sich auf die Verpackung, in der das Wissen daherkommt, und nicht auf das Wissen selbst. Wie schon in Kapitel 2 gezeigt, sind Wissen und die Verpackung nicht dasselbe. Häufig sind die Medien, mit denen das Wissen vervielfältigt wird - Cassetten- und Videorecorder, Kopierer, Fernsehgeräte oder Computer - in den Händen der Verbraucher und nicht der Produzenten. Die Produktionskapazität ist praktisch unbegrenzt, so daß beispielsweise die Fernsehübertragung der Oscar-Verleihung, egal ob nun weltweit Milliarden Menschen zusehen oder nur halb Hollywood, für den Veranstalter die gleichen Kosten verursacht.

Daraus läßt sich schließen, daß Wissen nicht an den Raum gebunden ist. Genau wie Quanten kann Wissen an mehreren Orten gleichzeitig sein. Wenn Sie mir einen Kuchen verkaufen, dann haben Sie nichts mehr davon. Wenn Sie mir das Backrezept verkaufen, haben wir beide etwas davon. In bezug auf das Intellektuelle Kapital und den immateriellen Output heißt das, Sie können Ihren eigenen Kuchen behalten und verspeisen. Sie können ihn jedoch nicht zurückfordern. Die Informationswirtschaft hat nur einen Haken, um den weder Käufer noch Verkäufer herumkommen: Der Käufer kann nicht beurteilen, ob die Information ihr Geld wert ist, bevor er sie erworben hat; wenn er sie jedoch einmal erworben hat, dann braucht er sie niemals wieder neu zu kaufen.

Eine weitere Eigenheit im Vergleich zu Transaktionen mit materiellen Gütern ist die folgende: Die Tatsache, daß Sie mir eine Information verkauft haben, hindert Sie keinesfalls daran, dasselbe Wissen an einen anderen zu veräußern, denken Sie an einen Uni-versitätsprofessor, der Jahr für Jahr dieselbe Vorlesung hält. Niemand kann mich überdies daran hindern, vorausgesetzt, ich halte mich an die Gesetze zum Schutz geistigen Eigentums, das Wissen, das Sie mir vermittelt haben, weiterzuverkaufen. Das ist das, was Journalisten in der Regel machen.

Wenngleich Wissen also nicht an einen Raum gebunden ist, so gibt es einige Formen des Wissens, die in bezug auf Zeit sehr sensibel sind, mehr noch als irgendein Gegenstand. Obwohl Gegenstände über die Zeit gesehen an Wert verlieren, weil sie veralten (die mechanische Schreibmaschine in meiner Abstellkammer ist heute nicht mehr viel wert), ist der Wertverlust normalerweise ein langsamer Prozeß, wohingegen ein heißer Tip kurz vor einem Pferderennen nur so lange Unsummen wert ist, bis die Wettbüros schließen. Es sind ganze Branchen entstanden, die diesen Zeitbezug ausnutzen und deren Geschäft einzig in der Vorhersage zukünftigen Wissens besteht, beispielsweise Meteorologische Dienste, Meinungsforscher oder die Börse.

Der Aspekt des Überflusses ist ein zweites wesentliches Unterscheidungsmerkmal zwischen Wissen und anderen Ressourcen. In BWL- oder VWL-Lehrbüchern steht, daß der Wert eines Gutes aus seiner Knappheit resultiert. „Sie sollten Land kaufen" lautete einst der kluge Rat des Humoristen Will Rogers, „das wird nicht mehr hergestellt". Unser Wissen hingegen vermehrt sich täglich, und wie wir sehen werden, steigt sein Wert häufig, nicht weil es knapp wäre, sondern gerade weil es in Hülle und Fülle vorhanden ist.

Obwohl es keine verläßliche Methode gibt, das gesamte Wissen der Welt zu messen, gibt es zahlreiche Anzeichen dafür, daß der Berg wächst und wächst.

So steigt beispielsweise die Zahl der Patentanträge in den Vereinigten Staaten stetig an: Im Jahr 1953 waren es noch 72.000, 1993 waren es bereits 189.000. Obwohl Wissen, häufig von neuem Wissen verdrängt wird, ein Umstand, der insbesondere in der Wissenschaft zu beobachten ist, verschwindet es nur selten völlig. Charles Goldfinger, ein französischer Finanzexperte, dessen Buch *L'Utile et le futile: L'Economie de l'immatériel* (Nützliches und Unnützliches: Die Wirtschaft des Immateriellen)[15] die gelungenste Abhandlung ist, die ich je über den wirschaftlichen Umgang mit immateriellen Vermögenswerten gelesen habe, schreibt: „[Information] existiert aufgrund ihrer Struktur im Überfluß. Es gibt immer zuviel Informationen. Jede wirtschaftliche Aktivität produziert mehr Information als sie in Anspruch nimmt." Die Menschheit weiß heutzutage mehr denn je zuvor.

In der Wissenswirtschaft ist die Unwissenheit die seltene Ressource. Im Informationsüberfluß, so Eli Noam, Vorsitzender des Center for Telecommunications and Information Studies an der Columbia Business School, geschieht „die Wertschöpfung durch das Abziehen von Information." Noam meint damit, daß die positive und negative Selektion von Informationen besonders entscheidend ist: aus einer Masse von Daten die relevanten Informationen herausfiltern zu können oder aus einer Unmenge von Unterhaltungsprogrammen die richtigen für einen TV-Sender

---

[15] Paris: Editions Odile Jacob, 1994

auswählen zu können. Die Kunst besteht also darin, das Wichtige vom Unwichtigen trennen zu können.

Drittens weisen die meisten wissensintensiven Güter und Dienstleistungen ('greifbares Wissen') eine Kostenstruktur auf, die sich deutlich von der 'greifbaren Materials' unterscheidet. Die Anschaffungskosten für Wissen sind enorm, das bedeutet, daß die Produktionskosten für das erste 'Informationspaket' unverhältnismäßig höher sind als für jedes weitere. In Buchverlagen übersteigen die Anschaffungskosten, inkl. Autorenhonorar, Umschlaggestaltung und Satz, die Kosten für Papier, Druck und Binden der Folgeexemplare um ein Vielfaches. Je immaterieller das Produkt ist, d.h. je mehr reines Wissen es verkörpert, desto größer ist die Differenz zwischen den Kosten für das erste Stück oder die erste Kopie und den Kosten für das letzte Stück. Die Kosten dafür, ein elektronisches Dokument zu verschicken, betragen gerade mal einen Stromstoß und selbst den bezahlt in der Regel der Empfänger. In der Softwareindustrie, der Pharmaindustrie oder Filmindustrie verhält es sich ähnlich. Höhere Anschaffungskosten machen sich zunehmend auch in der Produktion industrieller Güter bemerkbar, da hier der Informationsgehalt stetig ansteigt: In der Flugzeug-, Automobil- und zahlreichen anderen Industrien steigen die Kosten für F&E oder Konstruktion im Verhältnis zu den reinen Produktionskosten überproportional an. Fuji Electric, der viertgrößte Elektrogerätehersteller Japans, setzt heute ein flexibles Fertigungssystem ein. Diese vielseitigen und flexiblen Werkzeuge sind kostspielig, doch Fuji kann nun in einer Linie 8000 verschiedene Varianten herstellen, nahezu ohne zusätzliche Kosten für das Umrüsten der Produktionsmaschinen zur Fertigung einer weiteren Variante. Die Investitionen für ein neues Produkt fließen fast ausschließlich auf die F&E.

Was die Kreativität anbetrifft, so besteht keine nennenswerte Relation zwischen dem Input und dem Output von Wissen. Der Wert des Intellektuellen Kapitals steht auch nicht notwendigerweise in Relation zu seinen Anschaffungskosten. Daher gibt es keine Bewertungskriterien, mit denen Sie den Erfolg Ihrer Aktivitäten an Ihrer Arbeitsweise bemessen könnten. Eine Studie von Arthur D. Little hat gezeigt, daß die Produktivität von F&E in der Pharmaindustrie nicht von den Ausgaben dafür abgeleitet werden kann. Konkurrenzunternehmen wie Eli Lilly und Merck&Co. investierten beispielsweise zwischen 1980 und 1988 annähernd eine ähnliche Summe in die Forschung, jedoch konnte Lilly nicht mit vergleichbaren Erfolgen aufwarten.

In gleicher Weise steht der Nutzen von Schulungsmaßnahmen in keiner Weise in Beziehung zu den Ausgaben für Weiterbildung. Anlagenkapital in Form von Maschinen ist leichter zu überschauen. Daher stimmen Finanzbuchhalter darin überein, daß die Anschaffungskosten für technische Geräte abzüglich aller Abschreibungen den aktuellen Wert des jeweiligen Geräts adäquat zum Ausdruck bringen und dieser somit in der Bilanz ausgewiesen werden kann, wohingegen die immateriellen Aktiva, deren endgültiger Wert unbestimmbar ist, nicht in Heller und Pfennig ausgedrückt werden können.

Das Gesetz brechen und ungeschoren davonkommen

Nicht subtrahierbar, strukturell im Übermaß vorhanden, hohe Anschaffungskosten und unvorhersehbar: Wenn dies die Merkmale der bedeutendsten wirtschaftlichen Ressource sind, so nimmt es kein Wunder, daß informationsintensive Branchen wie die Finanzbranche oder die Computerindustrie bekanntermaßen ein eher flatterhaftes Geschäft betreiben. Manchmal stellen sie sogar die fundamentalen Gesetzmäßigkeiten der Wirtschaft auf den Kopf.

Das Gesetz von Angebot und Nachfrage bewirkt beispielsweise ein Gleichgewicht zwischen dem, was der Verkäufer anbietet, und dem, was ein Käufer nachfragt, wobei die Preisbildung einem potentiellen Ungleichgewicht entgegenwirkt. Dieses Gesetz behält auch in der Wissenswirtschaft seine Gültigkeit, doch wirkt es hier weniger streng und häufig sogar willkürlich. Profitable Finanzmärkte sollten beispielsweise ein fast perfektes Gleichgewicht aufweisen, doch sind sie statt dessen in zunehmendem Maße volatil, denn die Ware, um die es geht, verwandelt sich zunehmend von etwas Materiellem (Aktien als Stellvertreter für die Anlagenwerte) in etwas Immaterielles (Informationen über zukünftige Entwicklungen und den Wert des Intellektuellen Kapitals von Unternehmen).

Ein Grund, warum das Gesetz von Angebot und Nachfrage in manchen Fällen nicht mehr gilt: Viele immaterielle Werte, Beratungsleistungen, Fortbildung, Ausbildung, Unterhaltung werden von Produzenten und Konsumenten gemeinsam geschaffen - wer ist hier nun der Käufer und wer der Verkäufer? Ein weiterer Grund: Die Produktionskapazität (Angebot) wird eher vom Verbraucher als vom Hersteller festgelegt. Von einer Seifenoper werden nur so lang Episoden produziert, wie die Zuschauer sie sehen wollen. Überschüssige Produktion, ein Fluch für Märkte materieller Güter, kann den Markt immaterieller Güter effizienter machen.

Wissensintensive Branchen verletzen zudem eine weitere grundlegende ökonomische Gesetzmäßigkeit, nämlich das Gesetz vom abnehmenden Grenzertrag. Dieses Gesetz stammt - wie die Verfassung der Vereinigten Staaten - aus dem 18. Jahrhundert und wurde von Thomas Malthus und David Ricardo entdeckt. Es besagt, daß jede wirtschaftliche Aktivität einen Punkt erreicht, an dem zusätzliche Investitionen weniger Produktivität bewirken als die vorangegangenen: Zwei Arbeiter pro Müllauto mögen die Produktivität verdoppeln, bei vier Arbeitskräften würde sie sich garantiert nicht noch einmal verdoppeln. Die Theorie besagt, daß der Wettbewerb um knappe Ressourcen die Grenzerträge der Investition verringert. Daher reduzieren Wirtschaftsunternehmen ihre Investitionen auf ein Maß, das mit dem durchschnittlichen Gewinn ihrer Branche übereinstimmt, und stabilisieren so die Unternehmensstruktur. Ein Grund, warum sich das Gesetz der abnehmenden Grenzerträge so beharrlich hält, liegt in der auf den ersten Blick absurd erscheinenden Tatsache, daß der Kapitalismus Gewinn verabscheut und sich alle erdenkliche Mühe gibt, ihn zu verhindern. Ein hochrentables Geschäft fordert Wettbewerber heraus, die bereit sind, etwas weniger Profit zu erzielen oder die marktüblichen Preise zu unterbieten, denn die Konkurrenz kann es sich schamlos zunutze machen, daß der Vorreiter auf dem Markt bereits genügend Investitionen in Technologie, Marktforschung und -entwicklung getätigt hat. Je größer der Erfolg eines Unternehmens, desto verwundbarer wird es.

Im Informationszeitalter deutet das Wirtschaftsgeschehen eher auf zunehmende als auf abnehmende Erträge hin. Brian Arthur, Wirtschaftswissenschaftler an der Stanford University und am Santa Fe Institute, sagt dazu:

> Die meisten Branchen, die auf die Nutzung natürlicher Ressourcen gegründet sind (Landwirtschaft, Massenproduktion, Bergbau), sind dem Gesetz der abnehmenden Erträge unterworfen. Hier herrschen noch die Gesetzmäßigkeiten der konventionellen Wirtschaft. Für wissensbasierte Wirtschaftsbereiche gelten die zunehmenden Erträge. Produkte wie Computer, pharmazeutische Erzeugnisse, Raketen, Flugzeuge, Autos, Software, Ausstattung für Telekommunikation oder Erzeugnisse der Glasfasertechnologie sind in Konstruktion und Herstellung kompliziert. Es bedarf hoher Investitionen für Forschung, Entwicklung und technische Ausrüstung, doch sobald der Verkauf beginnt, ist die weitere Produktion preisgünstig ... Nicht nur, daß die Herstellkosten für High-Tech-Produkte bei einer Produktionssteigerung fallen, es vergrößert sich gleichzeitig der Nutzen beim Gebrauch dieser Produkte ... Wenn ein Produkt eines bestimmten Herstellers einen großen Marktanteil erlangt, steigt der Anreiz für andere Käufer, das gleiche Produkt zu erwerben, um mit denjenigen Informationen auszutauschen, die dieses Produkt bereits verwenden.

Wenn die Anfangskosten hoch und die Kosten der Folgeproduktion im Vergleich dazu verschwindend gering sind, schlagen die Skaleneffekte voll durch: Die Durchschnittskosten für eine Produktionseinheit nehmen drastisch ab.

Ein kleines Rechenbeispiel: Stellen Sie sich vor, daß zwei konkurrierende Unternehmen 5.000 Dollar in die Entwicklung eines Produkts investieren, dessen Verkaufspreis 10 Dollar und dessen Herstellkosten 2,50 Dollar pro Stück betragen, inkl. Werbung und Vertrieb. Das erste Unternehmen verkauft 2.000 Stück, der Umsatz beträgt 20.000 Dollar minus (5.000 Dollar plus 5.000 Dollar), d.h. 10.000 Dollar Gewinn. Das zweite Unternehmen verkauft 1.000 Stück, der Umsatz liegt hier bei 10.000 Dollar minus (5.000 Dollar plus 2.500 Dollar), d.h. 2.500 Dollar Gewinn. Die Differenz von 2:1 im Verkauf führt zu einer Differenz von 4:1 beim Gewinn.

Nun verändern wir die Zahlen ein wenig: Nehmen wir an, die Entwicklungskosten liegen bei 7.500 Dollar, die Grenzkosten für eine Produktionseinheit bei 1,25 Dollar. Das erste Unternehmen erzielt den gleichen Gewinn von 10.000 Dollar: 20.000 Dollar Umsatz minus (7.500 Dollar plus 2.500 Dollar). Das zweite Unternehmen erwirtschaftet jedoch nur 1.250 Dollar Gewinn: 10.000 Dollar Umsatz minus (7.500 Dollar plus 1.250 Dollar). Die Umsatzdifferenz von 2:1 führt nun zu einer Gewinndifferenz von 8:1. Genauso wie sich die Differenz zwischen den Kosten für die erste Produktionseinheit und den Grenzkosten erhöht, erhöht sich auch der Grenzertrag. Skaleneffekte spielen in jeder Branche eine Rolle, doch ihr Einfluß ist exponentiell größer in wissensintensiven Bereichen mit hohen Anfangskosten.[16]

Wenn es sich um ein entmaterialisiertes Produkt handelt, das ausschließlich aus einer Folge von Einsen und Nullen besteht, steigt der Nutzen der Skaleneffekte nahezu ins Unermeßliche. Der Marktführer kann zudem Unsummen in Forschung und Entwicklung investieren und bringt seine Verfolger dadurch in eine scheußliche Situation: Entweder sie geben genauso viel für F&E aus - und gehen damit pleite, oder sie geben es nicht aus - und gehen auch pleite. Vor ein paar Jahren bot sich mir die Möglichkeit, ein einfaches Computerspiel zu testen, das sich Judy Lewent, Finanzvorstand von Merck, ausgedacht hatte, um zu demonstrieren, wie High-Tech-Wirtschaft in der Pharmaindustrie funktioniert: Die Spieler, die mit den Forschungs- und Entwicklungsausgaben des Marktführers nicht mithalten können, sterben, während die Reichen immer reicher werden. Der Wettbewerb im High-Tech-Bereich ist teuflisch hart, und viel Taschengeld für pompöse Bürogebäude und ein protziges Gehabe bleibt nicht übrig.

Die Skaleneffekte sind in wissensbasierten Branchen jedoch nicht der einzige relevante Aspekt, der zu einer Erhöhung der Erträge führt. Ein weiterer Grund ist die Ausweitung von Netzwerken. Dies bezieht sich auf die Tatsache, daß der Wert von Wissen steigt, wenn es von vielen genutzt wird. Ein bemerkenswertes Beispiel hierfür ist das Betriebssystem Windows von Microsoft. Da eine große Zahl von Computern mit Windows ausgestattet ist, kommen die Softwareentwickler in Scharen herbeigelaufen, um Anwendungen für Windows zu schreiben, und entwickeln danach erst Versionen für den Apple Macintosh oder OS/2 von IBM - wenn überhaupt. Das Riesenangebot an Software macht Windows im Gegenzug noch attraktiver für Computerkäufer, und somit kommt ein sich stetig verstärkender Kreislauf mit gegenseitigem positivem Feedback zustande. Hinzu kommt, daß die meisten unserer Freunde und Geschäftspartner ebenfalls Windows benutzen, so daß, um auch weiterhin problemlos kommunizieren zu können, der Anreiz, mit diesem System zu arbeiten, immer größer wird. Ein weiterer Faktor, der die Verbreitung und das Entstehen von Service-Netzwerken für dieses System begünstigt, ist der große Kundenstamm und das reichhaltige Softwareangebot. Dies war auch der Grund, warum VHS-Videorecorder die Betamax-Geräte von Sony weitgehend vom Markt verdrängt haben: Als VHS den größeren Marktanteil erreicht hatte, sind die Filmfirmen diesem Trend gefolgt und haben mehr VHS- als Beta-

---

[16] Es gibt einige Fälle, in denen die Technologie die Anfangskosten verringert hat. Die Computerindustrie ist ein riskantes Geschäft, in dem mit 'Nachzüglern' brutal umgegangen wird, doch der Einsatz von Computern hat beispielsweise im Verlagswesen die Anfangskosten reduziert, da günstige Computer die teuren Setzmaschinen ersetzt haben. Das Resultat: Es sind immer mehr Kleinunternehmen entstanden. 1984, als der Macintosh auf den Markt kam, haben rund 1000 Klein- und Kleinstverlage (manche mit nur einem einzigen Buch im Programm) Bücher produziert, die über den regulären Buchhandel vertrieben wurden. 1995 waren es bereits 5.514 Kleinverlage (Vgl. Dorren Carvajal, „Do-it-Yourselfers Carve Out a Piece of the Publishing Pie," New York Times, April 28, 1996, pp.1, 19.)

max-Cassetten produziert, woraufhin VHS im Vergleich zu Betamax noch gefragter war.

In Industriezweigen, die von Kommunikation abhängen (nur auf einige trifft das nicht zu), spielt die Ausweitung von Netzwerken eine besonders große Rolle, da sie den Standard vorgeben, der für die notwendige Kommunikation erforderlich ist. Ein anschauliches Beispiel ist der Gebrauch der Englischen Sprache. Das Kapital ist die Verständigungsmöglichkeit mit Menschen in den 'fremdesten' (nichtenglischsprachigen) Ländern. Sein Wert steigt mit jedem Menschen, der diese Sprache erlernt und mit Ihnen zu kommunizieren in der Lage ist.

Er kann aber auch über Nacht null und nichtig werden, wie das Telex, das quasi in einer Blitzaktion vom Fax überrollt wurde. Auf den Landkarten finden sich unzählige Städte, die in der Vergangenheit für Eisenbahn oder Schiffahrt wichtige Verkehrsknotenpunkte darstellten. Viele dieser Städte sind heute, da neue Verkehrsnetze durch Autobahnen und Luftverkehr mit internationalen Flughäfen die früheren Verkehrswege abgelöst haben, wie ausgestorben.

Die Ausweitung von Netzwerken ist eine Form von Kundenkapital. Ihr Wert wird von Anbieter und Nutzer gemeinsam geschaffen, und beide nutzen die Vorteile. Microsoft ist ein Nutznießer der Ausbreitung des Windows-Netzwerks, aber bei weitem nicht der einzige und nicht der größte. Die Gesamtumsätze in der Windows-Gemeinde - die Umsätze für alle Windows-gestützten Softwareprogramme, Computer und Mikroprozessoren wie beispielsweise Intel-Chips - belaufen sich auf etwa 66 Milliarden Dollar, an denen Microsoft nur mit vier Prozent beteiligt ist.

In dem Spiel um zunehmende Erträge werden die Verlierer, wie ein Spieler, der sich in der Endphase des japanischen Spiels Go befindet, in den Marktnischen eingemauert. Es ist nahezu unmöglich, die Gewinner vom Markt zu verdrängen, selbst dann nicht, wenn jemand ein besseres Produkt auf den Markt bringt. Die QWERTY-Tastatur auf einem amerikanischen Keyboard (nach der Anordnung der Tasten in der ersten Reihe einer Schreibmaschine genannt) ist ein klassisches Beispiel für diesen 'Lock-in-Effekt': Ursprünglicher Zweck dieser Anordnung bestand darin, das Verklemmen der Typen beim Schreiben mit einer mechanischen Schreibmaschine zu verhindern. Diese Anordnung wurde zum Standard, als der Schreib-maschinenhersteller Remington Sewing Machine Co. der die QWERTY-Anordnung übernahm, Marktführer wurde und es für Schreibkräfte wesentlich zweckmäßiger war, die Buchstabenanordnung auf diesen Tastaturen und nicht auf denen eines Wettbewerbers zu erlernen. Was die anderen Schreibmaschinenhersteller wiederum veranlaßte, ebenfalls auf dieses System umzustellen. Es wurden auch andere Tastaturen entwickelt, die ein schnelleres Schreiben ermöglichen, doch besteht keine Nachfrage. Das Kundenkapital vergrößerte sich durch die Ausdehnung des Netzwerkes - in dem Fall die Schreibkräfte, die bereit waren, die Buchstabenfolge QWERTY zu erlernen - das läßt sich kaum widerlegen.

Modernes Wirtschaften bedeutet
das Überdenken alter Strategien

Die moderne Informationswirtschaft, so merkwürdig sie auch erscheinen mag, stellt die Unternehmen von heute vor eine Reihe neuer Strategiefragen und Managementherausforderungen, die sich gegenseitig bedingen. Man kann die Gesetze von Angebot und Nachfrage sowie abnehmender Grenzerträge nicht ignorieren. Sie sind noch immer gültig, wenn auch mit einigen 'kleinen Hintertürchen' versehen. Man kann jedoch ebensowenig voraussetzen, daß diese alten Regeln weiterhin uneingeschränkt anwendbar sind. Ein neuartiges Problem besteht: die Notwendigkeit, frühzeitig viel Geld auf das richtige Pferd zu setzen. Wie bereits erwähnt, muß die High-Tech-Industrie oft gewaltige Anfangskosten aufbringen, sei es in F&E oder bei der Ausweitung von Netzwerken. Hinzu kommt der Effekt, daß die Reichen immer reicher werden, während andere dazu verdammt sind, in Marktnischen zu verkümmern. Einmal in eine solche Nische zurückgedrängt, hängt die Frage der zukünftigen Weiterentwicklung davon ab, was zu der Situation geführt hat.

Aus der Summe dieser Tatsachen ergibt sich, daß diejenigen, die darauf hoffen, das Ruder noch herumzureißen und wachsende Erträge zu erzielen, das Gemüt eines Glücksspielers und die tiefen Taschen eines Großunternehmens haben müssen - eine Kombination, die man in der heutigen Unternehmenslandschaft nicht häufig antrifft.

Unternehmen im Informationszeitalter, die die Absicht verfolgen, Kapital aus der Wissenswirtschaft zu schlagen, müssen das Rüstzeug, das ihnen zur Verfügung steht, erkennen. Es gibt im wesentlichen drei unterschiedliche 'Waffengattungen'.

Beziehungen nutzen - auch zu Wettbewerbern - um sich frühzeitig Marktvorteile zu verschaffen und zu erhalten

In der Informationswirtschaft kommt es vor, daß sich Unternehmen zeitweilig zu merkwürdigen Gespannen zusammentun: Für Ma-tsushita hat es sich beispielsweise als nutzbringend erwiesen, die VHS-Technologie für Videorecorder nicht allein zu beherrschen. Indem das Unternehmen den Wettbewerbern diese Technologie großzügig und preiswert verkauft hat, hat Matsuhita erreicht, daß VHS zum Standard und Betamax von Sony verdrängt wurde. Apple hingegen verfolgte jahrelang die zunächst vernünftige Strategie, seine Gewinngrenzen zu schützen, indem das Unternehmen sein Betriebssystem nicht an die Konkurrenz verkaufte. Rückblickend erwies sich diese Entscheidung in bezug auf die Erträge „als einer der folgenschwersten Fehler der Wirtschaftsgeschichte", wie das Wall Street Journal schrieb.

In der Softwareindustrie sind Netscape und Sun Microsystems sogar noch einen Schritt weiter als Matsushita gegangen: Sie verschenken Softwarekopien. Wenn die Endverbraucher sich den Netscape Web-Browser 'InternetNavigator' vom Internet herunterladen, so ist dies kostenfrei, gleichzeitig erhöht das Unternehmen aber damit die Nachfrage nach Navigator-gestützten Programmen, die wiederum nur von denjenigen geschrieben werden können, die die Softwareversion gekauft haben. Mit der Programmiersprache Java von Sun können Anwendungen generiert werden, die auf jedem beliebigen Betriebssystem wie Windows, Mac, IBM, Unix etc. laufen. Für Endverbraucher und Anwendungsentwickler ist Java kostenlos. Will man seine Produkte jedoch damit ausstatten, muß man zuvor eine Lizenz erwerben. Eric Schmidt, leitender Technologiebeauftrager bei Sun, sagt dazu: „Weite Verbreitung steht bei uns an erster Stelle, erst dann kommt die Rentabilität."

Allianzen, insbesondere zwischen Lieferanten und Händlern, sind ein äußerst gewinnbringender Faktor in jeder Branche. General Motors, Ford und Chrysler hätten sich ohne die Unterstützung der Ölindustrie und des nationalen Straßenbaus kaum gegen dampfbetriebene Autos oder gegen die Eisenbahn durchsetzen können. Allianzen stellen insbesondere in den informationsintensiven Wirtschaftszweigen eine besonders wirksame Strategie dar, denn die geringen Grenzkosten für Information - die Produktionskosten liegen beinahe bei Null - erleichtern den Zusammenschluß von Unternehmen und stärken deren Position am Markt. (Allianzen und Virtuelle Unternehmen werden im nächsten Kapitel noch ausführlicher behandelt.)

Gemeinsame Strategien zur Verteidigung der Marktführerschaft

Sind die Grenzkosten gering, können sich Marktführer extrem flexibel in ihrer Preispolitik zeigen. Sie können ihre Fixkosten auf einen große Absatzmenge verteilen und bringen so ihre Mitbewerber, die ähnlich hohe Kosten in F&E auf einen kleineren Markt verteilen müssen, in Bedrängnis. Dieser Effekt kann sich unter Umständen positiv über die gesamte Länge der Wertschöpfungskette, vom Produzenten bis hin zum Endabnehmer, bemerkbar machen, wobei die Kosten für jeden Beteiligten geringer werden - *vorausgesetzt, das Unternehmen nutzt seine Möglichkeiten zur Erhöhung des Kundenkapitals, anstatt nur seine Lieferanten und Händler im Preis zu drücken, um die eigenen Erträge zu erhöhen.* Ein Unternehmen, das sich auf Kosten seiner Lieferanten oder Kunden einen finanziellen Vorteil verschaffen will, streut die Saat, die sein Konkurrent erntet. Arbeitet ein Unternehmen jedoch mit Kunden und Lieferanten zusammen, senkt die Kosten für alle und teilt die Einsparungen gerecht auf, werden alle Beteiligten Teil eines Netzwerks. Eine Möglichkeit zu testen, ob Sie mit oder gegen den Markt agieren: Betrachten Sie nicht nur Ihren eigenen Marktanteil, sondern auch den Ihrer Lieferanten und Kunden. Sind Ihre wichtigsten und größten Kunden auch die größten Unternehmen in ihrer Branche? Wächst Ihr Marktanteil an deren Geschäft ebenso schnell (oder besser noch schneller) wie der Ihres Kunden in seinem Markt? Wenn ja, dann arbeiten wachsende Erträge für Sie.

Lernen als Wettbewerbsstrategie

Ähnlich wie Allianzen und eine gute Marktposition unterstützt das Wissen um Märkte, Kunden, Technologien und Abläufe jedes Unternehmen im Wachstum. Wissen wird ein gewinnbringender Faktor, wenn es die Grundlage der wirtschaftlichen Aktivität eines Unternehmens ist. Das Wissen wird dann ein Teil des Handels zwischen Unternehmen und Kunden. Wenn Unternehmen mit ihren Kunden lernen (sie etwas lehren und von ihnen etwas lernen), so entsteht zwischen beiden Parteien Vertrauen und Verläßlichkeit. Ihre Mitarbeiter und Systeme - Humankapital und Strukturelles Kapital - interagieren dann besser als zuvor.

Seltsamerweise und wunderbarerweise ist es sein immaterieller und sprunghafter Charakter, der das Wissen so beständig macht. Diese Beständigkeit ist auf seine Fähigkeit zurückzuführen, Grenzen, die für Materielles unüberwindbar sind, zu durchdringen. Victor Hugo schrieb in *Der Glöckner von Notre Dame*: Bevor Gutenberg die Drucktechnik erfand, wollten Menschen Wissen bewahren, indem sie es in Stein meißelten. Architektonische Monumente wie Kathedralen waren 'die großen Bücher der Menschheit', an deren Säulen und Portalen man das geistige Erbe in geschnitzter und gemalter Form ablesen kann, solide und standfest, anscheinend unzerstörbar. Doch nur wenn sich das Wissen von diesem äußeren 'Ballast' befreit, wächst seine Macht. Hugo schrieb in diesem Zusammenhang: „Die Gedanken sind in gedruckter Form unvergänglicher denn je: Sie sind sprunghaft, nicht greifbar, unzerstörbar. Sie sind wie die Luft, die wir atmen. In den großen Zeiten der Architektur wurden Gedanken zu einem Berg, der sich kühn eines Zeitalters oder eines Ortes ermächtigte. Heute sind sie wie ein Vogelschwarm, der sich in alle Himmelsrichtungen zerstreut und gleichzeitig jedes bißchen Luft und Raum für sich beansprucht.... Es ist durchaus möglich, eine Säule zu Fall zu bringen, doch läßt sich die Allgegenwart zerstören?"

Durch die digitale Revolution inzwischen weiter entmaterialisiert, ist Wissen leichter zugänglich denn je - und unzerstörbarer: Die neu gesponnenen Wissensnetze sind von unschätzbarem, fast unangreifbarem Wert. Um in dieser 'Wirtschaft des Immateriellen' Erfolg zu haben, müssen Unternehmen und Individuen Methoden entwickeln, die sich von den althergebrachten Strategien ebenso unterscheiden wie Vögel von Steinen.

Kapitel 11
Das vernetzte Unternehmen

Wir sind gerade dabei, zwischen Maine und Texas ein Telegraphennetz zu errichten,
aber vielleicht - könnte ja sein - haben Maine und Texas sich gar nichts mitzuteilen.

Henry David Thoreau

Wie organisiert sich ein Vogelschwarm? Gänse fliegen zwar in V-Formation, aber
ohne daß der Anführer eine spezielle autoritäre Funktion hätte. Er gibt seine führende Position ab, wenn er müde wird, oder wenn der Schwarm die Flugrichtung
ändert. Es gibt auch keine Hierarchie, welche die Flugrichtung und die Anordnung von Enten- oder Taubenschwärmen festlegt. Dies gilt ebenso für die schil-
lernd bunten Fischschwärme an den Riffen rund um die Bahamas. Die Tiere reagieren auf einen bestimmten Reiz - einen Windstoß, einen Schuß, die plötzliche
Bewegung eines Tauchers, einen vorbeischwimmenden Stachelrochen. Dann
dreht der Vogel- oder Fischschwarm möglicherweise in die entgegengesetzte
Richtung ab und folgt dabei scheinbar einem neuen Anführer, der mit dem Anlaß
der Richtungsänderung aber gar nichts zu tun hatte. Anhand von Filmaufnahmen
haben Wissenschaftler herausgefunden, daß Vögel in einem Schwarm innerhalb
einer siebzigstel Sekunde die Richtung ändern, das ist schneller als die individuelle
Reaktionszeit eines einzelnen Vogels.

Craig Reynolds, ein Programmierer, der bei Silicon Studio Software für Multime-
diaanwendungen entwickelt, zeigt anhand von Simulationen, daß man sehr reali-
stisch anmutende künstliche Schwärme erschaffen kann, wenn man den digitalen
Vögeln, Fledermäusen oder anderen Tieren drei 'einfache Verhaltensanweisungen'
mit auf den Weg gibt: Abstand ('komm Deinem Nachbarn nicht in die Quere'),
Flugrichtung ('folge der Flugrichtung der Mehrheit des Schwarms') und enger Zu-
sammenhalt ('und halte Dich an die vorgegebene Flugrichtung der anderen Vögel'). Reynolds nutzte diese Regeln, die als mathematische Gleichungen formuliert
sind, um mit dem Computer realistische Fledermausschwärme und Pinguinkolo-
nien für den Film *Batman kehrt zurück* zu erzeugen. Über den virtuellen und den
realen Vogelschwarm sagt Reynolds: „Es entsteht immer der Eindruck, als gäbe es
einen zentral gesteuerten Antriebsmechanismus. Doch alle Untersuchungsergebnisse weisen darauf hin, daß die Bewegung des Schwarms nur das Gesamtresultat
des Verhaltens der einzelnen Vögel ist. Jedes einzelne Tier reagiert so, wie es seine
Wahrnehmung der Umgebung erfordert." Bei den von Menschenhand geschaffenen Vogelschwärmen gibt es genauso wie in der Natur keinen Anführer, keine
Befehle, keine zentrale Autorität. Statt dessen existiert eine Art gemeinsamer Ver-

stand, ein loses zusammengehaltenes Netzwerk von Impulsen und gegenseitigen Beziehungen.

Das Arbeiten mit Netzwerken ist weit mehr als eine metaphysische Idee, ein technologisches Phänomen oder eine 'heiße' Industrie: Netzwerke sind die bedeutendste Entwicklung des Management, seit DuPont, General Motors und andere Großunternehmen in den 30er Jahren das moderne Unternehmen - mit seiner Aufteilung in Führungskräfte und Belegschaft, mit unterschiedlichen Geschäftsbereichen und funktionsgegliederten Abteilungen - eingeführt haben. Wo es einst hierarchische Pyramiden, Vorgesetzte, Abteilungen oder Unterabteilungen gab, existieren heute Netzwerke mit Knoten und Clustern - und 'Schwärmen'. In Unternehmen, die reich an Intellektuellem Kapital sind, sind Netzwerke und nicht-hierarchische Strukturen die adäquate Form der Unternehmensorganisation. In diesem Kapitel wird ausführlich dargestellt, welche neuen Organisationsformen sich entwickeln und wie sie die Struktur und die Aufgaben und die Tätigkeit des Management verändern.

Technologien zerstören Hierarchien

Netzwerke existierten bereits, bevor es Computer gab: sogenannte 'Old-boys-networks', Seilschaften, Kontakte, die Ihnen zu Ihrer Arbeitsstelle verholfen haben, oder das verworrene Geflecht von Beziehungen und Kanälen informeller Art innerhalb eines Unternehmens, mit denen der Dienstweg umgangen wird. So wichtig diese Netzwerke auch sein mögen, sie sind inoffiziell. Das eigentlich Neue ist die bewußte Vernetzung innerhalb eines Unternehmens. Ermöglicht wird sie durch die Tatsache, daß PCs mittlerweile so preisgünstig sind, daß jeder Arbeitsplatz damit ausgerüstet werden kann. Das elektronische Netzwerk revolutioniert die sozialen Netzwerke. Es ist nicht mehr nur Attribut einer Hierarchie, sondern ersetzt die Hierarchie. Sie werden zum wichtigsten Instrument eines Unternehmens. Zunehmend sind es die wichtigen Geschäfte, die Unternehmen online tätigen - Börsengeschäfte, das Verwalten von Lagerbeständen oder das Entwickeln und Konstruieren einer neuen Boeing.

Als Computer noch etwas relativ Neues waren, hätte niemand geahnt, daß sie die Autorität in einem Unternehmen untergraben würden - im Gegenteil. 1958 erschien in der Harvard Business Review ein Artikel von Harold Leavitt und Thomas Whisler mit dem Titel *Management in den 80er Jahren (des 20. Jahrhunderts)*. Es ist immer gewagt, die Zukunft vorauszusagen, insbesondere in gedruckter Form. Im Gegensatz zu anderen haben sich die Prognosen von Leavitt und Whislers bewahrheitet: Zwei Jahre nach dem Erscheinen von William H. Whytes Werk *The Organization Man*, in dem der (damalige) Aufschwung des mittleren Management beschrieben wird, sahen sie dessen Untergang vorher: sie prophezeiten, daß der Computer eine ähnliche Verwüstung über das mittlere Management bringen würde wie einst der Schwarze Tod über das Europa des 14. Jahrhunderts. Und so geschah es. Das mittlere Management stellt nur noch fünf bis acht Prozent aller Berufstätigen, aber 20 Prozent aller Entlassungen in jüngerer Zeit geschahen in diesem Bereich.

Leavitt und Whisler irrten allerdings in einer Sache: Zu ihrer Zeit konnten sie sich allenfalls Großrechner vorstellen. In ihrer Vision wird der klägliche Rest des mittleren Managements, ähnlich wie in Orwells *1984* die Bewohner Ozeaniens, streng von oben kontrolliert und mit Hilfe von Bildschirmen überwacht.

Im Januar 1984 - im realen Jahr 1984 - brachte Apple seinen Macintosh auf den Markt. Der heute schon legendäre Werbespot, der damals während der Super-Bowl-Übertragung gesendet wurde, war eine Hommage an die Orwellsche Vision, indem sie zerstört wurde. Die Prognose des Apple-Gründers Steve Jobs, daß der PC die Welt verändern würde, entsprach der Realität eher als Orwells Prophezeihung. Frederick Kovac, Experte in den Bereichen Technologie und Strategie bei Goodyear Tire and Rubber Company, meint: „Der PC hat die Hierarchie zerstört." Wieso ist der PC dafür verantwortlich? Kovacs vielsagende Antwort darauf: „Weil wir ihn nicht deshalb gekauft haben."

Steve Jobs Behauptung traf nicht ganz zu. Am 1. Januar 1984, drei Wochen bevor Apple der Welt den Computer bescherte, trat ein Übereinkommen zwischen AT&T und dem US-Justizministerium in Kraft: AT&T verlor in den Vereinigten Staaten sein Monopol als Telefonanbieter - der 'Sturm auf die Bastille' in der Geschichte des Informationzeitalters. Früher war es verboten, ein Gerät, das nicht von Ma Bell zugelassen war, an eine Telefonleitung anzuschließen. Im selben Jahr wurde die British Telecom privatisiert. Heute sind PC-Netzwerke, die über Telefonleitungen miteinander verbunden sind, in zahlreichen Unternehmen die vorherrschende Technologie für das Management von Wissen, und damit für das Management des gesamten Unternehmens.

Wie Netzwerke den Arbeitsalltag verändern

Elektronische Netzwerke sind zwar kostspielig in der Anschaffung, aber billig im Unterhalt, schnell verfügbar und von jedem Ort der Welt aus zu jeder Zeit zugänglich. Die außergewöhnliche wirtschaftliche Macht eines Netzwerks steht jedem Unternehmen zur Verfügung, das sein Intellektles Kapital bestmöglich ausschöpfen will. Im Informationszeitalter ist es für einen Manager die größte Herausforderung, ein Unternehmen zu schaffen, in dem Wissen geteilt wird. Mit Netzwerken ist dies möglich, da sie Menschen mit anderen Menschen oder mit Daten verbinden. Dank der Netzwerke können wir Informationen, die früher den Weg von einer Instanz zur nächsthöheren und von dort wieder nach unten nehmen mußten, direkt untereinander austauschen. Dieser Austausch zerschlägt den bürokratischen Apparat. Bill Raduchel, EDV-Direktor von Sun Microsystems, meint dazu: „E-Mails sind ein bedeutendes kulturelles Ereignis - sie verändern die Organisationsstruktur eines Unternehmens."

Zum einen untergraben Netzwerke unwiderruflich die Autorität des Management; Sie regen einen informellen Führungsstil an: Das typische Chef-Gehabe, zu dem Vorgesetzte neigen, paßt ganz und gar nicht dazu. Menschen, die über ein elektronisches Netzwerk miteinander kommunizieren, sind ihren Vorgesetzten gegenüber weniger ehrerbietig und sagen ihnen auch schon mal die Meinung.

Zum anderen gestalten sich die grundlegenden Managementaufgaben wie Planung, Budgetierung und Überwachung in einer vernetzten Geschäftswelt anders als gewohnt. Werkzeuge wie E-Mails, Videokonferenzen und Groupware ermöglichen ungeachtet großer räumlicher Entfernungen und auch unabhängig von Abteilungs- oder Unternehmensgrenzen, die durch Netzwerke weniger klar gezogen sind oder sogar verwischt werden, ein hohes Maß an Zusammenarbeit. Ein Beschäftigter kann unter Umständen den größten Teil seines Arbeitstages mit einem abteilungsübergreifenden Team zusammenarbeiten, das jemandem untersteht, der in einem anderen Teil des Unternehmens oder an einem ganz anderen Ort tätig ist, und sich mit Projekten beschäftigen, in die sein direkter Vorgesetzter kaum einbezogen ist. Wer bitte ist hier Befehlsgeber und wer Befehlsempfänger? Diese Frage stellt Susan Falzon, Mitglied des Vorstands von CSC Research & Advisory Services in Cambridge, Massachusetts. Sie führte 1993 eine Studie über Netzwerke in mehr als 75 Unternehmen durch: „Wird die Arbeit über Netzwerke ausgeführt, so ändert sich, ob man will oder nicht, die Unternehmensstruktur. Ich kenne nicht ein Unternehmen, wo dies nicht der Fall wäre." Ein Teil der Studie bezog sich auf die Rechtsabteilung einer großen Firma mit mehreren Niederlassungen der USA. Nachdem Juristen untereinander vernetzt waren und somit in größerem Umfang Zugriff auf Akten erhielten (sowie auf Datenbanken wie Lexis), ersuchten die Junganwälte im Gegensatz zu vorher wesentlich seltener um die Hilfe ihrer erfahreneren Kollegen. Sie wühlten sich statt dessen durch die Daten, die sie im Netz fanden, oder tauschten sich mit gleichgestellten Kollegen in anderen Niederlassungen aus. Sie und ihre Vorgesetzten verbrachten mehr Zeit mit ihren eigentlichen juristischen Aufgaben, als gemanagt zu werden oder zu managen. Susan Falzon schließt daraus: „In einem Netzwerk verändern sich die Kontrollmechanismen. Es ist weniger die Arbeit, die überwacht wird, dafür stärker die Gesamtleistung und die berufliche Weiterentwicklung eines Mitarbeiters." Hellene Runtagh, CEO von General Electric Information Services bestätigt dies: „Über ein Netzwerk zu kommunizieren, ist absolut unvereinbar mit einer starren, engstirnigen Hierarchie."

Tatsächlich sind es die Eigenschaften der Wissensarbeit selbst, die Netzwerken im Vergleich zu hierarchischen Unternehmensstrukturen einen wesentlichen Vorteil verschaffen. Diese Meinung vertritt John Manzo, Vizepräsident der technischen Abteilung bei Pitney Bowes: „Um komplexe Produkte zu entwickeln, braucht man viele Leute mit speziellem Fachwissen, die in einer kleinen, virtuellen Abteilung zusammenarbeiten müssen." Unternehmen mit funktionaler Gliederung produzieren zwar eine Vielzahl hervorragender Experten, sind aber nicht in der Lage, sie mit den Experten anderer Fachbereiche zusammenzubringen. In einer 'geschwätzigen' Netzwerkumgebung fällt es nicht schwer, sich schnell ein paar

Tips von anderen klugen Köpfen zu holen, und es ist wesentlich einfacher, eine 'kleine virtuelle Abteilung' über ein Netzwerk auf dem neuesten Stand zu halten.

Der besondere Vorteil eines Netzwerks ist, daß die gewünschten Informationen *just-in-time* lieferbar sind und nicht 'für den Fall, daß ...' bereitgehalten werden. Es steigert den Wert - vor allem den Informationswert, den wichtigsten Wert überhaupt - wesentlich schneller und präziser, als das in einem bürokratischen Ablauf möglich wäre. Dafür gibt es zwei Gründe: Zunächst werden in einer Hierarchie Informationen gefiltert, um die Systemordnung zu wahren. Die Informationen werden über Kanäle von oben, nach hüben und drüben und wieder bis nach unten geleitet. Dadurch werden die Informationen überarbeitet, verspätet weitergegeben, vorab interpretiert und manchmal verfälscht.

Ein höchst amüsantes Beispiel, wie Informationen in einer hierarchischen Struktur weitergegeben werden, erhielt ich als E-Mail. Diese künstlich anmutende Korrespondenz hat tatsächlich zwischen dem Personal eines Londoner Hotels und einem seiner Gäste stattgefunden. Die Leser von Peter Senges *Die fünfte Disziplin* werden dies als „Beer Game run amok" wiedererkennen:

> Sehr geehrtes Zimmermädchen,
>
> bitte legen Sie keine von diesen kleinen Seifenstücken mehr ins Bad, da ich mein eigenes Stück Speickseife in Normalgröße mitgebracht habe. Entfernen Sie bitte die sechs unberührten Stückchen von der Ablage unter dem Badezimmerschrank und die weiteren drei aus der Schale in der Dusche. Sie sind mir im Weg.
>
> Vielen Dank
>
> *S. Berman*

> Sehr geehrter Bewohner Zimmernr. 635,
>
> ich bin nicht das für Sie zuständige Zimmermädchen. Das zuständige Zimmermädchen hat heute Urlaub und wird morgen, Donnerstag, wieder im Dienst sein. Ich habe, wie es Ihr Wunsch war, die drei Seifenstücke des Hotels aus der Schale in der Dusche entfernt. Die sechs Stücke, die Ihnen auf der Ablage über dem Waschbecken im Weg lagen, habe ich auf den Behälter mit den Kleenex-Tüchern gelegt, für den Fall, daß Sie Ihre Meinung ändern sollten. Daneben befinden sich in Ihrem Bad noch drei weitere Seifenstücke, die ich laut Anweisung der Hotelleitung dort täglich hinterlegen muß. Ich hoffe, damit ist alles zu Ihrer Zufriedenheit geregelt.
>
> *Kathy*
> Aushilfszimmermädchen

> Sehr geehrtes Zimmermädchen,
>
> ich hoffe, daß Sie das zuständige Zimmermädchen sind. Offensichtlich hat Kathy Sie nicht über meine Notiz bezüglich der kleinen Seifenstücke informiert. Als ich heute abend mein Zimmer betrat, fand ich drei weitere kleine Seifenstücke auf der Ablage unter dem Medizinschrank. Ich werde noch zwei weitere Wochen in diesem Hotel verbringen und habe daher mein eigenes Stück Speickseife in Normalgröße mitgebracht, benötige also die sechs Kamilleseifenstückchen nicht, die auf der Ablage unter dem Ba-

dezimmerschrank liegen. Sie stören mich beim Rasieren, beim Zähneputzen etc. Bitte entfernen Sie diese Seifenstückchen.

S. Berman

Sehr geehrter Mr. Berman,

Letzten Mittwoch war mein freier Tag, und das Aushilfszimmermädchen hat laut Anweisung der Hotelleitung drei Stückchen Hotelseife im Bad Ihres Zimmers hinterlassen. Ich habe die sechs Seifenstückchen, die Sie auf der Ablage gestört haben, entfernt und sie in die Schale gelegt, auf der sich Ihre Seifendose befand. Aus praktischen Gründen habe ich Ihr eigenes Stück Speickseife in das Schränkchen über der Ablage gelegt. Ich habe die drei Seifenstückchen, die dort für neue Gäste zu liegen haben, nicht entfernt, zumal Sie sich bei Ihrer Ankunft letzten Montag nicht darüber beschwert haben. Zu weiteren Dienstleistungen stehe ich Ihnen gerne zur Verfügung.

Dotty
Ihr zuständiges Zimmermädchen

Sehr geehrter Mr. Berman,

Mr. Kensedder, der Assistent der Geschäftsführung unseres Hauses, informierte mich heute morgen über Ihren Anruf am gestrigen Abend und teilte mir Ihre Unzufriedenheit mit dem Zimmerservice mit. Daraufhin habe ich Ihnen ein neues Zimmermädchen zugeteilt. Ich bitte Sie um Entschuldigung für die entstandenen Unannehmlichkeiten. Im Falle weiterer Beschwerden stehe ich Ihnen von 8.00 - 17.00 Uhr unter der Durchwahl - 1108 gerne persönlich zur Verfügung.

Vielen Dank

Elaine Carmen
Leiterin der Service-Abteilung

Sehr geehrte Miss Carmen,

es ist mir nicht möglich, Sie persönlich zu erreichen, da ich das Hotel aus geschäftlichen Gründen morgens um 7.45 Uhr verlasse und nicht vor 17.30 oder 18.00 Uhr zurückkehre. Aus diesem Grund habe ich mich gestern abend mit Mr. Kensedder telefonisch in Verbindung gesetzt. Sie waren bereits außer Dienst. Ich habe Mr. Kensedder lediglich gebeten, ob er bezüglich dieser kleinen Seifenstückchen im Bad etwas in die Wege leiten könne. Das neue Zimmermädchen, das für mich von Ihnen zugeteilt wurde, nahm vermutlich an, ich sei ein neuer Gast, und hinterlegte drei weitere Hotelseifenstückchen im Badezimmerschrank, abgesehen von den drei Seifenstückchen, die laut Anweisung der Hotelleitung täglich auf der Ablage darunter zu hinterlegen sind. Nach fünf Tagen, die ich in diesem Hotel verbringe, bin ich bereits im Besitz von 24 Seifenstückchen. Warum tun Sie mir das an?

S. Berman

Sehr geehrter Mr. Berman,

Ihr Zimmermädchen Kathy hat die Anweisung erhalten, keine Seife mehr in Ihrem Zimmer zu hinterlegen und die überflüssigen Seifenstücke zu entfernen. Wenn ich Ihnen weiterhin behilflich sein kann, stehe ich Ihnen von 8.00 - 17.00 Uhr gerne unter der Durchwahl -1108 zur Verfügung.

Vielen Dank

Elaine Carmen
Leiterin der Service-Abteilung

Sehr geehrter Mr. Kensedder,

ich vermisse nun das zu meinem persönlichen Eigentum gehörende Stück Speickseife in Normalgröße. Alle Seifenstückchen wurden aus meinem Zimmer entfernt, inkl. meiner Speickseife. Gestern abend kam ich erst spät in das Hotel zurück und war gezwungen, den Zimmerservice zu rufen, der mir daraufhin 4 kleine Rosenseifenstückchen zukommen ließ.

S. Berman

Sehr geehrter Mr. Berman,

Die Leiterin unserer Service-Abteilung, Miss Carmen, wurde von mir über Ihre Schwierigkeiten bezüglich der Seife informiert. Es entzieht sich meinem Verständnis, weshalb sich in Ihrem Zimmer keine Seife befindet, da jedes unserer Zimmermädchen angewiesen ist, in jedem Zimmer drei Stückchen Seife nach der Endreinigung zu hinterlegen. Wir werden uns umgehend um eine Lösung des Problems bemühen. Ich bitte Sie um Entschuldigung für die entstandenen Unannehmlichkeiten.

Martin L. Kensedder
Assistent der Geschäftsleitung

Sehr geehrte Mrs. Carmen,

wer zum Teufel hat 54 kleine Kamillenseifenstückchen in meinem Zimmer hinterlegt? Gestern abend fand ich 54 kleine Seifenstückchen in meinem Zimmer vor. Ich wünsche keine 54 kleinen Kamillenseifenstückchen. Ich wünsche meine eigene verdammte Speickseife in Normalgröße zurück. Nehmen Sie zur Kenntnis, daß sich 54 Seifenstücke in meinem Bad befinden. Alles, was ich wünsche, ist meine Speickseife in Normalgröße. Bitte veranlassen Sie, daß mir meine Speickseife in Normalgröße zurückgelegt wird.

S. Berman

Sehr geehrter Mr. Berman,

Zunächst beschwerten Sie sich, daß sich zuviel Seife in Ihrem Zimmer befindet. Daraufhin habe ich dafür gesorgt, daß diese entfernt wird. Dann beschwerten Sie sich bei Mr. Kensedder über den Verlust aller Seifenstücke, woraufhin ich diese persönlich in Ihrem Zimmer hinterlegte: Die 24 vorab entfernten Kamilleseifenstückchen zuzüglich der drei neuen Kamilleseifenstückchen, die Ihnen täglich zur Verfügung gestellt werden (sic). Von vier Rosenseifenstückchen ist mir nichts bekannt. Ihr zuständiges Zimmermädchen Kathy war über die Rückgabe der Seife meinerseits offensichtlich nicht informiert, so daß Sie ebenfalls 24 Kamilleseifenstückchen zu der täglichen Anzahl von drei Stücken in Ihrem Zimmer hinterlegte. Es entzieht sich meiner Kenntnis, woher Sie die Information erhielten, daß dieses Hotel seinen Gästen Speickseife in Normalgröße zur Verfügung stellt. Meinen Bemühungen zufolge habe ich ein Stück Seife in Normalgröße der Marke 'Elfenbein' ausfindig gemacht und in Ihrem Zimmer hinterlegt.

Elaine Carmen
Leiterin der Service-Abteilung

Sehr geehrte Mrs. Carmen,

nur eine kurze Notiz, um Sie über mein gegenwärtiges Seifeninventar auf dem laufenden zu halten. Bis zum heutigen Tag befinde ich mich im Besitz folgender Seifenstückchen: Auf Ablage unter Badezimmerschränkchen: 18 Mal Kamille in vier Stapeln zu je vier Stückchen und ein Stapel zu zwei Stückchen.
Auf Kleenex-Tücher-Behälter: elf Mal Kamille in zwei Stapeln zu je vier Stückchen und ein Stapel zu drei Stückchen.
Auf Nachttisch: ein Stapel zu drei Stückchen Rosenseife, ein Stapel zu vier Stückchen 'Elfenbein' in Hotelseifenstückchengröße und acht Mal Kamille in zwei Stapeln zu je vier Stückchen.
In Badezimmerschränkchen: 14 Mal Kamille in drei Stapeln zu je vier Stückchen und ein Stapel zu zwei Stückchen.
In der Seifenschale der Dusche: sechs Mal Kamille, ziemlich durchweicht.
In der Ecke, links oberhalb des Wasserhahns: ein Mal Rosenseife, leicht gebraucht.
In der Ecke rechts oberhalb des Wasserhahns: sechs Mal Kamille in zwei Stapeln zu je drei Stückchen.
Weisen Sie bitte Kathy darauf hin, sie möge die Stapel beim Reinigen meines Zimmers abstauben und darauf achten, daß die Stapel schön ordentlich bleiben. Weisen Sie sie bitte außerdem darauf hin, daß Stapel von mehr als vier Seifenstückchen leichter umkippen. Wenn ich Ihnen meinerseits noch einen Vorschlag unterbreiten darf, möchte ich Ihnen mitteilen, daß das Fensterbrett im Schlafzimmer noch frei ist und eine glänzende Ablage für weitere Seifenlieferungen bieten würde. Abschließend noch eine weitere Information: Ich habe ein neues Stück Speickseife in Normalgröße erworben und im Hotelsafe hinterlegt, um zukünftigen Mißverständnissen vorzubeugen.

S. Berman

Der Informationsgehalt wird kondensiert: Der zweiseitige Bericht eines Vertreters wird zu einem Paragraphen im Wochenbericht des Bezirksleiters und reduziert sich auf ein paar wenige Zahlen in den Tabellen des monatlichen Berichts des regionalen Verkaufsleiters. Natürlich müssen Informationen für die Geschäftsleitung zusammengefaßt werden. Aber das Filtern von Informationen birgt Gefahren. Kritik wird abgeschwächt, und neue Ideen werden so weit abgeändert, bis sie den Vorstellungen des Vorgesetzten entsprechen.

Man muß jedoch zugeben, daß auch in Hierarchien Informationen weitergegeben werden, zum Beispiel der Erfahrungsschatz des gehobenen Management. In einer 'Adhocratie' muß ein Weg gefunden werden, um die Perspektive zu erhalten, die durch die verzögerte Weitergabe von Informationen verlorengehen mag. Dazu meint James Nesbit, ehemaliger Chief Information Officer bei Monsanto:

> Während der ersten 20 Jahre in diesem Unternehmen habe ich mich
> immer wieder auf Fachexperten verlassen, im PR-Bereich, für Arbeits-

recht, Produktion etc. Man ging in der Hierarchie nach oben, und eine Menge 'kluger' Leute beobachteten wachsam, was man tat. Mit unserer Dezentralisierung wurden all diese Wissensressourcen auseinandergerissen und nicht ersetzt. Jetzt kann man nicht mehr auf George Soundso, den Fachexperten aus dieser oder jener Abteilung zurückgreifen.

George gibt es noch immer, allerdings irgendwo im Netzwerk. Der Schlüssel zum Aufbau eines effektiven Netzwerks liegt paradoxerweise darin, für genügend Redundanz zu sorgen und dieselben Informationen mehrfach zur Verfügung zu stellen. Auf diese Weise bekommt jeder das, was er braucht. Bill Raduchel von Sun sagt in diesem Zusammenhang: „Wenn man das tut, werden Leute mit Fachwissen fast automatisch von irgend jemandem irgendwo in eine spezielle Diskussion einbezogen." Die Unternehmensberater von Booz Allen & Hamilton waren früher beispielsweise in drei große funktionsbezogene Bereiche aufgeteilt - Strategie, Betriebsorganisation und Informationstechnologie - eine Aufteilung, die für langsamen, aber sicheren Informationszuwachs sorgte. Um schneller zu werden, reorganisierte sich das Unternehmen den Marktanforderungen gemäß - Finanzdienstleistungen, Erdölgewinnung, Telekommunikation, Produktion etc. - bewahrte sich aber sein ganzheitliches Expertenwissen, indem es 'Teams für das Intellektuelle Kapital' bildete, mit denen es die funktionale Orientierung beibehalten konnte. Die Struktur des Beratungsunternehmens entspricht nicht einer Matrix. Nicht die Entscheidungsbefugnis wird geteilt, sondern die Information. Sollten die Netzwerke ein heilloses Durcheinander sein, wen stört's? Jack Welch, CEO von General Electrics, meint dazu: „Was sollen wir mit Ordnung und Übersichtlichkeit? Wir wollen Informationen denjenigen zugänglich machen, die damit etwas Sinnvolles anfangen können."

Ein vernetztes Unternehmen muß in seiner formellen Struktur nicht unbedingt als solches erkennbar sein. Es sollte auch nicht gänzlich ohne Hierarchie aufgebaut sein, denn Wirtschaftsunternehmen müssen die richtige Richtung einschlagen und so muß es jemanden geben, der sagt, wo's langgeht. Auf dem Papier scheint Minnesota Mining and Manufacturing (3M) ein konventionell strukturiertes Unternehmen zu sein, mit diversen Geschäftsbereichen, Abteilungen und Gruppen. Doch ist dies eher eine Art 'Vernunftehe', deren Zweck darin besteht, Führungskräfte mit der Leitung von Großunternehmen vertraut zu machen und Unternehmensbereiche von 3M zusammenzufassen, welche die gleiche Zielgruppe haben. Die Arbeit an Innovationen, die Kernkompetenz von 3M, geschieht in einem unübersichtlichen, turbulenten und scheinbar unwirtschaftlichen Wirrwarr von Netzwerken. Das Unternehmen schwelgt förmlich in Redundanzen.

Die etwa 8.300 Wissenschaftler arbeiten in einer Vielzahl unterschiedlicher Laboratorien, so daß niemand so genau sagen kann, wie viele es eigentlich insgesamt sind, und wer wo arbeitet. Es gibt eine zentrale F&E-Abteilung, Labore, die einzelnen Geschäftsbereichen zugeordnet sind sowie elf Forschungszentren für spezielle 'Technologieplattformen', die sich mit grundlegenden Technologien wie Klebstoffen oder optischen Geräten befassen. Jedes dieser Zentren trägt zu einer Reihe von Produktentwicklungen in verschiedenen Sparten bei. Ein Wissenschaftler, der von dem Geschäftsbereich, dem sein Labor zugeordnet ist, keine finanziellen Mittel für sein Projekt erwarten kann, ist angehalten, sich nach anderen Sponsoren umzusehen. Zeigt niemand Interesse, kann er sich um ein 'Genesis-Forschungsstipendium' bewerben. Dieses Stipendium wird nicht von der Unternehmensleitung bewilligt, sondern von einem wissenschaftlichen Beirat. In Einzelfällen haben hartnäckige oder frustrierte Wissenschaftler schon das Büro des CEO gestürmt, um etwas Geld zusammenzukratzen: mit Erfolg.

Ähnliche Redundanzen finden sich am anderen Ende der 'Innovations-Pipeline', wo Produktneuheiten nicht nur von Leuten in höheren Positionen auf ihr kommerzielles Potential hin überprüft werden, sondern auch von einem Fachgremium, das sich aus Wissenschaftlern, Mitarbeitern aus der Herstellung und aus Marketing-Fachleuten zusammensetzt, die bezeichnenderweise aus anderen Geschäftsbereichen kommen. Dieses Gremium erfüllt einen doppelten Zweck: zum einen, um auf Grundlage verschiedener Beurteilungen zu einer vernünftigen Entscheidung zu gelangen, und zum zweiten, damit die Mitglieder des Gremiums, falls die Innovation den Vorstellungen des Sponsors nicht entspricht, das Produkt anderen Geschäftsbereichen, für die es vielleicht von größerem Nutzen sein mag, vorlegen können. Darüber hinaus veranstaltet 3M pro Jahr zwei Technologiemessen. Auf der einen präsentieren Wissenschaftler die neuesten Entdeckungen, um Sponsoren für die Weiterentwicklung zu werben. Auf der anderen stellen die Geschäftsbereiche Marktlücken vor, für die noch technologische Innovationen benötigt werden. Morgan Tamsky, Leiter des Klebstoff-Technologie-Zentrums sagt: „Eine der unberechenbaren Größen dieser Unternehmensgruppe ist die Vielfalt der Interaktionen, die sich nicht erklären lassen und keiner Struktur unterliegen."

Die Redundanz ist effizient und rechnet sich. Die Produktivität des Unternehmens liefert den Beweis: 1984 waren bei 3M 88.949 Mitarbeiter beschäftigt und der Umsatz belief sich auf insgesamt 88.814 Dollar pro Mitarbeiter. Bis 1994 ist der Umsatz bei fast dem gleichen Personalbestand (85.166) um 99 Prozent auf 177.019 Dollar angestiegen. Der Zuwachs lag eigentlich weit höher - 101 Prozent -, da die Durchschnittspreise der Unternehmensgruppe in diesen zehn Jahren um zwei Prozent gefallen sind. Im Vergleich dazu ist die Pro-Kopf-Leistung bei anderen produzierenden Unternehmen in den USA in derselben Zeitspanne um nur 39 Prozent angestiegen.

Netzwerke ermöglichen es 3M 'schlank' zu bleiben, ohne großartig 'auf das Gewicht' achten zu müssen. Die Produktivitätssteigerung wird nicht mit den sonst üblichen Mitteln erzielt: Rationalisierung, Budgetkürzungen und andere Einsparungen - keine, um ein Bild aus der Technik zu gebrauchen, Feinabstimmung der Geräte oder Entfernung überflüssiger Teile. In der Unternehmensgruppe herr-scht ein holistischer, organischer Ton. In Interviews, die ich mit den Top-Managern gemacht habe, fielen Sätze wie diese: 'Wir managen in einem Chaos, und das ist genau das Richtige für das Unternehmen', 'Wir unterstützen die Umgestaltung, ohne umzugestalten', 'Das Klima ist entscheidend', 'Die einzige Aufgabe des Management ist es, die richtige Umgebung zu schaffen; das Unternehmen ist etwas Lebendiges, sich permanent Veränderndes', 'Ich manage eine Umgebung', 'Eine Umgebung, in der sich Kreativität frei entfalten kann - das ist die ganze Idee'.

Andrew Van de Ven, Professor für Wirtschaftswissenschaften an der University of Minnesota, verweist auf den Unterschied zwischen den Metaphern aus der Technik und der Ökologie. In einer Umgebung wie dem Atlantischen Ozean „enthält jeder Wassertropfen genau dieselben Elemente wie der gesamte Ozean. Der Ozean ist ein 'Meer der Redundanz', doch diese Redundanz ist fruchtbar und keine Verschwendung."

Redundanz verursacht natürlich Kosten, andererseits eröffnet sie ungeahnte Möglichkeiten und Einsparungspotentiale. Erstens ist das Wissen vielseitig verfügbar: Die Mitarbeiter vom 3M sparen Zeit und Geld, indem sie sich Wissen von anderen holen, anstatt es sich jeweils neu zu erarbeiten. Da es keine strikten Grenzen zwischen den einzelnen Geschäftsbereichen oder Abteilungen gibt, können sich Manager aus verschiedenen Bereichen von 3M einfach und unbürokratisch austauschen. Professor Van de Ven, einziges firmenfremdes Mitglied einer Arbeitsgruppe zur Optimierung von Innovationsmanagement, die vor zehn Jahren ins Leben gerufen wurde, zeigt sich überwältigt von der Dynamik im Unternehmen: „Man beobachtet eine permanente Selbstreorganisation und Selbstumstrukturierung, ohne daß dies von irgendeiner übergeordneten Stelle koordiniert würde."

Hohes Strukturelles Kapital ermöglicht es einem Unternehmen, unmittelbar und ohne Verzögerung auf Veränderungen zu reagieren. In der gleichen Woche, als im Herbst 1980 die gelben Post-it-Zettel auf den Markt kamen, erhielt Leon Royer, der eigentlich die 3M-Labore für den Bereich Büroartikel betreut, einen Schnellauftrag, der lautete, eine neuartige Angel für die Abteilung Freizeitartikel zu entwickeln, weil das Produkt eines Wettbewerbers 3M vom Markt zu drängen drohte. Leon Royer zog einen Fachexperten für Fluorkohlenstoff aus einem anderen Unternehmensbereich hinzu. Der machte den Vorschlag, es einmal mit einem speziellen Molekül, das eigentlich für ein anderes Produkt entwickelt worden war, zu versuchen. An einigen Sonntagnachmittagen testete Royer dann in der Turnhalle einer Highschool - der einzige große und menschenleere Ort, der in jenem kalten Winter in Minnesota ausreichend geheizt war - den Prototyp der Angel. Sie kam schließlich genau zu Beginn der Forellensaison auf den Markt und war ein großer Erfolg, sehr zum Ärger des Konkurrenten. Dies war das erfolgreiche Ergebnis einer nicht durch Formalien, Hierarchien und Strukturen eingeschränkten Zusammenarbeit, ohne jedoch bleibende Strukturen zu schaffen. Wie ein Vogelschwarm hat 3M für kurze Zeit lediglich die 'Flugrichtung' geändert.

Die Hauptaufgaben des Management bestanden früher in Planen, Organisieren, Erledigen und Messen (POEM). In vernetzten Unternehmen läßt sich die Aufgabe eines Managers auf die kurze Formel DNA bringen: Definieren, Nähren, Austeilen (DNA).

Definieren: Wer sind wir? Was ist der Unternehmenszweck? In welchen Bereichen sind wir tätig? Welche Vision haben wir und was wollen wir unseren Kunden bieten? Ein vernetztes Unternehmen organisiert sich häufig selbst. Mitarbeiter finden zusammen, um Projekte durchzuführen. Die Aufgabe des Management besteht nicht darin, diese Teams oder Projekte zu leiten, sondern zu entscheiden, welche Projekte wichtig sind, den Mitarbeitern ein Ziel vorzugeben und dafür zu sorgen, daß die Projekte effektiv weiterverfolgt werden. Die Fragen nach Werten oder Visionen sind kein bloßer Zeitvertreib, sondern ausgesprochen wichtig.

Nähren: Humankapital, Strukturelles Kapital und Kundenkapital, die wesentlichen Eckpfeiler eines Unternehmens, müssen vom Management genährt und gefördert werden. Welche Mitarbeiter und welches Wissen benötigen wir? Welche Fähigkeiten sind für unseren Unternehmenszweck ausschlaggebend? Wie können diese Fähigkeiten erworben und optimal genutzt werden? In welcher Form wollen wir gute Leistung belohnen? Was für eine Umgebung brauchen die Mitarbeiter, damit sie ihre Fähigkeiten voll entfalten können? Wie können wir unsere Spezialisten mit dem minimalsten bürokratischen Aufwand zusammenbringen? Wie können wir unsere Kundenbeziehungen auf- und ausbauen, damit wir eine enge und dauerhafte gegenseitige Bindung schaffen?

Austeilen: Managen bedeutet austeilen und zuteilen. In welche der Möglichkeiten, die sich uns bieten, sollen wir investieren und vor allen Dingen: wieviel? Welche Ressourcen werden wo gebraucht? Wie sollen wir die Verteilung der Ressourcen auf die Teams managen? Wie können wir die Resultate bewerten?

Das Erfolgsgeheimnis von Netzwerken

Die Moral von den Geschichten über Unternehmen wie 3M und Sun ist im Informationszeitalter eine neue: Die flache Netzwerkorganisation hat sich durchgesetzt, da sich die zugrundeliegenden ökonomischen Prinzipien über Kommunikation und der Kontrolle zugunsten kleiner und flexibler, statt großer Organisationseinheiten verändert haben. An dieser Stelle sind einige theoretische Erläuterungen notwendig, doch tragen Sie es mit Fassung: Unterschiedliche Organisationsstrukturen verursachen unterschiedliche Kosten, deren Auswirkungen vom Management in der Regel nicht bedacht werden. Das Verständnis dieser Unterschiede ist jedoch ein bedeutender Faktor bei der Analyse der Möglichkeiten, die das Management eines vernetzten Unternehmens bietet. Diese Sichtweise fußt auf der Transaktionskostentheorie, die der Nobelpreisträger Ronald Coase begründet hat und die von anderen, wie Oliver Williamson an der University of Berkeley, weiterentwickelt wurde. Die traditionelle Mikroökonomie befaßt sich im wesentlichen mit Produktionsfaktoren wie Arbeit und Rohmaterialien. Williamson argumentiert, daß sie einen wesentlich wichtigeren Aspekt nicht berücksichtigt, nämlich die Kosten für Transaktionen: also nicht nur die Kosten für die Arbeitskraft selbst, sondern auch sämtliche anfallenden Kosten für die Arbeitskraftbeschaffung, die Ausbildung, den Austausch der Arbeitskräfte bei Personalwechsel etc., und nicht nur Kosten für Rohstoffe, sondern auch die Transaktionskosten, die beispielsweise beim Transport von Rohstoffen entstehen. Die traditionelle Mikroökonomie hat sich zu keiner Zeit mit den internen wie externen Verwaltungskosten, die bei der Geschäftstätigkeit anfallen, befaßt. Abteilungsleiter ignorieren diese Kosten ebenfalls, da sie zu den Overheadkosten gehören und nicht von ihnen zu kontrollieren sind. Dabei handelt es sich hier um gewaltige Kosten: Liegen die Administrationskosten für Transaktionen im Business-to-Business-Geschäft bei bis zu 250 Milliarden Dollar pro Jahr, so ist der Kostenaufwand für interne Transaktionen vermutlich bedeutend höher.

Williamsons Gedankengang ist vereinfacht dargestellt folgender: Eine Transaktion kann grundsätzlich auf zwei Arten verlaufen - entweder man kauft etwas von anderen, oder man produziert es selbst. Nennen wir die erste Form einen Markt und die zweite eine Hierarchie (es gibt Zwischenformen, aber der Einfachheit willen seien nur diese beiden hier genannt). In hierarchisch organisierten Unternehmen, die selbst produzieren, finden die Transaktionen zwischen den einzelnen Unternehmensbereichen statt. Märkte sind hingegen flach strukturiert und organisieren sich durch das Wechselspiel von Angebot und Nachfrage.

Beide Systeme haben Vorteile. Märkte bieten allgemein den niedrigsten Preis, da viele Anbieter miteinander konkurrieren. In Hierarchien fallen im Vergleich zu den Märkten in der Regel geringere Koordinationskosten an, denn das Geschäft am Markt ist ein komplexes Unterfangen: es müssen Kunden geworben werden, der Kauf und Verkauf muß organisiert, es muß Sorge dafür getragen werden, daß Rechnungen bezahlt und Schulden eingetrieben werden, man muß werben etc. Je nachdem, in welchem Verhältnis Kosten und Ertrag stehen, wird eine bestimmte Branche mehr oder weniger Eigenfertigung betreiben, größere oder kleinere Unternehmen aufweisen, der Managementstil wird bürokratisch oder unternehmerisch sein.

Die Kosten verändern sich, wenn man einen Computer kauft und ein Netzwerk aufbaut. Die Kosten für die Datenübertragung via Netzwerk sind von 1985 bis 1995 um etwa 90 Prozent gesunken, parallel zu den weiterhin ständig sinkenden Preisen für immer leistungsfähigere Rechner. Ceteris paribus (was nie der Fall ist, doch Wirtschaftswissenschaftler dürfen zumindest so tun, als ob), verlieren hierarchisch strukturierte Unternehmen mit der Zeit den Vorteil der vergleichsweise niedrigeren Koordinationskosten. Verkäufer und Käufer finden leichter zueinander, der 'Papierkram' funktioniert plötzlich ohne Papier und macht ganze Legionen von Büroangestellten überflüssig. Elektronische Auftragsannahme und Bezahlung verringert die Verkaufskosten und die Kosten, die durch Zahlungsrückstände bei Kunden entstehen. Netzwerke reduzieren ebenfalls die internen Koordinations- und Transaktionskosten und die Informationsexplosion, die durch Netzwerke ausgelöst wird, begünstigt die Dezentralisierung der Entscheidungsbefugnis und verringert so-mit das notwendige Maß an interner Kommunikation. Das Ergebnis ist, daß mehr Transaktionsmöglichkeiten geschaffen werden, für die sich marktähnliche Strukturen effizienter als bürokratische erweisen. Immer mehr Unternehmen gehen inzwischen dazu über, das, was sie bislang selbst produzierten, zu kaufen.

Die Auswirkung der Informationstechnologie auf die Transaktionskosten erklärt beispielsweise, warum der Versuch von United Airlines, ein eigenes Tourismusunternehmen mit Angeboten für Flugreisen, Hotelunterkünften und Mietwagen zu gründen, nach kurzer Zeit gescheitert ist. 1985 kaufte United Airlines Hertz auf und zwei Jahre später Hilton. Das Unternehmen wurde in Allegis umbenannt. Innerhalb eines Jahres wurde dieser Zusammenschluß von United Airlines allerdings wieder rückgängig gemacht. Der erhoffte Synergieeffekt war nicht eingetreten. Was war geschehen? Allegis entstand zu einem Zeitpunkt, als computergestützte Reservierungssysteme eingeführt wurden. Mit dieser neuen Technologie war es plötzlich möglich, in einem Reisebüro Flüge, Unterkünfte und Mietwagen flexibel zu wählen und zu buchen, ohne große Transaktions- oder Koordinationskosten zu verursachen. Der restliche Markt war nun auch in der Lage, diese Synergien zu bieten.

Das Beste an dieser Theorie ist, daß sie in die Praxis umgesetzt wird. Große Unternehmensgruppen teilen sich auf, es wird zunehmend Outsourcing praktiziert (vgl. Kapitel 6), die Zugangsbeschränkungen sind in vielen Branchen gefallen, die Geschäftstätigkeit von Unternehmen erhält einen stärkeren Fokus, überall entstehen Netzwerke 'Virtueller Unternehmen' und Hierarchien brechen in sich zusammen, da sie nicht mehr von Nutzen sind. Die Unternehmen werden zunehmend kleiner: Die Durchschnittszahl der Angestellten in US-Unternehmen ist heute um acht Prozent geringer als noch 1980. Den größten Anteil an den sinkenden Mitarbeiterzahlen haben die Branchen mit dem größten Zuwachs an Informationstechnologie: Im Informationszeitalter gilt nicht mehr 'big is beautiful', sondern 'klein, aber fein'.

Es ist eine Sache, sich auf dem Markt Papier und Bleistift zu kaufen, anstatt sie selbst zu produzieren. Es ist eine andere Sache, auf dem Markt Dienstleister zu finden, die wichtige Aufgaben im Unternehmen übernehmen. Sie sparen einen großen Kostenfaktor ein, wenn Sie ihn an den Lieferanten weitergeben, wobei dieser die Kosten unter seinen Kunden aufteilt. Vor ein paar Jahren übernahm GE Capital als Dienstleister das Kreditkartengeschäft von Montgomery Ward oder 'Monkey Ward', wie die amerikanische Kaufhauskette spaßhaft genannt wird. Die Computer von GE Capital sind direkt mit den Registrierkassen der Einzelhändler verbunden, GE gibt die Kreditkarten von Montgomery Ward aus, verschickt Rechnungen und zieht die Beträge ein. Dadurch sparte sich Montgomery Ward die Kosten für Anschaffung, Wartung und die Aufrüstung eines EDV-Systems. GE ist in der Lage, die anfallenden Kosten - die alles andere als gering sind - auf mehrere unterschiedliche Kreditkartengeber zu verteilen.

Das Finanzkapital spielt dabei nur eine kleine Rolle; beide Unternehmen ziehen ihren Profit aus ihrem Intellektuellen Kapital. Die Kernkompetenz von Montgomery Ward liegt in Einkauf, Marketing und Verkauf, nicht im Umgang mit Kundenkreditkarten, Kreditkartenabrechnungen oder EDV-Systemen. Durch die Allianz mit einem Unternehmen, dessen Intellektuelles Kapital genau diese Lücken füllt, wird Montgomery Ward von diesen Aufgaben befreit und muß keine Investitionen für den Erwerb von Wissen darüber tätigen. Im Klartext: Ein Unternehmen, das seine Kerntätigkeit auslagert, riskiert, seinen Zweck zu verlieren. Ein Unternehmen, das an seinen Kerntätigkeiten festhält und die Leistung eines anderen Unternehmens für die Abwicklung von 'Begleiterscheinungen' in Anspruch nimmt, kann auf einem größeren Markt mehr Nutzen aus seinem Intellektuellen Kapital ziehen, als es sonst der Fall wäre.

Drei neue Organisationsmodelle

Auf Basis der Informationswirtschaft und der Transaktionskostentheorie ergeben sich drei neue Modelle der Unternehmensstruktur: das *intern vernetzte Unternehmen*, das *Virtuelle Unternehmen* und das *ökonomische Netz*. Diese äußerst effizienten Strukturen ermöglichen wirtschaftliches Arbeiten und was vielleicht noch wichtiger ist – schnellen Wachstum durch optimale Nutzung des Intellektuellen Kapitals. Wir haben das intern vernetzte Unternehmen anhand des Beispiels von Minnesota Mining and Manufacturing (3M) in diesem Kapitel, und anhand ähnlicher Beispiele in den Kapiteln 7 und 8 ausführlich erörtert. Nun wollen wir uns Virtuelle Unternehmen und ökonomische Netze näher ansehen, um ihre Organisationsstruktur zu verstehen.

Der Unternehmensbereich Versicherungs- und Finanzdienstleistungen (AFS) von Skandia definiert sich selbst als ein Virtuelles Unternehmen. AFS konzentriert sich nicht auf herkömmliche Lebensversicherungen, sondern auf kombinierte Spar- und Versicherungsverträge wie beispielsweise Rentenpläne mit variablen Auszahlungsbeträgen, bei denen die Prämien in Investmentfonds investiert werden und der Versicherungsnehmer die Art des Fonds auswählen kann. Die Auszahlungssumme hängt von der Höhe der insgesamt erzielten Erträge ab. Die Einnahmen von AFS zeigten von 1991 bis 1995 eine erstaunlich hohe jährliche Wachstumsrate von 45 Prozent an. Skandia ist inzwischen weltweit einer der drei größten Anbieter variabler Rentenpläne.

Dieses schnelle Wachstum ist auf die Virtualisierung des Geschäftsbereichs zurückzuführen. AFS investierte Geld und Grips in die Entwicklung neuer Versicherungsprodukte, in die Errichtung interner und externer Netzwerke und in die Öffnung für den Weltmarkt (diese Faktoren stehen für Human Kapital, Strukturelles Kapital und Kundenkapital, die bedeutendsten Knotenpunkte in jedem Unternehmensnetzwerk). Mit einem ausgeklügelten internen Netzwerk und mit weltweit standardisierten Prozessen kann das Unternehmen die Skaleneffekte der Informationswirtschaft ausnutzen. So eröffnete Skandia beispielsweise im Jahr 1995 in Malaysia eine Verkaufsniederlassung für gesamt Südostasien, wobei die Buchhaltung über eine Schweizer Außenstelle abgewickelt wird.

AFS organisiert weder Investmentfonds, noch tritt das Unternehmen direkt mit der Öffentlichkeit in Kontakt. Das machen Partnerunternehmen in einem virtuellen Netzwerk. Am unteren Ende der Wertschöpfungskette sind das die Händler vor Ort – Banken, Versicherungsmakler und Finanzberater, die Versicherungen verkaufen wollen und den Sachverstand von AFS bei der Entwicklung von Versicherungsformen zu schätzen wissen. Am oberen Ende der Wertschöpfungskette befinden sich bekannte Fondsverwalter wie J.P. Morgan, Invesco und Fidelity, die AFS als verläßliche Geldquelle mit günstigen Absatzwegen schätzen. Das Netz von Verkäufern und Fondsverwaltern optimiert den Einsatz des Intellektuellen Kapitals, da es AFS eine Infrastruktur bietet, die das Unternehmen allein nicht so schnell hätte schaffen können. 1992 beschäftigte AFS 1.169 Mitarbeiter, heute sind es 2.086, also ein bescheidener Zuwachs von 917. Doch die Zahl derjenigen, die Skandia-Ver-sicherungen in diesem Netzwerkverbund verkaufen oder managen, hat sich von 15.000 auf 46.000 mehr als verdreifacht. Der Wert der verwalteten Vermögensanlagen von AFS ist sogar schneller angestiegen: von 25 Mrd. Schwedischen Kronen auf 116 Mrd. (das entspricht etwa 17,5 Mrd. Dollar).

Wie auch AFS haben viele Unternehmen begonnen, sich auf nur wenige Hauptaktivitäten zu konzentrieren und die übrigen zu 'dele-gieren'. In der Elektronikbranche, in der Wissen der bedeutendste Produktionsfaktor ist, lösen sich komplette Wertschöpfungsketten auf und formieren sich neu. Nehmen wir beispielsweise den Vertrieb. Ein Hersteller konzentriert seine Aktivitäten auf seine Produktion und beauftragt für die Logistik einen Spediteur. Anstatt sich mit einem großen eigenen Fuhrpark zu belasten, mietet dieser die benötigten Transportmittel bei Bedarf von einer Autovermietung, die genau weiß, wann sich welche Transportmittel wo befinden und ob sie beladen sind oder nicht. Jede dieser Firmen - Hersteller, Spediteur und Autovermieter - nutzt und managt sein finanzielles und sein Intellektuelles Kapital effizienter als zuvor. Und die Konzentration auf das Management Intellektueller Vermögenswerte spielt eine Schlüsselrolle bei der Entstehung Virtueller Unternehmen.

John Hagel III, Unternehmensberater von McKinsey, verwendet den Begriff 'ökonomisches Netz', um zu beschreiben, wie sich die Logik eines Netzwerks in der Unternehmensstruktur ultimativ manifestiert. Ökonomische Netze sind „Interessensgemeinschaften freier Unternehmen, die über eine bestimmte Technologie verbunden zusammenarbeiten ... und sich einer gemeinsamen Struktur bedienen, wobei jedes Mitglied zur Steigerung der Nutzenerwartung des Netzes beiträgt, die anwächst, je mehr Unternehmen dieser Interessengemeinschaft angehören."

So etwas haben wir vorher schon kennengelernt, die Windows-Gemeinde, wie ich sie bezeichne habe. Es gibt darüber hinaus noch viele weitere: Telefongesellschaften beispielsweise, Automobilhersteller mit ihren Lieferanten und Händlern, private TV-Sender und Unternehmen wie CNN, die Programme für die Sender produzieren. Werden die Stromversorgungsbetriebe vollständig privatisiert, wird in dieser Industrie vermutlich ein Netz von Stromerzeugern, -vertreibern, -verkäufern und Reparaturbetrieben entstehen. Netze lassen sich ebenfalls rund um bestimmte Kundengruppen spinnen, wie zum Beispiel die diversen Zusatzleistungen, die American Express seinen Kreditkartenkunden bietet oder das Angebot von Online-Diensten für den Zugang zu Zeitschriften, Reiseagenturen und Softwareunternehmen. Die gesamte Finanzdienstleistungsbranche wurde ausschließlich für Dienstleistungen für Käufer und Verkäufer erfunden, die sich im Mittelalter auf den Marktplätzen trafen.

Unternehmen solcher Netzwerke sind mit einer zweifachen Herausforderung konfrontiert: Wettbewerb und Kooperation. Innerhalb eines solchen Netzes entstehen zeitweise heftige Konkurrenzkämpfe zwischen Teilnehmern; man denke beispielsweise an Compaq, Gateway und Packard Bell. Es ist nicht ausgeschlossen, daß durch einen dieser Kämpfe ehemals führende Unternehmen aus dem Netz verdrängt werden und letzteres sich strukturell verändert. Dies geschah in der PC-Industrie, als IBM von Microsoft und Intel an den äußeren Rand eines Netzes verdrängt wurde, das IBM ursprünglich selbst gesponnen hatte. Inzwischen unternehmen Netscape und Sun (über die Java-Software) Versuche, die Spinne Microsoft aus dem 'Internet-Netz' zu drängen. Zur gleichen Zeit konkurrieren Netze mit anderen Netzen, beispielsweise Greater Microsoft mit Apple und Ford mit Honda - und jeder Netzpartner profitiert im Falle einer Ausdehnung seines Netzes von den steigenden Erträgen oder muß Einbußen hinnehmen, sollte sein Netz weniger erfolgreich sein, als das anderer Konkurrenten.

Der Schlüssel zum Erfolg liegt, sowohl bei der Ausdehnung eines Netzes als auch im Kampf um die Führungsposition innerhalb es Netzes - wie sollte es anders sein -, im Faktor Information begründet. Je schneller und dichter der Informationsfluß in einem Netz ist, desto mehr steigen die Chancen der Teilnehmer für das eigene Unternehmen günstige Gelegenheiten zu nutzen. Dadurch steigt die Nutzenerwartung des Netzes und es wird für Kunden attraktiver.

Das Zentrum, der Ursprung all dieser neuen Unternehmensstrukturen ist das Intellektuelle Kapital. Unternehmen mit internen Netzwerken, Virtuelle Unternehmen und ökonomische Netze sind Teil der wirtschaftlichen Logik des Informationszeitalters: Mit Ideen, Wissen, Informationsverarbeitung und -verbreitung und andere immaterielle Vermögenswerte - Humankapital, Strukturelles Kapital und Kundenkapital - lassen sich schneller und kostengünstiger große Erträge erzielen, als mit dem Einsatz herkömmlicher materieller und finanzieller Vermögenswerte. Die Arithmetik der Güterwirtschaft ist die Addition - die der Informationswirtschaft ist es die Multiplikation.

Kapitel 12
Ihre Karriere im Informationszeitalter

*Die grundlegende Voraussetzung, die die moderne Führungskraft mitbringen muß ...
besteht darin, die eigenen Ziele mit denen des Unternehmens in Einklang zu bringen.
Die jungen Männer begegnen dem System ohne Zynismus und mit nur wenig Skepsis
– sie sehen daran nichts, gegen das sie sich sträuben müßten, sondern etwas, mit dem
man kooperieren kann... Sie gehen davon aus, daß das Unternehmen das gleiche Interesse daran hat, ihre besten Fähigkeiten zu nutzen wie sie selbst. Daher können Sie
Ihr berufliches Schicksal dem Unternehmen gelassen anvertrauen... In der Regel gefällt den jungen Leuten die Vorstellung, daß ihre Beziehung zu ihrem Unternehmen
andauert.*

William H. Whyte, *The Organization Man, 1956*

Also das kann man vergessen. Wenn es in der Wirtschaft des Informationszeitalters überhaupt einen Punkt gibt, über den allgemein Einigkeit herrscht, dann der,
daß man eine goldene Uhr eher von einem Straßenverkäufer bekommt als von
seinem Arbeitgeber.

Es gab eine Zeit, und die liegt noch nicht lange zurück, in der die Mitarbeiter eines
Unternehmens die Hierarchie so elegant und dynamisch erklommen wie einen
Azteken-Tempel. Die Stufen waren deutlich vorgegeben, der Weg eindeutig –
vergessen Sie, daß die, die es bis zur Spitze brachten, entweder Priester oder Mär-
tyrer waren. Heutzutage schlängeln sich die Mitarbeiter, Manager und die Geschäftsführung im Zickzack durch ein Unternehmen, dessen Struktur eher einem
Schaltplan auf einer Leiterplatte als einer Pyramide gleicht. Der 'Stromkreis' von
Arbeitsleistung und deren Kontrolle verläuft kreuz und quer, an 'Stromschnellen'
kann es schnell 'den Bach hinuntergehen', und Karriereleitern sind kurz und zudem ziemlich rar. Das Organisationsprinzip besteht aus endloser Reorganisation,
so daß es schwierig ist, herauszufinden, was Karriere hier überhaupt ist, geschweige denn, wie man Karriere machen kann. Auf die Frage nach der Zukunft des
mittleren Managements, dieser 'bedrohten Art' unserer Tage, gab David Robin-
son, Vorsitzender der CSC-Index-Unternehmensberatung, kurz und bündig
Antwort: „Es stirbt aus."

Nach mehr als einem Jahrzehnt, in dem Millionen von Arbeitsleben zerstört wurden – durch Downsizing sowie Outsourcing, Stillegung und Umstrukturierung von
Arbeitsbereichen – haben Unternehmen und Arbeitnehmer sich mit neuen Kli-
schees vertraut gemacht. „Wir können Ihnen keinen sicheren Arbeitsplatz bieten,
doch im Umgang mit einem herausfordernden Aufgabenbereich können Sie
marktfähige Qualifikationen erwerben"; „Arbeiten Sie so, als wären sie selbständig

– arbeiten Sie für die 'Ich GmbH'"; „Jeder Job ist befristet"; „Sie sind für das Management Ihre Karriere selbst verantwortlich." Wie Muttermilch ist das ein nahrhafter Anfang. Aber was kommt danach?

Die neuen Weisheiten zu propagieren ist eine Sache, danach zu leben, eine andere. Wie soll man feststellen, ob die Karriere in den richtigen Bahnen verläuft, wenn kein vorgegebener Weg erkennbar ist? Wie kann Karriere gezielt geplant werden, wenn die Personalpolitik eines Unternehmens der wirtschaftlichen Realität hinterherhinkt? Gary Knisley, CEO von Johnson Smith & Knisley Accord, ein New Yorker Personalberatungsunternehmen für Führungskräfte, sagt: „Die Unternehmen sehen befristete Beschäftigungsverhältnisse aus einem anderen Blickwinkel als die betroffenen Arbeitnehmer. Sie sprechen von einer 'großartigen Karrieremöglichkeit in diesem großen und wachsenden Unternehmen'. Sie glauben ernsthaft, daß sie einen gewöhnlichen Job anbieten, während der Bewerber auf der anderen Seite des Schreibtisches denkt: „Machen Sie mir nichts vor." Sollten Sie dennoch daran glauben, so stellen Sie sich einmal folgende Frage: Wie würden Sie sich fühlen, wenn Sie Ihren Vorgesetzten, oder einer Ihrer Mitarbeiter freundlich zu Ihnen sagen würde: „Da die Anstellung auf Lebenszeit bereits überholt ist, möchte ich mit Ihnen erörtern, wie ich meinen derzeitigen Aufgabenbereich so umgestalten kann, daß ich für meinen nächsten Arbeitgeber von größerem Nutzen sein kann."

Nur Mut. Das Informationszeitalter bietet ein neues Karrieremodell. Es ist sicherlich verwirrend und teilweise widersprüchlich: Ein CEO beispielsweise äußert in einem Atemzug seinen Wunsch nach Managern mit abgerundetem Profil, vielseitigen, breit gefächerten Fähigkeiten, und beklagt im nächsten, wie wichtig und schwierig es ist, herausragende Leute mit ganz speziellem Fachwissen zu bekommen und zu halten. Richtig ist auch, daß es kaum sichere Arbeitsplätze gibt und daß das auch in Zukunft wahrscheinlich so bleibt. Selbst wenn ein enger Arbeitsmarkt den Arbeitnehmern größere Verhandlungsmöglichkeiten einräumt, so „werden wir nie wieder die Bequemlichkeit und Selbstzufriedenheit früherer Zeiten erreichen", sagt Robert Saldich, Geschäftsführer von Raychem Corp. Die Zahlen bestätigen diese Ansicht: Gemäß einer Studie der American Management Association haben 50 Prozent der großen und mittelständischen Unternehmen zwischen Juni 1994 und Juni 1995 Arbeitsplätze abgebaut. Die meisten dieser Unternehmen haben gleichzeitig neue Stellen geschaffen – auf der einen Seite wurden neue Mitarbeiter eingestellt, auf der anderen Seite entlassen. Rechnet man dies gegeneinander auf, ist die Anzahl der Arbeitskräfte in diesen Unternehmen um rund 1,1 Prozent gesunken, wobei andere Unternehmen sich das frei gewordene Arbeitskraftpotential in noch höherem Maße zunutze gemacht haben: Bei den 1.003 untersuchten Unternehmen ist die Beschäftigungsrate insgesamt um 4,5 Prozent angestiegen. Diese Bewegung ist zu einem festen Bestandteil der konjunkturellen Entwicklung geworden, trotz Wirtschaftswachstum hat sich der Prozentsatz an Unternehmen, die Arbeitsplätze abbauen seit 1991 jedes Jahr weiter erhöht.

Auf den heutigen 'Weltmeeren der Wirtschaft' kann man nicht nur nach den Sternen segeln, man braucht einen Kompass und einen Sextanten, um sich zurechtzufinden. Suchen Sie nicht nach Sicherheit, sondern nach Spannkraft. Bauen Sie auf

Ihre Leistung und nicht auf Ihre Position. Karriere wird immer weniger von einem Unternehmensimage bestimmt werden ('Ich arbeite für IBM'), sondern mehr und mehr von den beruflichen Aufgaben ('Ich entwickle RISC-Chips'). Karriere wird weniger durch Hierarchien geprägt, als vom Markt geformt werden. Neue Regeln bestimmen den Erfolg und neue Warnsignale weisen auf Mißerfolge hin. Die Risiken mögen größer sein, aber ebenso der Gewinn.

Die neuen Warnsignale

Die alten Symbole des Erfolgs – ein lederner Bürosessel und die eigene Sekretärin – haben ausgedient, dies gilt ebenfalls für die alten Warnsignale. Richard Moran, leitender Mitarbeiter für Change Management in der Praxis bei Price Waterhouse sagt hierzu: „Gehaltserhöhung und Beförderungen im Abstand von einem oder zwei Jahren waren früher die Regel. Wurde man dabei nicht berücksichtigt – hmm – das war ein Warnzeichen. Heute hören Sie nicht das leiseste Knacken." Heutzutage sind die Warnsignale subtiler – manchmal nur für Sie hörbar und auch nicht für den Vorgesetzten oder Kollegen. Werden diese mit der Zeit lauter, dann wachen Sie auf:

1. Lernen Sie etwas dazu?
Sollten Sie nicht zum Ausdruck bringen können, was Sie in den vergangenen sechs Monaten erlernt haben und auch nicht, was Sie in den kommenden sechs Monaten erwarten können, passen Sie auf. John Kotter, Professor an der Harvard Business School, erläutert: „Wenn Sie dort, wo Sie beschäftigt sind, nichts hinzulernen können, gehen Sie, selbst wenn man Sie befördern will." Wenn Ihr Job einfach und zur Routine geworden ist, kommt jemand anderer, der ihn für weniger Geld erledigen wird.

2. Würden Sie Ihre Stelle, sollte sie frei sein, noch einmal bekommen?
Erweitern Sie Ihre Fähigkeiten stetig. Sehen Sie sich die Stellenangebote in Ihrem Tätigkeitsbereich an. Sind Qualifikationen erforderlich, zum Beispiel versteckt in Formulierungen wie 'vertraut im Umgang mit Lotus Notes Version a plus', die Sie nicht vorzuweisen haben, dann müssen Sie sich ins Zeug legen.

3. Sind Sie 'die Kuh, die man melkt'?
Opfern Sie langfristig Ihre Karriere für kurzfristige Gewinne, vor allem für die Ihres Arbeitgebers, dann verzehren Sie Ihr Intellektuelles Kapital. Ein Verkäufer, der das Marketing erlernen möchte, aber ständig zu hören bekommt: „Sie sind so gut, wir brauchen Sie hier" oder ein Buchhalter, der das alte System beibehalten soll, während andere sich bereits mit der neuen Software auseinandersetzen: Das alles sind Mitarbeiter, in die das Unternehmen nicht weiter investiert.

4. Sind Sie sich Ihrer Arbeitsleistung bewußt?
Sollten Sie nicht in der Lage sein, in zwei Minuten Ihren Aufgabenbereich und dessen Bedeutung beschreiben zu können, wird Ihr Vorgesetzter das wahrscheinlich ebenso wenig können.

5. *Was würden Sie tun, wenn es Ihren Job morgen nicht mehr gäbe?*
Sollten Sie diese Frage nicht beantworten können, haben Sie nie darüber nachgedacht, welche marktfähigen Qualifikationen Sie besitzen. Sie müssen sich innerhalb Ihres Unternehmens besser verkaufen.

6. *Haben Sie Spaß an Ihrer Arbeit?*
Natürlich, Arbeit bleibt Arbeit, doch sind Sie neuen Herausforderungen gegenüber wenig aufgeschlossen, sind Sie nicht mit ganzem Herzen bei der Sache.

7. *Machen Sie sich Sorgen um ihren Arbeitsplatz?*
Morgan sagt dazu: „Ist dies der Fall, haben Sie wahrscheinlich allen Grund dazu."

Das neue Karrieremodell

Das veränderte Karrieremodell ist die Folge einer veränderten Arbeitsstruktur. Man muß die große Bedeutung und die Dynamik des Intellektuellen Kapitals – nicht nur des Humankapitals, sondern auch des Strukturellen Kapitals und der organisatorischen Vermögenswerte – erkennen, um diese zu verstehen. Wie der Unternehmensberater William Bridges in seinem Buch *JobShift* beschreibt, verschwindet der 'Job' – ein mehr oder minder festgelegter alltäglicher Aufgabenbereich – da routinemäßige Bürotätigkeit und Produktionsprozesse zunehmend automatisiert werden.

Statt der Aufgabenbereiche, gibt es Projekte. Ein Projekt ist lediglich eine Aufgabe mit einem Anfang, einem festgelegten Ziel und einem Ende: Tragflächen für einen neuen Jetliner zu entwickeln, ein Produkt auf den Markt zu bringen, einen Prozeß für das Gericht vorzubereiten, die Buchhaltung neu zu strukturieren und zu rationalisieren oder ein Kernkraftwerk von radioaktiver Strahlung zu befreien (schon gut, schon gut, die meisten Projekte nehmen jedenfalls irgendwann ein Ende). Mit diesen Abgrenzungen unterscheidet sich ein Projekt von Jobs, beispielsweise von der Überwachung eines Fließbandes und den Vorbereitungen zur allwöchentlichen Kostenabrechnung inkl. allem anfallenden Kleinkram, der sich erfahrungsgemäß unendlich lange hinzieht.

Projekte definieren Managerkarrieren neu. Anders als in feststehenden Abteilungen mit gleichmäßigen Arbeitsabläufen, wird ein Projekt zunächst konzipiert, der Mitarbeiterstab festgelegt, das Projekt durchgeführt und somit abgeschlossen. Warren Bennis von der University of South Carolina ist der Meinung, diese Arbeitsmethode führe zu „anpassungsfähigen, sich schnell verändernden, zeitlich befristeten Systemen ... die Projektteams werden oft aus Leuten bestehen, die sich untereinander kaum kennen, aus Mitarbeitern mit unterschiedlichem beruflichen Werdegang, die ihre verschiedenen Qualifikationen zur Problemlösung des Projektes beitragen ... Die Bewertung der Teammitarbeiter wird nicht hierarchisch nach deren Position oder Status erfolgen, sondern flexibel nach den jeweiligen Kompetenzbereichen. Unternehmensstrukturen werden in zunehmendem Maße aus Projektgruppen und nicht aus einem mehrschichtigen Geflecht funktionsspezifischer Abteilungen bestehen." Das erscheint nicht neu, doch Bennis schrieb damals 1968 in der Zukunftsform.

Bei der heutigen Karriere sind drei neue Aspekte zu berücksichtigen. Erstens: „Sie haben keine Wahl mehr", wie Gene Dalton, Vorsitzender der Novations Group in Utah, ein Beratungsunternehmen, das sich auf Karrieremanagement spezialisiert hat, sagt. Die alte Karriereleiter gibt es nicht mehr. Das Reengineering hat zu einer drastischen Reduzierung des mittleren Managements geführt, da die Unternehmen heute Computer einsetzen, um Informationen zu sammeln, zu analysieren und weiterzugeben. Gemäß den Studien der American Management Association werden Managementpositionen mit überwachender Funktion fast zweimal schneller abgebaut als aufgebaut. Andererseits werden Stellen für technisches und anderes Fachpersonal um 50 Prozent schneller geschaffen als gestrichen. Der Mann im grauen Flanellanzug ist heute der Mann im grauen Jogginganzug, der morgens um 10.30 Uhr um den See läuft. Gegen Ende 1995 veröffentlichte das *Wall Street Journal* einen Artikel darüber, daß diese Trends nicht so gravierend seien wie manche Leute behaupteten. Doch die Zahlen, die in diesem Artikel genannt wurden, bewiesen das Gegenteil: Die Grundlage war eine Studie über die Anzahl der Manager pro 100 Mitarbeiter in Unternehmen mit mehr als 100 Angestellten (erhoben wurden die Zahlen allerdings nur in Unternehmen, die gegenüber der Kommission für Chancengleichheit im Beruf auskunftspflichtig sind). Die Zahlen ergaben eine Quote von 12,5 Managern pro 100 Mitarbeiter im Jahr 1983, und 11,2 im Jahr 1994. In etwas mehr als einem Jahrzehnt verschwand einer von neun Managern – und fast die Hälfte der Streichungen wurde in den letzten drei Jahren dieses Zeitraums vollzogen. Die Rechnung ist einfach: Addieren Sie technisches und anderes Fachpersonal und subtrahieren Sie davon die Führungskräfte; ausschlaggebend ist in zunehmendem Maße, was Sie tun, und nicht für wen Sie es tun.

Zweitens haben Unternehmen ihre Grenzen neu gesteckt. Sie haben sie enger gezogen (indem sie sich auf Kernprozesse und -technologien konzentrieren), andererseits gelockert (indem sie nebensächliche Prozesse outsourcen und interne Netzwerke sowie Virtuelle Unternehmen gründen und sich ökonomischen Netzen anschließen). Ebenso wie der Wert eines Unternehmens weniger von seinem Sachvermögen abhängt, als von der Wissensentwicklung und -anwendung, sind Bedeutung und Wert einer Karriere nicht durch die hierarchische Position bestimmt, sondern von der Fähigkeit, Wissen heranzuziehen und zur Erreichung der Unternehmensziele einzusetzen. Der Logik der Transaktionskostenrechnung folgend entwickelt sich die Arbeit zunehmend in Richtung eines Unternehmer-Subunternehmer-Marktmodells als in Richtung der vertikalen Integration.

Der dritte neue Karriereaspekt ist von besonderer Tragweite: Projektorientierte Arbeit (im Gegensatz zu positionsorientierter Arbeit) ist schon seit Jahrzehnten in vielen Branchen die Regel, beispielsweise in der Bauindustrie, Maschinenbauunternehmen, in der Filmindustrie, in vielen Dienstleistungsbetrieben und zahlreichen anderen Industriesektoren, deren Geschäftsberichte sich wie eine Portfolioanalyse ihrer Projekte lesen. David Milligan, Direktor für Projekttechnologie für das Motorengeschäft bei Asea Brown Boveri, meint: „Projektmanagement gab es bereits, als ich vor 30 Jahren hier anfing." Inzwischen haben sich selbst die 'Bastionen der Bürokratie' dieser neuen Arbeitsweise geöffnet. Inzwischen bringt Chrysler neue Autos auf den Markt, die von speziell zusammengesetzten, funktionsübergreifenden 'Plattform-Teams' als gesamtes Projekt entwickelt wurden, ohne dabei einzelne Abteilungen zu durchlaufen. Diese Abteilungen bestehen zwar noch, dienen aber mittlerweile eher als eine Art 'Aufenthaltsraum' für Projektmitglieder denn als Funktionsträger für Organisation und Management.

Wie sich das Karrieremodell auf Ihre Situation auswirkt

Die Projektarbeit hat starken Einfluß auf Ihre Karriere. „Es gibt grundsätzlich vier Stufen und vier Karrieremöglichkeiten", sagt Frank Walter, Präsident der GTW Corp. Dieses Unternehmen aus Seattle verkauft unter anderem Projektmanagement-Beratungsleistungen und Software (in Allianz mit Microsoft). GTW unterstützte unter anderem Boeing und Baugh Industrial bei der Planung und Durchführung des Baus eines rund 160.000 qm großen Testlabors für Flugzeuge. Nach Walkers Einteilung in Karrierestufen, wird auf der höchsten Ebene die Strategie vorgegeben: Dies sind die Sphären, in denen Präsidenten, CEOs und Vizepräsidenten sich bewegen. Hier ist die Luft dünn. Danach folgen die Anbieter von Ressourcen: Sie steuern das Fachwissen, Geldmittel und andere Ressourcen bei. Hier finden sich die Chief Financial Officer und die Chief Information Officer, Personalmanager, Dienstleistungsunternehmen für bestimmte Projektabschnitte oder die Abteilungsleiter traditioneller Funktionsbereiche wie Technik und Marketing. Auf der nächsten Stufe folgen die Projektmanager: Sie kaufen oder mieten die Ressourcen des jeweiligen Anbieters, handeln das Budget aus, stellen das Projektteam zusammen und setzen die Durchführung des Projektes in Gang. Die nächste Ebene bilden die vielversprechenden Nachwuchstalente: Chemiker, Buchhalter und Verkäufer, Bäcker und Hersteller von Kerzenhaltern.

Überprüfen Sie Ihre Tätigkeit. Die Chancen stehen gut, daß Sie sich in diesem vierstufigen Schema mit den Ebenen der Strategie, der Anbieter von Ressourcen, den Projektmanagern und Spezialisten eher wiederfinden als in dem überkommenen Karriereträtt mit dem jährlichen kleinen Schritt aufwärts auf der Karriereleiter. Schauen Sie sich beispielsweise Andersen Consulting an, wo 80 Prozent der Beschäftigten an einem oder mehreren Beratungsaufträgen – Projekten, die über mehrere Wochen oder Jahre gehen mögen – gleichzeitig arbeiten (die Aufgaben eines Großteils der anderen Mitarbeiter sind längerfristiger Natur, zum Beispiel die Verwaltung von Informationssystemen anderer Unternehmen, die diese Tätigkeit ausgelagert haben). Neulinge im Unternehmen (Nachwuchstalente) werden regionalen Projekteinheiten zugeteilt. Dort ist ein Humanressources-Team (ein Anbieter von Ressourcen) dafür verantwortlich, die Grünschnäbel nach besten Kräften zu unterstützen, damit sie 'Flügge werden'. Dieses Team kooperiert mit führenden

Beratern (Projektmanagern), um Einsatzmöglichkeiten für den Nachwuchs zu finden, koordiniert das Feedback und hilft dabei, analytische, technische und kommunikative Fähigkeiten zu entwickeln, anhand derer der Fortschritt in der Entwicklung gemessen wird. Diese Orientierungsphase und Ausbildung währt kurz und es folgt die Integration in einen der Geschäftsbereiche wie Finanzdienstleistung oder Telekommunikation. Hier findet sich ein weiteres Humanressources-Team, das als Anbieter von Ressourcen und Karriereentwickler fungiert. Zu den allgemeinen Kenntnissen erwirbt der Nachwuchsberater auf dieser Station tätigkeitsspezifisches Fachwissen. Nebenher kann er sich bereits als Projektmanager versuchen und darf wichtige oder komplexe Projekte leiten. Nicht jeder strebt diese Karrierestufe an und nicht jeder erreicht sie. Manche verharren im Gesellenstatus (wie Programmierer und Analytiker) und werden mehr als Experten denn als Projektmanager geschätzt.

Obwohl es bei Andersen verschiedene Ebenen gibt – Berater, Manager, leitender Manager und schließlich Partner – anhand derer sich die Höhe des Gehalts bemißt, ist die wirkliche Karriere nicht von vermeintlichen Hierarchiestufen, sondern von der Entwicklung der Fähigkeiten, vom Markt der Käufer (führende Berater, die Projektteams zusammenstellen) und vom Markt der Verkäufer (Humanressources-Teams, die das Talent anbieten) bestimmt. Carol Meyers, internationale Leiterin des Bereichs Humanressources bei Andersen, sagt hierzu: „Die Nachfrage stellt sich ein, wenn ein Auftrag mit einem Kunden abgeschlossen wird und es dann heißt, daß 25 Leute für ein bestimmtes Projekt in einem bestimmten Zeitraum benötigt werden. Das Angebot stellt sich nach Abschluß von Projekten ein, wenn die Mitarbeiter wieder verfügbar sind. Die Karriere setzt immer dann ein, wenn wir Angebot und Nachfrage koordinieren."

Natürlich gibt es bei Andersen Consulting, wie in anderen Unternehmen, Mitarbeiter, die auf herkömmliche Weise Karriere anstreben und den Ehrgeiz haben, die Leiter (auch wenn es sich dabei um eine zusammenklappbare Trittleiter handelt) Stufe um Stufe bis zur noblen Chefetage im obersten Stock emporzusteigen. Gene Dalton von der Novations Group sagt: „Bei Exxon ging immer das Gerücht, das Unternehmen würde im wesentlichen zwei Dinge tun: Nach Öl suchen und nach dem nächsten Exxon-Präsidenten, wenn auch nicht notwendigerweise in dieser Reihenfolge. Jeder neue Manager war ein potentieller Kandidat." Dieser Karriereweg wird sicherlich in einigen Unternehmen weiter bestehenbleiben. Vornehmlich in Industriezweigen oder Branchen, wo die Qualifikationen und die Märkte keinem raschen Wandel unterworfen sind (davon gibt es nicht mehr viele) oder in denen hohe Kapitalinvestitionen als Eintrittsbarrieren wirken (obwohl viele Unternehmen in diesen Bereichen, zum Beispiel Telefongesellschaften, ihre Hierarchien abgebaut haben, um ihre Kapitalinvestition profitabler zu machen).

Für uns andere gilt: Die Karrierepfade geraten zunehmend verwirrender und daher müssen wir unterschiedliche Strategien verfolgen, um sie konsequent zu beschreiten. Dies beeinflußt den Weg zu einer erfolgreichen Karriere in sechsfacher Hinsicht:

Eine Karriere stellt eine Reihe von 'Sprüngen' dar und keine lineare Schrittfolge.

Die herkömmlichen Karrierewege – Beförderungen vom Jungingenieur zum Ingenieur bis zum Manager etc. – entsprechen den Kriterien der Tayloristischen Arbeitsteilung. Daniel Burnham, Präsident von Allied-Signals, einem Unternehmen mit einem Umsatz von 4,6 Milliarden Dollar, sagt in diesem Zusammenhang: „Die Anzeichen eines Karriereanstiegs spiegeln die Reichhaltigkeit Ihrer Tätigkeit und Ihre Bedeutung für das Unternehmen wieder", egal ob Sie zwischen unterschiedlichen Position hin und herspringen – heute Projektmanager, morgen Nachwuchstalent. Der Fernsehautor Terry Curtis Fox, Mitglied der Vereinigung Writers Guild of America West, sagte einmal: „Es ist durchaus möglich, daß jemand, der während einer TV-Serie für Sie arbeitet, in der nächsten Serie Ihr Vorgesetzter sein wird."

Was den leuchtenden Stern am Unternehmensfirmament von der trübseligen Glühbirne im Keller unterscheidet, ist nicht die Position innerhalb des Unternehmens, sondern die Komplexität und der Wert der Projekte, an denen die jeweiligen Mitarbeiter arbeiten. „Das Ziel ist die berufliche Qualifikationen in Ihrer Tätigkeit und nicht die Position des Kontrolleurs", sagt Michael Hammer, ein Berater und Autor, dessen Lobpreisungen des Reenginering ihn weltweit vermutlich zum Hauptverursacher des Exodus im mittleren Management machten. Als Beispiele zieht Hammer akademische Berufe und den Bereich Verkauf heran: „Ein hervorragender Jurist wie Joe Flom (von Skadden Arps Slate Meagher & Flom) würde seine Zeit nie für Managementaufgaben verschwenden. Erfolgreiche Verkäufer legen keinen Wert darauf, Manager zu sein – sie legen Wert auf dicke Konten. Verkaufsmanager sind Verkaufsnieten."

Hammer sagt voraus, daß die Beschreibung einer erfolgreichen Karriere – das, was man bei einer Bewerbung anhand des Lebenslaufs ablesen kann – in Zukunft anders aussehen wird. Erfolgsindikator in den Lebensläufen von Frauen und Männern wird in Zukunft nicht mehr die Tatsache sein, daß sie in einer Firma häufig die Position gewechselt haben, sondern daß sie häufig das Unternehmen mit sich wandelnden Positionen gewechselt haben. Die Bedeutung von Titeln oder Positionen wird schwinden. Linda DiMello, Geschäftsführerin von Alumnae Resources, einem nonprofit Karrieremanagement-Service-Unternehmen in San Francisco bestätigt dies: „Diejenigen, die sich über ihren Titel oder ihre Position identifizieren, werden als erste gehen müssen, denn sie sind nicht flexibel genug, sich gemeinsam mit dem Unternehmen zu entwickeln. Ein Lebenslauf wird darüber Auskunft geben, wie ich dem Kunden gedient habe. Für wen ich es getan habe, wird zur Nebensache."

Projektmanagement ist der Schmelzofen, in dem erfolgreiche Karrieren geschmiedet werden.

Mitte der 80er Jahre hatte ich einen Vorgesetzen, der sich jedes Mal, wenn er hörte, jemand sei einem 'speziellen Projekt' zugeteilt worden, spaßeshalber bekreuzigte; als wolle er einen Vampir abschrecken, damit ihn dieses Schicksal nicht ereile. Chris Holt, Experte für Organisationsoptimierung bei Chevron Products Co. bestätigt: „Sonderprojekte bedeuteten früher den 'Todesstoß'. Inzwischen ist es ein Anzeichen, daß man für etwas ganz Besonderes auserwählt wurde."

Mit Projekten wird Wissen gebündelt und verkauft. Es ist nicht von Bedeutung, welche Struktur das Unternehmen hat – ob funktionelle Hierarchie, Matrix oder aufkommende prozeßorientierte Unternehmen, deren Kommunikationsreichweite und Leistungspotential sich über 'end-to-end-Geschäftsprozesse' erstrecken, wie Auftragsaquisition und -abwicklung, Produktentwicklung und Kundenmanagement.[17]

Manager werden für Routinearbeiten nicht benötigt. Lassen sich diese Tätigkeiten nicht automatisieren, können die Beschäftigten sie selbst managen. Es sind die unzähligen Projekte – zur unternehmensinternen Verbesserungen oder als Dienstleistung für externe Kunden – die wertschöpfend sind. In Projekten werden Informationen zusammengetragen und ausgewertet, d. h. sie werden analysiert, miteinander verknüpft und optimal genutzt, um die Intellektuellen Vermögenswerte des Unternehmens zu erhöhen.

Ist das frühere mittlere Management der Dinosaurier der Wirtschaftswelt, entsteht nun die Gattung der neuen 'Manager-Säugetiere' – die Projektmanager –, um die frei gewordenen Nischen der 'Ausgestorbenen' zu besetzen. Wie sein evolutionsgeschichtliches Gegenstück ist der Projektmanager beweglicher und anpassungsfähiger als das 'Monster', dessen Platz er einnimmt. Seine Überlebenschancen sind größer, da er sein Wissen einsetzt und nicht mit 'Gewicht aufwartet'. William Dauphinais, einer der Berater bei Prince Waterhouse, sagt: „Das Projektmanagement wird sich im nächsten Jahrzehnt gewaltig vergrößern. Der Projektmanager ist Stütze der neuen 'horizontalen' Unternehmensstrukturen, die wir gegenwärtig schaffen."

Wie bereits erwähnt, liegen die Wurzeln des Projektmanagements in der Bauindustrie und der Maschinenbaubranche (im Grunde sind Kunst und Methoden des

---

[17] 'Horizontale' Strukturen sind ein leistungssteigernder Faktor für Unternehmen, um den Umgang mit Informationen und Wissen zu verbessern. Prozeßorientierte Unternehmen sind eher in der Lage, in einer informationsorientierten Geschäftswelt kundenorientiert zu agieren als hierarchisch strukturierte Unternehmen. Die größere Flexibilität eines horizontal strukturierten Unternehmens ist auf seine ausgeprägte Kundenorientierung zurückzuführen, die es zugänglicher für funktionell weitverzweigte Projekte zur Verbesserung der Geschäftsprozesse, Produkte und Dienstleistungen macht.
'Horizontale' Unternehmen ermöglichen eine weitere, fünfte Karriereform des Informationszeitalters: Der 'Prozeßbeauftragte' komplettiert das Team der Strategen, Anbieter von Ressourcen, Projektmanager und die Fachexperten. Prozeßbeauftragte sind erfahrene Führungskräfte, die – wie es die Bezeichnung vermuten läßt - für einen reibungslosen Ablauf von übergeordneten und untergeordneten Geschäftsabläufen verantwortlich sind. Es wird nicht viele davon geben, da ein gewinnbringender Vorteil eines horizontalen Unternehmens gegenüber einem hierarchisch strukturierten, der wesentlich geringere Verwaltungsbedarf ist. Der Reengineering-Papst Michael Hammer schätzt, daß selbst die größten Unternehmensgruppen nicht mehr als 100 Nischen für 'übergeordnete und untergeordnete Prozeßbeauftragte' bieten können. (Michael Hammer, *Beyond Reengineering* (New York: Harper Business, 1996)

Projektmanagements so alt wie die Welt selbst: Gott war als erster Projektmanager von allen tätig, indem er sich sechs Tage Zeit gab, um aus dem anfänglichen Nichts die Welt zu schaffen. Dann übergab er Adam das Ablaufmanagement, der sich 'veräppeln' ließ und die Sache prompt vermasselte. Im Gegensatz zu den Projektmanagern eines modernen Unternehmens gab Gott vor, was er in sechs Tagen erreichen wollte und verfügte außerdem über unbegrenzte Ressourcen).

Projektmanagement hat sich, von paradiesischen Gefilden ausgehend, schnell in der Raumfahrt- und Rüstungsindustrie, im Bank- und Versicherungswesen, in der Hardware- und Softwareindustrie sowie fast jedem anderen Industriezweig etabliert, da das Projektmanagement seines Ausnahmestatus entledigt wurde und die Hauptaufgaben des mittleren Managements übernommen hat. Man kann das so sehen, wie Roger Glaser von San Diego Gas & Electronics: „Projektmanagement ist das Management der Weiterentwicklung. Wir befinden uns hier und dort wollen wir hin."

Mitarbeiter, die erfolgreiche Projekte leiten oder daran beteiligt sind, werden den Schub zum nächsten großen Karrieresprung sicher erhalten. Die besten Projektmanager werden sich die besten Fachexperten heraussuchen und die besten Spezialisten und Talente haben die Wahl, wie es oft der Fall sein wird, sich zu einer Zusammenarbeit mit den besten Projektmanagern zu entschließen. Dienstjahre sind weniger ausschlaggebend als die Frage „Was haben Sie zuletzt für mich erledigt?". Anthony Miles von der Boston Consulting Group sagt: „Dies ist ein System, in dem die Starken gefördert werden. Es ist eine vertraglich vereinbarte Partnerschaft zwischen Arbeitgeber und Arbeitnehmer – eine marktgesteuerte Transaktion und keine hierarchisch bedingte Tatsache. Verhandlungsgeschick zu zeigen ist denen vorbehalten, die über Wissen verfügen oder beweisen, daß sie Dinge erledigen können." Scott McNeely, CEO von Sun Microsystems sagt in diesem Zusammenhang: „Sie müssen in eine Position gelangen, in der Sie zu mir kommen und sagen können: 'Ich habe das Geschäft mit AT&T abgeschlossen', oder: 'Ich war leitender Architekt bei der Neuentwicklung des soundso Projekts', oder 'Ich war verantwortlich für die Produktion und habe den Lagerumschlag in einem Jahr um den Faktor 10 steigern können'. Nach solchen Mitarbeitern suche ich."

Nicht jeder kann oder sollte Projektmanager werden, aber diejenigen, die es schaffen, werden die Gewinner sein. Wenn ein Unternehmen seine hierarchische Struktur aufgibt und sich über ein Portfolio von Projekten und Prozessen definieren läßt, ist es wesentlich einfacher, Ansprüche am Teil des Erfolgs zu stellen, denn ein positives Ergebnis läßt sich nicht einfach so verleugnen. Andererseits ist es schwieriger, andere für Mißerfolg verantwortlich zu machen, da sie dem gleichen Projektteam angehören wie Sie.

Fachwissen und nicht die Position bestimmt im zukünftigen Unternehmen die Macht des Mitarbeiters.

Das 'schmutzige Geheimnis' der flachen Organisation ist die Tatsache, daß sie nur mit Autorität – als der Befugnis, Anweisungen zu erteilen – die letztendlich aber niemand hat, überleben kann. Projektmanager sagen, daß 'sie in der Matrix' Ihrer Projekte gefangen seien. Sie könnten ebenso gut sagen, Sie würden auf einer Folterbank liegen. Janine Coleman lag als Projektmanagerin in der Strategie-Entwicklungsabteilung bei Lucent Technologies zehn Jahre lang auf einer Folterbank. Dennoch meint Janine Coleman gutgelaunt: „Die Firma sagt ihren Kunden: 'Wir teilen Ihnen eine Projektmanagerin zu, die für den Ablauf verantwortlich ist.' Geht das Projekt schief, ist es mein Fehler." Und hat sie als Projektmanagerin ebensoviel Macht wie Verantwortung? Nein. Ist der Vizepräsident nicht einverstanden, muß sie als Projektmanagerin versuchen, ihn umzustimmen. Ein Projektmanager funktioniert wie das Differentialgetriebe eines Autos: Er setzt die Kraft der Kardanwelle in Bewegung um – Funktionen oder Prozesse – in Gang zu bringen. Das ist nicht einfach. In der Regel, so sagt Janine Coleman „verfüge ich an sich über kein Budget." Ebenso wie ihre Mitarbeiter kommt das Geld aus Abteilungen, deren Leiter es zurückverlangen könnte. In den meisten Unternehmen, wo Projektmanagement etabliert ist, findet man immer eine Möglichkeit, um an Geld oder fähige Mitarbeiter zu kommen. Daniel Ono, Projektdirektor für den amerikanischen Markt und damit Colemans Vorgesetzter leitet ein Team von 25 Projektmanagern und berichtet an die Firmenzentrale. Theoretisch (und wahrscheinlich häufiger als man einem Journalisten gegenüber zugeben würde) ermöglicht diese Organisationsstruktur einem überlasteten Projektmanager, Verstärkung anzufordern.

Im Informationszeitalter sind es nicht die Position oder ein Budget, die einem Mitarbeiter Macht verleihen, die Quellen der Macht sind andere – und sind ebenso schwer zu fassen wie die immateriellen Vermögenswerte, die den Wert des Unternehmens ausmachen. Die erste Quelle ist das Fachwissen – im Projektmanagement noch stärker als in technischen Bereichen. Dieses Wissen muß auch die Kenntnis umfassen, wie das Unternehmen sein Geld erwirtschaftet. Im Gegensatz zu Managern mit traditioneller Kontrollfunktion muß der Projektmanager kein Finanzfachmann sein, sollte aber grundsätzlich über Kenntnisse einzelner Abläufe verfügen, wenn er verhindern will, daß er sein Projekt finanziell in den Sand setzt. Für diese Managementdisziplin gibt es eine Vielzahl von Werkzeugen, von Planungssoftware und Kursen in Wirtschaftstheorie bis hin zu einem komplexen 'Wissensgerüst', das vom Project Management Institute in Buchform vorgelegt wurde. Janine Coleman, die unterschiedlichste Projekte in der Softwareentwicklung oder im Baugewerbe geleitet hat – und derzeit ihre Kirchengemeinde bei dem Aufbau einer Kreditgenossenschaft unterstützt, sagt: „Ich muß keine Technikerin sein, aber über genug Sachkenntnis verfügen, damit das Projekt richtig läuft und um beurteilen zu können, ob das, was andere mir sagen stimmt." Wenn man die Werkzeuge beherrscht, kann man auch die Stolpersteine in Projekten managen, wenn sie beispielsweise den ursprünglich gesteckten Rahmen sprengen – wenn der Bauherr plötzlich goldene Wasserhähne wünscht oder wenn unvorhergesehene Probleme auftauchen.

Die zweite Quelle ist der Ruf, die Reputation. Nageln Sie genügend Waschbärenfelle an Ihre Wand und Sie werden sehen, daß die besten Entwickler, Techniker und andere Spezialisten des Unternehmens an Ihrer nächsten Jagdgesellschaft teilnehmen möchten. Ein guter Ruf bedeutet weniger Probleme – und einflußreiche Unterstützung sowie stärkeren Rückhalt im Unternehmen.

Die dritte Quelle der Macht können Sie als 'Überzeugungskraft eines ehrlichen Verkäufers' bezeichnen. Auf Grundlage inoffizieller Studien, schätzt William Dauphinais, daß Projektmanager drei Viertel ihrer Zeit damit verbringen, sich 'den Mund fusselig zu reden'. In jedem Beratungsprojekt fordert er Teammitglieder auf, regelmäßigen Kontakt mit allen Projektbeteiligten zu pflegen, mit den Kunden, aber auch mit den internen Anbietern von Ressourcen, die für Arbeitskräfte, Geld und Ausrüstung verantwortlich sind, damit alle jederzeit auf dem neuesten Stand der Information sind. Wichtig dabei ist: Konzentrieren Sie sich ausschließlich auf die Arbeit. Unstimmigkeiten und Interessenskonflikte lassen sich so am besten vermeiden. Ono von AT&T sagt dazu: „Die Führungsspitze braucht Fakten und Informationen, das mittlere Management, das sie einst damit versorgte, gibt es nicht mehr. Wir haben diese Aufgabe übernommen."

Die vierte Quelle der Macht ist unternehmerisches Denken und Verhandlungsgeschick, welches Projektmanager benötigen, um an die wichtigen Projekte zu gelangen, sie erfolgreich durchzuführen und von der Leistung des Teams zu profitieren. Die Autorität in einem gut geführten Unternehmen geht vom Kunden aus. Egal, ob es sich um einen externen oder internen Kunden handelt, ein kluger Projektmanager orientiert sich geflissentlich an dessen Bedürfnissen und hält es vertraglich fest: Ich erledige für Sie die Aufgabe X zu einem Preis von Y. Extrawünsche werden zusätzlich berechnet. Projektmanager erweisen anderen keinen Gefallen, sie erbringen eine Dienstleistung. Weil sie ihre Aufgabe mit nur 'einem gezielten Schuß' erledigen müssen, umgibt sie so etwas wie der Hauch von Pulvergeruch, der so typisch für die Revolverhelden ist. Viele Projektmanager sind in der Tat so etwas Ähnliches; zumindest in ihrer Weltanschauung. So gesehen ist das neue mittlere Management das marktorientierte Gegenstück des früheren selbstzufriedenen Managers, der sich mit viel Sitzfleisch die Hierarchie emporarbeitete. Das Umfeld des Projektmanagers ist, wie alle Märkte, unsicher, oft unübersichtlich, furchteinflößend, lärmend, feilschend, wettbewerbsintensiv und legt jederzeit ein rasantes Tempo vor. Coleman, nach 26 Jahren Mitarbeit so etwas wie eine Veteranin bei AT&T, verrät: „Im alten Unternehmenssystem war mein Arbeitsplatz sicher. Heute hat jeder Job einen Anfang und ein Ende – und was kommt als Nächstes? Wenn ich gute Arbeit geleistet habe, wird mein nächstes Projekt noch schwieriger und noch besser. Es heißt immer wieder 'Auf ein Neues'."

Die meisten Funktionen innerhalb einer Organisation können sowohl von Internen als auch von Externen übernommen werden.

Ob Sie nun Stratege, Anbieter von Ressourcen, Projektmanager oder Fachexperte sind – Sie müssen einem Unternehmen nicht angehören, um dafür tätig zu sein. Ja, das gilt sogar für die Strategen, die sich in der Tat als erste 'abgesetzt' haben. Wie John Kotter, Professor an der Harvard Business School, darlegt, bleibt nur der Top-Kader der Unternehmensstrategen auf der Gehaltsliste: „Die unternehmensinternen Strategen haben sich komplett verabschiedet und sind in das Investment-Banking oder Consulting-Geschäft gewechselt, wo ihnen größere Entwicklungs-möglichkeiten geboten werden." Der Anstieg der Zahl von Arbeitsplätzen, deren Bestand auf die Dauer eines Projekts befristet ist, begann lange vor der Rezession von 1990 und 1991. Sie beschleunigte diese Entwicklung jedoch. Von 1983 bis 1994 wuchs die Zahl befristeter Beschäftigungsverhältnisse in den USA von 619.000 auf 2,25 Millionen, und das Bureau of Labor Statistics erwartet ein Wachstum von insgesamt 60 Prozent bis zum Jahr 2005.

Es handelt sich hierbei nicht ausschließlich um Schreib- oder Sicherheitskräfte. Der Anteil an Freiberuflern mit akademischem Abschluß steigt ständig. Andere wiederum sind auf dem Papier Angestellte von Unternehmen, welche als unabhängige Anbieter von Ressourcen tätig sind – die 'Expertenzünfte', wie Mel Warriner, Leiter für Human-Ressources bei Walt Disney Imagineering, sie treffend bezeichnet. Manpower, Inc., ist mit 750.000 Zeitarbeitskräften der größte Arbeitgeber in den USA. 15 Prozent der Unternehmenseinkünfte sind auf die Vermittlung von Arbeitskräften in der High-Tech-Industrie zurückzuführen. Die gesamte Gehaltssumme der für Zeitarbeitsunternehmen beschäftigten Akademiker und Manager stieg von 335 Millionen Dollar 1991 sprunghaft an, auf mehr als 1,6 Milliarden Dollar im Jahr 1995.

Die 'Expertenzünfte' werden immer mehr zu einem bedeutenden Faktor im Wirtschaftsleben. In einer Studie von 1994 sagten 37 Prozent der Ingenieure, Techniker und andere Fachkräfte, die über Zeitarbeitsfirmen vermittelt wurden, daß Zeitarbeit bewußt ihre Wahl war, um Karriere zu machen. Im Vergleich dazu sagten 23 Prozent, sie diene nur der Überbrückung bis zur nächsten Festanstellung. Bill Wickham, früher Festangestellter in leitender Funktion, ist inzwischen als selbständiger Projektleiter tätig. Als ich den 46jährigen Bill Wickham kennenlernte, arbeitete er gerade an einem Projekt für Coca-Cola, dessen Dauer auf 9 bis 18 Monate festgelegt war. Seine Aufgabe bestand darin, den Verkauf und Vertrieb in der New Yorker Verkaufsregion zu reorganisieren. „Immer das Gleiche zu machen, langweilt mich", sagt Wickham. „Die Herausforderung besteht darin, immer wieder etwas Neues zu machen." Nach Abschluß dieses befristeten Projekts wird Wickhams Stelle von einem Angestellten von Coca-Cola übernommen, und er widmet sich einer neuen Aufgabe. Wickham hat sich durch seine Arbeit bei Occidental Petroleum, Xerox und Amax (wo er jeweils festangestellt war) einen guten Namen als Experte für Umstrukturierung und gewinnorientiertes Management gemacht. Seit 1992 ist er selbständig. Wickham meint: „Da jedes Reorganisationsprojekt von vornherein zeitlich begrenzt ist, spielt es keine Rolle, ob man dem Unternehmen angehört oder nicht." Er ist dabei nicht ganz auf sich allein gestellt: Im Rahmen seiner Firma Wickham and Associates – wie sollte sie anders heißen – heuert er für ein Projekt gelegentlich Unterstützung an und arbeitet mit anderen Beratern zusammen, um beispielsweise Vergütungssysteme auszuarbeiten und andere Verwaltungsaufgaben abzuwickeln. Die Selbständigkeit hat Wickham noch einen unerwarteten, positiven Nebeneffekt beschert – eine andere Form von Stabilität. Obwohl er mehr Hotels von innen gesehen hat als den meisten lieb wäre, sagt er: „Zumindest muß meine Familie nicht ständig den Wohnort wechseln."

Karriere wird von der Marktsituationen bestimmt, nicht von Hierarchien.

Ob Sie 'Fester', 'Freier' oder gar 'Fester Freier' sind, es ist für Sie auf jeden Fall von Vorteil, wenn Sie sich als selbständig tätiger Teilnehmer auf dem Arbeitsmarkt sehen. Zum Teil ist diese Sichtweise nichts anderes, als ein wirksamer Selbstschutz – eine kluge, mentale Vorbereitung auf eventuelle Arbeitslosigkeit und die Suche nach einem neuen Arbeitsplatz. Aber das ist nicht alles: Festangestellte Mitarbeiter treten untereinander und mit Außenstehenden zunehmend in Konkurrenz und sind gezwungen, sich einem Platz im Projekt zu erkämpfen. Allied-Signals, Andersen Consulting, Chevron, Lotus Development und andere arbeiten bereits mit Datenbanken, in denen Informationen über die Fähigkeiten einzelner Mitarbeiter hinterlegt sind. Diese Daten werden dann auf einem virtuellen Markt feilgeboten, auf dem Anbieter von Ressourcen und Projektmanager Ausschau nach Nachwuchstalenten halten können.

Dieser Markt funktioniert erst dann, wenn Verkäufer – so wie Sie – im gleichen Maße Zugang haben wie die Käufer. Eine Handvoll progressiver Unternehmen hat dahingehend bereits erste Schritte unternommen. Neue Mitarbeiter von Sun Microsystems erhalten in ihrem 'Orientierungs-Start-Paket' Informationen über das Sun Career Resilience Center. Dieses Zentrum wurde 1991 als Informationsstelle für Jobangebote in der Computer-Branche allgemein errichtet, bietet inzwischen aber ebenfalls ein umfassendes Beratungsangebot für interne Stellenangebote sowie für die Mitarbeiter, die das Unternehmen verlassen wollen. Diese werden dann an das Career Action Center in der Nähe in Palo Alto verwiesen. Das Career Action Center ist eine Arbeitsvermittlungsstelle für Arbeitsuchende aus der IT-Branche, die dort miteinander in Kontakt treten und sich beraten lassen können. Eine Bibliothek, gut bestückt mit umfangreichen Informationen über ortsansässige Unternehmen, steht ebenso zur Verfügung wie eine Datenbank mit Stellenangeboten. Weiterhin werden Seminare zu Themen wie 'optimale Bewerbungsunterlagen', 'unternehmerisches Handeln', 'Karriere in der Biotechnologie' oder 'Karriere im Multimedia-Bereich' angeboten. Wie das Pendant Alumnae Resources in San Francisco begann das Career Action Center in den 70er Jahren als Anlaufstelle für stellensuchende Frauen. Inzwischen bedient das Center Männer und Frauen und wird frequentiert von Menschen, die eine berufliche Veränderung anstreben oder mehr über einen ihren Qualifikationen entsprechenden Arbeitsmarkt erfahren wollen. 95 Prozent der Mitglieder von Alumnae Resources haben beispielsweise einen akademischen Abschluß und sieben von zehn derzeit einen Arbeitsplatz.

In den Branchen, in denen projektbezogenes Arbeiten bereits etabliert ist, sind diese Arbeitsmärkte im Aufwind. Jeff Leon, leitender Manager des Headhunting-Unternehmens Russel-Reynolds erklärt: „In Hollywood gibt es jede Menge Casting-Agenturen, die richtige Leute für die entsprechende Rollen suchen." Da virtuelle Unternehmen sich in anderen Wirtschaftssektoren weiter verbreiten, prophezeit Mel Warrior von Walt Disney Imagineering: „Wenn Sie nicht zum Kern eines Unternehmens gehören, werden Sie irgendwann ein selbständiger Unternehmer sein, der seine Arbeitskraft verkauft und dabei mit Maklern, die für andere Unternehmen Arbeitskraft einkaufen, zusammenarbeitet. Die Expertenmakler werden im nächsten Jahrtausend das Pendant zu den Börsenmaklern der 80er Jahre sein."

Fundamental ausschlaggebend für die Karriere ist nicht die Entscheidung für das eine oder andere Unternehmen, sondern die Entscheidung für Spezialisierung oder Generalisierung.

Psychologen sagen, erwachsene Menschen durchlaufen drei Phasen auf dem Weg zur Identitätsfindung. Carl Sloane, Gründer von Temple Barker & Sloane, der in Zusammenarbeit mit Shoshanah Zuboff inzwischen Seminare für 'Karriere in der Mitte des Lebens' für ehemalige Absolventen der Harvard Business School abhält, faßt diese Stufen (den weiten Weg zum Erwachsenwerden und zur eigenen Identität bewältigt übrigens nicht jeder) zusammen:

Zwischenmenschlich: Man lernt, erwachsen zu werden, indem man Eltern und seinesgleichen imitiert. Der junge MBA, dessen Traum es ist, Honigbienen zu züchten, geht zu einer Bank, weil das eine sichere Sache ist.

Institutionell: Sie integrieren sich mit Leib und Seele in eine Gruppe und nehmen dessen Normen und Werte an. Der einstige Stimmungsmacher von der Uni schlüpft in einen seriösen Nadelstreifenanzug und wird todernst, da Bankangestellte 'bierernst' sind.

Interindividuell: Sie definieren selbst, wer und was Sie sind. Unser Bankangestellter züchtet nicht nur Bienen, sondern teilt seinen Kollegen mit , daß er es tut: 'Bankangestellter, Bienenzüchter, Vater, Geliebter – das bin alles ich.'

In den Zeiten des *Organization Man* orientierten wir uns in der wichtigen institutionellen Phase an unserem Arbeitgeber. Er hat uns nicht nur bezahlt, über ihn definierten wir uns. Wir waren IBMler in weißen Hemden, Citibanker oder Fordianer. Heutzutage führt diese Einstellung sowohl zu einer Karriere- als auch zu einer Identitätskrise.

Verschreiben Sie Ihre Seele lieber Ihren Fähigkeiten. Dan Hatch, hochgeschätzter Leiter für Human-Ressourcen bei Pepsico, drückt es so aus: „Die Loyalität gegenüber seinem Beruf bringt mehr als gegenüber seinem Unternehmen."

„Ich bin Verkäufer", sagt William Paine, 27 Jahre alt, wenn man ihn fragt, was er beruflich macht. Und wo arbeiten Sie? „California Street 600." Was verkaufen Sie? „Wertpapiere". Man muß noch eine vierte Frage stellen: „Arbeiten Sie für ein bestimmtes Unternehmen?", bevor Paine antwortet: „Für Gruntal & Co.". Er ist einer von zehn Wertpapier-Verkäufern in der Niederlassung von San Francisco. Nicht, daß Paine sich seinem Arbeitgeber als unloyal erweisen würde. „Ich bin sehr loyal. Und ich bleibe es auch, wenn mir das Unternehmen die Dinge zur Verfügung stellt, die ich benötige. Es schuldet mir ein Telefon, einen Computer, ein gutes Management und Inventar. Ich schulde dem Unternehmen Produktivität und Integrität." Paines Selbstdarstellung – man ist das, was man seinen Kunden bietet – ist eine eindeutige Beschreibung dessen, was die moderne Einstellung zur beruflichen Laufbahn ist.

Diese Einstellung führt direkt zu der Wahl, die im Hinblick auf eine erfolgreiche Karriere getroffen werden muß: Wird man Spezialist oder Generalist? Wollen Sie Ihre speziellen Fähigkeiten bis zum Gipfel, bis in die luftigen Höhen des Fachexpertentums ausbauen oder wollen Sie Ihren speziellen Fachbereich als solides Zentrum Ihres Könnens, das durch vielfältige andere Kenntnissen ergänzt und abgerundet wird, nutzen? Denken Sie einmal an die Struktur und den Aufbau eines Football-Teams – Michael Hammer erklärt den Zusammenhang folgendermaßen: Ein Teil der Trainer sind Generalisten, die Offensive und Defensive koordinieren (sie sind im Grunde die 'Besitzer' des 'offensiven Prozesses' und des 'defensiven Prozesses'). Die Generalisten trainieren das Team für ein gutes Zusammenspiel. Der andere Teil der Trainer besteht aus Spezialisten, die Positionstrainer für Quarterbacks oder Linebackers. Ihre Aufgabe besteht darin, die speziellen Talente der einzelnen Spieler zu fördern und ihnen die richtige Spielposition zuzuweisen. Die Grundeinheit der Arbeit – ein Spiel – ist ein Projekt, für dessen Management auch die Generalisten verantwortlich sind. In traditionellen Organisationsstrukturen sind es hingegen die Spezialisten, die die Arbeit managen und überwachen.

Es wird häufig behauptet, daß Generalisten Vorteile hätten. „Machen Sie Menschen zu Ihrem Hauptfach", rät Scott McNeely. Daniel Burnham von AlliedSignals meint: „Ein Entwickler kann nicht nur ein Entwickler sein. Er muß sich ein breiteres Fähigkeitsspektrum zulegen, muß beginnen, das *Wall Street Journal* zu lesen und Peter Druckers Gedanken nachzuvollziehen." Auf diese Weise erhält er einen Überblick über das gesamte System und nicht nur über sein Spezialgebiet. Wenn Sie sozusagen an eine Kreuzung gelangen – sagen wir, Sie haben die Wahl zwischen zwei Projekten, von denen eines Ihr Wissen erweitern und das andere Ihr Wissen vertiefen kann –, dann wählen Sie den Weg, der Ihnen mehr Flexibilität verschafft. Auch Headhunter Gary Knisley vertritt diese Meinung und erklärt: „Engen Sie niemals Ihre Möglichkeiten ein. Haben Sie mit Ihrem Fachwissen verhältnismäßig wenig Chancen auf dem Arbeitsmarkt, haben Sie in Bezug auf Ihre Karriere den falschen Schritt getan." Jemand, der bei seiner Karriere voll und ganz auf seine Spezialisierung baut, ist wie ein Anleger, der sein gesamtes Kapital unvorsichtigerweise in nur ein Unternehmen investiert.

Es sei denn, es handelt sich dabei um Microsoft-Aktien. Dan Hatch von Pepsico sagt: „Esoterisch zu sein, ist immer ein wenig riskant, doch behandeln Unternehmen ihre Spezialisten im Vergleich zu Mitarbeitern, die austauschbar sind, sehr gut, weil Spezialisten knapp sind." Zunehmend mehr Unternehmen begeben sich auf den Weg, den DuPont vor langer Zeit einschlug, als sie eine separate Karriereleiter anboten, die dafür sorgt, daß Wissenschaftler für ihre Fähigkeiten ebenso reich belohnt werden, wie Manager. Price Waterhouse hat für seine 3.300 Mitarbeiter im Beratungsgeschäft neue Karriermöglichkeiten geschaffen, die den traditionellen Karriereweg 'nach oben oder raus – in 12 Jahren zum Partner', abgelöst haben. Das neue Karrieremodell besteht aus den drei Ebenen 'Consultant' und 'Principal Consultant', Director und Managing Director sowie als letztes die Partnerschaft, ohne daß die Uhr nebenbei tickt, was es Spezialisten leichter macht, im Unternehmen zu bleiben.

Das alte Karrieremodell funktionierte in einer stabilen, und trägen wirtschaftlichen Umgebung. Doch heute verlangen die Kunden zunehmend umfangreiches und fundiertes Fachwissen, zum Beispiel in der Netzwerkplanung. Fran Engoron, Partner von Prince Waterhouse, der maßgeblich an der Ausarbeitung des neuen Karrieremodells beteiligt war, und im Unternehmen seitdem als Wissensmanager tätig ist, bekennt: „Es reicht nicht, sich mit intelligenten und gut ausgebildeten Leuten an den Verhandlungstisch zu setzen; sie müssen über weitreichende, tiefgehende, fundierte Kenntnisse verfügen. Und früher haben wir diese Mitarbeiter genau zu dem Zeitpunkt vor die Tür gesetzt, als sie begannen, für unsere Kunden von größtem Wert zu sein."

Engoron ist der Ansicht, daß Spezialisten das Unternehmen oft verließen, um zu kleineren und spezialisierten Beratungsfirmen, den 'Expertenzünften', zu wechseln oder sie selbst zu gründen. Das überrascht nicht. Unabhängige Anbieter von Ressourcen werden bald in jedem Spezialgebiet zu finden sein, z.B. für juristische Fragen, Computertechnik, Bauwesen etc. Für Spezialisten ist es sinnvoll, Ihre Fähigkeiten mehreren Kunden zur Verfügung zu stellen. Sie können sich vielleicht nicht mehr auf ein sicheres Gehalt verlassen, ein eigenes Unternehmen oder Geschäftsanteile an einer Firma könnten dies jedoch kompensieren. In Berufen, in denen das individuelle Humankapital der einzige und wertvollste Vermögenswert ist – für Schriftsteller, Schauspieler, Juristen, Verkäufer, Entwickler – sind die Unterschiede zwischen Spitzenverdiensten und Hungerlöhnen am eindeutigsten. Freiberufler finden sich an beiden Extrempunkten, Festangestellte eines Unternehmens liegen mit ihrem Verdienst in der Mitte zwischen beiden Extremen. Die Grundregel lautet daher, daß Ihre Entscheidung, ob Generalisierung oder Spezialisierung in höchstem Maße auf offener und ehrlicher Selbsteinschätzung fußen sollte: Ein Spezialist sollte den Willen zeigen, bei seiner langfristigen Karriere alles auf sein Fachgebiet zu setzen. Er sollte alles tun, um zu den Besten zu gehören. Er muß Risiken eingehen und vielleicht zum Entrepreneur werden, wenn er Erfolg haben will.

Intellektuelles Kapitel ist zugleich Wohlstandsquelle für Individuen und Unternehmen – und beide haben Anteil an diesem Kapital.

Nicht nur der Inhalt, sondern auch die Struktur von Wissensarbeit unterstreicht die mittlerweile offensichtliche Tatsache, daß ihr Wert und auch der Gewinn aus Fähigkeiten und Kenntnissen resultiert. Mitarbeiter, die von Projekt zu Projekt wandern – was Warren Bennis als 'Würfelspiel auf Zeit bei Teamwork' bezeichnet – werden nicht nach der Anzahl der Berichte, die sie schreiben, bezahlt. Statt dessen ist der Erfolg und auch das Einkommen von Kompetenz und Qualifikationsmerkmalen bestimmt, durch die gesamte Palette Intellektueller Vermögenswerte, inkl. internen Beziehungen, Kundenbeziehungen und Humankapital.

Intellektuelles Kapital ist wie ein gemeinsames Konto, von dem Sie ebenso wie Ihr Arbeitgeber Geld abheben können. Über die Wirtschaft im Informationszeitalter wurde viel theoretisiert und geschrieben. Vieles davon – teilweise auch meine eigenen Äußerungen – kreist manchmal unbewußt um ein scheinbar fundamentales Spannungsgefüge: Einerseits existieren diese 'Ich GmbHs', diese 'Jeder-für-sich'-Welt, die von Eigeninitiative und der Anerkennung dafür lebt. Der 'Vertrag', der in diesem Zusammenhang zwischen Arbeitnehmer und -geber geschlossen wird, ist Grundlage für eine 'kurzfristige Affäre' und bedeutet keine 'Eheschließung'. Auf der anderen Seite steht das Team, das sich seine Mitarbeiter vielleicht selbst aussucht, seine Arbeit selbst managt, Erfolg als Gruppe erhält und die Belohnung dafür unter den Teammitgliedern, gemäß der kollektiven Einschätzung ihres Beitrags zum Unternehmen der Gruppe, aufteilt. Die vermeintlichen Manager eines Teams mögen nicht über genügend Einblick verfügen, um den Beitrag einzelner Teammitglieder an der Durchführung eines Projektes zu bewerten, das sie nicht direkt überwacht haben. Die Ökonomie im Zeitalter des Intellektuellen Kapitals deckt diesen Widerspruch zwar auf, kann ihn jedoch nicht lösen. Die Wissensarbeit ist wie das Wissen selbst ein Produkt der Zusammenarbeit, das gemeinsame sowie individuelle Eigentum aller Beteiligten. Was ich in das Team einbringe, besitze ich immer noch und ich besitze auch das, was das Team aus dem macht, das nicht mein Beitrag war. Daher ist es angemessen, daß das Team als Vermittler zwischen mir und unserem gemeinsamen Kunden und dem Unternehmen als Ganzes fungiert und über die Aufteilung des Gewinns entscheidet.

Doch natürlich sind wir alle auch unsere eigenen Agenten, von denen jeder sein eigenes Portfolio an Intellektuellen Vermögenswerten selbst managen muß. Es steht uns frei, dorthin zu gehen, wo wir die günstigste Rendite für unsere Vermögenswerte erwarten können. Hinzu kommt, daß wir in einer Wirtschaft, deren wichtigste Ressourcen weder Fabriken noch Grund und Boden sind, sondern wir selbst und alle jene, die mit uns zusammen im 'Karriereaufzug' stehen, größere Chancen haben, unser Glück zu suchen als je zuvor. Vor 150 Jahren verfaßte Ralph Waldo Emerson das Buch *Organization Man*, in dem er, weit vor seiner Zeit, beschrieb, wie jungen Leuten im Berufsleben 'der Wind aus den Segeln' genommen werden kann: "Wenn der junge Mensch bei seinen ersten eigenständigen Unternehmungen und Abenteuern versagt, verliert er allen Mut. Wenn der junge Kaufmann versagt, so meint man, er sei ruiniert. Wenn das größte Genie an einer unserer Universitäten studiert und nicht innerhalb eines Jahres nach seinem Examen eine Anstellung findet …, scheint es seinen Freunden und ihm angemessen, entmutigt zu sein und für den Rest seines Lebens zu jammern." Es gibt jedoch einen besseren Weg, wie Emerson enthusiastisch verkündet: „Ein starker, unverwüstlicher Kerl …, der sich in hundert Berufen probiert, der etwas auf die Beine stellt, Land kauft und es bestellt, ein guter Verkäufer ist, eine Schule leitet, von der Kanzel predigt, eine Zeitung herausbringt, Kongreßmitglied wird usw., und der wie eine Katze immer wieder auf die Füße fällt, ist hundertmal Mal wertvoller als diese verweichlichten Jüngelchen … er hat nicht nur eine, sondern er hat hundert Chancen."

Nachwort

Als ich mich 1990 zum ersten Mal eingehender mit dem Thema Management kollektiver Intelligenz beschäftigte, stand das Werten und das Managen von Wissen noch am Anfang. Inzwischen ist es Teil des Geschäftsalltags und wird von Managern, Investoren und Mitarbeitern umgesetzt. Dieses Buch sollte, so mein Anliegen, in diesem Kontext einen Rahmen zur Konzeptionierung sinnvoller Strategien zur Steigerung von Wissenskapital und der daraus resultierenden Rendite bieten. Das Thema ist dennoch zu jung, um ein Modethema zu sein und es fehlt jegliche wissenschaftliche Grundage, um es zu einer Disziplin weiterzuentwickeln. Doch gibt es das Thema bereits lange genug, daß die Begrifflichkeit einmal eindeutig festgelegt werden sollte. Humankapital, Strukturelles Kapital und Kundenkapital gehören zu den immateriellen Vermögenswerten – spiegeln das Wissensvermögen innerhalb der Unternehmen wider – und machen etwas konkret, womit Geschäftsleute etwas anfangen können.

Damals kannte ich jeden Einzelnen, der näheres Interesse an der Thematik zeigte, doch inzwischen enthält meine Post fast täglich wertvolle Beiträge von Personen und Unternehmen, die mir völlig unbekannt sind. In den Tagen des Monats Juli 1996, noch während ich an diesen Zeilen schreibe, erhalte ich den Geschäftsbericht von Celemi per Fax, ein international tätiges schwedisches Unternehmen, das Schulungsprogramme für seine Kunden entwickeln. Dieser Bericht enthält eine zusätzliche Bilanz, in der die immateriellen Aktiva ausgewiesen sind. In meinem Büro wartet der umfangreiche Tagungsband eines zweitägigen Symposiums mit dem Titel „Financial Accounting and Intangible Assets", das im April 1996 bei der U.S. Securities and Exchange Commission stattfand, auf mich. Ich werte Dutzende von Webseiten zu diesem Thema aus, es gibt zahlreiche Tagungen, die ich besuchen werde und andere, an denen ich nicht teilnehmen kann. Ich kann behaupten, daß ich mich in der Materie gut auskenne, aber die Entwicklung schreitet mittlerweile so rasant fort, daß es mir nicht gelingen wird, immer auf dem neuesten Stand zu bleiben.

Diese wahre Informationsflut sollte jedoch von zwei Dingen nicht ablenken. Wie bereits in Kapitel 5 ausgeführt, gibt es nur zwei Formen von Intellektuellem Kapital: Es ist zum einen der halbdauerhafte Wissenskorpus, die Kenntnisse, die ein Mitarbeiter, ein Team, ein Unternehmen bei der Beschäftigung mit einer Aufgabe oder einem Projekt erwirbt. Eine weitere Form des Intellektuellen Kapitals besteht in den Instrumentarien und Werkzeugen zur Anhäufung von Wissen. Während ich dieses Buch schreibe, habe ich einen Großteil meiner in *Fortune* veröffentlichten Beiträge erneut gelesen. Das erfüllte mich zumindest in der Hinsicht mit großer Genugtuung, da ich feststellen mußte, daß das Geschriebene nach über einem halben Jahrzehnt noch nicht an Aktualität verloren hat, im Gegenteil, es ist aktueller denn je. So schrieb ich 1991 in meiner ersten kürzeren Abhandlung über Intellektuelles Kaptal über das eigenartige Phänomen der zunehmenden Erträge, ein Thema, das Kollegen und andere (s. McKinsey Quarterly) erst fünf Jahre später aufgriffen. Ich schrieb ebenfalls über die Bedeutung von internen und externen Netzwerken, ohne das Internet überhaupt zu erwähnen. Ich kannte das Wort nicht einmal, was wenig überraschend ist: Damals gab es nur rund 3.000 Anbindungen zum Internet, im wesentlichen in der Rüstungsindustrie und in Hochschulen. Heute sind rund neun Millionen Hosts, in erster Linien kommerzielle Anbieter, im Netz und jedem, der nicht gerade die vergangenen 5 Jahre auf einer einsamen Insel ohne Elektrizität verbracht hat, dürfte klar sein, daß dieses Netz der Netze das Geschäftsleben radikal verändern wird. Ich will nicht mit hellseherischen Fähigkeiten prahlen, doch zeigen die Fortdauer und die Bedeutung der Grundsätze und Trends, die ich aufgezeigt habe, daß ein 'semipermanenter Wissenskorpus' an Intellektuellem Kapital bereits existiert und sich mit Hilfe neuer Instrumentarien und mit praktischer Erfahrung besser Nutzen läßt: *Ihrer* praktischen Erfahrung, so hoffe ich.

Darüber hinaus fiel mir bei der Durchsicht des Materials auf, daß ein Großteil der Unternehmen, von denen ich berichtet habe, kein gutes Ende genommen haben. Einige der Unternehmen haben kol-lektives Wissen ambitioniert aufgespürt und darin investiert, hatten jedoch wenig Glück. Polaroid kämpft beispielsweise immer noch gegen schwache Gewinne und konsequent niedrige Aktienkurse. Hewlett-Packard, als Fallbeispiel umfassend in Kapitel 8 geschildert, mußte im Sommer 1996 schwere Rückschläge an der Wall Street hinnehmen. Vielleicht wird dies, da Sie diese Zeilen lesen, bereits als typischer Einbruch oder zyklischer Niedergang in der Computerindustrie gewertet; vielleicht wird sich auch herausstellen, daß es etwas völlig anderes war.

Manche der Unternehmen, die Peter Senge in *In Search of Excellence* aufführte, haben sie leider nicht gefunden und manch schöne Frucht, die das Reengineering verhieß, erwies sich als ungenießbar, aber das schmälert nicht den Wert der Inhalte und Techniken. Das Geschäftsleben ist komplex. Nichts währt ewig. Das Management von Humankapital, Strukturellem Kapitals und Kundenkapital ist ein Teil – zwar der Hauptteil und zunehmend bedeutender, aber dennoch nur ein Teil – eines unsicheren und komplexen Unterfangens, das sich den ständig verändernden Technologien und Wettbewerbsbedingungen anpassen muß. Dazu gehört auch, Strategien zu entwickeln und, auf Grundlage unvollständiger Informationen, Millionenbeträge auf das richtige Pferd zu setzen. Man kann ein Unternehmen nicht mit einem Buch leiten. Dennoch mag es den Führungsverantwortlichen zu einer klareren Sicht verhelfen.

Anhang

Management und Bewertungsverfahren des Vierten Produktionsfaktors

Ich liebe närrische Versuche. Ich mache sie ständig.
Charles Darwin

Den Wissenserwerb und die Anwendung des Wissens zu messen, stößt einerseits auf großes Interesse, andererseits auf große Skepsis. Sogar die Leute, welche die Methoden des heutigen Rechnungswesens als unzureichend und nicht zeitgemäß bezeichnen, wollen keine unbelegten, vielleicht subjektiven, nichtfinanziellen Kennzahlen im Jahresbericht. Aber die meisten Unternehmensbilanzen sind ohnehin mit Posten wie Goodwill oder Kosten für Umstrukturierungen übersät, so daß die Kritik immer lauter wird, die Zahlen würden ohnehin keine Rückschlüsse auf die finanzielle Leistung des Unternehmens erlauben. Bei Berücksichtigung des Intellektuellen Kapitals in der Bilanz würde nach Ansicht des Leiters der Finanzabteilung von Microsoft, Michael Brown, weitere Verwirrung entstehen: „Je mehr die Buchhalter hineinschreiben, desto mehr streicht der Analyst wieder heraus."

Sollte es ein Fehler sein, Daten aus der Analyse des Intellektuellen Kapitals mit Finanzdaten zu vermischen, wäre es ein noch größerer Fehler, sie überhaupt nicht zu berücksichtigen. Die betreffenden Daten sollten dem Management eine Bewertung der alljährlichen Leistung ermöglichen – um die Fortschritte in bezug auf die Zielsetzung zu bewerten – und – das ist etwas schwieriger – Vergleiche zwischen verschiedenen Unternehmen zu ermöglichen. Zweifellos sind Ungenauigkeiten in der Bewertung des Intellektuellen Vermögens nicht zu vermeiden, bei den 'harten Zahlen' ist das häufig aber auch nicht anders. Wären die Methoden zur Bewertung greifbaren Vermögens 'narrensicher', so müßten Unternehmen mit den Finanzämtern nicht ständig darüber streiten, welchen Betrag sie über welche Dauer abschreiben dürfen. Eigentlich sind enthusiastische Experimente mit den unterschiedlichen Methoden die beste Möglichkeit zur Verbesserung.

Es gibt erwiesenermaßen bereits probate Wege, Intellektuelles Kapital zu bemessen. So lassen sich zum Beispiel das Markenkapital oder ein Kundenstamm in Geldeinheiten ausdrücken. Bereits vor einigen Jahren gab es Bestrebungen, Humankapital als Vermögenswert in der Bilanz aufzuführen. Mit anderen Berechnungsmethoden versucht man, nicht den Wert von immateriellen Aktiva zu ermitteln, sondern den von Prozessen und Ergebnissen, die aus ihnen resultieren. 3M und Hewlett-Packard gehören zu jenen Unternehmen, die den Umsatzanteil, der auf neue Produkte zurückzuführen ist, ausführlich analysieren und damit Auskunft über die Innovationsfähigkeit des Unternehmens erhalten, die ja Teil des Humankapitals ist.

Im folgenden beschreibe ich eine bunte Vielzahl verschiedener An-sätze zur Bewertung des Intellektuellen Vermögens und der Prozesse, die damit arbeiten. Dabei geht es mir nicht um Vollständigkeit: Mein Anliegen ist es, Ihnen wichtige und interessante Herangehensweisen zu zeigen, und Unternehmen herauszufordern, mit eigenen zu experimentieren.[18]

Im Vorwort deutete ich bereits an, daß das Thema Intellektuelles Kapital zu neuartig ist, um Checklisten und Verfahrensanweisungen anbieten zu können. Es wäre eine Torheit, die folgenden Ideen sklavisch genau zu befolgen und eins-zu-eins umsetzen zu wollen. Jedes Unternehmen muß für sich die eigenen Voraussetzungen analysieren und die Verwendung ihres Intellektuelles Kapitals überdenken. Ich hoffe, daß die nachfolgenden Vorschläge Sie animieren mögen, selbst die Initiative zu ergreifen. Ich habe eine Unterscheidung in vier Einzelbereiche vorgenommen: Bemessung des Gesamtwerts des Intellektuellen Kapitals, Bemessung des Humankapitals, Bemessung des Strukturellen Kapitals und Bemessung des Kundenkapitals. Abschließend beschreibe ich ein Verfahren, das im Zusammenhang mit Intellektuellem Kapital in der Praxis bislang nicht angewandt wurde, das aus meiner Sicht jedoch ein hervorragendes Werkzeug darstellt, die unterschiedlichen Dimensionen des Intellektuellen Kapitals zu visualisieren, und den Unternehmen zugleich als 'Navigator' im Umgang mit Wissenvermögen dienen könnte.

---

[18] Eine Vielzahl neuerer Veröffentlichungen thematisiert Verfahren zur Leistungsmessung immaterieller Werte, von denen einige für das Intellektuelles Kapital gültig sind. An dieser Stelle sollen vier herausragende Publikationen genannt werden, nicht nur wegen ihrer Verdienste, sondern auch wegen der wertvollen Anmerkungen und bibliographischen Hinweise auf weitere Quellen: Robert S. Kaplan und David P. Nortons *The Balanced Scorecard* (Boston: Harvard Business School Press, 1996), beschreibt auf exzellente Weise eine neue Methode des Betrieblichen Rechnungswesens, die Kaplan und Norton entwickelt haben und in wegweisenden Fachbeiträgen in der *Harvard Business Review* eingehender erläutert haben. Der 1995 veröffentlichte Forschungsbericht des *Conference Board*, New York, *New Corporate Performance Measures* (Nummer 1118-95-RR) ist eine hervorragende Erörterung der Notwendigkeit solcher Analyseverfahren und bietet eine Anzahl anschaulicher Beispiele. Ein Bericht aus dem Jahr 1995, der für das Ontario Premier's Council (Canada) und mit Unterstützung des Canadian Institute of Chartered Accountants erstellt wurde, *Perfomance Measures in the New Economy*, beschreibt ebenso zwingend die Notwendigkeit neuer Instrumentarien und enthält einige bedeutende Pionierarbeiten aus Schottland und England sowie weiterer internationaler Koryphäen. Als letzte Veröffentlichung sei *The Valuation of Intangible Assets*, von Arthur Andersen genannt, die in Zusammenarbeit mit der Economist Intelligence Unit, London (Special Report No. P254, 1992) erstellt wurde und ebenfalls die Notwendigkeit neuer Verfahren zur Messung nichtgreifbarer Werte beschreibt sowie einen Überblick über Methoden vorstellt, mit denen der Wert von geistigem Eigentum und von Marken ermittelt werden kann und von denen einige auf die Bemessung 'weicherer' Intellektueller Vermögenswerte übertragbar sind.

Wertmaßstäbe für das Gesamte

Das Verhältnis zwischen Marktwert und Buchwert

Der Wert eines Produkts wird vom Kunden und nicht vom Verkäufer bestimmt: Etwas kostet genauso viel, wie der andere zu zahlen bereit ist. Demnach ist ein Unternehmen soviel wert, wie der Aktienmarkt vorgibt: Preis pro Aktie x Gesamtzahl der Aktien = Marktwert, d.h. der Gesamtwert des Unternehmens. Die einfachste und bei weitem nicht die schlechteste Bewertungsmethode für Intellektuelles Kapital ist, die Differenz zwischen Marktwert und Buchwert zu errechnen. Der 'Buchwert', der in jeder Bilanz aufgeführt ist, bezeichnet den Restwert von den Vermögenswerten eines Unternehmens. Es ist der Wert, der nach allen Abzügen, Abschreibungen oder Zuschreibungen entsprechend den Bewertungsvorschriften übrig bleibt. Der folgenden Rechnung liegt die einfache Annahme zugrunde, daß all das, was als Marktwert nach Abzug des Buchwerts aller Anlagen bleibt, immaterielle Aktiva sein müssen. Wenn der Marktwert von Microsoft 85 Milliarden Dollar beträgt und der Buchwert rund 6,9 Milliarden Dollar ausmacht, beläuft sich das Intellektuelle Kapital demnach auf 78,6 Milliarden Dollar.

Eine schnelle, einfache und sinnvolle Rechnung. Ist der Wert eines Unternehmens größer als das, was den Aktionären gehört, ist es sinnvoll diese Differenz dem Intellektuellen Kapital zuzuschreiben, denn wie bereits in Teil Zwei dargelegt, sind die Mitarbeiter und Kunden eines Unternehmens zu gleichen Teilen Anteilsigner am Humankapital und am Kundenkapital. Dennoch erweist sich die Bewertung auf Grundlage des Verhältnisses von Marktwert zu Buchwert in dreifacher Hinsicht als problematisch: Zunächst einmal ist der Aktienmarkt unbeständig und reagiert manchmal heftig auf Faktoren, die nicht in die Verantwortung des Unternehmens fallen. Sollte das Federal Reserve Board beispielsweise den Zinssatz anheben und die Aktie von Microsoft um fünf Prozent fallen, würde dann ebenfalls der Wert des Intellektuellen Kapitals sinken? Wenn ein Unternehmen unter seinem Buchwert verkauft wird, was nicht selten der Fall ist, würde das bedeuten, daß es gar kein Intellektuelles Kapital aufzuweisen hat? Darüber hinaus gibt es Belege für die Tatsache, daß sowohl der Buchwert als auch der Marktwert in der Regel unterschätzt werden. Um Unternehmen zu ermutigen, in neue Anlagen und Maschinenausstattung zu investieren, erlauben Steuerrichtlinien, die Anlagen schneller abzuschreiben als sie der Wertminderung unterliegen. Darüber hinaus haben Unternehmen in Bezug auf die Abschreibungsmöglichkeiten einen Spielraum (jedenfalls einen kleinen), mit dem sie ihre Gewinne nach unten oder oben 'schönen' können. Da die Angaben auf der rechten Seite der Bilanz (Verbindlichkeiten und Eigenkapital) dem Vermögen der linken Seite entsprechen müssen, führt jede Unterbewertung eines Gegenstands gleichfalls zu einer Unterbewertung des Buchwerts. Eine Unterbewertung des Marktwerts ist dann gegeben, wenn Unternehmen übernommen werden. Egal, ob freundschaftlich oder feindlich, Firmenübernahmen kosten immer mehr als das Börsenkapital. Beispielsweise wurde die Aktie von Duracell International am elften September 1996 mit 49 Dollar gehandelt und am darauffolgenden Tag bot Gillette 60 Dollar pro Aktie, um das Unternehmen zu kaufen.

Und drittens mag es zwar eine hübsche Tatsache sein, daß Microsoft über immaterielle Aktiva in Höhe von 78,6 Milliarden Dollar verfügt, doch was soll's? Was nützen mir diese Informationen als Manager oder Anleger?

Eine Möglichkeit, die Zuverlässigkeit und die Aussagekraft des Differenzbetrages von Buch- und Marktwert zu erhöhen, ist nicht der Blick auf die absoluten Zahlen, sondern auf das *Verhältnis* beider Werte. Dann wäre es möglich, das Intellektuelle Kapital zweier Konkurrenzunternehmen, das eines Unternehmens mit dem Branchendurchschnitt oder mit dem Wert des vorangegangenen Jahres zu vergleichen. Da externe Faktoren, wie Zinssätze und das allgemeine Auf und Ab der Aktienmärkte vermutlich jedes Unternehmen einer Industriebranche mehr oder minder gleich betreffen, sind dies keine wirklichen Verzerrungsfaktoren, und Manager und Investoren können, wenn auch nur grob, ein Unternehmen mit anderen vergleichen. Das sinkendes Verhältnis von Markt- und Buchwert (im Lauf der Zeit oder im Vergleich zu Wettbewerbern) wäre ein Warnsignal.

Tobins Q

Ein wenig mehr Rechenarbeit als die Ermittlung des Verhältnisses von Markt- und Buchwert fordert eine andere Zahl: Das 'Tobin Q', das vom Nobelpreisträger und Wirtschaftswissenschaftler James Tobin entwickelte wurde. Es ist ein Quotient und vergleicht den Marktwert eines Vermögenswerts mit seinen Wiederbeschaffungskosten. Tobins Absicht war es, ein Werkzeug zu entwickeln, das dabei hilft, unternehmerische Investitionsentscheidungen unabhängig von volkswirtschaftlichen Faktoren wie zum Beispiel der Zinsentwicklung zu treffen. Ist q weniger als 1, d.h. ist der Marktwert einer Gutes geringer als seine Wiederbeschaffungskosten, dann ist es unwahrscheinlich, daß das Unternehmen noch mehr Güter dieser Art anschaffen wird, andererseits investieren Unternehmen in Güter, deren Marktwert die Wiederbeschaffungskosten übersteigt.

Tobins q wurde nicht als Berechnungsverfahren für das Intellektuelle Kapital entwickelt, erweist sich jedoch in diesem Zusammenhang als sehr wertvoll. Der Vorsitzende von Federal Reserve, Alan Greenspan, hat beobachtet, daß ein hohes q und das Verhältnis von Markt- und Buchwert den Wert von Investitionen in Technologien und Humankapital widerspiegeln. Der Quotient q sagt unter anderem etwas über die Wirkung abnehmender Erträge aus: Ist der Quotient q hoch (sagen wir 2, d.h. der Wert eines Gutes ist doppelt so hoch wie seine Wiederbeschaffungskosten), dann erwirtschaftet das Unternehmen damit Höchstbeträge und bekommt den Druck abnehmender Erträge nicht zu spüren. In diesem Sinne ist q, laut Tobin, Meßwert für etwas, was Wirtschaftswissenschaftler als 'Monopolspaltung' bezeichnen, wenn ein Unternehmen ungewöhnlich hohe Profite mit etwas erzielt, was andere nicht aufzuweisen haben. Dies ist eine treffende Definition für das Potential, das sich im Intellektuellen Kapital manifestiert: Sie und Ihre

Wettbewerber verfügen mit großer Wahrscheinlichkeit über ähnliche Sachanlagen, doch einer von Ihnen beiden ist im Besitz von etwas Einzigartigem, das sie voneinander unterscheidet (Mitarbeiter, Systeme, Kunden) und das zu größeren Gewinnen führt.

Es ist möglich, Tobins q auf Individuelles Vermögen anzuwenden (einen Lieferwagen, ein Gebäude) oder das gesamte Unternehmen: Marktwert geteilt durch die Wiederbeschaffungskosten von Sachanlagen. Eine nicht ganz feine Art, die Wiederbeschaffungskosten der gesamten Sachanlagen eines Unternehmens zu berechnen, besteht darin, vom in der Bilanz ausgewiesenen Wert aller Sachanlagen eines Unternehmens (Landeigentum, Gebäude, Maschinen und Ausstattung) die kumulierten Abschreibungen abzuziehen (unter Berücksichtigung der Inflationsrate). Die Verwendung von Tobins q, anstelle des Verhältnisses von Markt- und Buchwert, neutralisiert die Auswirkung unterschiedlicher Abschreibungsmethoden. Ebenso wie das Verhältnis von Markt- und Buchwert ist Tobins q dann sehr aufschlußreich, wenn ähnliche Unternehmen über mehrere Jahre hinweg verglichen werden.

Die Berechnung immaterieller Werte

Das Unternehmen NCI Research in Evanston, Illinois, hat eine elegante Möglichkeit gefunden, immaterielles Vermögen in Dollar auszudrücken. NCI, das sich mit der Kellogg School of Business an der Northwestern University zusammengeschlossen hat, kam über den Kontakt zu Städten und Gemeinden, die sie bei der Ansiedelung wissensorientierter Unternehmen unterstützen, zu der Beschäftigung mit der Frage nach Instrumentarien zur Bemessung immaterieller Aktiva. Investoren wie zum Beispiel Banken scheuen sich, Geld in Unternehmen zu stecken, die nur wenige materielle Anlagenwerte aufzuweisen haben. Wenn man eine Möglichkeit fände, das immaterielle Vermögen von Unternehmen in Geldeinheiten auszudrücken, so James Peterson, Präsident von NCI, würden Banken das Scheckheft bereitwilliger zücken.

Thomas Parkinson leitete dieses Projekt. Er ist Vorsitzender der Evanston Business Investment Corp., einer Art 'Existenzgründer-Kapitalfonds', der in eine Anzahl von High-Tech-Unternehmens-neulingen investiert hat. Das Team um Parkinson ging davon aus – ähnlich wie in den zwei vorher genannten Beispielen – „daß der Marktwert eines Unternehmens nicht nur Rückschlüsse auf die Anlagenwerte zuläßt, sondern ebenfalls eine Komponente hat, die auf das immaterielle Vermögen deutet." Um diesen Aktivposten, der einen zusätzlichen Wert schafft, aufzuspüren, wurde eine Methode, die eigentlich der Ermittlung des Markenkapitals dient, adaptiert: Markenartikel haben einen hohen wirtschaftlichen Nutzen (Preismacht, Verbreitung, bessere Möglichkeiten, neue Produkte durch die Erweiterung der Produktpalette auf den Markt zu bringen), der ihren Besitzern größere Kapitalerträge garantiert, als das 'No-name-Produkt des Wettbewerbers.

Diese Sichtweise übertrugen Parkinson, Peterson und das Teams auf das ganze Unternehmen: Der Wert eines immateriellen Gutes entspricht der Fähigkeit eines

Unternehmens, die Leistung eines durchschnittlichen Konkurrenten mit ähnlicher (materieller) Kapitalausstattung zu übertreffen.[19]

Anhand des Beispiels Merck & Co. soll im folgenden die Methode beschrieben werden (keine Angst, sogar ich kann die Berechnungen nachvollziehen):

1. Ermitteln Sie das Durchschnittseinkommen vor Steuerabzug über einen Zeitraum von drei Jahren. Bei Merck: 3.694 Milliarden Dollar.

2. Entnehmen Sie der Jahresbilanz den Wert für das durchschnittliche Anlagevermögen am Jahresende über einen Zeitraum von drei Jahren: 12,953 Milliarden Dollar.

3. Nehmen Sie die Gewinne und das Anlagevermögen, um die Gesamtkapitalrendite zu errechnen: 29 Prozent (eine gutes Geschäft, die Medikamentenbranche).

4. Bestimmen Sie, ebenfalls über einen Zeitraum von drei Jahren, den Durchschnittswert der Gesamtkapitalrendite in Ihrer Branche. NCI verwendet Zahlen der Robert Morris Associates' Annual Statement Studies für Unternehmen mit dem gleichen Klassifizierungscode. Dieser liegt in der Pharmabranche bei 10 Prozent. (Liegt die Gesamtkapitalrendite unter dem Durchschnitt, Vorsicht: Dann ist die Methode von NCI nicht anwendbar.)

5. Berechnen Sie die 'Überschußerträge'. Multiplizieren Sie den Durchschnitt der Gesamtkapitalrendite der Industriebranchen (10 Prozent) mit dem durchschnittlichen Wert der Sachanlagen des Unternehmens (12,953 Milliarden Dollar). Daraus ergibt sich die Summe der Gewinne aus den Sachanlagen. Nun subtrahieren Sie hiervon die Einnahmen vor Steuerabzug, die in Punkt eins aufgeführt wurden (3,694 Milliarden Dollar). Daraus ergibt sich für Merck ein Überschuß von 2,39 Milliarden Dollar. Das ist die Summe, die Merck im Gegensatz zu anderen Pharmaherstellern im Durchschnitt mehr erwirtschaftete.

6. Zahlen Sie Ihre Steuern. Berechnen Sie Höhe der Einkommenssteuer für drei Jahre und multiplizieren Sie die Summe mit dem Überschußertrag. Die Summe ziehen Sie wiederum von dem Überschußertrag ab und erhalten somit den Betrag nach Steuerabzug. Das ist der Aufpreis für die immateriellen Aktiva. Bei Merck (durchschnittlicher Steuersatz: 31 Prozent) ergeben sich 1,65 Milliarden Dollar.

---

[19] Nachdem ich 1995 in einem Beitrag der *Fortune* von den Aktivitäten bei NCI schrieb, erhielt ich Briefe von einigen Wirtschaftsprüfern, in denen sie darauf hinwiesen, daß der Internal Revenue Service (IRS) eine ähnliche Methode entwickelt habe, um immaterielle Aktiva zu errechnen. NCI war die Methode von IRS unbekannt. IRS ursprüngliche Regelung - *Appeal and Review Memorandum 34* (AMR 34) - wurde 1920 entwickelt, da Brauereien und Destillerien aus Steuergründen berechnen mußten, wie hoch die Kosten der Prohibition (Verluste im Goodwill und an anderer immaterieller Aktiva) waren. AMR 34 wurde 1968 erneuert und trägt mittlerweile den Namen Revenue Ruling 68-609. Laut IRS "dient es zur Bestimmung des angemessenen Marktwerts immateriellen Vermögens eines Unternehmens."

7. Berechnen Sie den gegenwärtigen Nettowert des Aufpreises. Sie dividieren den Aufpreis durch einen angemessenen Prozentsatz (wie Kapitalkosten des Unternehmens). Eine willkürlich gewählte Rate von 15 Prozent ergibt für Merck eine Summe von 11 Milliarden Dollar.

Und das ist er: Der 'Calculated Intangible Value' (CIV), der Gesamtwert der immateriellen Aktiva bei Merck, die in der Jahresbilanz nicht aufgeführt werden. Dies ist nicht ihr Marktwert, der liegt weit höher (Mercks Börsenkapitalisierung minus Sachanlagen beträgt 45,6 Milliarden Dollar), zum Teil deswegen, weil er die Kosten beinhaltete, die ein potentieller Aufkäufer aufwenden müßte, würde er sich dieses Vermögen neu aufbauen müssen. Es ist, so NCI, die Bewertung „der Fähigkeit eines Unternehmens, immaterielle Aktiva zu nutzen, um andere Unternehmen zu übertrumpfen." Damit wird es zu einer Größe, an der Manager Interesse zeigen sollten.

Wie das Orakel von Delphi ist CIV nur so gut wie die Frage, die gestellt wird. Sicherlich ergänzt die Zahl die Hilfsmittel eines Managers, als Benchmarking-Tool vielleicht: Ein positiver Aspekt ist der, daß die Zahl Unternehmensvergleiche auf der Grundlage finanzieller Kennzahlen erlaubt. Die Methode kann ebenso von Privatunternehmen angewendet werden, die sich mit staatlichen Konkurrenten messen wollen, und sie erlaubt es, daß konkurrierende Geschäftsbereiche unterschiedlicher Unternehmen, verschiedene unterschiedliche Geschäftsbereiche oder Abteilungen innerhalb eines Unternehmens untereinander einen Vergleich anstellen können – vorausgesetzt, sie sind in derselben Branche tätig.

Ein schwacher oder abfallender CIV könnte ein Hinweis darauf sein, daß zu viel in Material und zu wenig in F&E oder in die Entwicklung von Markenartikeln investiert wurde. Ein ansteigender CIV könnte darauf hindeuten, daß ein Unternehmen oder ein Geschäftsbereich die Fähigkeit entwickelt, zukünftige Cash-flows zu produzieren, vielleicht sogar bevor der Markt – oder der Budgetausschuß – dies erkannt haben.

Über einen Zeitraum hinweg können die Bewertung der immateriellen Aktiva entsprechend des Verhältnisses von Markt- zu Buchwert oder des Tobin q und der CIV parallel verlaufen. Beide Zahlen lassen sich in einer Graphik übereinander abbilden. NCI hat dies bereits bei 23 kleineren Unternehmen, die erst vor kurzem in eine AG umgewandelt wurden, getan und auf meinen Empfehlung hin ebenso bei den Unternehmen Merck, Intel und International Flavors & Fragrances. Es entsteht ein zwar uneinheitliches, aber auffälliges Muster. Erstens, immer wenn der CIV sank, fiel auch das Verhältnis von Markt- zu Buchwert – und auch der Aktienkurs – oftmals sogar drastisch. Doch in dem Fall, daß Marktwert der immateriellen Aktiva sank, während der CIV anstieg, war das zumeist als günstiges Kaufsignal zu werten. Das heißt also, daß wenn das Börsenkapital die Größenordnung des Buchwerts hat, kann man einen Blick riskieren: Kennen Sie den CIV, so hilft Ihnen das bei der Beurteilung, ob die niedrige Verhältniszahl von Markt- und Buchwert auf ein 'verblassendes' Unternehmen oder eines mit 'verborgenen' Werten (die im Börsenkapital noch nicht sichtbar sind) hinweist.

Instrumentarien zur Berechnung des Humankapitals

Innovation

Teil Zwei hat verdeutlicht, daß Innovation 'Output' des Humankapitals und die Effizienz des Strukturellen Kapitals ist. Wie innovativ ein Unternehmen ist, läßt sich auf unterschiedliche Weise feststellen. Die einfachste Möglichkeit besteht darin, den Prozentanteil der Umsätze durch neue Produkte oder Serviceleistungen am Gesamtumsatz zu berechnen. Diese Methode wurde beispielsweise bei 3M über Jahre hinweg wirkungsvoll angewandt. Das Unternehmen verfolgte damit die Zielsetzung, daß mindestens 25 Prozent der jährlichen Umsätze mit Produkten, die nicht älter als vier Jahre sind, erzielt werden sollten. Andere Unternehmen zählen die neuen Produkte oder Patente, die jährlich hinzukommen, um ihre Innovationsfähigkeit zu ermitteln.

Hier eine ausgeklügelte Variante: Vergrößern Sie den Anteil neuer Produkte und erhöhen Sie so den Bruttogewinn daraus. Es besteht immer die Möglichkeit, den Prozentsatz aus den Umsätzen neuer Produkte ein wenig zu manipulieren, indem bereits vorhandene Produkte unmerklich modifiziert werden: Geben Sie ihnen eine andere Farbe, einen neuen Namen und schon erreichen Sie Ihr Ziel. Doch Kunden, die selten dumm sind, werden kaum bereit sein, für 'kosmetische' Veränderungen oder marginale Verbesserungen zu zahlen. Im Gegenteil, sie setzen sie voraus und erwarten von Ihnen, daß Sie die Kosten dafür tragen. Wirkliche Innovation fordert allerdings ihren Preis. In einigen Industriezweigen – und Informationstechnologie ist in diesem Zusammenhang ein treffendes und wichtiges Beispiel – gehen Veränderungen so schnell vonstatten, daß die Innovationsfähigkeit nicht davon abhängt, ob Sie viele neue Produkte auf den Markt bringen, sondern ob Ihre Produkte so gut sind, daß Sie nicht Opfer der schnell sinkenden Preiskurve werden. Berechnen Sie den Bruttogewinn aus neuen Produkten und vergleichen Sie ihn mit dem älterer Produkte: Ersterer sollte wesentlich höher liegen.

Mitarbeitereinstellung

Hier geht es nicht darum, daß Mitarbeiter sich wohlfühlen sollten. Studien haben wiederholt die enge Korrelation der 'hohen' Arbeitsmoral und der Höhe der finanziellen Leistung gezeigt. Die schlichte Tatsache, daß finanzieller Erfolg und strahlend glückliche Mitarbeiter miteinander einhergehen, steht allerdings nicht in einem Kausalzusammenhang: Es ist durchaus wahrscheinlich, daß der Reinerlös eher glückliche Gesichter beschert als umgekehrt. Aber Sie brauchen keine Regressionsanalysen, um zu wissen, daß zufriedene Mitarbeiter produktiver sind und bessere Kunden- und Lieferantenbeziehungen pflegen, als jene, die nicht einschätzen können, wie groß ihr Beitrag am Unternehmenserfolg ist. Weitere Studien haben gezeigt, daß eine enge Verbindung zwischen Mitarbeitermotivation und Kundenmotivation besteht, eine Wechselbeziehung zwischen Humankapital und Kundenkapital.

Doch Vorsicht: Studien über Mitarbeitermotivation bringen häufig ausschweifende Geschichten und anekdotenhafte Informationen über die Gedanken der Mitarbeiter zutage, die durchaus wichtig sein können, doch um sie als Index für Humankapital zu nutzen, benötigt man strukturiertes Datenmaterial. Wo würden Sie auf einer Skala von eins bis zehn Ihre Zufriedenheit bei der Arbeit eintragen? Sind Sie, im Vergleich zum Vorjahr glücklicher oder unglücklicher? Schätzen Sie ein, inwieweit Ihre Tätigkeit Kundennutzen bringt (überhaupt nicht, wenig, etwas, viel, sehr viel)? Und vieles mehr.

Besitz, Umsätze, Erfahrung und Lernen

Eine weitere Möglichkeit, Humankapital zu bemessen, besteht darin, eine Kartei, die Ihren 'Bestand' an Wissensmitarbeitern aufzeigt, zu führen. Das ist etwas kompliziert: Jugend und auch Erfahrung haben ihre Tugenden und Altersdiskriminierung ist unmoralisch und illegal. In Kapitel 6 haben wir gesehen, daß Humankapital, das als immaterielles Vermögen auf der unsichtbaren Bilanz eines Unternehmens ausgewiesen ist, in den Mitarbeitern manifest ist, die durch ihre Tätigkeit für den Kunden Werte schaffen. Ich habe dargestellt, wie die 'Wissensland-karten' der Canadian Imperial Bank of Commerce Einzelpersonen und Abteilungsleitern ermöglichen, eigene individuelle Fähigkeiten oder die der Mitarbeiter mit denen, die die Kunden erwarten, zu vergleichen. Indem die Lücke zwischen Leistung und Erwartung permanent überprüft und dokumentiert wird, läßt sich das Humankapital bewerten, insbesondere für das gehobene Management ein zweifellos wichtiges Ergebnis. Dabei ist die bloße Dokumentation dieser Lücken allerdings unzureichend: Es müssen vernünftige Programme entwickelt werden, um diese Lücken zu schließen.

Das schwedische Unternehmen Celemi International, das Personalberatung, Schulungen und Change Management-Beratungs-leistungen anbietet, veröffentlichte in seiner Jahresbilanz von 1995 eine Reihe von Bewertungsmethoden für Besitz und Fachwissen. Dazu gehören u.a. folgende:

- die durchschnittliche Zahl der Jahre an Praxiserfahrung, die ein Experte in seiner Tätigkeit aufweist,
- die Umsätze der Experten (d.h. 'der Mitarbeiter, die mit Kunden gemeinsam an einem Projekt arbeiten'; Topmanager werden nur dann berücksichtigt, wenn sie direkt mit Kunden zusammenarbeiten),
- die Anzahl der Dienstjahre der Experten (Unternehmenszugehörigkeit),
- Mehrwert pro Experte und sonstigen Mitarbeiter,
- Der Prozentsatz an 'kompetenzfördernden' Kunden: Laut Bericht sind dies all jene, „die mit ihrer Aufgabenstellung besondere Kenntnisse bei Mitarbeitern

herausfordern. Diese Kunden sind in besonderem Maße wertvoll für Celemi, da Mitarbeiter von ihnen lernen können"[20] und

- der Anteil an 'Grünschnäbeln' (der Prozentsatz an Mitarbeitern mit weniger als zwei Jahren Berufserfahrung)

Weitere Bewertungsmaßstäbe für Humankapital

Die Beantwortung der folgenden Fragestellungen wird kaum quantifizierbares Datenmaterial über Humankapital erzeugen, aber eine reiche Ernte an qualitativ zu bewertenden Informationen bescheren:

- Welche der Qualitäten Ihrer Mitarbeiter werden von Ihren Kunden am meisten geschätzt und warum?

- Welche der Qualitäten und Fähigkeiten werden von Ihren Mitarbeitern am meisten bewundert? Deutet irgendetwas darauf hin, daß die Einschätzungen seitens der Kunden und der Mitarbeiter differieren?

- Welche aufkommenden Technologien oder Fähigkeiten könnten den Wert ihres unternehmensspezifischen Wissens schwächen?

- Wo in Ihrem Unternehmen wollen hochkarätige Manager eingesetzt werden? Wo möchten sie am wenigsten arbeiten? Wie begründen sie ihre Wahl?

- Wie hoch ist der Prozentsatz an Managern, die Programme zur Schulung und Förderung ihrer Nachfolger in die Wege geleitet haben?

- Welcher Prozentsatz an Arbeitszeit *aller* Mitarbeiter ist Tätigkeiten gewidmet, die von geringem Wert für den Kunden sind?

- Wenn Wettbewerber neue Mitarbeiter einstellen, sind sie dann aus Ihrem Unternehmen?

- Warum verlassen Mitarbeiter Ihr Unternehmen, um eine andere Stelle anzunehmen?

- Wie hoch ist bei Fachleuten (auch Headhuntern) die Reputation Ihres Unternehmens im Vergleich zur Konkurrenz?

---

[20] Die *kompetenzfördernden* Kunden repräsentieren Humankapital, denn sie fordern und fördern die Mitarbeiter von Celemi. Das Unternehmen bemißt darüber hinaus auch den Prozentsatz an Kunden, die sich als *imagefördernd* erweisen (angesehene Kunden, deren Referenzen bedeutend ist). Diese Werte könnten als Bemessungsgrundlage für das Intellektuelle Kapital verwendet werden. Das Unternehmen berücksichtigt ebenfalls *strukturfördernde* Kunden in der Statistik (deren hohe Anforderungen Celemi dazu zwingen, vorhandene Ressourcen wirksamer einzusetzen oder neue Strukturelle Vermögenswerte zu erwerben), was eine geeignete Bemessungsgrundlage für das Strukturelle Kapital wäre. Ein und derselbe Kunde kann in mehr als einer der drei genannten Kategorien erscheinen.

Das Wissensdepot

Jedes Unternehmen verfügt über ein Wissensdepot – Forschung, Sachkenntnisse, Kundenkarteien, Verkäufergeschick usw. Alan Benjamin, der ehemaliger Geschäftsführer der SEMA Gruppe, eines der führenden Computer-Serviceunternehmen in Europa mit einem Umsatz von 853 Millionen im Jahr 1994, sagt: „Ihr Wissensdepot ist der Grund, warum Leute in Ihr Unternehmen investieren und bei Ihnen arbeiten wollen, nicht die Gebäude oder die schöne Aussicht." Doch wie hoch ist sein Wert?

Benjamin, dreiundsechzig und inzwischen in Ruhestand, hat eine Methode zur Bemessung des Wissensdepots für eine Studie über die 'Unternehmen der Zukunft' erarbeitet. Diese Untersuchung geht der Frage nach, welches die Ursachen für Wettbewerbsvorteile sind. Sie wurde von der Vereiningung *Debrett Peerage* der Britischen Industrie finanziert und von der Royal Society for the Encouragement of Arts, Manufactures and Commerce durchgeführt. Benjam hat die Gewinn- und Verlustrechnung einer Abteilung eines realen Unternehmens modifiziert, um aufzuzeigen, wie sie aussehen könnte, wenn die Bewertungsmaßstäbe die Höhe des Wissens und des Barkapitals wären, gute Kriterien im Informationszeitalter. Das Unternehmenspseudonym lautet 'Brilliant PLC' und der Kassenbestand sieht folgendermaßen aus:

Umsätze (12 Monate)		2.788.011 Pfund
Minus	Gemeinkosten (Miete, Rohmaterial, Betriebsstoffe)	- 506.386 Pfund
	Kapitalausgaben	- 98.000 Pfund
	Löhne	- 1.594.602 Pfund
Barüberschuß am Jahresende		589.023 Pfund

In der traditionellen Buchführung würden die Investitionsausgaben in der Bilanz auf der Vermögensseite auftauchen. In der Gewinn- und Verlustrechnung würden nur die Abschreibungen und die Kapitalausgaben früherer Jahre aufgeführt werden. Benjamin vermischt beides, um das Wissensdepot zu berechnen, die 'wirklichen' Gewinne von 'Brilliant PLC'. Zunächst muß man die Kapitalausgaben als Ausgabe und nicht als Investition bewerten. Benjamin begründet dies: „Kapitalausgaben geben den Menschen zunächst nur ein Dach über dem Kopf, statten sie aus und geben ihnen Arbeit." Langfristige Investitionen sind hingegen intellektueller Natur.

Dann verringert man den Anteil der Löhne, indem man sie als Investition verbucht. Das bezeichnet er als 'wahren' Wert. Dazu berechnet man, welche der Tätigkeiten in das laufende Jahr fallen und welche davon in die Zukunft (Schulungen, Planungen, Forschung, Geschäftsentwicklung usw.). So zählt dann das Gehalt eines einfachen Angestellten zu den Kosten, während vielleicht die Hälfte aller Aufwendungen für die Gehälter einer Marketingabteilung als Kapitalausgabe verbucht werden kann, ein Aktivposten also, da rund die Hälfte des Werts ihrer Aktivitäten in der Zukunft realisiert wird. Ein Großteil der Ausgaben für neue Mitarbeiter, die zunächst mehr lernen als sie umsetzen, würde ebenso verbucht werden. Die Gehälter der Mitarbeiter in Forschungslabors werden komplett kapitalisiert, ebenso die gesamten Schulungskosten. Man kann die Zahlen natürlich über den Daumen peilen, aber man sollte das nicht machen. Wenn Wissen zu dem bedeutendsten Vermögen eines Unternehmens gehört, haben diese Bücher mehr Bedeutung als diejenigen, welche die Betriebsprüfer sehen. Bevor Sie die Kosten für die Angestellten kapitalisieren und verschieben, sollte man zunächst die Tätigkeiten der Mitarbeiter und das, was sie lernen analysieren. Das wird etwas arbeitsaufwendig sein, doch weniger, als die Arbeitsbeschreibungen neu zu definieren.

Eine Gruppe von Mitarbeitern genießt eine Sonderstellung. Die 91 hochqualifizierten Techniker bei Brilliant PLC. Ihr Gehalt beträgt insgesamt 1,1 Millionen Pfund und man kann sie als Schlüsselpersonen bezeichnen. Da sie ihre Zeit damit verbringen, die jährlichen Gewinne zu erzeugen, sind sie so stark begehrt, daß kürzlich 30 Prozent von ihnen abgeworben wurden, pro Kopf entstand ein Verlust von 10.000 Pfund durch Kosten für die Wiederbeschaffung und die Fortbildung. Daher ist der Wert der Mitarbeiter an diese Zahl geknüpft: 64 von 91 Mitarbeitern werden voraussichtlich im Unternehmen bleiben, der Betrag für Wiederbeschaffungskosten beläuft sich auf 10.000 Pfund, so daß 640.000 Pfund verbucht werden und in der Bilanz ausgewiesen werden. Unter Berücksichtigung aller genannten Faktoren, sieht die Gehaltsrechnung bei Brilliant PLC nun folgendermaßen aus:

Verschobene 'Lohnaufwendungen' (gehen in das Wissensdepot)	871.979 Pfund
Tatsächliche Lohnkosten	722.623 Pfund

Durch konservatives Schätzen ermittelt Benjamin die Wertschöpfung durch F&E: Der Kapitalwert der geschätzten Umsätze geplanter Produkte plus außerordentlicher Ausgaben im Falle des Mißerfolgs, unvorhersehbarer Konkurrenz oder Kosten. All diese Komponenten werden dem Wissensdepot gutgeschrieben. Das neue Endergebnis sieht wie folgt aus:

Gesamtumsatz (12 Monate)		2.788.011 Pfund
Minus	Gemeinkosten (506.386 Pfund)	
	Kapitalausgaben (98.000 Pfund)	
	Lohnkosten (722.623 Pfund)	- 1.327.009 Pfund
		1.461.002 Pfund
Plus	Wertschöpfung durch F&E	40.097 Pfund
Überschuß am Jahresende		1.501.099 Pfund

Dieser Überschuß besteht aus 589.023 Pfund in bar (also die gleiche Summe wie in der ersten, traditionellen Rechnung) und 912.076 Pfund auf dem Wissensdepot – kapitalisierte Gehälter und die Wertschöpfung aus F&E – auf den das Unternehmen in der Zukunft zurückgreifen kann und der – wie jedes Vermögen – einer Wertminderung unterworfen ist. Hören Sie nicht auf Ihren Steuerberater, wenn er

Ihnen rät, diese Zahlen für sich zu behalten. Hinter dieser Berechnung verbirgt sich viel Spekulation - beispielsweise in welchem Maße das Wissensdepot der Wertminderung unterworfen ist – und die beste Möglichkeit, die subjektive Einschätzung zu relativieren ist, die Zahlen publik zu machen.

Mit dem Sachvermögen verhält es sich ähnlich wie mit der Wissensbank: Ihre stillen Reserven zu ermitteln, ist ein erster Schritt, doch eigentlich wollen Sie die Gesamtkapitalrentabilität errechnen. Die Rendite aus dem Humankapital (der Wert des Wissensdepots geteilt durch den Gewinn) wird voraussichtlich geringer sein, als wenn Sie die Kapitalrendite auf die herkömmliche Weise berechnen. Das muß auch so sein: Die grundlegende These dieses Buchs ist, daß das Intellektuelle Kapital von Unternehmen des Informationszeitalters größer ist, als ihr Finanzkapital. Wenn Ihr Finanzvorstand Zeit hat, dann kann er den Tobin-Quotienten Ihres Wissensdepots berechnen.

Bewertungsmaßstäbe für das Strukturelle Kapital

Um Strukturelles Vermögen abzubilden, bedarf es zweier unterschiedlicher Arten von Daten: der Summe aller Wissensbestände eines Unternehmens und einer Maßzahl für die Effizienz des Unternehmens, d.h. das Maß, in dem das interne System die Arbeit der Mitarbeiter unterstützt und fördert, anstatt sie zu behindern.

Wissensbestände bewerten

Strukturelles Kapital nimmt unendlich viele Formen an und unterscheidet sich von Unternehmen zu Unternehmen. Wirtschaftswissenschaftler und Anwälte entwickelten bei dem Verkauf von Lizenzen oder von immateriellem Vermögen zahlreiche Methoden, um den Preis für Patente, Prozesse, Handelsmarken oder Urheberrechte festzusetzen. Wir wollen an dieser Stelle nicht weiter darauf eingehen. Es ist schwieriger, Intellektuelles Vermögen, das keine ähnlich konkrete Form annimmt, zu bewerten. Weston Anson, Master of Business Administration (MBA), Anwalt und Geschäftsführer des Unternehmens Trademark und Licensing Associates, Inc. in La Jolla, Californien, arbeitete unter anderem bei Procter & Gamble sowie Du Pont und unterstützte die Katholische Kirche bei der Erstellung eines Gutachtens über den Wert der Bibliothek des Vatikans. Er entwickelte eine Methode, mit der auch die ungewöhnlicheren Formen immateriellen Vermögens identifiziert und bewertet werden können.

Um sie zu identifizieren, unterscheidet er drei Kategorien: Zunächst sogenannte technische Bündel (Geschäftsgeheimnisse, Dokumente, Forschungsergebnisse usw.), zweitens Marketing-Bündel (Urheber-rechte, Unternehmensname und Logo, Garantieleistungen, Werbung, Verpackungsdesign und Copyrights, eingetragenes Warenzeichen usw.) und drittens das Bündel der Fachkenntnisse und des Wissens (Datenbanken, Handbücher, Qualitätsicherungsstandards, Managementsprozesse, Sicherheitssysteme, Geschäftslizenzen usw.). Er wendet dann drei grundlegende Tests an, um festzustellen, ob ein Vermögen Marktwert besitzt: Unterscheidet es Ihr Produkt oder Ihren Service von anderen? Hat es für andere einen Wert? Wären andere bereit, eine Gebühr dafür zu zahlen? Um die Antworten auf diese Fragen zu finden, sollte man die Einzigartigkeit dieser immateriellen Werte, ihre vielseitige Anwendbarkeit, steigenden Grenzerträge, ihren rechtliche Status oder die erwartete Nutzungsdauer usw. betrachten.

Wie kann man diese Vermögenswerte bewerten? Kosten wären eine Möglichkeit, allerdings wenig geeignet, denn die Kosten dafür, dieses Intellektuelle Kapital zu schaffen, müssen sich nicht notwendigerweise mit dem Wert des Geschaffenen decken. Eine andere Möglichkeit besteht darin, in Ihrem vielschichtigen Geschäftsumfeld nach etwas zu suchen, was als Vergleichsgrundlage auch für wenig strukturiertes immaterielles Vermögen dienen könnte: Welche vergleichbaren Technologien gibt es? Was würde eine Lizenz kosten?

In einem nächsten Schritt gilt es, die relative Größe oder Bedeutung Ihres Vermögens gegenüber dem Vergleichswert zu ermitteln. Anson verwendet zu diesem Zweck eine Scorekarte mit der Bezeichnung Valmatrix. Darauf sind zwanzig Faktoren wie unter anderem 'Gewinn vor Steuern', 'Vielfalt der Produktpalette' oder 'Potential zur Erweiterung der Produktpalette' aufgeführt; für eigentümlichere immaterielle Aktiva sollten Sie eine gesonderte Liste anfertigen. Bewerten Sie anhand eines jeden der aufgeführten Faktoren das Vermögen mit Punkten auf einer Skala von 0 bis 5 – und stützen Sie sich dabei auf Angaben über Marktanteile, Beitrag zum Cash-flow usw., wo immer Sie diese erhalten – im Verhältnis zu dem Vergleichswert. Das beste Ergebnis sind 100 Punkte, die ein immaterielles Vermögen erzielen kann, wenn es bei allen 20 Faktoren die höchste Punktzahl erreicht. Die höchste Punktzahl, die Anson je errechnete, waren 91 Punkte und das nur unter besonderen Umständen in einem lateinamerikanischen Markt.

Das Valmatrix-Bewertungsverfahren ist in unterschiedlicher Weise anwendbar. Zunächst dienen die zwanzig Faktoren mit der Bewertung der relativen Größe und Bedeutung als Managementprogramm: Durch die einzelnen Faktoren haben Sie eine Grundlage, auf der Sie sich mit Ihren stärksten Konkurrenten vergleichen können. Darüber hinaus kann das Ergebnis mit einer Methode zur Auswertung immaterieller Aktiva sinnvoll verbunden werden (Tantiemen, Vermögensumsätze oder sogar Kostenfaktoren usw.) Sollten Sie die Einzelheiten von Lizenz- oder Verkaufsvereinbarungen eines Vermögenswerts kennen, der 50 Punkte auf der Skala erzielt hat, und Ihr Vergleichswert hat 60 Punkte erzielt, dann können Sie einen höheren Preis für Ihren Vermögenswert fordern.

Der Umsatz des Betriebskapitals

Leistungssteigerung läßt sich durch Strukturelles Kapital in Unternehmen dann erzielen, wenn Bestände durch Information ersetzt werden. Daher sollten Sie den Umsatz des Betriebskapitals berechnen, also die Häufigkeit, mit der das Betriebskapital durch das Unternehmen fließt. Der Bewertungsmaßstab, den George Stalk,

Berater bei Boston Consulting, entwickelt hat, und den Allied Signal, GE, Hillebrand Industries anwenden, verweist auf die betriebliche Leistungsfähigkeit. Die Berechnung ist so einfach und braucht nicht mehr Platz, als man auf einem Bierdeckel hat. Notieren Sie das Betriebskapital: Einnahmen plus Bestand minus Ausgaben. Um saisonbedingte Schwankungen zu vermeiden, nehmen Sie die Zahlen von Jahresbeginn und jeweils vom Ende eines jeden Quartals und teilen Sie diesen Betrag durch fünf. Teilen Sie nun den Jahresumsatz durch diesen Durchschnitt. Je höher die Summe, desto weniger Kapital haben Sie investiert, um diese Umsätze zu erzielen.

Der Betriebskapitalumsatz läßt sich mit dem anderer Abteilungen oder dem der Konkurrenz vergleichen (Einkünfte, Bestand und Ausgaben sind in der Bilanz aufgeführt) doch Vorsicht: LIFO (Last in – first out) und FIFO (First in – first out) Bestandszahlen sind nicht vergleichbar. Da Betriebskapital alles von der Beschaffung bis zur Bezahlung berücksichtigt, läßt sich die Verbesserung in einem Bereich kaum feststellen, wenn Mißstände an anderer Stelle verdeckt werden. Ohne die Stillstandszeiten von Maschinen zu reduzieren, ohne hochklassige Lieferanten, die kleine Mengen *just-in-time* liefern oder ohne kürzere Vertriebskanäle lassen sich die Bestände nicht verringern; all dies sind Indikatoren für ein stabiles Strukturelles Kapital.

Den bürokratischen Anteil bewerten

Es gibt eine ganze Reihe von Möglichkeiten, die aufzeigen, ob Ihr Unternehmen zwischen Ihren Mitarbeitern und Ihren Kunden steht, hier eine Auswahl:

- *Unterbreitete Vorschläge versus ausgeführte Vorschläge.* Wenn Mitarbeiter etwa 1.000 neue Ideen einbringen und das Unternehmen 279 davon umsetzt, dann machen Sie Ihre Mitarbeiter handlungsfähig,
- *Time-to-market.* In welchem Zeitraum gelingt es Ihnen, neue Produkte oder Dienstleistungen zu entwickeln und auf dem Markt anzubieten?
- Der sogenannten 'Zu viele Chefs-Test': Wie ist das Verhältnis zwischen Einkünften und SG&A-Kosten (sales, general, and administrative – Umsatz-, Allgemein- und Verwaltungskosten)?

Das Back Office bewerten

Märkte, und in dem Punkt sind wir uns einig, schöpfen Werte; doch manche Arbeitsleistung wird nicht 'verkauft' und es entstehen sogar Produktionskosten. So beispielsweise die Informations-Dienstleistungen des 'Back Office', dazu gehört das Schreiben von Bestellungen und Rechnungen oder das Zusammensuchen von Daten für die Buchhaltung. Das Fehlen eines objektiven Bewertungsmaßstabs für diese Tätigkeiten beschäftigte Thomas Housel, der für das Reengineering bei Pacific Bell verantwortlich war und nunmehr an der University of Southern California lehrt. Housel sagt: „Reengineering sollte den Wert steigern und nicht die Kosten senken – und schon gar nicht auf Kosten des Wertes gehen. Doch wenn der Prozeß über keinen absatzfähigen Output verfügt, besteht keine Möglichkeit herauszufinden, ob damit der Wert erhöht wird, noch kann die Kapitalrentabilität festgestellt werden."

In Zusammenarbeit mit Valery Kanevsky, Expertin für Mathematik und dreimalige Gewinnerin des Mathematikpreises der Moskauer Universität, fand Housel eine raffinierte Lösung für sein Problem. Aber seien Sie gewarnt: Sie ist ziemlich kompliziert. Doch hat Hewlett-Packard, nebenbei Anbieter von Beratungsdienstleistungen im Bereich Reengineering, das System, das dort Geschäftsprozeß-Auditierung genannt wird, übernommen. Die Mathematik wirkt hier wie eine 'Linse', mit der das Unternehmen bemessen kann, wie effizient sie mit Informationen Werte schaffen. Durch diese Linse lassen sich Intellektuelle Vermögenswerte bewerten, die sonst niemals das Licht des Marktes erblickt hätten.

Housel und Kanevsky gehen davon aus, daß der Mehrwert der Transformation gleicht, d h. Rohmaterial wird einem Prozeß zugeführt, in diesem Prozeß transformiert oder verändert, wobei etwas Neues und Wertvolleres entsteht. Ohne Veränderung, kein Mehrwert. Wenn Wissensarbeit einen vernünftigen und definierten Output hat (beispielsweise eine Bestellung), besteht die Möglichkeit, die Transformation anhand der Informationen zu bemessen, d.h. je mehr Information hinzugefügt oder verändert wurde, desto mehr Wert wurde geschaffen. Wenn man ganz genau sein wollte, so müßte man die während eines Vorgangs veränderte Anzahl der Bits und Bytes erfassen, doch genügt auch eine rein sprachliche Beschreibung. Da digitale Daten universellen Charakter haben, ist ein Vergleich zwischen einzelnen Prozessen, aber auch Unternehmen möglich. So ließe sich eine Telefonbestellung von L. L. Bean gegenüber Land's End im Hinblick auf Informationswertschöpfung und auf Kosten vergleichen. Das erleichtert die Berechnung der Kapitalerträge eines immateriellen Prozesses oder eines Vorgangs, in dem Informationen transformiert werden.

Um sicher zu sein, daß es sich um richtige Wertschöpfung handelt und nicht um bloße Worthülsen, bediente sich Kanevsky einer weiteren Methode von Andrey Kolmogorov (1903-87), Russischer Mathematiker, der in den sechziger Jahren Methoden zur Beschreibung komplexer Systeme in kürzester mathematischer Form entwickelte. Das bedeutet soviel wie, daß alle Zahlenwiederholungen und Systematiken in einer Gleichung zusammengefaßt werden können: 2 x 2 x 2 wird somit zu 2^3. Würden sie nicht zusammengefaßt, so Kanevsky: „Würden Sie Redundanz und Transformation verwechseln und überflüssige Arbeit verursachen."[21]

---

[21] Murray Gell-Mann, Nobelpreisträger für Physik und Leiter des Santa Fe Institute, veranschaulicht den Prozeß der Beseitigung von Redundanzen anhand der Geschichte eines Schülers, dessen Hausaufgabe darin bestand, einen 300 Worte umfassenden Aufsatz über sein letztes Wochenenderlebnis zu verfassen. Er hatte die Aufgabenstellung bis zum Montagmorgen vergessen, und als sie ihm wieder einfiel, nahm er Papier und Bleistift und schrieb: "Am Samstag sah ich aus dem Fenster und sah eine Rauchwolke und Flammen im Nachbarhaus. Ich schrie: 'Feuer, Feuer, Feuer, Feuer, Feuer, Feuer, Feuer!...."

Pacific Bell nutzte die Technik zur Bewertung neuer Software zur Unterstützung der telefonischen Bestellabläufe. Sie wurde genehmigt, nachdem Housel und Kanevsky belegten, daß sie im Vergleich zum alten System 80 Prozent mehr Information pro Dollar an Kosten einbringen würde. Ein Kunde von Hewlett-Packard mußte einsehen, daß seine Testabteilung kostspielig war und wenig an neuen Informationen lieferte, also hat er diese Tätigkeit an einen fremden Dienstleister vergeben.

Bewertungsmaßstäbe für Kundenkapital

Kundenzufriedenheit

Natürlich messen Sie Kundenzufriedenheit. Doch machen Sie das auch richtig? Die Frage 'Wie waren wir?' ist wertlos. David Larcker, Professor für Wirtschaftswissenschaften an der Wharton School sagt: „Instrumentarien dieser Art sind dafür bekannt, daß sie unzuverlässig sind. Kundenzufriedenheit zu messen, ist zu kompliziert, als daß man sie unwissenschaftlich und einfach auf verschiedenen Skalen von 1 bis 5 bewerten könnte (und ist Ihnen schon mal aufgefallen, daß Untersuchungen dieser Art eher der Mitarbeiterkontrolle dienen, als Kundenzufriedenheit zu messen?).

Wenn Sie die Verbindung zwischen gestiegener Kundenzufriedenheit und verbesserten finanziellen Ergebnissen nicht nachweisen können, so messen sie die Kundenzufriedenheit nicht korrekt. Zufriedene Kunden lassen sich mindestens an einer von drei meßbaren Charakteristika erkennen: Loyalität (Kundenbindung), höhere Geschäftstätigkeit (höherer Umsatzanteil), Unempfindlichkeit gegenüber Schmeicheleien der Wettbewerber (Preistoleranz).

Allianzen bewerten

Kundenkapital wird von Ihnen und Ihrem Kunden gemeinsam besessen. Es liegen unterschiedliche, finanzielle wie nicht-finanzielle Indikatoren, die darauf hinweisen, ob Sie es anhäufen.

- Qualitätsdaten, Informationen über Einsparungen (beider Seiten) aus gemeinsamen Prozessen wie Inspektion oder Datenaustausch, die Zahlen über Lagerbestände (auch hier auf beiden Seiten) und Verfügbarkeit sagen etwas über den Wert der Partnerschaft zwischen Ihnen und Ihren Kunden und Lieferanten aus.

- Darüber hinaus sollten Sie das finanzielle Potential und das Wachstum ihres Kunden und Ihren Anteil an seinem Geschäft nicht aus den Augen verlieren: Sind Sie Schlüssellieferant, eines großen Kunden, verfügen Sie über wertvolleres Ver-

---

Kolmogorov, so Gell Mann, würde diese Ansammlung von Redundanzen zusammenstreichen, so daß der Text entsteht: „Am Samstag sah ich aus dem Fenster und sah eine Rauchwolke und Flammen im Nachbarhaus. Ich schrie: 'Feuer!' 280 Mal."

mögen. Jemand mit besseren mathematischen Fähigkeiten als ich, könnte Bewertungsmaßstäbe für Kundenkapital, unter Berücksichtigung der Finanzkraft und des Wachstums dieser großen Schlüsselkunden im Vergleich zu Wettbewerbern erstellen. Einige clevere Käufer wie Marks & Spencer und Motorola haben begonnen, die Initiative, Kreativität, Reaktionsschnelligkeit oder Flexibilität ihrer Lieferanten zu bewerten.

Wie hoch ist der Wert eines loyalen Kunden?

Kunden sind das bedeutendste Vermögen eines Unternehmens. Tief in Ihrem Inneren spüren Sie das. Sicherlich haben Sie einige treffende Antworten auf die folgenden Fragen parat: Welchen Kapitalwert hat Ihr Kundenstamm? Wie hoch ist der Wert eines neuen Kunden? Wie hoch der Wert, an einem alten Kunden festzuhalten?

Obgleich Kundenloyalität zu den immateriellen Werten zählt, ist die mathematische Berechnung ihres Wertes recht unkompliziert. Um die entsprechenden Zahlen zusammenzutragen, bedarf es einiger Laufarbeit – die geeignete Aufgabe für einen jungen ambitionierten MBA-Studenten in den Semesterferien. Der Aufwand ist mehr als lohnend, wenn es darum geht, Kunden zu binden. Der Berater Frederick Reichheld, von Bain & Co. sagt: „Die Kundenbindung um fünf Prozent zu steigern, erhöht den Wert eines durchschnittlichen Kunden zwischen 25 und 100 Prozent." Von der These Reichelds und Claes Fornells, Wirtschaftswissenschaftler an der University of Michigan, ausgehend soll an dieser Stelle dargestellt werden, wie der Wert eines Kunden errechnet wird.

1. Legen Sie einen sinnvollen Zeitraum fest, über den hinweg Sie die Berechnungen vornehmen wollen. Dieser wird in Abhängigkeit von Ihren Planungszyklen und Ihrer Geschäftstätigkeit variieren: Ein Lebensversicherer sollte seine Kunden über Jahrzehnte hinweg beobachten, für einen Hersteller von Wegwerfwindeln hingegen sind nur wenige Jahre im Leben seines Kunden von Bedeutung.

2. Errechnen Sie die Gewinne, die Sie jährlich durch Ihre Kunden erzielen. Ziehen Sie einige Beispiele heraus und betrachten Sie sie genauer, betrachten Sie dabei sowohl neue Kunden als auch alte Stammkunden, um herauszufinden, wie hoch der jährliche Umsatzanteil dieser Kunden ist und wie hoch im Vergleich dazu Ihre Kosten sind, um sie zu bedienen (wenn möglich, gliedern Sie die Kunden nach Alter, Einkommen und Absatzweg auf). Gehen Sie sicher daß sie das gesamte Spektrum an Kosten und Nutzen Ihrer Kunden betrachten. Die Kostenseite: Im ersten Jahr müssen die Kosten, die durch die Akquisition eines neuen Kunden entstehen, zum Beispiel durch Werbung, Kommissionsverkäufe, zusätzliche Overheadkosten oder Back-Office-Kosten durch ein neues Kundenkonto, von den Umsätzen mit diesem Kunden abgezogen werden. In den Folgejahren sind Kundenbindungskosten wie zum Beispiel Kundendienst zu berücksichtigen, die zwar geringer sind, als die Werbungskosten

zu Beginn, aber doch nicht unerheblich sind (sollten bei Ihnen keine oder kaum Kundenbindungskosten entstehen, so spricht das Bände). Auf der Seite der Einnahmen sollten Sie darauf achten, daß Sie konkrete Zahlen über das Kaufverhalten Ihrer Langzeitkunden erhalten – Gewinn pro Kunde im ersten Jahr, im zweiten Jahr – und nicht den Durchschnittswert für alle Kunden oder die gesamten Jahre. Langzeitkunden sind eher bereit, größere Einkäufe zu tätigen und höhere Preise zu akzeptieren, als Neukunden (diese werden zunächst mit Sparpreisen geködert), sie machen weniger Schulden bei Ihnen, kaufen auch zusätzliche Gegenstände (Post-it-Zettel und Klebestreifen, Sparkonto und Girokonto) und sorgen für ein Zusatzgeschäft durch 'Empfehlungen'. Haben Sie die einzelnen Schritte sorgfältig befolgt, sollte sich die folgende Graphik ergeben:

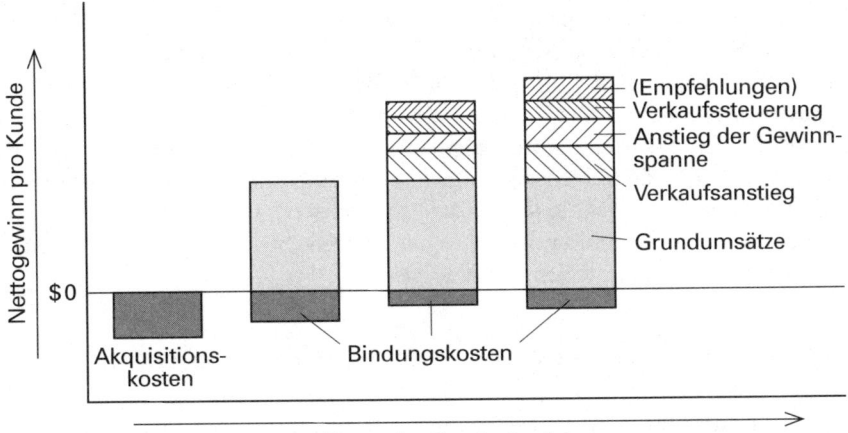

3. Beurteilen Sie dann die 'Lebenserwartung' Ihrer Kunden; d.h. gehen Sie der Frage nach, wie stark sich Ihr Kundenstamm jährlich durch Abwanderung verändert, indem Sie die Beispiele, die Sie herausgegriffen haben, analysieren. Wiederum sind genauere Zahlen sinnvoller, als Durchschnittswerte wie 'zehn Prozent im Jahr' zu errechnen. Es ist unwahrscheinlicher, daß Sie Langzeitkunden verlieren, als daß Neukunden zu anderen Anbietern wechseln.

4. Wenn Sie den jährlichen Gewinn pro Kunde und die Kundenbindungskosten ermittelt haben, errechnen Sie den Kapitalwert Ihres Kunden. Wählen Sie eine Diskontsatz – wenn Sie beispielsweise 15 Prozent Verzinsung für Ihr Kundenkapital erwarten. Dieser Zinssatz gilt nun für Ihre jährlichen Gewinne, unter Berücksichtigung der Möglichkeit, daß der Kunde abwandern könnte. Im ersten Jahr beträgt der Kapitalwert Ihres Kunden (Gewinn : 1,15). Im darauffolgenden Jahr ist der Kapitalwert (Gewinn im zweiten Jahr x Kundenbindungsrate : $1{,}15^2$). Im Jahr n, das letzte Jahr des ausgewählten Zeitraums, ergibt sich der Kapitalwert aus (Gewinn im Jahr n : $1{,}15^n$). Die Summe der einzelnen Kapitalwerte vom ersten Jahr bis zum n-ten Jahr beziffert den Wert Ihres Kunden – den Kapitalwert aller Gewinne, die Sie erwarten dürfen, wenn es Ihnen

gelingt, ihn zu halten: Das ist auch der Betrag, den jemand zahlen würde, um Ihren Kunden zu gewinnen.

Diese Informationen sind von unschätzbarem Wert. Sie können sie dazu verwenden, den Betrag zu errechnen, den Sie für die Kundengewinnung investieren müssen, und wenn Sie Kunden je nach Segment analysieren wollen, welchen Kunden sie unbedingt halten sollten und welcher nicht so ergiebig ist. Darüber hinaus läßt sich der immense wirtschaftliche Nutzen, den Kundenzufriedenheit mit sich bringt, gezielt verwerten. Sie geben mit großer Wahrscheinlichkeit mehr Geld dafür aus, neue Kunde zu gewinnen als alte zu Kunden zu binden: Das Wiederholungsgeschäft – die ultimative Manifestation des Kundenkapitals – belohnt größere Investitionen, als Sie derzeit tätigen, mit großer Sicherheit. Um herauszufinden, mit welcher Belohnung Sie rechnen dürfen, sollten Sie erneut Ihre Zahlen zur Hand nehmen und berechnen, wieviel Ihr Kunde wert wäre, wenn es Ihnen gelänge, die Kundenbindungsrate um fünf Prozent erhöhen. Reichheld und seine Mitarbeiter haben dies für unterschiedliche Branchen getan. In Werbeagenturen führte die Erhöhung um fünf Prozent zu einer Steigerung der Kundenwerte um 95 Prozent. Bei Kreditkartenunternehmen waren es 75 Prozent. Sogar die Softwarehersteller, die sich die Sohlen nach neuen Geschäften in einer schnell ändernden Industriebranche ablaufen, würden den Kundenwert um 35 Prozent steigern, wenn Sie weniger Stammkunden verlieren würden. Stammkunden zu halten, ist eine der wertvollsten Strategien des Wachstums.

Der Navigator des Intellektuellen Kapitals

Kein Meßinstrument wird jemals das gesamte Intellektuelle Kapital eines Unternehmens sowie seinen Fluß beschreiben können. Ebenso wie die Finanzbuchhaltung auf verschiedene Indexzahlen achtet (Verschuldungsgrad, Cash-flow, Erträge, Überschüsse usw.), um die finanzielle Leistung zu dokumentieren, muß man bei der Bewertung des Vierten Produktionsfaktors die unternehmerische Leistung aus unterschiedlichen Blickwinkeln beleuchten. Was für ein Unternehmen ein Schlüsselindikator ist, könnte sich für ein anderes als unwichtig erweisen, je nach Branche oder Unternehmensstrategie. In meinem Bereich – er gehört zur Zeitschriftenbranche – zählen beispielsweise Faktoren wie Abonnementverlängerungen, Durchschnittsrabatte bei Werbeanzeigen, Anzahl der Leserbriefe oder Zweitverwertung als Bemessungsgrundlage des Kundenkapitals. Für Campbell's Soup lauten die Schlüsselfaktoren Markenkapital, Marktanteile, Regalkapazitäten in Supermärkten und die Fähigkeit der Produkterweiterung.

Die große Anzahl an nicht-finanziellen Berechnungsmethoden birgt die Gefahr, daß Firmen zu viele davon gleichzeitig verwenden, daß sie zu viele Anzeigen an dem organisatorischen Armaturenbrett anbringen und schlußendlich keine Erkenntnisse gewinnen, da sie mit zu vielen unwichtigen Informationen überfrachtet werden. Daher sollten folgende drei wegweisende Richtlinien den Unternehmen die Auswahl der richtigen Bemessungsgrundlage erleichtern:

Eine einfache Struktur bewahren. Verwenden Sie für Humankapital, Strukturelles Kapital und Kundenkapital jeweils nicht mehr als drei Bewertungsmaßstäbe sowie eine Zahl, die ein Gesamtbild ergibt.

Bemessen Sie das, was von strategischer Bedeutung ist. Wenn Ihr Unternehmen gediegene, zuverlässige Arbeit anbietet, warum sollten Sie dann neue Patentanmeldungen auswerten?

Bemessen Sie Aktivitäten, die Intellektuellen Wohlstand schaffen. Vieles, was Unternehmen bemessen müssen, hat kaum oder gar keine Berührungspunkte mit Intellektuellem Kapital – dazu zählen nicht nur Finanzdaten wie zum Beispiel der Vierteljahresumsatz, sondern ebenfalls Informationen über Gesundheit am Arbeitsplatz oder über Sicherheitsbestimmungen. Sie müssen sich auf jene Aspekte konzentrieren, die auf das Intellektuelle Kapital hinweisen.

Meine Kollegen bei *Fortune* mögen keine Radar Charts, ich schätze sie aber sehr und so nutze ich die Gelegenheit: Diese Form der Darstellung erlaubt es, unterschiedliche, heterogene Daten in ein einheitliches Bild zusammenzufügen. Der Anfang ist eine kreisförmige Anordnung, wie auf einem Radarschirm, von seinem Zentrum ausgehend wird die Anzahl an Linien eingetragen, wie Kriterien zu bewerten sind. Dem folgenden Beispiel liegen zehn Kriterien zugrunde, doch Sie können eine beliebige Anzahl bestimmen. Dann geben Sie auf jeder Achse eine entsprechende Skala vor. Diese können durchaus variieren: Sie können Quotienten, Prozentzahlen oder normale Zahlen verwenden und das Durcheinander von Markierungen auf den Achsen muß nicht notwendigerweise gleiche Abstände aufweisen. In den meisten Fällen, steht im inneren des Kreises die Null, es geht jedoch auch anders herum.

Das folgende Radar-Chart dient als Navigator für Intellektuelles Kapital eines fiktiven Unternehmens, das eine Gesamtbewertungsgrundlage (Verhältnis von Markt- und Buchwert) zugrunde legt und jeweils die drei Indikatoren für Humankapital, Strukturelles Kapital und Kundenkapital aufführt. Ich habe Markierungen (jedoch keine Zahlen) auf den Achsen eingetragen. Würde hier ein reales Unternehmensbeispiel zugrunde liegen, hätte ich das jeweilige Unternehmensziel an der Stelle eingetragen, wo die Achsen den Kreis überschneiden: Für das Verhältnis von Markt- und Buchwert könnte ich -0,5 im Inneren angegeben und als Ziel- oder Orientierungsgröße beispielsweise den Branchendurchschnitt (+2,0, +6,0...) auf dem Kreisbogen.

Dann stellen Sie fest, an welcher Stelle Sie sich auf der jeweiligen Skala einordnen würden. Verbinden Sie nun die Punkte miteinander und es entsteht ein ungleichmäßiges Polygon:

Im Inneren des Polygons ist aufgeführt, was Sie besitzen, das Äußere stellt dar, was Sie erwerben wollen. Charts dieser Art beinhalten in der Regel unzählige Informationen, doch ihr eigentlicher Wert besteht in ihrem Gesamtbild. Ein Navigationshilfsmittel dieser Form sollte Ihnen einerseits vorgeben, wo Sie sich zu einem bestimmten Zeitpunkt befinden, aber auch vorgeben, wohin Sie sich weiterentwickeln sollten: Oh je, wir haben die besten Kundenkontakte, verlieren jedoch wertvolle Mitarbeiter und wenn wir unser System nicht den Erwartungen anpassen, gehen wir den Bach runter. Wenn Sie vergleichendes Material über Wettbewerber in Erfahrung bringen können (oder Benchmarking-Daten aus Ihrer Branche), dann können Sie Ihren Chart mit anderen vergleichen und die eigenen Stärken und Schwächen bestimmen. Sie könnten darüber hinaus die Charts verschiedener Jahre miteinander vergleichen und Ihre Weiterentwicklung bewerten oder Schwachstellen herausfiltern.

Der Chart könnte Besonderheiten aufdecken, die nach weiteren Untersuchungen rufen: Ein Diagramm wie das auf der nächsten Seite, das eine relativ hohe Kundenzufriedenheit und hohes Markenkapital zeigt, doch andererseits in der Kundenbindung niedrige Zahlen aufweist, läßt erahnen, daß sich da merkwürdige Dinge auf Ihrem Markt abspielen.

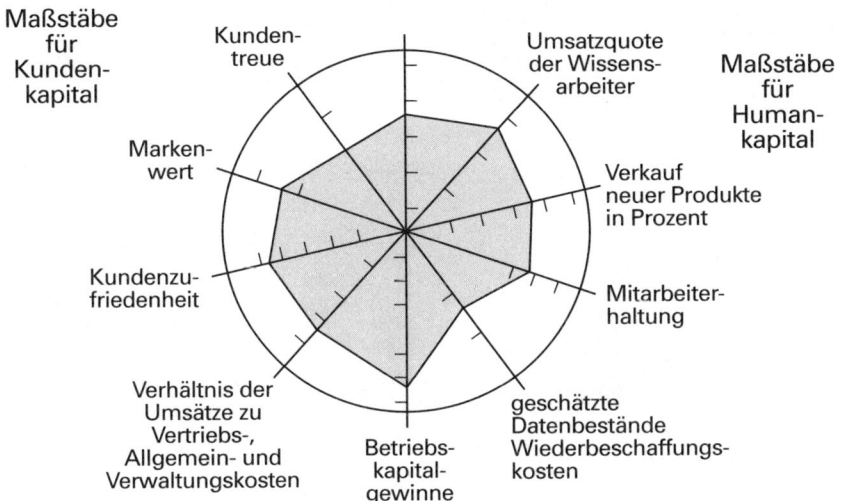

Verhältnis zwischen
Markt- und Buchwert

Maßstäbe
für
Kunden-
kapital

Kunden-
treue

Umsatzquote
der Wissens-
arbeiter

Maßstäbe
für
Human-
kapital

Marken-
wert

Verkauf
neuer Produkte
in Prozent

Kundenzu-
friedenheit

Mitarbeiter-
haltung

Verhältnis der
Umsätze zu
Vertriebs-,
Allgemein- und
Verwaltungskosten

Betriebs-
kapital-
gewinne

geschätzte
Datenbestände
Wiederbeschaffungs-
kosten

Analyse des
Strukturellen
Kapitals

Literaturhinweise

Vorwort

S. 9: Nokia: Hanswerner Voss, „Virtual Organizations: The Future is Now", *Strategy and Leadership*, Juli-August 1996, S. 14.

S. 10: Im Jahr 1768...: Ich erfuhr von Westermann durch Gunner Eliasson, Volkswirt am Royal Institute of Technology in Stockholm.

S. 10: Buckminster Fuller schrieb 1940...: „Industrialization", *Fortune*, Februar 1940, S. 50 ff.

S. 11: Während meiner Kindheit...: Interview mit Walter Wriston, zitiert in: Thomas A. Stewart, „Brainpower", *Fortune*, 3. Juni, 1991, S. 44.

S. 11:Peter Drucker bemerkt...: Peter F. Drucker, „Planning for Uncertainty", *The Wall Street Journal*, 22. Juni, 1992, S. A12.

S. 14: Der Großteil der amerikanischen Gesellschaft...: A. Lawrence Lowel, *What a University President Has Learned* (New York: Macmillan, 1938), S. 41.

Kapitel 1: Die Informationswirtschaft

S. 21: 1958 entwickelte der Getränkehersteller Adolph Coors...: William F. Hosford and John L. Duncan, „The Aluminum Beverage Can", *Scientific American*, September 1994, Band 271, Nr. 3, S. 48-53.

S. 22: Einer der größten Dosenfabrikanten...: Interviews with Alcoa officials, 1992 und 1996.

S. 24: Frachtdienstleistung der Eisenbahnen...: U.S. Department of Commerce, Bureau of the Census, *Historical Statistics of the United States Colonial Times to 1957*, Washington, D.C., 1960, S. 428.

S. 25: Die Acht-Uhr-Sirene...: vgl. Shoshana Zuboff, *In the Age of the Smart Machine* (New York: Basic Books, 1988), S. 31-36.

S. 25: Letztendlich hat die Industrielle Revolution...: Patrick O'Brien und Gaglar Keyder, *Economic Growth in Britain and France 1780-1914: Two Paths to the Twentieth Century* (London: George Allen & Unwin, 1978), S. 163, 168. Peter F. Drucker, „The Age of Social Transformation", *The Atlantic Monthly*, November 1994, S. 54.

S. 26: Die Frage...: s. auch John Ellis, *Brute Force: Allied Strategy and Tactics in the Second World War* (New York: Viking, 1990) und Daniel Yergin, *The Prize: The Epic Quests for Oil, Money and Power* (New Yok: Simon & Schuster, 1991).

S. 26: Nur kurz nach dem Bürgerkrieg...: U.S. Department of Commerce, Bureau of the Census, *Historical Statistics of the United States Colonial Times to 1957*, Washington, D.C.; 1960, S. 141.

S. 26: Nur 3,4 Millionen Amerikaner arbeiten heute noch...: U.S. Department of Commerce, Bureau of the Census, *Statistical Abstract of the United States 1995*, Washington, D.C., 1995, S. 416-17.

S. 27: Das Downsizing Amerikas...: eine Beitragsreihe in *The Times*, in der Woche ab dem 3. März, 1996. Hinsichtlich irreführender Statistiken und der Hauptaussagen s. John Cassidy, *The New Yorker*, 22. April, 1996, S. 51 ff.

S. 27: Die Zeitschrift Business Week...: „The Spawning of a Third Sector: Information", *Business Week*, 7. November, 1994, S. 116.

S. 28: 1977 veröffentlichte das U.S. Department of Commerce...: Marc Uri Porat, *The Information Economy: Definition and Measurement* (Washington, D.C.: U.S. Department of Commerce, Office of Telecommunications, 1977 [OT Sonderausgabe 77-12]).

S. 29: Sogar der Papst...: Pope John Paul II, *Centesimus Annus*, zitiert in der *New York Times*, 3. Mai, 1991, S. A10.

S. 30: Der erste IBM-PC...: Interview von Ani Hadjian mit Sarafina Estie von IBM, Oktober 1993.

S. 30: Die elektromechanischen Kästen...: Jodie Glore, zitiert in Thomas A. Stewart „Welcome to the Revolution", *Fortune*, 13. Dezember, 1993, S. 66 ff.

S. 30: Der Stahl...: Der Dank gilt meinem *Fortune*-Kollegen Geoffrey Colvin für seine Überlegungen und einige seiner Formulierungen bei diesem Vergleich zwischen Stahl und Mikrochips.

S. 31: Drei von zehn amerikanischen Industrieunternehmen...: Thomas A. Stewart, „Welcome to the Revolution", *Fortune*, 13. Dezember, 1993, S. 66 ff.

S. 31: Die Fachzeitschrift *Purchasing*...: V. Mirchandani, „Procurement: The Under-Exploited Line in the Supply Chain", Gartner Group Research Note, 19. Januar, 1996.

S. 31: Bei Chrysler liegt die Outsourcingrate...: Shawn Tully, „You'll Never Guess Who Really Makes...", *Fortune*, 3. Oktober, 1994, S. 124.

S. 31: wie Produkte und Dienstleistungen...: Steven Goldman, Roger Nagel und Kenneth Preiss, *Agile Competitors and Virtual Organizations* (New York: Van Nostrand Reinhold, 1995).

S. 32: Der internationale Telefonverkehr...: Charles Goldfinger, „Intangible Economy and Its Implications for Statistics and Statisticians", unveröffentlichter Beitrag auf dem Eurostat-ISTAT-Seminar, Bologna, Italien, 7. Februar, 1996; Interview mit Danielle Danese, 8. Oktober, 1993.

S. 32: als die Fluglinien nach langer Zeit...: „American to Make Reservation System a Separate Unit", *New York Times*, 17. April, 1996, S. D4.

S. 32: Geld hat sich von einer standardisierten Werteeinheit...: Joel Kurtzman, *The Death of Money* (New York: Little, Brown, 1994), S. 15-16.

S. 33: Der körperliche Einsatz...: U.S. Department of Commerce, Bureau of the Census, *Statistical Abstract of the United States 1995*, Washington, D.C., 1995, S. 146; U.S. Department of Commerce, Bureau of Census, *Historical Statistics of the United States Colonial Times to 1957*, Washington, D.C., 1960, S. 774.

S. 33: wie ein Pearl Harbor der Informations-Infrastruktur...: Stewart Baker, e-mail to „Interesting People" mailing list (interesting-people @eff. org.), 24. April, 1996.

S. 33: Im früheren Wirtschaftsgeschehen...: Interview with Brain Arthur, 12. November, 1990.

S. 34: Das neue Zeitalter ist bereits eingeläutet...: Umfassende Darstellung der sozialen und wirtschaftlichen Veränderungen im Informationszeitalter s. Peter F. Drucker, „The Age of Social Transformation", *The Atlantic Monthly*, November 1994.

Kapitel 2: Das Wissensunternehmen

S. 37: Ausgaben für Investitionen...: Thomas A. Stewart, „Welcome to the Revolution", Fortune, 13. Dezember, 1993, S. 66 ff. Charles Jonscher verwendet in seinem Vergleich zwischen den Investitionsausgaben für Produktionstechnologien und für Informationssysteme im Zeitraum zwischen 1965 und 1983 eine etwas andere Statistik. Hier einige seiner Zahlen (in Milliarden):

Jahr	Investitionsausgaben für Produktionstechnologien	Investitionsausgaben für Informationssysteme	Verhältnis von Ausgaben für Produktionstechnologien und Informationssysteme
1965	60,3	18,8	0,31
1970	63,4	28,6	0,45
1975	68,6	27,4	0,40
1980	96,7	52,0	0,54
1983	77,2	61,5	0,80

Charles Jonscher, „An Economic Study of the Information Technology Revolution", in Thomas J. Allen and Michael S. Scott Morton, eds., *Information Technology and the Corporation of the 1990s: Research Studies* (New York and Oxford: Oxford University Press, 1994), S. 27.

S. 37: Während in der ersten Hälfte der neunziger Jahre...: Thomas A. Stewart, „What Information Costs", *Fortune*, 10. Juli, 1995, S. 120, basierend auf Angaben von Stephen Roach, chief economist of Morgan Stanley, Inc.

S. 37: Wenn die Ausgaben für F&E...: Fumio Kodama, *Analyzing Japanese High Technology: The Techno-Paradigm Shift* (London und New York: Pinter Publishers, 1991), S. 2.

S. 38: daß sie technische Auswirkungen nach sich ziehen...: Lee Sproull und Sara Kiesler, *Connections: New Ways of Working in the Networked Organization* (Cambridge, Mass.: MIT Press, 1991), S. 4.

S. 38: Die Informationstechnologie...: Shoshana Zuboff, *In the Age of the Smart Machine*, S. 9-10.

S. 38: Viele der vorangegangenen Studien...: Zu Diskussionen und Forschung über IT und Produktivität s. Erik Brynjolfsson und Lorin Hitt, „New Evidence on the Returns of Information Systems", MIT Sloan School, Cambridge, Mass., 15. März, 1993 (überarbeitete Fassungen: Juni und Oktober 1993).

S. 39: Neuere Untersuchungen...: Brynjolfsson und Hitt, op. cit., 1993; Erik Brynjolfsson und Lorin Hitt, „Three Measures of Information Techonlogy's Contributions: Creating Value and Destroying Profits?" MIT Sloan School, Cambridge, Mass., Dezember 1994.

S. 40: Bislang war Inventar wichtiger als Information...: Inventar war beispielsweise das große Geheimnis der wirtschaftlichen Dominanz Hollands, insbesondere Amsterdams, im 17. Jahrhundert: Die riesigen Lagerhallen in Amsterdam demonstrierten die wirtschaftliche Überlegenheit Hollands gegenüber anderen europäischen Ländern; all das in einem langsamen, alles andere als perfekten und sicheren Umfeld von Informationen. Vgl. Fernand Braudel, *The Perspective of the World* (New York: Harper & Row, 1984).

S. 41: neue computerisierte Kontrollsysteme...: David D. Hale, „The Weekly Money Report" (Chicago: Kemper Financial Services, Inc.), 6. Oktober, 1993.

S. 41: „Ein Bauer aus dem 19. Jahrhundert...: Seth Lloyd, „Learning How to Control Complex Systems", *Bulletin of the Santa Fe Institute* (Bd. 10, Nr. 1: Frühjahr 1995), S. 17.

S. 41: Die Wissenschaftler von Pioneer Hi-Bred International...: Vgl. Thomas A. Stewart, „Brainpower", *Fortune*, 3. Juni, 1991, S. 44 ff.

S. 42: Er sah es vielmehr als Notwendigkeit an...: Interview mit Richard Karcher, 2. Juni, 1996.

S. 43: CUC International...: Stratford Sherman, „Will the Information Superhighway Be the Death of Retailing?", *Fortune*, 18. April, 1994, S. 98.

S. 44: Würde man heute ein Bankhaus gründen...: *The Wall Street Journal*, 3. November, 1995, S. C2.

S. 44: Wells Fargo & Company...: *New York Times*, 22. November, 1995, S. D1.

S. 46: Dies war auch der Anfang des Reengineering...: Die Verfechter des Reengineering formulierten ihre Kenntnisse selten in dieser Form, doch zeigt sich mehr als deutlich, welchen großartigen Beitrag die Reengineering-Bewegung geleistet hat, s. auch Michael Hammer und James Champy, Reengineering the Corporation (New York: Harper Business, 1993), S. 36-44.

S. 48: Der Betrag, den Sie heute in ein Unternehmen investieren...: Margaret M. Blair, *Ownership and Control: Rethinking Corporate Governance for the Twenty-First Century* (Washington, D.C.: Brookings Institution, 1995), Kapitel 6.

S. 48: eine umgekrempelte Holdinggesellschaft...: Dee W.Hock „Instituions in the Age of Mindcrafting", Vortrag auf der Bionomics Annual Conference, San Francisco, Kalif., 22. Oktober, 1994.

S. 49: Eine weitere Ertragsquelle ...: American Bankers Association, *Report of the Market Share Task Force*, Washington, D.C., 27. Juni, 1994, S. A18-25.

S. 49: Das alte Geld- und Kapitalvermittlerspiel...: Interview, 10. März, 1995.

S. 50: Nur fünf der achtundzwanzig Baseballerstligisten...: Interviews von Joe McGowan mit der Major League Baseball und der National Football League, 12. Januar, 1996.

S. 50: in zahlreichen Branchen...: Interview mit Adrian Slywotzky, 4. Januar, 1996.

S. 50: Auch ein so anlagenintensives Unternehmen...: Moody's International Company Data Report, 1995.

S. 50: Heute überlegen wir...: zitiert in Thomas A. Stewart, „Welcome to the Revolution", *Fortune*, 13. Dezember, 1993, S. 66 ff.

Kapitel 3: Der Wissensarbeiter

S. 51: Ein Dutzend Männer und Frauen...: Die Angaben habe ich auf meinem Besuch bei Bayamón im Februar 1992 gesammelt und sind zum Teil nachzulesen in „The Search for the Organization of Tomorrow", *Fortune*, 18. Mai, 1992, S. 92 ff.

S. 53: Laut einer Statistik...: Stephen R. Barley, „The Turn to a Horizontal Division of Labor: On the Occupationalization of Firms and the Technization of Work", Abhandlung, verfaßt für das Office of Educational Research and Improvement, U.S. Department of Education, Januar 1994.

S. 53: Dennis Swyt des U.S. National Bureau of Standards...: Dennis A. Swyt, „The Workforce of U.S. Manufacturing in the Post-Industrial Era", Aufsatz im *Technological Forecasting and Social Change Journal* vorgesehen.

S. 53: Robert B. Reich, amerikanischer Arbeitsminister...: Robert B. Reich, *The Work of Nations: Preparing Ourselves for 21st-Century Capitalism* (New York: Alfred A. Knopf, 1991), S. 173-80.

S. 54: Der Wachstum im Dienstleistungssektor...: Council of Economic Advisers with the U.S. Department of Labor, „Job Creation and Employment Opportunities: The United States Labor Market 1993-1996", zitiert in der *New York Times*, 24. April, 1996, S. D4.

S. 54: Die große Ausnahme...: James Aley, „Where the Jobs Are", *Fortune*, 18. September, 1995, S. 53 ff. Aley zitiert in seinem Beitrag detaillierte Ergebnisse der Untersuchung von 290 Unternehmen, die Nuala Beck, Ökonometriker und Autor von *Shifting Gears* durchgeführt hat: *Thriving in the New Economy* (New York: Harper Collins, 1995).

S. 56: In den heutigen, stark computerisierten Fabriken...: zitiert in Myron Magnet, „The Truth About the American Worker", *Fortune*, 4. Mai, 1992, S. 48 ff.

S. 56: Zwei Drittel der Beschäftigten von Corning, Inc...: James R. Houghton, „Global Competition: Unleashing the Power of People", Anmerkungen zum Cornell Corporate Forum, Cornell University, Ithaca, N.Y., 3. November, 1994, S. 8.

S. 56: Es überrascht nicht...: Neal Templin, „Auto Plants, Hiring Again, Are Demanding Higher-Skilled Labor", *The Wall Street Journal*, 11. März, 1994, S. 1; John Holusha, "First to College, Then the Mill", *New York Times*, 22. August, 1995, S. D1; Robyn Meredith, „New Blood for the Big Three's Plants", *New York Times*, 22. April, 1996, Sec. 3, S. 1; David Wessel, „Scanning the Future, Economic Historian Plumbs Distant Past", *The Wall Street Journal*, 13. Februar, 1996, S. 1.

S. 56: Durch den Einsatz von E-Mail...: „For Secretaries, E-Mail Beats Typing Pool", *New York Times*, 24. April, 1996, S. B1.

S. 57: 1995 zeichnete die Autorin Susan Sheehan...: Susan Sheehan, „Ain't No Middle Class", *The New Yorker*, 11. Dezember, 1996, S. 82-93.

S. 58: Die zunehmenden Einkommensunterschiede...: David Hale, „How Do We Reconcile America's Economic Success with Its New Sense of Insecurity?" (Chicago: Zurich Kemper Investments, Inc., 4. März, 1996), S. 1-2.

S. 58: Eine Tatsache läßt sich kaum abstreiten...: s. i.a. Gary Burtless, „Worsening American Income Inequality: Is World Trade to Blame?", *Brookings Review*, Bd. 14, Nr. 2, Frühjahr 1996, S. 30; Don L. Boroughs, „The Economics of Income Inequality", *U.S. News and World Report*, 22. Januar, 1996, S. 47; David Hale, „How Do We Reconcile America's Economic Success with Its New Sense of Insecurity?" (Chicago: Zurich Kemper Investments, Inc., 4. März, 1996), S. 2.

S. 58: James Rauch, Wirtschaftswissenschaftler...: James E. Rauch, *Productivity Gains from Geographic Concentration of Human Capital Evidence from the Cities* (Cambridge, Mass.: National Bureau of Economic Research, working paper no. 3905, 11. November, 1991).

S. 59: Je mehr Computer...: Peter Cappelli und Kermit Daniel, *Technology, Work Organization, and the Structure of Wages* (Philadelphia: Wharton School, 1996).

S. 59: Wirtschaftswissenschaftler begründen die zunehmenden Lohnunterschiede...: Gary Burtless, op. cit., S. 31.

S. 59: Warum sollte man andererseits...: Die Informationen stammen aus einem Interview mit Magnus Henekson, August 1993; U.S. educational attainment from U.S. Department of Commerce, *Stational Abstract of the United States*, 1995 (Washington, D.C.: Government Printing Office, S. 157; German enrollment from The *Economist*, 6. April, 1996, S. 21.)

S. 60: Ein Unternehmen...: Vielen Dank meinem Kollegen Geoffrey Colvin für diese Anekdote.

S. 60: Sie fordert größere Professionalität...: s. Michael Hammer, *Beyond Engineering* (New York: Harper Business, 1996), S. 44 et seq.

S. 61: Wo Unternehmen vorrangig Fachpersonal beschäftigen...: Stephen R. Barley, „The Turn to a Horizontal Division of Labor: On the Occupationalization of Firms and the Technization of Work", Aufsatz für das Office of Educational Research and Improvement, U.S. Department of Education, Januar 1994, S. 21, 32.

S. 62: In der Mitte des letzten Jahrhunderts...: s. auch Karl Marx, „Economic and Philosophical Manuscripts (1844)", *Early Writings*, Lucio Colletti, ed. (Harmondsworth, England: Penguin, 1975), S. 279-400.

S. 62: Das Management konnte...: Christopher Locke and John West, „Concurrent Engineering in Context", *Concurrent Engineering*, November-Dezember 1991.

Kapitel 4: Das versteckte Gold

S. 65: Geringwertige Produkte kann jeder...: zitiert in Thomas A. Stewart, „Brainpower", *Fortune*, 3. Juni, 1991, S. 44.

S. 66: daß es häufig doch irgendwie in physischer Form daher kommt...: Charles Goldfinger, „Intangible Economy and Its Implications for Statistics and Statsticians", unveröffentlicher Beitrag auf dem Eurostat-ISTAT-Seminar, Bologna, Italien, 7. Februar, 1996.

S. 67: In den meisten Organisationen...: Tom Davenport, „Can We Manage Information Behavior?", Ernst & Young Research Note, 1992, S. 3.

S. 68: Es sind nunmehr 500 Jahre vergangen, seit Pacioli...: David Wilson, Vortrag zu „Exploring New Values and Measurements for the Knowledge Era", Konferenz, gesponsort von Ernst & Young, 8. Dezember, 1993.

S. 68: Der Mittelpunkt des Interesses liegt...: Robert K. Elliott, „The Third Wave Breaks on the Shores of Accounting", *Accounting Horizons*, Bd. 6, Nr. 2 (Juni 1992), S. 68.

S. 68: ist mit diesem Buchhaltungssystem...: Lewent und Jenkins, zitiert in Thomas A. Stewart, „Intellectual Capital", *Fortune*, 3. Oktober, 1994, S. 68.

S. 68: entwickeln Ideen eigene Kräfte...: Interview mit Michael Brown, 16. Mai, 1996.

S. 69: Aber Zeit ist in dem Fall nur ein...: Karl Erik Sveiby und Tom Lloyd, *Managing Knowhow: Add value... By Valuing Creativity* (London: Bloomsbury, 1987), p. 69.

S. 69: Der Fall Cordiant...: The Wall Street Journal, 3. Mai, 1995.

S. 70: 1976 hat der Komponist...: vgl. Steven Albert und Keith Bradley, *The Management of Intellectual Capital*, unveröffentlichte Monographie (London: Business Performance Group Limited), Februar 1995, S. 31-40.

S. 71: In einer Studie...: Michael E. Porter, *Capital Choices: Changing the Way America Invests in Industry* (Washington, D.C.: Council on Competetiveness, 1992), S. 11, 62.

S. 73: Eine Umfrage bei den Vorständen...: Arthur Andersen, *High-lights of the Knowledge Imperative Symposium Fall 1995* (Chicago: Arthur Andersen & CO, 1995), S. 10-11.

S. 73: Man stelle sich einmal vor...: zitiert in Thomas A. Stewart, „Intellectual Capital", *Fortune*, 3. Oktober, 1994, S. 68.

Kapitel 5: Die Schatzkarte

S. 76: Das Wissensvermögen und Know-how...: Steven Albert und Keith Bradley, *The Management of Intellectual Capital*, unveröffentlichte Monographie (London: the Business Performance Group Limited, 1995), S. 1.

S. 76: Fähigkeiten, Geschick, und Sachverstand...: Karl Erik Sveiby und Tom Lloyd, *Managing Know-how: Add Value ... By Valuing Creativity* (London: Bloomsbury, 1987), S. 35-36.

S. 76: Es ist das Wissen...: Thomas A. Stewart, „Brainpower", *Fortune*, 3. Juni, 1991, S. 44 ff.

S. 76: gezielt nach Intellektuellem Potential...: David A. Klein und Laurence Prusak, „Characterizing Intellectual Capital", Arbeitspapier, das unterschiedlichen Kundenanforderungen dient (Boston: Ernst & Young Center for Business Innovation, März 1994), S. 1.

S. 77: Mit Hilfe unserer Ideen...: Paul M. Romer, „Two Strategies for Economic Development:Using Ideas and Producing Ideas", Canadian Institute for Advanced Research Program in Economic Growth and Policy (Working Paper No. 2), 1994, S. 1-2.

S. 77: Produktivitätssteigerung zwischen sechs und acht Prozent...: Interview mit John F. Welch, 15. September, 1991.

S. 79: Die Mitarbeiter eines Unternehmens...: Rob van der Spek, Knowledge Management Network & Kenniscentrum CIBIT, Beitrag zur Wissesmanagement-Gruppe im Internet, 23. April, 1996.

S. 81: Aus diesen Grundsätzen...: Hubert Saint-Onge, „Building the Intellectual Capital of the Organization", Vortrag auf der 1996 Strategic Management Conference of the Conference Board, New York, 18. Januar, 1996.

S. 82: Erst da erkannten sie...: David Kearns und David Nadler, ehemaliger CEO von Xerox und Vorsitzender der Delta Consulting Group, der in seinem Buch *Prophets in the Dark*, lebhaft die Schwierigkeiten beschreibt, das eigene und das unternehmerische Denken hinsichtlich Total Quality Management zu verändern.

S. 82: E-mail und Telekommunikation...: Hubert Saint-Onge, „Building the Intellectual Capital of the Organization", Vortrag auf der Strategic Management Conference of the Conference Board, New York, 18. Januar, 1996.

S. 82: Hersteller von elektrischen und elektronischen Bauteilen...: Thomas A. Stewart, „Brainpower", *Fortune*, 3. Juni, 1991, S. 44 ff.

S. 83: Zweitens ist ein Großteil des Intellektuellen Kapitals...: Der Verkauf von Wissen stellt eine Möglichkeit dar, zwischen implizitem und explizitem Wissen zu unterscheiden, in: „Extracting Value from Innovation", ein Exposé von März 1994, die Anwälte Patrick H. Sullivan and David J. Teece, von der University of California at Berkeley, schreiben: „Intellektuelles Kapital unterscheidet zwei wesentliche Aspekte: Intellektuelle Ressourcen und Intellektuelles Anlagenvermögen. Erstere herrschen in den Köpfen der Mitarbeiter vor und schließen die kollektiven Erfahrungen, Sachverstand und allgemeines Know-how aller Beschäftigten ein. Wir sprechen hier von Ressourcen, da es vom Unternehmen zur Schöpfung von Gewinnen genutzt werden kann, obgleich sie in ihrer impliziten Form kaum weiterverkäuflich sind. Intellektuelles Anlagenvermögen ist manifest in den kodifizierten, greifbaren oder materiellen Beschreibungen speziellen Wissens, auf das das Unternehmen Besitzrecht hat und das in seiner immateriellen Form gehandelt werden kann."

S. 83: Sie gliedern Intellektuelles Kapital...: Die Taxonomie Edvinssons unterscheidet sich von der Saint-Onges. Laut Edvinsson liegt der wesentliche Unterschied zwischen Intellektuellem Kapital, daß nach Feierabend 'nach Hause geht' und dem, das zurückbleibt; entsprechend betrachtet er das Kundenkapital als Teil des Strukturellen Kapitals. Er trifft die folgende Klassifizierung:

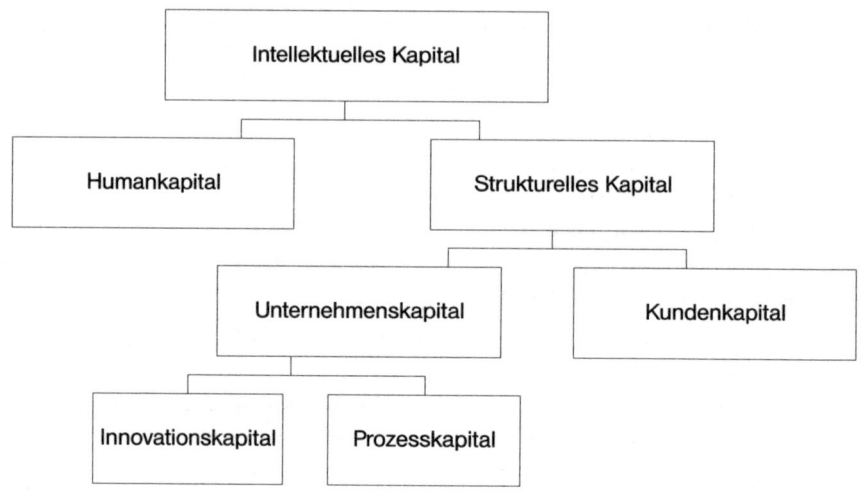

Ich hielt mich an das Schema von Saint-Onge und setze das Kundenkapital und das Humankapital sowie das Strukturelle Kapital gleich, da Kunden als auch Mitarbeiter nicht dem Unternehmen gehören.

S. 84: Wir verdanken Leif das Konzept...: 1990 stellten schwedische Wissenschaftler ein Werk zusammen, in dem sie das Humankapital und das Strukturelle Kapital voneinaner unterschieden: E. Annel, S. Axlesson, P.M. Emilsson, H. Karlsson, K.E. Sweiby, and C.J. Vikström, Den Osynliga Balansträkningen (Stockholm: Affärsvär Forlag AB, 1990). Die Begriffsdefinitionen von Humankapital, Strukturellem Kapital und Kundenkapital gehen auf Hubert Saint-Onge zurück, „Intellectual Capital as a Business Reality", Vortrag, 3. Oktober, 1995.

S. 84: Universitäten mögen...: Interview mit Betty Zucker, 13. November, 1995.

S. 85: Der Markenname...: Kurt Badenhausen, „Brands: The Management Factor", *Financial World*, 1. August, 1995, S. 50.

S. 86: bringt Intellektuelles Kapital keinen Nutzen...: zitiert in Thomas A. Stewart, „Brainpower", *Fortune*, 3. Juni, 1991, S. 44.

Kapitel 6: Humankapital

S. 91: Zum Thema Humankapital...: s. Rial Miller, *Measuring What People Know: Human Capital Accounting for the Knowledge Economy* (Paris: Organization for Economic Cooperation and Development, 1996).

S. 92: Nach der Schreckensverkündung...: Tom DeMarco, „Human Capital, Unmasked", *New York Times*, 14. April, 1996, Sec. 3, S. 13.

S. 92: Das fand Robert Zemsky...: *See* National Center on the Educational Quality of the Workforce, „The Other Shoe: Educations's Contribution to the Productivity of Establishments" (Philadelphia: University of Pennsylvania, 1995).

S. 94: Die einzigen Ideen...: Thomas A. Stewart, „GE Keeps Those Ideas Coming", *Fortune*, 12. August, 1991, S. 40.

S. 95: Spezialteam bei Kodak...: Informationen über die Bildverarbeitung bei Kodak von Mark Maremount, „Kodak's New Focus", *Business Week*, 30. Januar, 1995; 1996 sales estimate von Jack L. Kelly / Goldman Sachs, in einem Interview mit Joe McGowan, 8. November, 1996.

S. 96: Jede Aufgabe...: Interview mit Michelle Darling, Canadian Imperial Bank of Commerce, März 1996.

S. 97: Betrachten Sie die Mitarbeiter...: Auf der Grundlage von Gesprächen mit Leif Edvinsson wurde dieses Diagramm erstellt.

S. 98: Laut Schätzung einer Arbeitsgruppe...: Tom DeMarco, „Human Capital, Unmasked", *New York Times*, 14. April, 1996, Sec. 3, S. 13.

S. 99: Beim Besuch eines GE-Geschäftsbereiches...: zitiert in Thomas A. Stewart, „GE Keeps Those Ideas Coming", *Fortune*, 12. August, 1991, S. 40.

S. 100: Die Canadian Imperial Bank of Commerce hat ein völlig neues Konzept...: Thomas A. Stewart, „Intellectual Capital", *Fortune*, 3. Oktober, 1994, S. 68; Hubert Saint-Onge; „The Learning Organization at CIBC", Vortrag bei der British Columbia Human Resources Management Association, 6. Mai, 1994, S. 23-30.

S. 101: Das Wechselspiel zwischen...: zitiert in Lewis J. Perelman, „Kanban to Kanbrain", *Forbes ASAP*, 6. Juni, 1994, S. 84.

S. 102: eine informelle Gruppe von Beschäftigten...: P. Brook Manville, „Harvest Your Workers' Knowledge, *Datamation*, Juli 1996, S. 80.

S. 103: Das Lernen geschieht über einen Zeitraum hinweg...: Interview mit Etienne Wenger, März 1996.

S. 103: Leute vom Kopierreparaturdienst...: John Seely Brown, „Research That Reinvents the Corporation", *Harvard Business Review*, Januar-Februar 1991, S. 102-111; John Seely Brown und Paul Deguid, „Organizational Learning and Communities of Practice", *Organizational Science* 2:1, (Februar 1991), S. 40-57; John Seely Brown und Estee Solomon Gray, „The People Are the Company", *Fast Company*, Premier Issue (Herbst 1995), S. 78-82.

S. 104: Die Studie der drei Akademiker...: Ronald E. Purser, William A. Pasmore und Ramkrishnan V. Tenkasi, „The Influence of Deliberations on Learning in New Product Development Teams", *Journal of Engineering and Technology Management*, 9 (1992) S. 1-28.

S. 104: ein Unternehmen in Silicon Valley...: John Seely Brown und Estee Solomon Gray, „The People Are the Company", Fast Company, Premier Issue, (Herbst 1995), S. 78-82; Interview mit Estee Solomon Gray und Skip Hovsmith, 1996.

S. 105: Eine weitere Möglichkeit ist es...: Kathryn Rudie Harrigan und Gaurav Dalmia, „Knowledge Workers: The Last Bastion of Competitive Advantage", *Planning Review*, November-Dezember 1991, S. 48.

S. 106: In den späten achziger Jahren...: Eric von Hippel, „Cooperation Between Rivals: Informal Know-How Trading", *Research Policy*, 16:6 (Dezember 1987), S. 291-302; Interview mit Eric von Hippel.

S. 107: Unternehmen reine Mitgliedsvereinigungen...: zitiert in Joel Kurtzmn, „An Interview with Charles Handy", *Strategy and Business*, Herbst 1995, S. 5-6.

S. 107: Wissensarbeiter...: Kathryn Rudie Harrigan und Gaurav Dalmia, „Knowledge Workers: The Last Bastion of Competitive Advantage", *Planning Review*, November-Dezember 1991, S. 8.

S. 109: Niemals würde ich...: Interview mit Robert A. B. Monks, 23. Januar, 1995.

S. 109: Einer Untersuchung...: Erik Brynjolfsson, „Information Technology and the Re-Organization of Work: Theory and Evidence", CCS TR #144 (Cambridge, Mass.: Massachusetts Institute of Technology, 1993), S. 165-66.

S. 110: Die Mitarbeiterbeteiligung ist...: Interview mit Michael Brown, 16. Mai, 1996.

S. 110: Um sich als reines Informationsunternehmen...: Interview mit Michael Brown, 16. Mai, 1996.

S. 111: die eigentliche Investition...: Peter F. Drucker, „The Age of Social Transformation", *The Atlantic Monthly*, November 1994, S. 71.

Kapitel 7: Strukturelles Kapital I: Wissensmanagement

S. 114: Nur ein Unternehmen...: Peter F. Drucker, „The Age of Social Transformation", The *Atlantic Monthly*, November 1994, S. 68.

S. 114: Nur wenige Produkte...: David S. Marshak, *Understanding and Leveraging Lotus Notes* (Boston, Mass.: Patricia Seybold Group, Inc., 1993), S. 50-51.

S. 114: Zu den einzelnen Bestandteilen...: Patrick H. Sullivan und David J. Teece, „Extracting Value from Innovation", draft research report, 1995, S. 4; Hubert Saint-Onge, „Intellectual Capital as a Business Reality", Vortrag in Calgary, Ontario, 3. Oktober, 1995, S. 29.

S. 115: Das Systematische Management...: Skandia Corporation, *Intellectual Capital: Value-Creating Processes*, Beilage zum 1995 Annual Report, S. 20.

S. 116: Betrachtet man das Wissen...: Fritz Machlup, *Knowledge and Knowledge Production* (Bd. 1 zu *Knowledge: Its Creation, Distribution, and Economic Significance*), (Princeton, N.J.: Princeton University Press, 1980), S. 161.

S. 117: Eine Studie aus dem Jahr 1994...: Scott C. McCready und Ann M. Palermo, „Lotus Notes: Agent of Change" (Framingham, Mass.: International Data Corporation, 1994), S. 4, 9.

S. 118: das ist niedriger als der Durchschnitt...: Frederick H. Reichheld, *The Loyalty Effect: The Hidden Force Behind Growth, Profit, and Lasting Value* (Boston: Harvard Business School Press, 1966), S. 1.

S. 120: Der Erfolg...: Arian Ward, Podiumsdiskussion auf der Konferenz The Knowledge Advantage II, gesponsort von The Strategic Leadership Forum und Ernst & Young, Chicago, 8. Dezember 1995.

S. 122: Ich habe einmal gelesen...: John Guare, *Six Degrees of Separation* (New York: Random House, 1990), S. 81.

S. 122: Wir lernen die 'Mechanik von Wissen'...: David J. Skyrme, „History & Future of KM", Beitrag zum Knowledge Management Forum (http://www.bonewman@cbvcp.com), 21. Mai, 1996.

S. 125: Bei Young & Rubicam...: vgl. David S. Marshak, *Understanding and Leveraging Lotus Notes* (Boston, Mass.: Patricia Seybold Group, Inc., 1993), S. 167-85.

S. 126: Die vertikale Weitergabe von Informationen...: zitiert in Thomas A. Stewart, „Managing in a Wired Company", *Fortune*, 11. Juli, 1994, S. 44.

S. 127: Wird eine Antwort sofort benötigt?...: zitiert in Thomas A. Stewart, „The Search for the Organization of Tomorrow", *Fortune*, 18. Mai, 1992, S. 92.

S. 128: McKinsey & Co: Jon R. Katzenbach und Douglas K. Smith, *The Wisdom of Teams: Creating the High-Performance Organization* (Boston: Harvard Business School Press, 1993), S. 98-104; Philip Brook Manville, „McKinsey & Co.: Thoughts on the Past and Future of Our Knowledge Strategies", Vortrag auf dem Forum 'The Knowledge Advantage', gesponsort von Planning Forum und Ernst & Young, Boston, 27. September, 1994.

Kapitel 8: Strukturelles Kapital II:
Die Gefahr, zuviel in Wissen zu investieren

S. 131: Intranets und die Vernetzung...: vgl. auch Sara Kiesler und Lee Sproull, *Connections: New Ways of Working in the Networked Organization* (Cambridge, Mass.: MIT Press, 1991); Thomas A. Stewart, „Managing in a Wired Company", *Fortune*, 11. Juli, 1994, S. 44 sowie Thomas A. Stewart, „Welcome to the Revolution", *Fortune*, 13. Dezember, 1993, S. 66.

S. 132: Alle landen in meiner mailbox...: Interview mit Bill Raduchel, 22. April, 1994.

S. 132: Niemand bei IBM ist dumm...: zitiert in Steve Lohr, „For Big Blue, the Ones Who Got Away", *New York Times*, 1. Januar, 1994, Sec. 3. S. 1.

S. 133: Die Leute sind in bezug...: Mats Alvesson, „Organizations as Rhetoric: Knowledge-Intensive Firms and the Struggle with Ambiguity", *Journal of Management Studies*: 30:6, November 1993, S. 1010.

S. 134: Noch im Oktober 1990...: Andrew Pollack, „Hewlett's Sprightly New Mood", *New York Times*, 21. März, 1991, S. D1.

S. 134: Wenn man es mit einem schwerfälligen Unternehmen...: zitiert in Thomas A. Stewart, „Brainpower", *Fortune*, 3. Juni, 1991, S. 44.

S. 135: 'Offenheit' war das frühere Motto...: Informationen über Hewlett-Packards unternehmensinterne Informationssysteme geliefert von Rober T. Walker, „HP's Holistic Approach to Information Management", Vortrag auf der Konferenz 'The Knowledge Advantage', gesponsort von Planning Forum und Ernst & Young, Boston, 26. September, 1994; Interview mit Rober R. Walker, 24. April 1994; Thomas A. Stewart, „Managing in a Wired Company", *Fortune*, 11. Juli, 1994 sowie Chuck Sieloff, „Practical Strategies fo Leveraging Intellectual Capital", Vortrag auf der Konferenz Managing Intellectual Capital Strategically, gesponsort von International Business Communications in Zusammenarbeit mit Knowledge Advantages, New York, 7. Dezember 1995.

S. 137: Wenn sie unterwegs sind...: Kathleen Murphy, „HP's Internal Web Aids Worldwide Sales Force", *Web Week*, März 1996, S. 25.

S. 138: Diese Parole wurde Anfang der neunziger Jahre...: Informationen über KnowledgeLinks und Innovation Networkt bei HP sind nachzulesen in den Interviews mit Judith Lewis und Gary Gray, 12. u. 16. Oktober, 1995.

S. 141: Sie gehen lieber die kurzen Wege...: Kathryn Rudie Harrigan und Gaurav Dalmia, „Knowledge Workers: The Last Bastion of Competitive Advantage", *Planning Review*, November-Dezember 1991.

S. 141: in einer Art Pilotstudie...: Nick Bontis, „Intellectual Capital: An Exploratory Study that Develops Measures and Models", Beitrag zur 17. McMaster Business Conference, London, Ontario, Canada: Richard Ivey School of Business, University of Western Ontario, 24.-26. Januar, 1996.

Kapitel 9: Kundenkapital:
Informationskrieg und Allianzen

S. 144: Es überrascht kaum...: s. z.B. Robert E. Wayland, „Customer Valuation: The Foundation of Customer Franchise Management", *Mercer Management Journal 2* (1994), S. 45; Frederick F. Reihheld, *The Loyalty Effect: The Hidden Force Behind Growth, Profits, and Lasting Value* (Boston: Harvard Business School Press, 1996), S. 33-90, 219-57; Don Peppers und Martha Rogers, *The One-to-One Future* (New York: Doubleday/Currency, 1996); Jean-Noël Kapferer, *Strategic Brand Management* (New York: Free Press, 1993); David A. Aaker, *Managing Brand Equity* (New York: Free Press, 1991).

S. 144: kann nur auf das eklatante Mißmanagement...: Frederick F. Reichheld, *The Loyalty Effect: The Hidden Force Behind Growth, Profits, and Lasting Value* (Boston: Harvard Business School Press, 1996), S. 1.

S. 145: Die Kundenzufriedenheit in den USA...: vgl. Thomas A. Stewart, „After All You've Done for Your Customers, Why Are They Still Not Happy?", *Fortune*, 11. Dezember, 1995, S. 178 ff.

S. 145: Ford hat errechnet...: Special advertising section, *Fortune*, 19. September, 1994; MBNA calculations: Frederick F. Reichheld, *The Loyalty Effect: The Hidden Force Behind Growth, Profits, and Lasting Value* (Boston: Harvard Business School Press, 1996, S. 61.

S. 145: Das Kreditkartenunternehmen MBNA: Frederick F. Reichheld, *The Loyalty Effect: The Hidden Force Behind Growth, Profits and Lasting Value* (Boston: Harvard Business School Press, 1996), S. 61.

S. 145: Das Beispiel Merck & Co...: Informationen über Merck sind nachzulesen in unterschiedlichen Interviews mit Mitarbeitern (hauptsächlich 1991 u. 1995), darunter Roy Vagelos, Frank Spiegel and Judy Lewent in Thomas A. Stewart, „Brainpower", *Fortune*, 3. Juni, 1991; Peter Petre, „How to Keep Customers Happy Captives", *Fortune*, 2. September 1985; Brian O'Reilly, „Drugmakers Under Attack", *Fortune*, 29. Juli, 1991; Shawn Tully, „Super CFOs", Fortune, 13. November, 1995 sowie Thomas A. Stewart, „The Information Wars: What You Don't Know Can Hurt You", *Fortune*, 12. Juni 1995, S. 119.

S. 147: Bei chronisch Erkrankten oder älteren Menschen...: Merck & Co., 1995 *Annual Report*, S. 22.

S. 147: Auf diesem Markt...: Editor's Note, *Fortune*, 29. Juli, 1991; Brian O'Reilly, „Drugmakers Under Attack", *Fortune*, 29. Juli, 1991, S. 48.

S. 148: Nahezu die Hälfte...: Merck & Co., 1995 *Annual Report*, S. 41.

S. 148: Programme zum Gesundheitsmanagement...: Merck & Co., 1995 *Annual Report*, S. 3.

S. 148: Bei Pfizer...: Alice Dragoon, „Rx for Success", *CIO*, Juli 1995, S. 54.

S. 149: Die Vertriebskanäle...: zitiert in Thomas A. Stewart, „Welcome to the Revolution", *Fortune*, 13. Dezember, 1993, S. 66 ff.

S. 149: In der Automobilindustrie...: Keith Bradsher, „Moving Motors Through Modems", *New York Times*, 12. Februar, 1996, S. D8.

S. 149: Diese Entwicklung...: vgl. Peter Petre, „How to Keep Customers Happy Captives", *Fortune*, 2. September, 1985 und Bridget O'Brian, „Ticketless Plane Trips, New Technology Force Travel Agencies to Change Course", *The Wall Street Journal*, 13. September, 1994, S. B1.

S. 151: Informationen waren unzugänglich...: zitiert in Thomas A. Stewart, „The Information Wars: What You Don't Know Can Hurt You", *Fortune*, 12. Juni, 1995, S. 119.

S. 151: Administrative Kosten...: Interview mit D. J. Crane von General Electric Information Systems, 1. Juli, 1993.

S. 152: Allein in der Verpackungsgüterindustrie...: Bill Saporito, „Behind the Tumult at P&G", *Fortune*, 7. März, 1994, S. 74.

S. 153: Ein Beispiel dafür ist MicroAge...: s. Thomas A. Stewart, „The Information Wars: What You Don't Know Can Hurt You", *Fortune*, 12. Juni, 1995, S. 119.

S. 156: Ein Berater aus North Carolina...: Marc Levinson, „Get Out of Here!", *Newsweek*, 3. Juni 1996.

S. 156: Motorola in Boynton Beach...: B. Joseph Pine II, Bart Victor und Andrew C. Boynton, „Making Mass Customization Work", *Harvard Business Review*, September-Oktober 1993, S. 116.

S. 156: Die kundenindividuelle Massenproduktion...: *To learn about mass customization, see, among others*, B. Joseph Pine II, *Mass Costumization: The New Frontier in Business Competition* (Boston: Harvard Business School Press, 1993); Ramchandran Jaikuma, „Minimalist Manufacturing: Doing More, Better, with Less", Prism (Cambridge, Mass.: Arthur D. Little, erstes Quartal, 1995, S. 5-24.

S. 161: Einige der ...: Hubert Saint-Onge gebührt Dank für seinen Beitrag an Kriterien für die Liste.

Kapitel 10: Die Informationswirtschaft

S. 167: Das Volumen des internationalen Finanzgeschäfts...: Charles Goldfinger, „Intangible Economy and Its Implications for Statistics and Statisticians", unveröffentlichter Beitrag auf dem Eurostat-ISTAT-Seminar, Bologna, Italien, 7. Februar, 1996, S. 2; World Bank, *Global Economic Prospects and the Developing Countries*, Washington, D.C., 1995; Charles Goldfinger, „Financial Markets as Information Markets: Preliminary Exploration", Beitrag zur ENSSIB Conference „Economie de l'information", Lyon, Frankreich, 20. Mai, 1995, S. 6.

S. 167: Die immaterielle Wirtschaft...: Walter Wriston, *Twilight of Sovereignty: How the Information Revolution is Transforming the World* (New York: Scribners, 1992).

S. 168: das Wirtschaftswissenschaftler als 'öffentliches Gut'...: Roger G. Noll, „The Economics of Information: A User's Guide", in Institute for Information Studies; *The Knowledge Economy: The Nature of Information in the 21st Century* (Queenstown, Md.: Aspen Institute, 1993), S. 29-30.

S. 169: Obwohl es keine verläßliche Methode gibt: vgl. Fritz Machlup, *Knowledge and Knowledge Production* (Bd. 1 zu *Knowledge: Its Creation, Distribution, and Economic Significance*) (Princeton, N.J.: Princeton University Press, 1980), S. 161-73.

S. 169: [Information] existiert aufgrund...: Charles Goldfinger, „Financial Markets as Information Markets: Preliminary Exploration", Beitrag zur ENSSIB Conference „Economie de l'information", Lyon, Frankreich, 20. Mai, 1995, S. 7.

S. 169: die Wertschöpfung...: zitiert in Thomas A. Stewart, „Everything that Communicates Must Converge", *Fortune*, 4. Januar, 1991, S. 35.

S. 170: Fuji Electric...: Thomas A. Stewart, „Brace for Japan's Hot New Strategy", *Fortune*, 21. September, 1992, S. 62.

S. 170: keine nennenswerte Relation...: vgl. Thomas A. Stewart, „Brainpower", *Fortune*, 3. Juni, 1991, S. 44; Arthur D. Littles Studie, zitiert in Brian O'Reilly, „Drugmakers Under Attack", *Fortune*, 29. Juli 1991, S. 48.

S. 171: der Wettbewerb um knappe Ressourcen: Zafer Achi, Andrew Doman, Olivier Sibony, Jayant Sinha und Stephan Witt, „The Paradox of Fast Growth Tiger", *McKinsey Quarterly*, 1995, Nr. 3, S. 6-7.

S. 172: Die meisten Branchen...: W. Brain Arthur, *Increasing Returns and Path Dependence in the Economy* (Ann Arbor, Mich.: University of Michigan Press, 1994), S. 3-4. Für all jene mit einem Sinn und viel Verständis für komplizierte wirtschaftsmathematische Gleichungen sei dieses hervoragende Nachschlagewerk zur Wirtschaft der steigenden Erträge genannt, in dem verschiedene Beiträge aus wissenschaftlichen Fachzeitschriften mehrerer Jahre zusammengefaßt sind und Kenneth J. Arrow das Vorwort schrieb. Zwei weitere Beiträge von James Aley dienen dem Laien: „The Theory that Made Microsoft", *Fortune*, 29. April, 1996, und „Give It Away and Get Rich!", *Fortune*, 10. Juni, 1996 - und „Brainpower", *Fortune*, 3. Juni, 1991, und „Now Capital Means Brains, Not Bucks", *Fortune*, 11. Januar 1991.

S. 172: Wenn die Anfangskosten...: Roger G. Noll, „The Economics of Information: A User's Guide", in Institute for Information Studies, *The Knowledge Economy: The Nature of Information in the 21st Century* (Queenstown, Md.: Aspen Institute, 1993), S. 30-31.

S. 175: einer der folgenschwersten Fehler der Wirtschaftsgeschichte...: *The Wall Street Journal*, 6. Februar, 1996.

S. 176: Weite Verbreitung...: zitiert in James Aley, „Give It Away and Get Rich! Plus Other Secrets of the Software Economy", *Fortune*, 10. Juni, 1996, S. 90.

S. 177: In den großen Zeiten der Architektur...: Victor Hugo, Notre-Dame de Paris (Boston: Little, Brown, and Company, 1888), Buch V, S. 259-76.

Kapitel 11: Das vernetzte Unternehmen

S. 179: Anhand von Filmaufnahmen...: Kevin Kelly, *Out of Control: The Rise of Neo-Biological Civilization* (New York, Addison Wesley, 1994), S. 10; Craig Reynolds, „Boids" (http://www. Reality.sgi.com/craig/boids.html).

S. 181: Der PC hat die Hierarchie zerstört...: Interview mit Frederick Kovac.

S. 182: Menschen...: Sara Kiesler und Lee Sproull, *Connections: The New Ways of Working in Networked Organizations* (Cambridge, Mass.: MIT Press, 1992).

S. 182: In einem Netzwerk verändern sich die Kontrollmechanismen...: Interviews mit Susan Falzon und Helene Runtagh, April 1994.

S. 182: Um komplexe Produkte zu entwickeln...: Interview mit John Manzo.

S. 186: Während der ersten zwanzig Jahre...: Interview mit James Nesbit, 17. Oktober, 1995.

S. 187: Was sollen wir mit Ordnung und Übersichtlichkeit...: Interview mit John F. Welch, 15. September, 1991.

S. 187: Auf dem Papier...: s. Thomas A. Stewart, „3M Fights Back", *Fortune*, 5. Februar, 1996, S. 94.

S. 190: Die Sichtweise fußt...: Die Diskussion über die Wirtschaftlichkeit von Transaktionskosten beruht auf Interviews mit Oliver Williamson und Thomas W. Malone. Des weiteren vgl. Oliver E. Williamson, ed., *Organization Theory: From Chester Barnard to the Present and Beyond* (New York: Oxford niversity Press, 1990); Oliver E. Williamson und Sidney G. Winter, eds., *The Nature of the Firm: Origins, Evolution, and Development* (New York: Oxford University Press, 1991) sowie Oliver E. Willamson, *The Mechanism of Governance* (New York: Oxford University Press, 1996).

S. 191: Märkte sind hingegen...: Willard Jule, posting to Learning Organization newsgroup, 5. Januar 1996.

S. 191: Die Kosten für die Datenübertragung...: Brief von Radall S. Hancock, Director of Strategy Research, C4 Lab of Gemini Consulting, 6. Juni, 1995.

S. 191: Ceteris paribus...: Erik Brynjolfsson, *Information Technology and the Re-Organization of Work: Theory and Evidence*, CCS TR 3144, Sloan School WP #3574-94 (Cambridge, Mass.: Massachusetts Institute of Technology, Sloan School of Management, Mai 1993), S. 82-100.

S. 192: Die Durchschnittszahl der Angestellten...: Erik Brynjolfsson, Thomas W. Malone, Vijay Gurbaxani und Ajit Kambil, „Does Information Technology Lead to Smaller Firms?", *Management Science*, 1994, S. 1628.

S. 193: Der Unternehmensbereich...: Informationen aus den Geschäftsberichten von Skandia, unter Berücksichtigung der Ergänzungen zu Intellektuellem Kapital in der Jahresbilanz; Bericht von Februar 1995 von Alfred Berg UK Ltd., Analyst des Aktienmarktes sowie Interviews mit Leif Edvinsson, Björn Wolrath und Jan Carendi.

S. 194: Interessengemeinschaften freier Unternehmen...: John Hagel II, „Spider versus Spider", *McKinsey Quarterly*, 1996, Nr. 1, S. 5-6.

Kapitel 12: Die Karriere im Informationszeitalter

S. 197: Es stirbt aus...: in Thomas A. Stewart, „Your Career in a World Without Managers", *Fortune*, 20. März, 1995, S. 72 und „Corporate Jungle Spawns a New Species: The Project Manager", *Fortune* 10 Juli, 1995, S. 179.

S. 200: Wie der Unternehmensberater William Bridges...: William Bridges, *JobShift* (Reading, Mass.: Addison Wesley, 1994).

S. 200: diese Arbeitsmethode...: Warren G. Bennis und Philip E. Slater, *The Temporary Society* (New York: Harper & Row, 1968), S. 98.

S. 201: Gegen Ende 1995...: Alex Markels, „Restructuring Alters Middle-Manager Role but Leaves it Robust", *The Wall Street Journal*, 25. November, 1995, S. A1.

S. 205: aufkommende prozeßorientierte Unternehmen...: weitere Informationen zu diesem Thema s. Thomas A. Stewart, „The Search for the Organizaton of Tomorrow", *Fortune*, 18. Mai, 1993; Rahul Jacob, „The struggle to Create an Organization for the 21ˢ Century", *Fortune*, 3. April, 1995, S. 90; Michael Hammer, Beyond Reengineering, (New York: HarperCollins, 1996).

S. 209: Von 1983 bis 1994...: Timothy Egan, „A Temporary Force to Be Reckoned With", *New York Times*, 20. Mai, 1996, S. D1, 8.

S. 213: Statt dessen ist der...: Susan Albert Mohrman und Susan G. Cohen, „When People Get Out of the Box: New Attachments to Co-Workers", CEO publication G 94-19 (262) (Los Angeles: University of Southern California, Center for Effective Organization), März 1994.

Anhang: Management- und Bewertungsverfahren des Vierten Produktionsfaktors

S. 217: Je mehr die Buchhalter...: Interview mit Michael Brown, 16. Mai, 1996.

S. 220: Der Vorsitzende von Federal Reserve...: David Hale, „Will Delayed Fed Tightening Set the Stage for an October Stock Market Crash?" Zurich Kemper Investments, 21. Juni, 1996, S. 5.

S. 224: Vergrößern Sie den Anteil neuer Produkte...: Robert S. Kaplan, „Devising a Balanced Scorecard Matched to Business Strategy", *Planning Review*, Bd. 22, Nr. 5, September-Oktober 1994, S. 19.

S. 225: Das schwedische Unternehmen...: Das Unternehmen ist erreichbar unter Box 50, S-230 42 Tygelsjö, Schweden, oder über World Wide Web: http://www.celemi.se.

S. 233: Instrumentarien dieser Art...: zitiert in Thomas A. Stewart, „After All You've Done for Your Customers, Why Are They Still Unhappy?" *Fortune*, 11. Dezember, 1995, S. 178.

S. 233: Allianzen bewerten...: Some of these ideas are adapted from Jordan Lewis, *The Connected Corporation* (New York: Free Press, 1995), esp. S. 133-41.

S. 234: von der These Reichelds...: s. Frederick R. Reichheld, The Loyalty Effect: Growth, Profits, and Lasting Value (Boston: Harvard Business School Press, 1996).

S. 236: Reicheld und seine Mitarbeiter...: Reichheld, op. cit., exhibit 2-1.